病理学

（供中医学、中医骨伤、针灸推拿、中医养生保健等专业用）

主　编　尹秀花

副主编　曲晓媛　钱　程　付海荣　段旭艳
　　　　吕洪臻　王军利

编　委　（以姓氏笔画为序）
　　　　王军利（洛阳职业技术学校）
　　　　尹秀花（山东中医药高等专科学校）
　　　　卢　强（山东中医药高等专科学校）
　　　　付海荣（重庆三峡医药高等专科学校）
　　　　曲晓媛（山东中医药高等专科学校）
　　　　吕　娇［山东医学高等专科学校（临沂）］
　　　　吕洪臻（江苏医药职业学院）
　　　　任　敏（菏泽医学专科学校）
　　　　李圆圆（江苏医药职业学院）
　　　　张　沂（洛阳职业技术学院）
　　　　荆丽丽（滨州医学院烟台附属医院）
　　　　段旭艳（菏泽医学专科学校）
　　　　钱　程［山东医学高等专科学校（临沂）］
　　　　魏　严（南阳医学高等专科学校）

中国健康传媒集团
中国医药科技出版社

内容提要

本教材是"高等职业教育中医药类创新教材"之一，根据《病理学》教学大纲的基本要求和课程特点编写而成，内容上涵盖绪论、疾病概论、总论和各论等内容。本教材力求体现中医药职业教育特点，在基本理论和基本知识的基础上，突出基本技能的培养。重点考虑了中医执业助理医师资格考试的要求，以基本病理变化和基本病理过程为重点进行编写，注重强调医学生临床思维能力和临床实践操作能力的培养，满足培养应用型临床医学人才的需要。本教材为书网融合教材，配套有"知识回顾"思维导图、教学课件与习题库等数字资源，使教学资源更多样化、立体化。本教材供高等职业教育中医学、中医骨伤、针灸推拿、中医养生保健等专业用。

图书在版编目（CIP）数据

病理学 / 尹秀花主编 . —北京：中国医药科技出版社，2022.8

高等职业教育中医药类创新教材

ISBN 978-7-5214-3184-1

Ⅰ.①病…　Ⅱ.①尹…　Ⅲ.①病理学—高等职业教育—教材　Ⅳ.①R36

中国版本图书馆CIP数据核字（2022）第078850号

美术编辑　陈君杞

版式设计　南博文化

出版　**中国健康传媒集团** | 中国医药科技出版社

地址　北京市海淀区文慧园北路甲22号

邮编　100082

电话　发行：010-62227427　邮购：010-62236938

网址　www.cmstp.com

规格　889×1194mm $^1/_{16}$

印张　20 $^3/_4$

字数　590千字

版次　2022年8月第1版

印次　2022年8月第1次印刷

印刷　北京盛通印刷股份有限公司

经销　全国各地新华书店

书号　ISBN 978-7-5214-3184-1

定价　83.00元

获取新书信息、投稿、为图书纠错，请扫码联系我们。

代爱英（菏泽医学专科学校教务处处长）

刘　亮（遵义医药高等专科学校教务处副处长）

兰作平（重庆医药高等专科学校教务处处长）

王庭之（江苏医药职业学院教务处处长）

张炳盛（山东中医药高等专科学校教务教辅党总支原书记）

张明丽（南阳医学高等专科学校中医系党委书记）

苏绪林（重庆三峡医药高等专科学校中医学院院长）

王　旭（菏泽医学专科学校中医药系主任）

于立玲（山东医学高等专科学校科研处副处长）

冯育会（遵义医药高等专科学校中医学系副主任）

万　飞（重庆医药高等专科学校中医学院院长）

周文超（江苏医药职业学院医学院党总支书记）

办公室主任

范志霞（中国医药科技出版社副总编辑、副经理）

徐传庚（山东中医药高等专科学校中医系原主任）

数字化教材编委会

主　编　尹秀花
副主编　曲晓媛　钱　程　付海荣　段旭艳
　　　　吕洪臻　王军利　张翠萍
编　委　（以姓氏笔画为序）
　　　　王军利（洛阳职业技术学校）
　　　　尹秀花（山东中医药高等专科学校）
　　　　卢　强（山东中医药高等专科学校）
　　　　付海荣（重庆三峡医药高等专科学校）
　　　　曲晓媛（山东中医药高等专科学校）
　　　　吕　娇［山东医学高等专科学校（临沂）］
　　　　吕洪臻（江苏医药职业学院）
　　　　任　敏（菏泽医学专科学校）
　　　　李圆圆（江苏医药职业学院）
　　　　张　沂（洛阳职业技术学院）
　　　　张翠萍（滨州医学院烟台附属医院）
　　　　段旭艳（菏泽医学专科学校）
　　　　钱　程［山东医学高等专科学校（临沂）］
　　　　魏　严（南阳医学高等专科学校）

出版说明

中医药职业教育是医药职业教育体系的重要组成部分，肩负着培养中医药行业多样化人才、传承中医药技术技能、促进就业创业的重要职责。为深入贯彻落实国务院印发的《中医药发展战略规划纲要（2016—2030年）》《国家职业教育改革实施方案》和教育部等九部门印发的《职业教育提质培优行动计划（2020—2023年）》等文件精神，充分体现教材育人功能，适应"互联网+"新时代要求，满足中医药事业发展对高素质技术技能中医药人才的需求，在"高等职业教育中医药类创新教材"建设指导委员会的指导下，中国医药科技出版社启动了本套教材的组织编写工作。

本套教材包含21门课程，主要特点如下。

一、教材定位明确，强化精品意识

本套教材认真贯彻教改精神，强化精品意识，紧紧围绕专业培养目标要求，认真遵循"三基""五性"和"三特定"的原则，在教材内容的深度和广度上符合中医类专业高职培养目标的要求，与特定学制、特定对象、特定层次的培养目标相一致，力求体现"专科特色、技能特点、时代特征"。以中医药类专业人才所必需的基本知识、基本理论、基本技能为教材建设的主题框架，充分体现教材的思想性、科学性、启发性、先进性和适用性，注意与本科教材和中职教材的差异性，突出理论和实践相统一，注重实践能力培养。

二、落实立德树人，体现课程思政

党和国家高度重视职业教育事业的发展，落实立德树人是教材建设的根本任务。本套教材注重将价值塑造、知识传授和能力培养三者融为一体，在传授知识和技能的同时，有机融入中华优秀传统文化、创新精神、法治意识，弘扬劳动光荣、技能宝贵、创造伟大的时代风尚，注重加强医德医风教育，着力培养学生"敬佑生命、救死扶伤、甘于奉献、大爱无疆"的医者精神，弘扬精益求精的专业精神、职业精神、工匠精神和劳模精神，以帮助提升学生的综合素质和人文修养。

三、紧跟行业发展，精耕教材内容

当前职业教育已经进入全面提质培优的高质量发展阶段。教育部印发的《"十四五"职业教育规划教材建设实施方案》强调：教材编写应遵循教材建设规律和职业教育教学规律、技术技能人才成长规律，紧扣产业升级和数字化改造，满足技术技能人才需求变化，依据职业教育国家教学标准体系，对接职业标准和岗位能力要求。本套教材编写以学生为本，以岗位职业需求为标准，以促进就业和适应产业发展需求为导向，以实践能力培养为重点，增加实训内容和课时的设置，力争做到课程内容与职业标准对接、教学过程与生产过程对接，突出鲜明的专业特色。内容编写上注意与时俱进，注重吸收融入行业发展的新知识、新技术、新方法，以适应当前行业发展的趋势，实现教材与时代的融合，以提高学生创造性解决实际问题的能力。

四、结合岗位需求，体现学考结合

为深入贯彻执行《国家职业教育改革实施方案》中推动的1+X证书制度，本套教材充分考虑学生考取相关职业资格证书、职业技能等级证书的需要，将岗位技能要求、劳动教育理念、国家执业助理医师资格考试等有关内容有机融入教材，突出实用和实践。教材理论内容和实训项目的设置涵盖相关考试内容和知识点，做到学考结合，满足学生在学习期间取得各种适合工作岗位需要的职业技能或资格证书的需求，以提升其就业创业本领。

五、配套数字教材，丰富教学资源

本套教材为书网融合教材，编写纸质教材的同时，重视数字资源配套增值服务的建设，通过教学课件PPT、思维导图、视频微课、题库等形式，丰富教学资源，利用中国医药科技出版社成熟的"医药大学堂"智能化在线教学平台，能够实现在线教学、在线评价、在线答疑、在线学习、在线作业、在线考试、在线互动等功能，极大提升教学手段，满足教学管理需要，为提高教育教学水平和质量提供支撑。

六、以学生为本，创新编写形式

本套教材在编写形式上坚持创新，在内容设置上注重模块化编写形式，整套教材设立相对统一的编写模块，模块设计分为"必设模块"和"选设模块"两种类型。"必设模块"是每本教材必须采用的栏目，使整套教材整齐划一。"选设模块"是每本教材根据课程的特点自行设计，目的是增强课堂互动和教材的可读性，提高学习的目的性和主动性。模块设置注重融入中医经典，融入课程思政，融入职业技能与中医助理执业医师资格考试内容，凸显本轮中医学专业教材编写的"传承创新"特色。

为编写出版一套高质量的精品教材，本套教材建设指导委员会的专家给予了很多宝贵的、建设性的指导意见，参编的几十所院校领导给予了大力支持和帮助，教材的编写专家均为一线优秀教师，他们业务精良，经验丰富，态度认真严谨，为本套教材的编写献计献策、精益求精、无私奉献，付出了辛勤的汗水和努力，在此一并表示衷心感谢。

本套教材目标明确，以满足高等职业院校中医药类专业教育教学需求和应用型中医药学人才培养目标要求为宗旨，旨在打造一套与时俱进、教考融合、特色鲜明、质量优良的中医类高职教材。希望本套教材的出版，能够得到广大师生的欢迎和支持，为促进我国中医类相关专业的职业教育教学改革和人才培养做出积极贡献。希望各院校师生在教材使用中提出宝贵意见或建议，以便不断修订完善，为下一轮教材的修订工作奠定坚实基础。

中国医药科技出版社

2022年6月

为深入贯彻中共中央、国务院《中医药发展战略规划纲要（2016—2030年）》，全面落实《国家职业教育改革实施方案》（国发〔2019〕4号）《中国教育现代化2035》等文件精神，针对高职高专医学院校教学内容多、课时少的教学现状，为了适应线上线下混合教学模式，提升教学质量和人才培养质量，满足学生职业能力和执业资格考试的需求，在中国医药科技出版社的大力支持下，我们联合全国十余所职业院校编写了这本《病理学》教材。

本教材为"高等职业教育中医药类创新教材"之一。在教材编写过程中，我们紧紧围绕"与我国社会主义现代化建设需求相适应、德智体全面发展、具有综合职业能力的高素质应用型中医药卫生人才"这一培养目标，坚持体现"三基"（基本理论、基本知识和基本技能）、"五性"（思想性、科学性、先进性、启发性、适用性）、"三特"（特定对象、特定专业、特定学时），做到继承与创新相统一，从而起到传授知识、培养能力、提高素质的作用。在编写过程中，参考了不同版本的《病理学》《病理生理学》《内科学》和《外科学》等教材，突出了专业性、实用性、连贯性、实践性和指导性，注重前期与后期课程的联系，为学生学习专业课程打下良好的基础。

本教材涵盖了病理解剖学和病理生理学的内容，为方便教学，不进行严格划分，但每章节内容是独立的。为了更贴近三年制高职高专学生学习实际，精简有关教材及教学中不必要的内容，保证学生适用、能用、够用即可，不追求多而全。适当增加了一些病理学的新知识、新进展，如干细胞、细胞老化、环境和营养病理学、脂代谢紊乱和糖代谢紊乱等，拓展了教材内容的深度和广度。每章均配有"知识回顾""学习目标"，帮助学生建立知识框架结构，方便学生对本章内容的总体把握；章节中根据内容适当的增加"知识拓展""病例分析""思政课堂"，拓展学生的知识面，加深学生对专业知识的理解，培养学生分析、思考和解决问题的能力，落实立德树人，提高学生素养；章节后设有"目标检测"，部分章节后还设有"实训实练"，便于学生课余时间总结、回顾本章重点内容，强化技能培养。病例分析、章节后的目标检测以二维码的形式给出答案解析。

本教材的编写分工如下：绪论、第二章细胞和组织的适应、损伤与修复由尹秀花编写；第五章肿瘤、第十章酸碱平衡紊乱由曲晓媛编写；第三章局部血液循环障碍、第十二章休克由钱程编写；第四章炎症和第七章水、电解质代谢紊乱由付海荣编写；第一章疾病概论、第十七章呼吸系统疾病由段旭艳编写；第九章缺氧、第十九章泌尿系统疾病由吕洪臻编写；第十四章脂代谢紊乱、第十八章消化系统疾病由王军利编写；第十六章心血管系统疾病由卢强编写；第八章发热由吕娇编写；第十一章缺血－再灌注损伤由任敏编写；第六章环境和营养病理学由李圆圆编写；第十五章弥散性血管内凝血由张沂编写；第二十章感染性疾病由荆丽丽编写；第十三章糖代谢紊乱由魏严编写。数字化内容的编写由张翠萍统筹。

　　本教材的编者均是长期从事一线教学工作的骨干教师和临床病理工作者，他们在教学和临床工作中积累了丰富的教学和临床经验，教材的编写凝聚了他们的辛勤劳动。

　　全体编写人员在本教材的编写过程中，协同努力、精诚合作，但限于编者水平，难免存在错漏和不足之处，恳请同道批评指正，以便再版时修订提高。

《病理学》编委会

2022 年 5 月

绪 论

PPT

学习目标

知识要求：

1. 掌握病理学的任务、研究方法和基本观察方法。
2. 熟悉病理学的概念、基本内容、在医学中的地位。
3. 了解病理学的发展简史和新技术。

技能要求：

1. 能说出本教材病理学的基本内容。
2. 能根据具体疾病正确选择病理学的检查方法。
3. 学会用辩证唯物主义的世界观和方法论认识疾病和研究疾病。

病理学是研究疾病的发生发展规律，阐明疾病本质的一门医学基础学科。其主要任务是研究疾病的病因、发病机制以及疾病过程中机体的形态结构、功能代谢的变化和疾病的转归，为疾病的预防、诊断和治疗提供科学的理论基础和实践依据。

一、病理学的内容

本教材包括病理解剖学和病理生理学的内容。病理解剖学侧重从形态学角度观察和研究疾病，并密切联系代谢和功能改变。病理生理学主要讨论患病机体功能和代谢变化的特点、规律和机制。二者在研究疾病的总目标上是一致的，呈相辅相成的关系。

本教材共设二十章，包括三部分内容：①绪论和疾病概论。②总论，主要研究和阐述各种不同疾病发生发展的共同规律，包括基本病理变化如细胞和组织的适应、损伤与修复、局部血液循环障碍、炎症、肿瘤等和基本病理过程如酸碱平衡紊乱、缺氧、发热、缺血－再灌注损伤、休克、弥散性血管内凝血等。③各论，是在总论的基础上分系统研究和阐述各种不同疾病的特殊规律和综合征，例如肝炎、肺炎、肾炎、阑尾炎等，其基本病变均为炎症，这是疾病发生的共同规律。但由于各器官本身在代谢、功能和形态结构上的不同，其病因、发病机制、病变特点、转归及临床表现和采取的防治措施又各不相同，构成了每一个疾病的特殊规律。病理学总论与各论之间有着十分密切的内在联系，学习时应相互参考，不可偏废。

二、病理学在医学中的地位

病理学在医学教育、临床诊疗和科学研究中都发挥着重要的作用。在医学教育中，病理学是联系基础医学与临床医学的"桥梁学科"。医学生要研究疾病过程中机体的形态结构、功能和代谢的变化及发生机制，首先要了解正常人体的形态结构、功能及代谢相关知识，在此基础上学习病理学，可提高学习兴趣，达到融会贯通、事半功倍的效果。因此，要学好病理学，首先要以解剖学、组织胚胎学、生理学、生物化学、微生物与免疫学等学科为基础；而疾病过程中机体的形态结构、功能和代谢的变化及发生机制，又决定了其临床表现和防治原则。因此，病理学又是学习临床医学的必修基础学科。

在临床医疗工作中，医务工作者经常需要用病理学的知识来分析疾病的症状、体征及实验室检测指标的变化，指导和改进对疾病的诊疗；病理学诊断是迄今诊断疾病最可靠的方法之一，虽然医学实验室检测、影像学诊断等技术突飞猛进，它们在疾病的发现和定位上起着重要的作用，但临床很多疾病的最终诊断仍然有赖于病理学诊断，如活体组织检查是迄今为止诊断器质性疾病的最可靠的方法；尸体剖验可对不幸去世病人的疾病诊断和死因做出最权威的终极回答。

在医学研究中，各种临床科研需要以正确的病理学诊断为依据。临床病理检验积累的数据和资料是医学科学研究不可或缺的材料，也是病理学教学和病理医师培养的重要资料来源。

因此，学好病理学知识，不仅有助于我们科学地掌握医学知识，也有助于临床医疗实践和医学科研工作。

三、病理学的研究方法

1. **尸体剖检（autopsy）** 简称尸检，即对死者的遗体进行病理解剖和后续的病理学检查，是病理解剖学的基本研究方法之一。其意义：①明确疾病的诊断，查明死因，协助临床医生总结经验教训，不断提高诊疗水平。②及时发现和确诊某些传染病、地方病、流行病及新的疾病，为疾病的诊断和防治提供科学依据。③广泛积累病理材料，为教学、科研服务。

2. **活体组织检查（biopsy）** 简称活检，即用手术切除、内镜钳取、穿刺针吸等方法，从活体内获取病变组织进行病理诊断。活检是目前诊断疾病广泛采用的方法，特别是对肿瘤良、恶性的诊断具有十分重要的临床意义。通过活检能及时准确地对疾病作出病理诊断；可指导临床治疗、判断疗效和预后；对术中患者，选择冷冻切片快速诊断，可确定病变性质、范围，协助临床医生选择最佳手术方案；有利于采用免疫组织化学、电镜观察和组织培养等方法和技术对疾病进行更深入的研究。

3. **细胞学检查（cytology）** 通过采集病变部位的细胞，涂片染色后进行诊断。细胞来源：①细针穿刺病变部位吸取细胞如肝、淋巴结、甲状腺、乳腺肿块等；②运用采集器直接在病变部位采集脱落细胞如子宫颈刮片、内镜下刷片、食管拉网等；③在自然分泌物、渗出物、排泄物中收集脱落细胞如痰、体腔积液、尿液、脑脊液、乳头溢液等。目前，细胞学检查已成为临床恶性肿瘤早期诊断的重要方法之一，被广泛应用于临床检查和肿瘤普查，具有操作简便、费用低、时间短、病人痛苦少等优点，但其诊断的可靠性不能等同于活体组织检查。

4. **动物实验（animal experiment）** 运用动物实验的方法，在适宜动物身上复制出某些人类疾病的动物模型。通过疾病复制过程研究疾病的病因、发病机制及转归，可动态观察功能、代谢和形态结构变化及药物的疗效等。这种方法可弥补人体病理学研究所受到的制约，但动物与人体之间存在物种差异，动物实验结果不能直接套用于人体。

5. **组织和细胞培养（tissue and cell culture）** 将某种组织或单细胞用适宜的培养基在体外培养。

可研究在不同病因作用下病变的发生和发展过程，因而在细胞水平上揭示某些疾病的发生发展规律；还可建立肿瘤细胞系，在分子水平上研究肿瘤的生物学特性，如细胞的恶性转化、影响肿瘤生长的因素等。此法的优点是周期短、见效快、费用低、条件易于控制。但是体外环境与体内复杂的整体环境有很大的不同，故不能将体外培养的研究结果与体内过程简单的等同看待。

> **病例分析 1**
>
> 　　患者，女，49 岁，因呕吐伴腹泻"脓血便"10 小时就诊，经消炎治疗后好转，但 4 个半小时后猝死。既往高血压病史。
>
> 　　**问题与思考**
> 　　（1）如何确定患者的死因？
> 　　（2）临床病理研究疾病的主要方法及意义？
>
> 答案解析

四、病理学诊断的方法和新技术

病理学诊断是通过对活体组织、细胞病理标本和尸体解剖进行病理学检查，根据临床表现、手术所见、肉眼和镜下变化特征等进行综合分析，最后对疾病作出诊断。病理学诊断和技术方法日趋多样化，但肉眼的大体观察和光学显微镜水平的组织细胞学观察，仍然是病理学诊断和研究最经典、最基本的方法。随着生物医学新技术的快速发展与广泛应用，一些新的先进技术手段已经应用于疾病的病理学诊断中。

1. **大体观察**　指通过肉眼或辅以量尺、磅秤等工具，对大体标本及其病变性状（大小、形状、色泽、重量、表面及切面状态、病灶特征及质地等）进行细致的观察和检测。大体观察是病理医生的基本功，也是作出正确病理诊断的第一步。

2. **组织和细胞学观察**　指将病变组织制成切片，或将脱落细胞制成涂片，经不同方法染色后用光学显微镜观察，以提高肉眼观察的分辨力的一种方法。通过分析和综合病变特点，可作出疾病的病理诊断。组织切片最常用的染色方法是苏木素-伊红染色（HE 染色）。迄今为止，组织和细胞学观察仍然是研究和诊断疾病最常用的基本方法。

3. **组织化学技术**　一般称为特殊染色，是指通过运用化学显色试剂与组织、细胞内的化学成分进行特异性结合，定位显示病变组织、细胞内的各种蛋白质、脂质、核酸、糖类等化学成分的一种技术，如用苏丹Ⅲ染色显示细胞内的脂肪滴。这种方法主要是从分子水平上研究疾病状态下组织细胞的代谢、功能和形态结构的变化规律。

4. **免疫组织化学技术**　又称免疫组织化学，习惯简称为免疫组化，是利用抗原-抗体特异性结合反应的原理来检测和定位组织或细胞中的某种化学物质，由免疫学和组织化学相结合而形成的一种新技术。免疫组织化学技术有较高的敏感性和特异性，已经成为医学基础研究和临床病理诊断中应用最为广泛的病理技术手段之一，主要用于各种蛋白质或肽类物质表达水平的检测、细胞属性的判定、淋巴细胞免疫表型分析、激素受体和耐药基因蛋白表达的检测等。

5. **电子显微镜技术**　电子显微镜简称电镜，是利用电子射线来替代可见光制成的显微镜。普通光学显微镜的分辨极限是 $0.2\mu m$，而目前最好电镜的分辨率可达 0.14nm，有效放大倍数为 100 万倍。电镜技术使病理学对疾病的认识从组织、细胞水平深入到细胞膜、细胞器和细胞核的超微结构水平，这大大开阔了人们的视野，是迄今最细致的形态学观察方法。

除上述常用方法外，近年来陆续建立了图像采集和分析技术、显微切割技术、激光扫描共聚焦显微技术、流式细胞术（FCM）、原位聚合酶链反应（原位PCR）以及核酸原位杂交技术等一系列分子生物学技术。这些技术对病理学的发展起到了极大的推动作用。

五、病理学的发展简史

病理学是在人类探索和认识疾病的过程中逐渐形成的。其发展经历了一个漫长的历史过程。我国秦汉时期的《黄帝内经》、隋唐时期巢元方的《诸病源候论》、南宋时期宋慈的《洗冤集录》等古籍，对病理学的发展作出了很大贡献。半个多世纪以来，我国病理学家如徐诵明、谷镜汧、侯宝璋、林振纲、秦光煜、江晴芬、李佩琳、吴在东、杨述祖、杨简等结合我国实际，对长期危害人民健康和生命的传染病、地方病、寄生虫病、恶性肿瘤及心血管疾病等进行了广泛深入地研究，取得了丰硕成果；在人才培养和教材建设方面，胡正详、梁伯强、武忠弼、杨光华等先驱和老一代病理学家从无到有地编著了具有我国特色的病理学教科书和参考书，并不断修订完善，使我国的病理学教学有所依据和更加规范化，培养造就了一大批病理学工作者。他们为我国病理学事业的发展作出了巨大贡献。

在西方，追溯至公元18世纪，意大利医学家Morgagni（1682~1771）等通过大量尸体解剖，创立器官病理学（organ pathology），标志着病理形态学研究的开端。19世纪中叶，随着显微镜的发明和染色技术的应用，德国病理学家Virchow（1821~1902）首创了细胞病理学（cytopathology），这一理论的提出对病理学而且对整个医学的发展做出了具有历史意义的、划时代的贡献。直到今天，其理论和技术仍在对医学科学的发展产生影响。与此同时，法国生理学家Bernard（1813~1878）等开始利用动物复制人类疾病模型，并用科学实验的手段研究疾病发生过程中病变器官功能、代谢和结构的变化，从而形成了病理生理学的前身——实验病理学（experimental pathology）。此后，经过近一个半世纪的探索，逐渐形成并完善了今天的病理学学科体系，如用肉眼观察病变器官的大体变化，被称为大体所见或解剖病理学；借助于显微镜所进行的组织学或细胞学研究，被称为组织病理学或细胞病理学；用电子显微镜技术观察病变细胞的超微结构变化被称为超微结构病理学。

知识拓展

《洗冤集录》，又名《洗冤录》《宋提刑洗冤集录》，共5卷。由南宋的宋慈著，成书于公元1247年。全书由检验总说、验伤、验尸、辨伤、检骨等53项内容所组成；并对犯罪、犯罪侦察、保辜等有关断案、法吏检验格式程序等亦详加论述。本书内容丰富，见解精湛，绝大部分内容源于实践经验，是中国较早、较完整的法医学专著。曾先后译成荷兰、英、法、日、德等诸国文字，对世界法医学的发展做出了巨大贡献。

近三十年来，随着医学科学的发展和新技术的应用，特别是学科间的相互渗透，使病理学出现了许多新的分支学科，如免疫病理学、分子病理学、遗传病理学和定量病理学等，使得对疾病的研究从器官、组织、细胞和亚细胞水平，深入到分子水平；并使形态学观察从定位、定性走向定量，更具客观性、重复性和可比性。随着医学模式从单纯的"生物医学模式"向"生物-心理-社会医学模式"的转变，对疾病的观察和研究还从个体向群体和社会发展，并与环境结合，出现了地理病理学、社会病理学等新的分支。随着网络信息技术的快速发展，借助图像数字化以及数字存储传输技术的发展，形成了数字病理学（digital pathology），人工智能技术在病理学中的研究和应用已成为今天研究的一个热点。这些发展大大加深了对疾病本质的认识，同时也为许多疾病的防治开辟了光明的前景，也对医务工作者知识的广博与深厚、能力和素质方面提出了更高的要求。随着人类基因组计划的完成和后基因组计划的开展，病理学将会得到更快的发展。

目标检测

答案解析

一、单项选择题

1. 临床病理研究疾病的主要方法，下列选项中正确的是（ ）

　　A. 尸检、动物实验、CT检查　　　　　　　B. 活检、尸检、细胞学检查

　　C. 细胞学检查、活检、组织和细胞培养　　D. 动物实验、活检、磁共振检查

　　E. 组织和细胞培养、免疫病理学检查、活检

2. 组织切片最常用的染色方法是（ ）

　　A. PAS染色　　　B. 瑞氏染色　　　C. Giemsa染色　　　D. 巴氏染色　　　E. HE染色

3. 下列选项中，不属于病理学研究范畴的是（ ）

　　A. 病因　　　　　　　　　　B. 发病机制　　　　　　　　　C. 组织细胞形态结构的变化

　　D. 组织细胞功能代谢的变化　　E. 疾病的治疗

4. 下列关于细胞学检查的描述，不恰当的是（ ）

　　A. 患者痛苦少或无痛苦，可反复取材

　　B. 设备简单，费用低

　　C. 常用的染色方法有HE和巴氏染色

　　D. 制片技术简捷，出报告时间短

　　E. 诊断结果准确，可靠性等同于活体组织检查

二、简答题

病理学在医学领域中发挥怎样的作用？

（尹秀花）

书网融合……

知识回顾　　　习题

第一章 疾病概论

学习目标

知识要求：
1. 掌握健康、疾病、脑死亡的概念及诊断标准。
2. 熟悉亚健康的概念；疾病发生发展和转归的一般规律。
3. 了解疾病的病因学和发病学的基本知识。

技能要求：
1. 具有判断患者临床死亡的能力。
2. 能够运用所学病理学知识进行健康、亚健康和疾病的健康宣讲教育。
3. 学会运用所学病理学知识分析和解决临床实际问题。

疾病概论是研究各种疾病过程中具有规律性的问题，主要包括健康与疾病、病因学、发病学和疾病的转归。

第一节 健康与疾病

健康与疾病是生命活动过程中相对良好与不良的两种生命状态，二者可以相互转化，没有明确的界限；亚健康是介于二者之间的一种过渡状态。

一、健康

现代社会医学模式已由单纯的生物医学模式转变为"生物-心理-社会"的现代医学模式，健康（health）的内涵也从"不患病、无病痛"转变为世界卫生组织（World Health Organization，WHO）提出的：健康不仅是没有疾病或衰弱现象，而是躯体上、精神上和社会适应上的一种完好状态。强调健康至少包含健壮的体魄、健全的心理精神状态和良好的社会适应能力三方面，其中心理健康与身体健康可相互影响，长期心理不健康可导致躯体损伤，甚至疾病；而长期躯体疾病也可引发心理精神的异常。

健康是人生最宝贵的财富，也是人类生存发展的基本保障。随着人类社会的进步，人们的健康意识增强，医务工作者的职责从有病治病拓展到无病防病、促进健康并重。

二、亚健康

健康与疾病之间没有明确界限，从健康到疾病是从量变到质变的连续过程。亚健康（sub-health）是指介于健康与疾病之间的一种生理功能低下状态。随着经济社会的发展和生活节奏的加快，亚健康群体在逐渐扩大。人群中真正健康者约占5%，患疾病者约占20%，约有75%的人处于亚健康状态。亚健康的主要表现形式：①躯体性亚健康状态，表现为疲乏无力、精神不振、工作效率降低、免疫力差等；②心理性亚健康状态，表现为焦虑、烦躁、易怒、失眠多梦、情绪低落、注意力不集中等，严重时可伴有胃痛、心悸等表现；③社会性亚健康状态，表现为人际关系不和谐，对工作、生活、学习等环境难以适应，产生被社会抛弃或遗忘的孤独感。若上述表现持续一定时间，经医院检查排除疾病后可诊断为亚健康。

引起亚健康的原因复杂，如工作或学习负荷过重使人身心疲惫，导致神经、内分泌功能失调是亚健康的最常见原因，由此引起的亚健康称为"慢性疲劳综合征"；个人生活方式不健康，如吸烟、酗酒、膳食结构不合理、缺乏体力活动、作息不规律等；家庭、社会及个人的不顺心事过多使人焦虑或恐惧；环境污染导致人体抵抗力下降等也可导致亚健康。亚健康处于动态变化之中，可向健康或疾病转化。医务工作者应正确认识亚健康状态，进行积极调整、干预，预防疾病发生，促使亚健康向健康转化。

三、疾病

机体内环境的稳态是维持健康的基础。疾病（disease）是指在一定病因作用下，机体内稳态调节紊乱而导致的异常生命活动过程。在疾病状态下，机体会发生代谢、功能和形态结构的异常改变，内环境紊乱，出现各种临床症状、体征和社会行为异常，对外界环境的适应能力下降。

第二节　病因学

病因学（etiology）是研究疾病发生的原因、条件及其作用规律的科学。决定疾病的发生、发展常有多种因素，根据其在疾病发生中的作用，可分为致病原因（病因）和致病条件。

一、疾病发生的原因

任何疾病的发生都有一定的原因，疾病发生的原因简称病因，是指引起疾病必不可少的、赋予疾病特征或决定疾病特异性的致病因素。许多疾病已经找到了病因，如引起疟疾的疟原虫、引起结核病的结核杆菌等，但还有许多疾病病因不明，如肿瘤、动脉粥样硬化等。认识和消除疾病的原因，对疾病的预防、诊断和治疗具有重要意义。病因种类繁多，根据来源可分为外源性和内源性两大类，前者是指机体外界环境中的致病因素；后者为机体内部的相关因素。

（一）外源性病因

1. **生物因素**　为感染性疾病的病因，包括病原微生物（细菌、病毒、支原体等）和寄生虫，其致病力的强弱不仅与侵入机体的病原体数量、侵袭力及毒力有关，还与机体的防御功能特别是免疫反应有密切关系。如病原体具有传染性，即为传染病，是感染性疾病的常见类型。

2. **物理因素**　主要包括机械力（引起创伤、震荡等）、温度（引起烧伤、中暑、冻伤）、电流、电离辐射（引起放射病）、气压（引起高山病、减压病）等，其致病力与作用强度、接触时间、接触部位和范围有关。

3. **化学因素**　包括无机和有机化学物质，达到一定浓度或剂量时可引起人体化学性损害或中毒，如强酸、强碱、化学毒物和某些药物等。环境污染中主要是化学污染物，如汽车尾气中的一氧化碳、碳氢化合物、氮氧化合物等。临床药物治疗中，长期或过量用药可引起慢性中毒或相应器官组织损伤。

香烟中含有多种有害化学物质，如焦油、尼古丁、一氧化碳等，可引起慢性支气管炎、肺气肿等疾病；吸烟还与多种癌症的发生有关，其中最常见的是肺癌。吸烟有百害而无一利，不仅影响吸烟者的健康与生命，同时污染空气，危害他人。

4. **营养因素**　人体生存所必需的各种营养物质（营养素）有七大类，即蛋白质、脂类、碳水化合物、矿物质（无机盐）、膳食纤维、维生素和水。营养素摄入过多或不足均可引起疾病。长期高糖、高脂、高蛋白饮食可引起肥胖、高脂血症，而摄入不足又可导致营养不良；维生素D摄入不足引起佝偻病，摄入过多可导致中毒。

（二）内源性病因

1. **遗传因素**　个体的遗传物质对疾病的影响，包括直接致病和遗传易感性两种情况。

（1）直接致病　指通过染色体畸变和基因变异引起的疾病。前者包括染色体数目异常与结构畸变，如Down综合征（21-三体综合征）；基因突变引起的疾病，如位于X染色体的凝血因子Ⅷ基因突变可引起血友病。

（2）遗传易感性　指某些家族成员具有易患某种疾病的倾向，如高血压、糖尿病、精神分裂症等。个体对疾病的易感性并不完全由基因决定，还受环境因素影响。

2. **先天因素**　是指能够影响胎儿正常生长发育的有害因素。由先天性因素引起的疾病称为先天性疾病。例如，先天性心脏病与妇女怀孕早期患风疹、荨麻疹或其他病毒感染性疾病有关，往往婴儿出生时就已患病。

3. **免疫因素**　免疫反应过强、免疫缺陷或自身免疫紊乱等因素均可对机体造成影响。

（1）超敏反应性疾病　机体对异种血清、药物、花粉、食物等所引起的超敏反应，如过敏性支气管哮喘、过敏性荨麻疹等。

（2）自身免疫性疾病　机体对自身抗原发生免疫反应，并引起自身组织的损害，如系统性红斑狼疮、类风湿关节炎等。

（3）免疫缺陷病　人类免疫缺陷病毒（human immunodeficiency virus，HIV）感染机体可破坏T淋巴细胞及其免疫功能，导致获得性免疫缺陷综合征（acquired immunodeficiency syndrome，AIDS）。

4. **神经内分泌因素**　某些疾病的发生与神经调节和内分泌激素密切相关，如高血压，其发病的主要原因是机体交感神经兴奋和血管紧张素Ⅱ形成增多。

5. **精神和心理因素**　随着现代社会医学模式的转变，精神和心理因素在疾病发生发展中的作用越来越受到重视。由于人们生活与工作压力较大，长期精神紧张、人际关系不协调，可导致精神障碍性疾病，如抑郁症等；此外，精神、心理的异常也可引起器官或系统的代谢、功能及形态结构的改变，即所谓"心身性疾病"，如高血压、溃疡病等。

总之，没有病因就不可能发生疾病，因此在疾病的防治中也强调对因处理的相应策略。然而，目前对很多疾病的病因尚不明确，相信随着医学研究的不断进展，更多疾病的病因将会得到阐明。

二、疾病发生的条件

疾病发生的条件是指病因作用于机体的前提下，能促进或减缓疾病发生的各种体内外因素。如人是否发生结核病除与感染结核杆菌密切相关外，营养不良、过度疲劳等导致机体抵抗力降低者更容易发生结核病。许多疾病的发生与诱因有关，诱因是指疾病发生的条件中，能加强病因作用或促进疾病发生、发展的因素。如呼吸系统感染性疾病常见有受寒、疲劳等诱因，使呼吸道防御功能减弱，病原体乘虚而入。

疾病发生、发展中，病因和条件是相对的，同一因素对某种疾病来说是原因，而对另一种疾病则为条件。如营养不足是营养不良症的原因，而对结核病来说却是条件。当某些因素与特定疾病的发生发展明显相关，但不能完全区分清楚是疾病的原因、条件或疾病的一个环节时，则笼统地将该因素称为危险因素，如高血脂、吸烟、肥胖、高血压等是动脉粥样硬化的危险因素。

第三节　发病学

发病学（pathogenesis）主要研究疾病发生发展过程中的基本机制和一般规律。疾病发生发展的基本机制有神经机制、体液机制、细胞机制和分子机制。疾病发生发展的一般规律指各种疾病发生发展过程中普遍存在的共同规律，包含以下四种。

一、疾病时稳态的紊乱

机体的内环境稳态是保持正常生命活动和健康的先决条件，稳态的维持主要是在神经和体液等因素的调节下实现的。在稳态的调节中，反馈机制起着重要作用，如甲状腺激素分泌增多时，可反馈性抑制下丘脑促甲状腺激素释放激素（TRH）和腺垂体促甲状腺素（TSH）的分泌，使甲状腺激素的分泌减少并回归正常水平，反之亦然。当上述反馈机制不能发挥作用而使血中TSH增多时，则内稳态破坏。此时TSH过度分泌将引起甲状腺实质细胞大量增生、甲状腺肿、甲状腺激素分泌过多，机体出现怕热、多汗、食欲旺盛、体重下降等甲状腺功能亢进表现。因此，稳态的紊乱是疾病发生发展的基础。

二、疾病过程中的因果交替

在原始病因作用下，机体发生初始变化，前者为"因"，后者为"果"；而这些初始变化又成为新的病因，引起新的结果。病因和结果之间相互交替和相互转化，推动疾病发展，甚至形成恶性循环，使疾病恶化，直至患者死亡。但如果治疗恰当及时，在疾病的康复过程中又可形成良性循环，促进机体康复。因此，及早采取医学干预措施阻断因果转化和恶性循环，可使疾病朝着有利于康复的方向发展。

三、疾病过程中的损伤与抗损伤

对损伤做出抗损伤反应是生物体的重要特征，也是机体维持生存的必要条件。在疾病发生发展过程中，损伤与抗损伤反应常同时出现，贯穿始终且不断变化。当抗损伤占优势时，则疾病好转或痊愈；反之，当损伤占优势时，则疾病恶化。如在结核病病变中，既有以结核结节为特征的抗损伤反应，也有以干酪样坏死为主的损伤性病变，如机体抵抗力增强，则结核菌被抑制、杀灭，结核结节形成，病变逐渐愈合；否则，疾病恶化，坏死加重，病灶扩大。

不同疾病中损伤与抗损伤的斗争亦不相同，这就构成了各种疾病的不同特征。在临床疾病防治过程中，应尽量减轻和消除损伤反应，扶持和加强机体抗损伤反应，以使病情稳定或好转。

四、局部与整体

机体是一个整体，局部与整体关联，疾病往往同时或先后出现局部病变和全身反应。在疾病过程中，通过神经体液的调节，局部和整体可相互影响和制约。如肺炎可引起肺局部充血、水肿等炎症反应，还可通过神经-体液机制引起血液白细胞升高、发热、寒战等全身性反应。如果患者身体功能状态良好，加以适当的抗感染治疗，肺部炎症可很快痊愈，全身性反应也会随之消失。有些局部改变是全身性疾病的表现，如皮肤经久不愈的溃疡可能是糖尿病的局部表现，若单纯给予局部治疗而不控制糖尿病则溃疡不易愈合。因此，医务工作者应正确认识局部和整体的关系，要善于抓住主要矛盾进行处理，不能"头疼医头，脚疼医脚"。

第四节　疾病的经过与转归

疾病的发生、发展是一个过程，大多数疾病发生、发展到一定阶段后终将结束，这就是疾病的转归。

一、潜伏期

潜伏期是指从病因作用于机体到该病最初症状出现之前的一段时期。其长短随病因的特异性、疾病的类型和机体自身的特征而不同。传染病的潜伏期比较明显，有一定的时间，而创伤和烧伤等则无潜伏期。正确认识疾病的潜伏期有重要意义，如确定或怀疑某些个体已经感染某种传染病时应及早隔离。

二、前驱期

前驱期是指从最初症状开始出现到典型症状出现之前的一段时期。此期主要表现出一般性临床症状，如食欲不振、乏力、发热、头痛等，缺乏特异性，容易误诊。

三、症状明显期

症状明显期是指出现疾病特征性临床表现的时期。临床上可依据典型表现迅速作出诊断。

四、转归期

疾病的转归主要有康复和死亡两种形式，其走向取决于病因的性质、损伤程度、机体的抗损伤反应和及时正确的治疗等因素。

（一）康复

根据康复（recovery）程度可分为完全康复和不完全康复。完全康复是指疾病时机体出现的损伤性变化及其临床表现（包括各种症状和体征）完全消失，机体的功能、代谢和形态结构得以修复，机体的自稳调节恢复正常，社会行为和社会适应能力完全恢复正常。不完全康复是指疾病的损伤性变化得到控制，主要症状消失，基本病理变化并未完全消失，机体通过代偿可以维持相对正常的生命活动，有些可留后遗症。例如，手术治疗后的组织粘连、烧伤愈合留下的瘢痕等。

> ### 📋 病例分析2
>
> 张某，女，28岁。一人单住，房间内有一煤火炉，晨起其母亲呼之不醒，呼之不应，皮肤黏膜无出血点，瞳孔对光反射灵敏，口唇呈樱桃红色，呼吸微弱。急送医院救治。
>
> **问题与思考**
> （1）该患者是否已死亡？有脑死亡吗？
> （2）我国临床现阶段判断死亡的依据是什么？
>
> 答案解析

（二）死亡

死亡（death）是指机体作为一个整体功能永久的停止和生命活动不可逆转的终结，是所有生命的最终归宿。死亡可分为生理性死亡和病理性死亡。生理性死亡是由于机体各器官自然老化所致的死亡，在现实生活中非常少见；绝大多数死亡属于病理性死亡，是指由疾病或各种严重损伤导致的死亡。

传统观念认为死亡是一个渐进过程，分为濒死期、临床死亡期与生物学死亡期三个阶段。濒死期的主要特点是脑干以上神经中枢功能丧失或深度抑制；临床死亡期的主要特点是各种反射消失，呼吸和心跳停止，但是组织器官仍在进行微弱的代谢活动；生物学死亡期是死亡的最后阶段，表现为机体各重要器官的新陈代谢相继停止，并发生了不可逆的功能和形态改变。临床上判定死亡的标志是心跳、呼吸停止和各种反射消失。

近年来，随着心肺复苏技术的普及与提高以及器官移植的广泛开展，传统死亡判断标准很难准确判断死亡时间，亟须一个从医学、法律和伦理方面均可被接受的死亡标准。1968年，美国哈佛大学医学院提出将脑死亡（brain death）作为人类个体死亡的判断标准。脑死亡是指全脑功能（包括大脑、间脑和脑干）不可逆的永久性丧失以及机体作为一个整体功能的永久性停止。

脑死亡的诊断标准主要包括：①自主呼吸停止；②不可逆性深度昏迷；③脑干神经反射消失（如瞳孔散大或固定，瞳孔对光反射、角膜反射、咳嗽反射、吞咽反射等均消失）；④脑血液循环完全停止（经脑血管造影或颅脑多普勒超声诊断呈脑死亡图形）；⑤脑电波消失。前三项必须全部具备，后两项至少具备一项方能确认脑死亡。

> ### ✒ 知识拓展
>
> #### "植物人"与脑死亡
>
> "植物人"是指大脑皮质严重受损，机体已无意识、知觉、思维等人类特有的高级神经活动；但脑干功能尚存，仍可自主维持呼吸、心跳、血压等生命体征，患者处于与植物生存状态相似的特殊生命历程。"植物人"与脑死亡不同，后者是指包括脑干在内的全脑功能不可逆转的丧失。

采用脑死亡的标准更加科学合理，更具有社会进步意义。一是可协助医务人员判定患者的死亡时间，适时终止复苏抢救，不但可节省医疗资源，还可减轻社会和家庭的经济负担，并就可能涉及的一些法律问题提供依据；二是为器官移植创造了良好时间和合法根据。脑死亡作为死亡的标准是社会发展的需要，但宣告脑死亡要十分慎重。

目标检测

答案解析

一、单项选择题

1. 有关健康描述正确的是（　　）

    A. 社会适应能力强

    B. 躯体体格强壮

    C. 实验室检查身体各项指标未见异常

    D. 躯体上、精神上和社会适应上都处于完好的状态

    E. 躯体没有病痛

2. 下列选项中，不属于遗传性疾病的是（　　）

    A. 先天愚型　　　　　　B. 血友病　　　　　　　C. 先天性心脏病

    D. 精神分裂症　　　　　E. 红绿色盲

3. 以下选项中，不属于完全康复特点的是（　　）

    A. 功能完全恢复正常　　B. 自稳调节恢复正常　　C. 遗留瘢痕

    D. 损伤性变化完全消失　E. 代谢完全恢复正常

4. 下列选项中，不属于亚健康状态的是（　　）

    A. 疲乏无力　　　　　　B. 精神舒畅　　　　　　C. 失眠多梦

    D. 人际关系不稳定　　　E. 焦虑

5. 死亡的概念是（　　）

    A. 心跳停止

    B. 呼吸停止

    C. 昏迷不醒

    D. 肢体反射消失

    E. 机体作为一个整体功能永久的停止和生命活动不可逆转的终结

6. 下列选项中，不符合脑死亡判定标准的是（　　）

    A. 脑干神经反射消失　　B. 脑电波消失　　　　　C.瞳孔缩小

    D. 不可逆性深度昏迷　　E. 脑血液循环停止

7. 脑死亡的概念是（　　）

    A. 包括大脑在内的全脑功能不可逆转的丧失

    B. 包括小脑在内的全脑功能不可逆转的丧失

    C. 包括脊髓在内的全脑功能不可逆转的丧失

    D. 包括脑干在内的全脑功能不可逆转的丧失

    E. 包括脑膜在内的全脑功能不可逆转的丧失

8. 植物人状态的患者和脑死亡最根本的区别是（　　）

    A. 植物人状态患者意识清醒　　　　　　B. 植物人状态患者仍保持自主呼吸功能

C. 植物人状态患者有吞咽反射　　　　　　　　　D. 植物人状态患者有角膜反射

E. 植物人状态患者有咳嗽反射

9. 疾病发生的原因，最常见的是（　　）

A. 物理性因素　　　B. 化学性因素　　　C. 生物性因素　　　D. 遗传性因素　　　E. 先天性因素

10. 当机械力引起组织破坏、出血时，机体出现的下列改变属于损伤反应的是（　　）

A. 血压下降　　　　　　　　　B. 心率加快　　　　　　　　　C. 心收缩力增强

D. 心输出量增加　　　　　　　E. 血液凝固性增高

二、简答题

1. 人体患病的常见原因有哪些？

2. 脑死亡的概念及诊断标准是什么？

（段旭艳）

书网融合……

知识回顾　　　习题

第二章　细胞和组织的适应、损伤及修复

学习目标

知识要求：

1. 掌握萎缩、变性、坏死、机化、溃疡、空洞的概念；组织适应、损伤的常见类型、病变特点、结局及影响；各种组织的再生能力及损伤的修复方式；创伤愈合的类型、特点、骨折愈合的过程及影响创伤愈合的因素。

2. 熟悉肉芽组织的形态特点和功能；瘢痕组织的形态特点及对机体的影响。

3. 了解细胞凋亡与细胞老化；常见组织的再生过程。

技能要求：

1. 能够识别本章常见的病理图片或大体标本并进行描述。

2. 能够熟练规范地运用显微镜观察本章常见的病理组织切片并找出典型病变。

3. 能够根据适应、损伤的病变特点推理分析其相应的临床表现及结局，并根据各种组织的再生能力判断其坏死后的修复方式。

机体在生命活动过程中，细胞、组织和器官可以对内外环境变化等刺激，做出相应的代谢、功能和形态的反应性调整，以抵御刺激因子的损害。在生理负荷过多或过少，或遇到轻度持续的病理性刺激时，细胞、组织和器官可表现为适应性变化。但当各种刺激因子的损害超过了细胞、组织和器官的耐受与适应能力，则可导致损伤性变化。细胞的轻度损伤表现为变性，大部分是可逆的，但重度的损伤将会导致细胞死亡。适应性与损伤性变化是大多数疾病发生发展过程中的基础性病理变化。

第一节　细胞和组织的适应

PPT

细胞和由其构成的组织、器官对于内、外环境中各种有害因子和持续性刺激作用而产生的非损伤性应答反应，称为适应（adaptation）。通过适应性反应，细胞、组织和器官改变其自身的代谢、功能和结构以达到新的平衡，以耐受各种刺激避免损伤。适应在形态学上一般表现为萎缩、肥大、增生和化生（图2-1-1）。适应往往伴有细胞数目、细胞体积或细胞分化的改变，可以认为它是介于正常与损伤之

间的一种状态。一般而言，病因消除后，大多数适应性改变可以恢复正常。

一、萎缩

发育正常的细胞、组织或器官的体积缩小称为萎缩（atrophy）。器官或组织的体积缩小是由于实质细胞体积缩小或伴有细胞数目减少所致。组织器官的未曾发育或发育不全不属于萎缩的范畴。

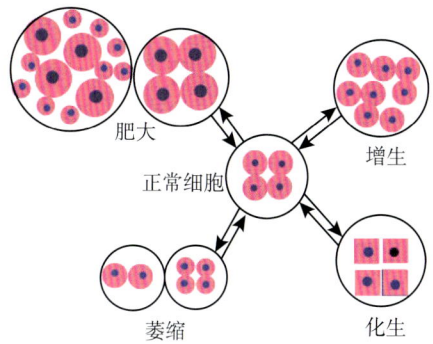

图2-1-1 细胞和组织的适应

（一）萎缩的分类

萎缩可分为生理性萎缩和病理性萎缩。生理性萎缩是生命过程的正常现象，往往跟年龄有关，随年龄增长自然地发生。如青春期胸腺萎缩和更年期后卵巢、子宫及睾丸的萎缩等。病理性萎缩按其发生原因不同，可分为以下几种。

1. **营养不良性萎缩** 分为全身性和局部性萎缩。全身营养不良性萎缩多因蛋白质摄入不足或消耗过多引起，常见于长期不能进食、慢性消耗性疾病如糖尿病、结核病、恶性肿瘤等，萎缩首先发生于脂肪组织，其次是肌肉、肝、脾、肾等器官，而心肌和脑的萎缩发生最晚。局部营养不良性萎缩通常由局部供血不足引起，如脑动脉粥样硬化引起的脑萎缩。

2. **压迫性萎缩** 因组织、器官长期持续受压所致。如尿路梗阻时肾盂积水，压迫周围肾组织，引起肾萎缩（图2-1-2）。

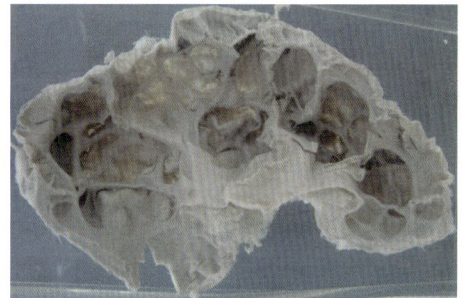

图2-1-2 肾压迫性萎缩

肾盂、肾盏扩张，肾实质受压萎缩

3. **失用性萎缩** 因组织器官长期工作负荷减少和功能代谢低下所致。如下肢骨折后久卧不动，可引起患肢肌肉萎缩和骨质疏松。

4. **去神经性萎缩** 因脑、脊髓或神经损伤，其支配的组织、器官失去了神经营养调节作用所致。如脊髓灰质炎引起的肢体萎缩。

5. **内分泌性萎缩** 由于内分泌腺功能低下引起相应靶器官的萎缩。如垂体缺血坏死，可引起甲状腺、肾上腺、性腺等靶腺萎缩。

6. **老化和损伤性萎缩（atrophy due to aging and injury）** 如心肌细胞和神经细胞的萎缩是心脏和大脑发生老化的常见原因，往往是生理性萎缩和病理性萎缩并存，神经细胞大量凋亡导致脑萎缩是阿尔兹海默症的常见原因。

（二）病理变化

肉眼观，萎缩的器官体积缩小，重量减轻，颜色变深，质地变硬，包膜皱缩，边缘变锐。如脑萎缩时，脑回变窄，脑沟变宽，切面皮质变薄，体积缩小，重量变轻（图2-1-3）。萎缩的心脏体积缩小，冠状血管迂曲呈蛇形状。

镜下观，实质细胞体积变小或数量减少，细胞器减少甚至

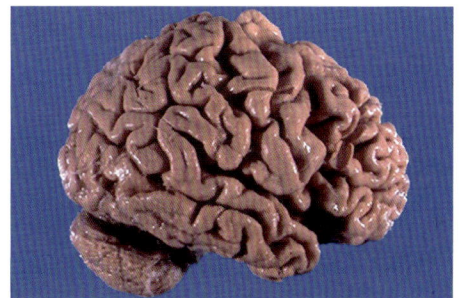

图2-1-3 脑萎缩

大脑体积缩小，脑回变窄，脑沟变宽

消失，有时胞质内可见脂褐素沉积，间质有纤维组织增生或脂肪组织增生。

（三）影响及结局

萎缩的细胞蛋白质合成减少，分解增加，细胞器大量退化。萎缩的细胞、组织和器官功能大多下降。去除原因后，轻度病理性萎缩的细胞可恢复常态，但持续性萎缩的细胞最终死亡。

二、肥大

细胞、组织和器官的体积增大称为肥大（hypertrophy）。器官或组织的肥大是由于实质细胞体积增大或伴有细胞数目增加所致。肥大分为生理性肥大和病理性肥大两类。生理性肥大见于生理状态下发生的肥大，如妊娠期子宫的肥大，哺乳期乳腺的肥大。病理性肥大按原因不同，可分为以下几种。

1. **代偿性肥大** 通常是由于器官的功能负荷加重所致，如高血压时，由于长期外周阻力增大，左心室压力负荷过重而引起心肌细胞肥大，表现为左心室壁增厚（图2-1-4）；一侧肾脏切除时，对侧肾脏的肥大。

2. **内分泌性肥大** 见于激素过多引起的效应器肥大，如脑垂体生长激素分泌增多引起的肢端肥大症；甲状腺功能亢进时，甲状腺激素分泌过多，导致甲状腺滤泡上皮细胞肥大。

肥大的细胞体积增大，核大深染，DNA和细胞器数量增多，细胞功能增强。细胞肥大产生的功能代偿作用是有限的，超过一定的代偿限度，会引发器官功能不全，如心肌过度肥大诱发心力衰竭。

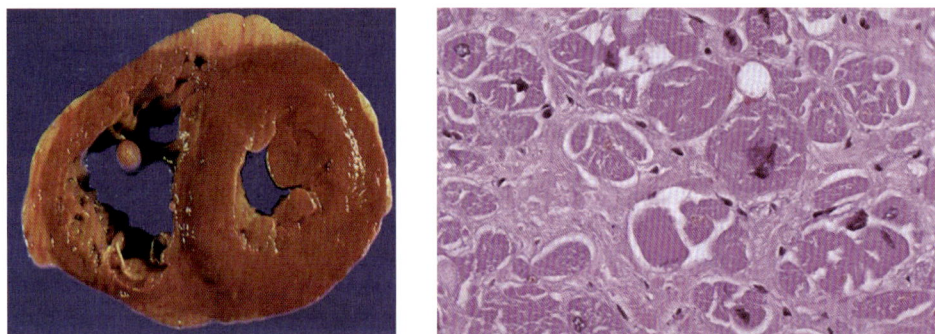

左心室壁肥厚，心腔缩小（大体）　　　　心肌细胞肥大（镜下）

图2-1-4　左心室代偿性肥大

三、增生

组织或器官内细胞数目增多称为增生（hyperplasia）。增生可分为生理性增生和病理性增生两种。青春期女性乳腺的发育、妊娠期子宫和乳腺的增生均属于生理性增生，也是内分泌性增生。病理性增生分为两种。

1. **代偿性增生** 多与生长因子过多有关，如缺碘引起的甲状腺增生；创伤愈合过程中的成纤维细胞和毛细血管内皮细胞的增生。

2. **内分泌性增生** 与激素过多有关，如生长激素分泌过多引起的巨人症；雌激素过多引起的子宫内膜增生、乳腺增生。

增生的细胞形态正常或体积稍大，细胞增生可为弥漫性或局限性，前者表现为组织器官均匀弥漫性增大；后者则在组织器官中形成增生结节。细胞增生通常会随有关引发因素的去除而停止。若细胞增生过度，失去控制，则可能演变为肿瘤性增生。

四、化生

一种分化成熟的细胞类型被另一种分化成熟的细胞类型所取代的过程，称为化生（metaplasia）。化生是由局部具有分裂增殖和多向分化能力的干细胞或结缔组织中的未分化间充质细胞通过增生转化而成，因此，化生只出现在具有分裂增生能力的细胞。化生通常发生在同源细胞之间，即上皮细胞之间或间叶细胞之间，主要见于慢性刺激下的上皮组织，也可见于间叶组织。

1. 上皮组织的化生

（1）鳞状上皮化生　简称磷化，最为常见。如慢性支气管炎，支气管假复层纤毛柱状上皮转化为复层鳞状上皮（图2-1-5）；慢性宫颈炎，宫颈黏膜腺上皮的鳞状上皮化生；肾结石时肾盂黏膜移行上皮化生成鳞状上皮。

（2）柱状上皮化生　慢性胃炎时，部分胃黏膜上皮转变为含有潘氏细胞或杯状细胞的小肠或大肠上皮组织，称为肠上皮化生，简称肠化（图2-1-6）。慢性反流性食管炎时，食管下段鳞状上皮可被柱状上皮取代。慢性子宫颈炎时，宫颈鳞状上皮被黏膜柱状上皮取代。

2. 间叶组织的化生　间叶组织中幼稚的成纤维细胞在损伤后，可转变为成骨细胞或成软骨细胞，称为骨或软骨化生。如肌组织损伤时，结缔组织增生，并发生骨化生。

化生的生物学意义利弊兼有，如呼吸道黏膜假复层纤毛柱状上皮鳞状上皮化生后，可增强局部防御能力，但因鳞状上皮表面不具有柱状上皮的纤毛结构，减弱了黏膜的自净能力。但若引起化生的因素持续存在，在化生、增生的基础上有可能导致细胞发生恶变。

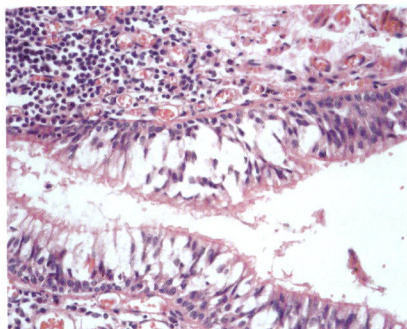

图2-1-5　柱状上皮的鳞状上皮化生

柱状上皮细胞中的储备细胞分裂增殖，
分化形成复层鳞状上皮

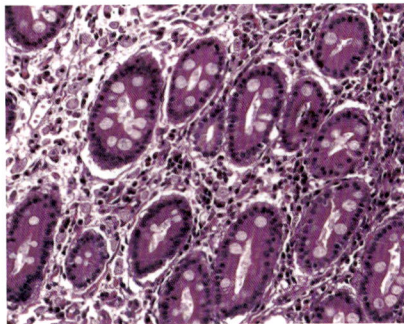

图2-1-6　肠上皮化生

第二节　细胞和组织的损伤

PPT

当机体内、外环境的改变超过了组织和细胞的适应能力后，细胞和细胞间质可发生物质代谢、功能和形态结构的异常变化，称为损伤（injury）。引起细胞和组织损伤的原因是多种多样的，包括缺氧、病原生物感染、理化因素、免疫因素、精神社会心理因素等。大多较轻的细胞损伤在原因消除后可恢复正常，通常称为可逆性损伤（reversible injury）。严重的细胞损伤是不可逆的，可直接或最终导致细胞死亡。

一、可逆性损伤

细胞可逆性损伤的形态学变化称为变性（degeneration），是指细胞或细胞间质受损伤后，由于代谢障碍，使细胞内或细胞间质出现异常物质或正常物质异常蓄积的现象。通常伴有细胞功能低下。常见的变性有以下几种。

1. **细胞水肿（cellular swelling）**　又称水变性（hydropic degeneration），是细胞损伤中最早出现的改变。主要见于心、肝、肾等器官的实质细胞。

（1）原因和机制　在感染、中毒、缺氧时，细胞线粒体受损，三磷酸腺苷（ATP）生成减少，细胞膜钠钾泵功能障碍，导致细胞内钠、水过多积聚，引起细胞水肿。之后，乳酸、磷酸盐等代谢产物蓄积，细胞内渗透压增加，进一步加重细胞水肿。

（2）病理变化　肉眼观，器官体积增大，包膜紧张，边缘钝圆，切面外翻，颜色变淡。镜下观，细胞肿胀，细胞质内出现红染细颗粒状物质，电镜观察证实为肿大的线粒体和扩张的内质网。若细胞内水钠进一步增多，则细胞肿大明显，细胞质疏松淡染（图2-2-1）。重度的细胞水肿胞质透明，细胞膨大如气球，称气球样变。细胞水肿是一种可复性损伤，但是严重的细胞水肿也可发展为细胞死亡。

2. **脂肪变**　甘油三酯蓄积于非脂肪细胞的胞质中，形成脂肪滴，称为脂肪变（fatty change）。多发生于肝细胞、肾小管上皮细胞、心肌细胞、骨骼肌细胞等，尤以肝细胞最常见。与感染、中毒、缺氧、营养不良、酗酒、糖尿病及肥胖等引起脂肪酸氧化障碍、脂蛋白合成障碍或甘油三酯合成过多有关。

肉眼观，轻度脂肪变，受累器官可无明显变化。随着病变加重，脂肪变的器官体积增大，包膜紧张，颜色淡黄，边缘圆钝，切面有油腻感。镜下观，脂肪变的细胞质内出现大小不等的球形脂滴，并可融合成大脂滴而将细胞核挤压至一侧。在石蜡切片中，因脂肪被有机溶剂溶解，故脂滴呈空泡状（图2-2-2）。冰冻切片可保存脂质，用苏丹Ⅲ可将脂肪染成橘红色，用锇酸可将其染成黑色。显著弥漫性肝脂肪变称为脂肪肝，重度肝脂肪变可进展为肝坏死和肝硬化。

图2-2-1　肝细胞水肿

肝细胞肿胀明显，胞质疏松淡染

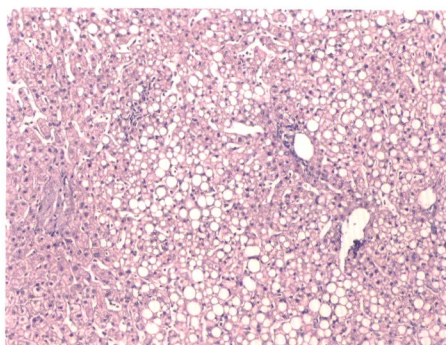

图2-2-2　肝细胞脂肪变（HE染色）

肝细胞胞质内见大小不等的空泡；部分细胞核偏向细胞的一侧

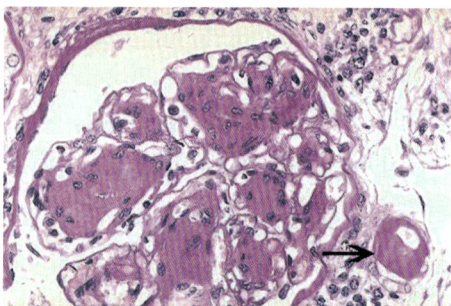

图2-2-3　肾小球入球小动脉玻璃样变

肾入球小动脉管壁增厚，管腔狭小，动脉壁内见均质、红染的玻璃样物质

3. **玻璃样变**　细胞内或间质中出现均致、红染、半透明的蛋白质蓄积，称为玻璃样变（hyalinization degeneration），或称透明变（hyaline degeneration）。主要有以下几种类型。

（1）血管壁玻璃样变　常见于缓进型高血压和糖尿病的肾、脑、脾及视网膜等处的细小动脉。因细动脉痉挛导致内膜缺血受损，通透性增高，血浆蛋白渗入内膜下和基底膜代谢物质沉积，使细小动脉管壁增厚、变硬，管腔狭窄甚至闭塞，故又称细小动脉硬化（图2-2-3）。玻璃样变的细小动脉壁弹性减弱，脆性增加，易继发扩张形成动脉瘤或破裂出血。

（2）纤维结缔组织玻璃样变　是胶原纤维老化的表现。常见于瘢痕组织、动脉粥样硬化纤维斑块及各种坏死组织的机化等。肉眼呈灰白色、质韧、半透明状。镜下见胶原纤维变粗、融合，其间少有血管和纤维细胞。

（3）细胞内玻璃样变　异常蛋白质在细胞质内蓄积，形成均质、红染的圆形小体。如肾小管上皮细胞重吸收原尿中的蛋白质，与溶酶体融合，形成玻璃样小滴；浆细胞质内免疫球蛋白蓄积，形成拉塞尔（Russell）小体。

4. **黏液样变性**　细胞间质内黏多糖和蛋白质的蓄积，称为黏液样变性（mucoid degeneration）。常见于间叶组织肿瘤、风湿病灶、动脉粥样硬化斑块等。镜下见，间质疏松，灰蓝色的黏液基质中散在分布多突起的星芒状纤维细胞。

5. **病理性色素沉着**　色素在细胞内、外的异常蓄积，称为病理性色素沉着（pathologic pigmentation）。沉着的色素包括内源性色素如含铁血黄素、脂褐素、胆红素、黑色素等，以及外源性色素如炭尘、煤尘、纹身色素等。

6. **病理性钙化**　骨和牙齿之外的组织中固体钙盐（主要是磷酸钙和碳酸钙）沉积，称为病理性钙化（pathologic calcification）。肉眼呈灰白色细小颗粒或团块，触之有沙砾感或硬石感。镜下呈蓝色颗粒状至片块状。按发生原因不同分为以下两种。

（1）营养不良性钙化　钙盐沉积于坏死或即将坏死的组织或异物中，称营养不良性钙化。见于结核病灶、血栓、动脉粥样硬化斑块、死亡的寄生虫卵等。体内钙磷代谢正常，血钙正常。

（2）转移性钙化　是指全身性钙磷代谢失调（高血钙）而致钙盐沉积于正常组织内，称转移性钙化。多见于甲状旁腺功能亢进、维生素D过多症和某些骨肿瘤等。钙化常发生在血管及肾、肺和胃的间质组织。

二、细胞死亡

当细胞发生致死性代谢、结构和功能障碍，便可引起不可逆性损伤（irreversible injury），即细胞死亡（cell death）。主要有坏死和凋亡两种类型。

（一）坏死

坏死（necrosis）是以酶溶性变化为特点的活体内局部组织中细胞的死亡。坏死可因致病因素较强直接导致，但大多由可逆性损伤发展而来。坏死后的细胞和组织代谢停止，功能丧失，结构破坏，而且可引起周围组织的炎症性反应。

1. **病理变化**　坏死初发时，组织、细胞的形态结构变化不易识别，但坏死细胞膜通透性增加，细胞内具有组织特异性的酶释放到血液中，如血清肌酸激酶、乳酸脱氢酶、谷草转氨酶、谷丙转氨酶等，使血液中相应酶活性升高。数小时后光镜下可辨认出其特征性改变，包括细胞核、细胞质和细胞间质的改变。

（1）细胞核的变化　是细胞坏死的主要形态学标志，表现如下。①核固缩：细胞核染色质DNA浓缩，核体积缩小，染色加深；②核碎裂：核膜破裂，核染色质崩解为小碎片分散在胞质中；③核溶解：核染色质DNA在DNA酶的作用下分解，核染色质嗜碱性下降，染色变淡，只见甚至不见核的轮廓（图2-2-4）。

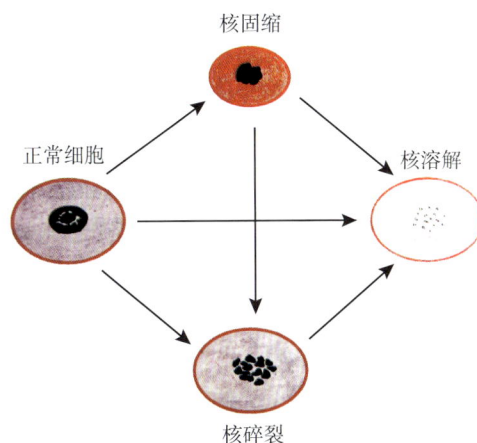

图2-2-4　坏死时细胞核的变化

（2）细胞质的变化　细胞质嗜酸性增强，红染，呈颗粒状。之后细胞膜破裂，整个细胞迅速溶解、消失。

（3）间质的变化　早期不明显，后期在各种水解酶的作用下，基质崩解，胶原纤维肿胀、崩解、断裂、液化。最后，坏死的细胞核、细胞质及崩解的间质融合成一片模糊的无结构的颗粒状红染物质。

组织坏死的早期，肉眼不易识别。坏死组织的形态学改变的出现需要一定时间，临床上一般将失去生活能力的组织称为失活组织（devitalized tissue），其特征有：①失去原有组织的光泽，颜色苍白、混浊；②失去原有组织的弹性，捏起或切断后组织回缩不良；③失去正常组织的血供，血管无搏动，切割无新鲜血液流出；④失去正常的感觉及运动功能。

2. 坏死的类型

（1）凝固性坏死　蛋白质变性凝固且溶酶体酶水解作用较弱时，坏死区呈灰白或灰黄色、干燥、质实状态，称为凝固性坏死（coagulative necrosis）。多见于心、肝、肾、脾等实质器官。镜下观，坏死区周围形成充血、出血和炎症反应带，与周围健康组织分界多较明显，坏死灶内细胞结构消失，而组织轮廓仍可保存（图2-2-5）。

干酪样坏死（caseous necrosis）是特殊类型的凝固性坏死，主要见于结核病。肉眼见坏死区呈黄色，质地松软，状似干酪，称为干酪样坏死。镜下观，坏死组织分解彻底，为无结构的颗粒状红染物，组织轮廓不清。

（2）液化性坏死　由于坏死组织中可凝固的蛋白质少，或坏死细胞自身及浸润的中性粒细胞等释放大量水解酶，或组织富含水分和磷脂，则细胞组织坏死后易发生溶解液化，称为液化性坏死（liquefactive necrosis）。见于脓肿、脑软化、急性胰腺炎、脂肪坏死等。

（3）纤维素样坏死（fibrinoid necrosis）　旧称纤维素样变性，是结缔组织和小血管壁的一种坏死。镜下观，坏死组织呈细丝状、颗粒状或小条块状红染无结构物质，其染色性质与纤维素（纤维蛋白）相似，呈强嗜酸性。见于某些变态反应性疾病，如风湿病、结节性多动脉炎、系统性红斑狼疮以及急进性高血压等。

（4）坏疽　较大范围的组织坏死并继发腐败菌感染称为坏疽（gangrene）。坏死组织被腐败菌分解，产生的硫化氢与血红蛋白中的Fe^{2+}结合形成硫化铁，使坏死组织变为黑色或暗绿色。根据坏疽的形态，可分为三种类型。①干性坏疽：常见于动脉阻塞但静脉回流通畅的四肢末端，如动脉粥样硬化、血栓闭塞性脉管炎、冻伤等。因水分散失较多，故坏死区干燥皱缩，与正常组织界限清楚，腐败变化较轻（图2-2-6）。②湿性坏疽：多发生于与外界相通的内脏，如肠、肺、子宫、阑尾、胆囊等，也发生于动脉阻塞而静脉回流受阻的肢体。坏死区水分较多，腐败菌易于繁殖，故局部肿胀呈蓝绿色或棕褐色，与正常组织界限不清。腐败菌分解蛋白质，产生吲哚和粪臭素等，故有恶臭。腐败菌产生大量毒素被机体吸收，可造成毒血症，威胁生命。③气性坏疽：指深达肌肉的开放性创伤，合并产气荚膜杆菌等厌氧菌感染。厌氧菌分解坏死组织产生大量气体，使坏死区内含气泡呈蜂窝状，按之有捻发感。病区肿胀，棕黑色，有奇臭。气性坏疽发展迅速，大量毒素被吸收入血可引起全身中毒症状，甚至危及生命。

3. 坏死的结局

（1）溶解吸收　坏死组织可被坏死细胞和中性粒细胞释放的水解酶溶解液化，由淋巴管、血管吸收；不能吸收的碎片，则由巨噬细胞吞噬清除。坏死液化范围较大时，可形成囊腔。

（2）分离排出　较大坏死灶不易完全溶解吸收，其周围渗出的中性粒细胞释放蛋白水解酶，可加速坏死灶边缘组织的溶解，使坏死灶与健康组织分离、脱落，形成缺损。皮肤或黏膜坏死组织脱落后形成浅表组织缺损称为糜烂（erosion），或形成较深的组织缺损称为溃疡（ulcer）。肾、肺等器官的坏死组织液化后，经支气管、输尿管等自然管道排出，所残留的空腔称为空洞（cavity）。

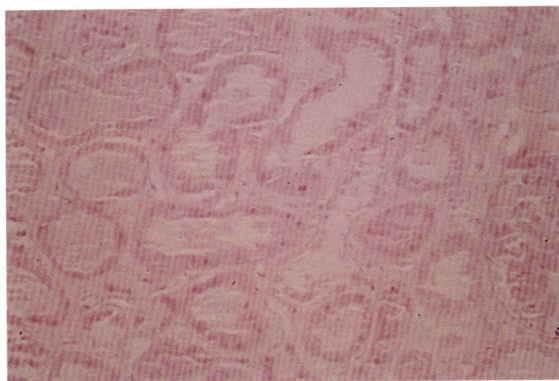

图2-2-5 肾凝固性坏死

坏死区肾小管、肾小球结构轮廓尚可辨认，
但细胞微细结构消失

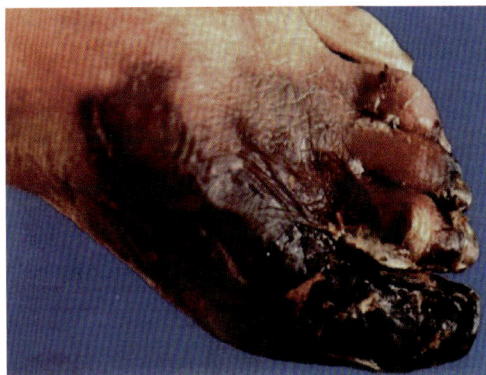

图2-2-6 足干性坏疽

脚趾呈黑色，干燥皱缩，
与周围组织界限清楚

（3）机化与包裹 新生肉芽组织长入并取代坏死组织、血栓、脓液、异物等的过程，称为机化（organization）。如坏死组织等太大，肉芽组织难以向中心部完全长入或吸收，则由周围增生的肉芽组织将其包围，称为包裹（encapsulation）。机化和包裹的肉芽组织最终形成瘢痕组织。

（4）钙化 坏死的细胞和细胞碎片若未被及时清除，则易吸引钙盐和其他矿物质沉积，引起营养不良性钙化。

病例分析3

李某，男，65岁，患高血压病20余年。半年前开始出现双下肢发凉、发麻，走路时常出现阵发性疼痛，休息后缓解。近1个月右足剧痛，感觉渐消失，足趾渐坏死发黑，左下肢逐渐变细。3天前突然昏迷，猝死。尸检：左、右冠状动脉粥样硬化，且以左支为重，左心室壁厚1.5cm，有苍白色病灶。镜下大片心肌细胞核溶解消失，胞质均质、红染，病灶周围部分心肌细胞体积增大、染色变深。部分心肌细胞体积缩小，核周有褐色颗粒样物。心肌间质中脂肪组织丰富，由心外膜伸入心肌细胞间。脾小体中央动脉和肾入球小动脉管壁增厚、均匀粉染，管腔狭窄。右胫前动脉及足背动脉管壁不规则增厚，有一处管腔阻塞。

问题与思考

（1）该患者的心脏、脾脏和肾脏及双下肢分别发生了哪些病理改变？

（2）右足发黑坏死的原因是什么？

答案解析

（二）细胞凋亡

凋亡（apoptosis）是活体内单个细胞由基因调控的主动而有序的自我死亡，又称程序性细胞死亡（programmed cell death，PCD）。凋亡在胚胎发生发育、成熟细胞新旧交替、激素依赖性生理退化、萎缩和老化以及自身免疫性疾病和肿瘤发生进展中，都发挥着不可替代的重要作用，并非仅是细胞损伤的产物。

细胞凋亡普遍存在于多细胞生物体中，是细胞的主要功能活动之一，以不引起周围炎症反应的方式清除个别不需要的细胞，对维持机体正常生理功能和机体自身稳定性有重要的意义。

凋亡与坏死的区别见表2-2-1。

表2-2-1　凋亡与坏死的区别

鉴别点	凋亡	坏死
诱因	生理性或轻微病理性刺激	病理性刺激，如缺氧、中毒、感染等
基因调控	有，主动过程	无，被动过程
死亡范围	多为散在的单个或数个细胞	多为聚集的大片细胞
形态特征	细胞固缩，核染色质边集，细胞膜及细胞器膜完整，胞膜发泡成芽，形成凋亡小体	细胞肿胀，核染色质絮状或边集，细胞膜及细胞器膜溶解破裂，溶酶体酶释放，细胞自溶
凋亡小体	有	无
周围反应	不引起周围组织炎症反应和修复再生，凋亡小体可被邻近细胞和巨噬细胞吞噬	引起周围组织炎症反应和修复再生

三、细胞老化

细胞老化（cellular aging）是细胞随生物体年龄增长而发生的退行性变化，是生物个体老化的基础。生物个体及其细胞均须经历生长、发育、老化及死亡等阶段，老化是生命发展的必然。应该说，细胞从诞生之时起，老化过程就已开始。

（一）细胞老化的特征

细胞老化具有以下特征。①普遍性：所有的细胞、组织、器官和机体都会出现不同程度的老化改变。②不可逆性：随着时间的推移，细胞老化不断进行性地发展。③内因性：细胞老化是由细胞内在基因决定的衰退现象，不是外伤、事故等外因的直接作用。④有害性：老化的细胞代谢、适应及代偿等多种功能低下，且缺乏恢复能力，进而导致老年病的产生，机体其他疾病患病率和死亡率也逐渐增加。如随个体年龄增长，淋巴细胞老化，功能降低，导致不能清除外来病原体及肿瘤细胞等自身异物；另一方面导致自身免疫性疾病的发生。

（二）细胞老化的基本形态

老化的细胞功能衰退，如细胞的结构蛋白、酶蛋白和受体蛋白合成减少，摄取营养和修复损伤的能力下降。形态学上则表现为细胞体积缩小，水分减少，细胞及细胞核变形，线粒体、高尔基体数量减少，胞质脂褐素沉着。器官重量减轻，间质增生硬化。

（三）细胞老化机制

细胞老化的机制尚不十分清楚，主要倾向于遗传程序学说和错误积累学说。

1. **遗传程序学说**　该学说认为细胞老化是由机体遗传基因决定的，即细胞的生长、发育、成熟和老化都是由细胞基因库中的内在基因按既定程序依次表达完成的，最终的老化死亡是遗传信息耗竭的结果。如体外培养的人成纤维细胞经约50次分裂后便自行停止分裂。

2. **错误积累学说**　除了细胞遗传的程序性机制外，细胞寿命的长短也取决于代谢作用损伤和损伤后分子反应之间的平衡。细胞分裂时，由于自由基等有害物质的损害，可诱导脂质过氧化反应，使线粒体等细胞器膜流动性、通透性和完整性被破坏，DNA断裂突变，其修复和复制过程因之发生错误。当DNA错误复制后，*p53*基因被激活，促使*p21*和*p16*等基因蛋白转录增强。研究证实，干细胞中*p16*等基因蛋白表达增多，干细胞则逐渐丧失自我更新能力。可进一步阻碍细胞进入分裂状态。有证据表明随着年龄增长，干细胞逐渐丧失自我更新能力。同时，随着错误的不断积累，生成大量的异常蛋白质，而原有蛋白多肽和酶的功能丧失，最终导致细胞老化。

综上所述，细胞的老化既由基因程序性因素决定，也受细胞内外环境中有害因素积累的影响。若细胞的老化能按照遗传规定的程序进行，便可达到应有的自然寿限（自然老化）。如果有害因素妨碍了细胞的代谢功能，则老化进程加快。因此，在遗传安排的决定性背景下，细胞代谢障碍是细胞老化的促发因素。

第三节 损伤的修复

损伤造成机体部分细胞和组织丧失后，机体对所形成缺损进行修补恢复的过程，称为修复（repair），修复后可完全或部分恢复原组织的结构和功能。修复过程有两种形式：再生和纤维性修复。多数情况下，由于多种组织同时发生损伤，故再生和纤维性修复常同时存在。在组织损伤与修复过程中常伴有炎症反应。

一、再生

组织缺损由损伤周围的同种细胞进行修复的过程，称为再生（regeneration）。如果完全恢复了原组织的结构和功能，则称为完全再生。

（一）再生的类型

1. **生理性再生** 在生理过程中，机体的某些细胞不断老化、凋亡，由新生的同种细胞不断补充，以保持原有的结构和功能，维持组织器官的完整和稳定，称生理性再生。如表皮的表层角化细胞脱落，由基底细胞增生、分化补充；消化道黏膜上皮1~2天就更新一次；子宫内膜周期性脱落，由基底部细胞增生恢复；血细胞的更新等。

2. **病理性再生** 指病理状态下组织、细胞缺损后发生的再生。多数情况下，由于有多种组织同时发生损伤，在组织损伤与修复过程中常伴有炎症反应，故机体损伤后再生和纤维性修复常同时存在。

（二）不同类型细胞的再生潜能

不同种类的细胞再生能力不同。一般而言，低等动物比高等动物的细胞或组织再生能力强。就个体而言，幼稚组织比高分化组织再生能力强；易受损伤及生理状态下经常更新的细胞再生能力强。按再生能力的强弱，可将人体细胞分为三类。

1. **不稳定细胞（labile cells）** 又称持续分裂细胞。这类细胞再生能力很强，生理状态下不断周期性更新，损伤时表现出相当强的再生能力，如表皮细胞、呼吸道和消化道的黏膜上皮、泌尿生殖器官管腔的被覆细胞、淋巴及造血细胞、间皮细胞等。

2. **稳定细胞（stable cells）** 又称静止细胞，这类细胞在生理情况下不表现出再生能力，但具有较强的潜在再生能力，一旦受到损伤的刺激时，则迅速增殖，表现出较强的再生能力，如肝、胰、涎腺、内分泌腺、汗腺、皮脂腺和肾小管的上皮细胞、成纤维细胞、血管内皮细胞、软骨细胞及骨细胞等。平滑肌细胞也属于稳定细胞，但再生能力较弱。

3. 永久性细胞（permanent cells）　指再生能力非常微弱或完全无再生能力的细胞。如骨骼肌和心肌细胞仅有微弱的再生能力，损伤后通常由纤维组织增生加以修复。神经细胞完全没有再生能力，在出生后都不能分裂增生，一旦遭受破坏则成为永久性缺失，但这不包括神经纤维。在神经细胞存活的前提下，受损的神经纤维有着活跃的再生能力。

（三）常见组织的再生过程

1. 上皮组织的再生　皮肤、黏膜的被覆上皮损伤后，由创缘的基底层细胞分裂增生，向缺损中心迁移，先形成单层上皮，后增生分化形成鳞状上皮。腺上皮虽有较强的再生能力，但再生的情况依损伤的状态而异。如腺体的基底膜未被破坏，可由残存细胞分裂补充，达到完全再生；若腺体结构完全破坏，则难以完全再生，由纤维结缔组织取代。

2. 纤维组织的再生　在损伤的刺激下，受损处的成纤维细胞分裂、增生，合成并分泌前胶原蛋白，在细胞周围形成胶原纤维并逐渐成熟为纤维细胞。成纤维细胞体积较大，椭圆形或圆形，胞质略嗜碱性，核大而淡染，可见1~2个核仁。纤维细胞长梭形，细胞质少，核深染，不见核仁。

3. 血管的再生

（1）毛细血管的再生　是以生芽的方式完成的。首先是毛细血管内皮细胞分裂增生，形成突起的幼芽，随着内皮细胞向前移动及后续细胞的增生而形成一条细胞索，数小时后便可出现管腔，形成新生的毛细血管，进而彼此吻合构成毛细血管网（图2-3-1）。为适应功能的需要，毛细血管可不断改建，发展为小动脉、小静脉。

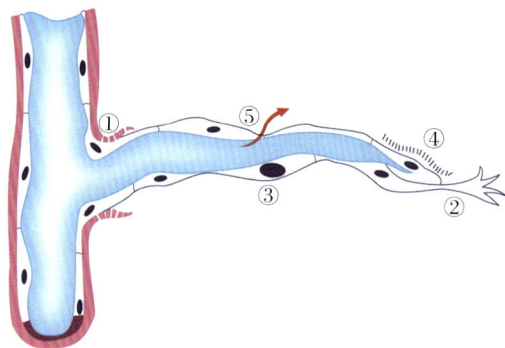

图2-3-1　毛细血管再生模式图
①基底膜溶解；②细胞移动和趋化；③细胞增生；④细胞管腔形成、成熟及生长抑制；⑤细胞间通透性增加

（2）大血管的再生　大血管断裂后需手术吻合。吻合处两侧的内皮细胞分裂增生，互相连接，恢复原有内膜结构。但断离的肌层不易完全再生，由纤维结缔组织增生连接，形成瘢痕修复。

4. 神经组织的再生　脑及脊髓内的神经细胞破坏后不能再生，由神经胶质细胞及其纤维修补，形成胶质瘢痕。神经纤维离断后，如果与其相连的神经细胞仍然存活，则可完全再生。首先，断裂处远侧端全部和近侧端一部分的神经纤维髓鞘及轴突崩解、吸收。然后两端的神经鞘细胞增生形成带状的合体细胞，将断端连接。近端轴突以每天约1mm的速度逐渐向远端生长，穿过神经鞘细胞带直达末梢，鞘细胞产生髓磷脂包绕轴索形成髓鞘（图2-3-2）。此再生过程常需数月以上才能完成。若两断端相距太远（超过2.5cm），或断端间有瘢痕或其他组织阻隔，或因截肢失去远端，再生轴突均不能到达远端，而与增生的结缔组织混杂在一起，卷曲成团，成为创伤性神经瘤，可引起顽固性疼痛。

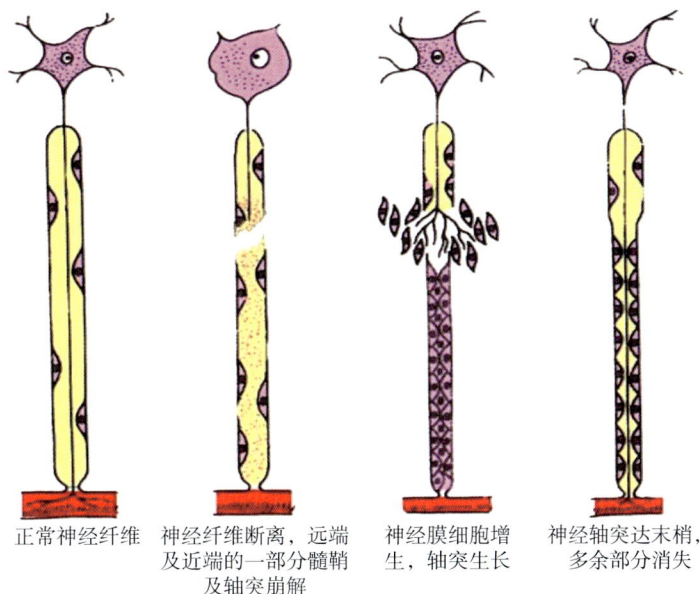

| 正常神经纤维 | 神经纤维断离，远端及近端的一部分髓鞘及轴突崩解 | 神经膜细胞增生，轴突生长 | 神经轴突达末梢，多余部分消失 |

图2-3-2 神经纤维再生模式图

知识拓展

　　干细胞是个体发育过程中产生的具有无限或较长时间自我更新和多向分化能力的一类细胞。干细胞可分为胚胎干细胞和成体干细胞。胚胎干细胞是起源于着床前胚胎内细胞群的全能干细胞，这些未分化细胞可进一步分裂、分化、发育成个体；成体干细胞是存在于各器官组织中具有自我更新和一定分化潜能的不成熟细胞。人体内所有的组织和器官都是由干细胞分化而来，理论上任何组织器官出现了损伤，都可以由干细胞进行修复。干细胞或相关衍生产品移植，有望帮助人类实现修复创伤和病理组织、治愈终末期疾病的梦想，成为继药物治疗、手术治疗后的第三种疾病治疗途径，从而推动新一轮的医学革命。

二、纤维性修复

　　纤维性修复（fibrous repair）是指通过肉芽组织增生修复缺损，最终形成瘢痕组织的过程，也称为瘢痕修复。

（一）肉芽组织

　　肉芽组织（granulation tissue）由新生的毛细血管和成纤维细胞构成，并伴有炎细胞浸润。

　　1. **肉芽组织的形态** 肉眼观，鲜红色、颗粒状、柔软湿润、形似鲜嫩的肉芽。镜下观，可见大量由内皮细胞增生形成的实性细胞索及扩张的毛细血管，垂直于创面生长，并以小动脉为轴心，在周围形成袢状弯曲的毛细血管网。新生的毛细血管周围有大量新生的成纤维细胞，此外常有大量渗出液及炎细胞（图2-3-3）。炎细胞中以巨噬细胞为主，也有多少不等的中性粒细胞和淋巴细胞。

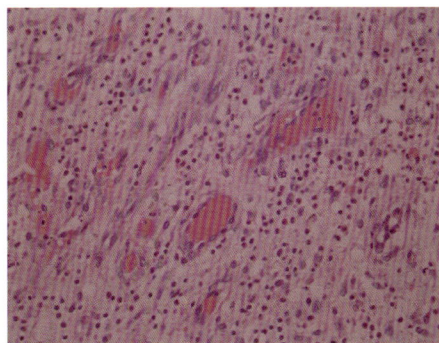

图2-3-3 肉芽组织镜下结构（HE染色）

2. 肉芽组织的功能

（1）抗感染保护创面　肉芽组织内的巨噬细胞和中性粒细胞可吞噬和杀灭进入肉芽组织中的病原微生物，从而防止感染的发生，保护创面的清洁。

（2）机化或包裹坏死组织、血凝块、血栓及其他异物　肉芽组织在向伤口长入的过程中会逐渐取代血凝块和坏死组织，为伤口愈合创造良好条件，并最终成熟形成瘢痕组织。

（3）填补创口及其他组织缺损　组织缺损后主要通过肉芽组织生长填充，断裂的组织则通过肉芽组织进行连接。

3. 肉芽组织的结局　肉芽组织在组织损伤后2~3天内即可出现，自缺损底部向上或坏死组织周围向中心生长推进，填补缺损或机化坏死组织或异物。随着时间的推移（1~2周），肉芽组织按照其生长的顺序逐渐成熟，转变为纤维结缔组织，表现为间质的渗出液逐渐吸收减少；炎细胞减少并逐渐消失；部分毛细血管管腔闭塞、数目减少，并可根据需要改建为小动脉和小静脉；成纤维细胞产生大量的胶原纤维，同时成纤维细胞数目减少并转化为纤维细胞。最后纤维结缔组织逐渐转化为老化阶段的瘢痕组织。

（二）瘢痕组织

瘢痕组织（scar tissue）是指肉芽组织经改建成熟形成的纤维结缔组织。

1. 瘢痕组织的形态　肉眼呈苍白或灰白色，半透明，质韧，缺乏弹性。镜下可见大量胶原纤维平行或交错分布，纤维束增粗，往往呈均质红染即玻璃样变。组织内纤维细胞稀少，血管减少。

2. 瘢痕组织对机体的影响

（1）有利方面　①填补并连接组织缺损，可使组织器官保持完整性。②大量的胶原纤维使瘢痕组织比肉芽组织更具抗拉性，可使组织器官保持坚固性。

（2）不利方面　①瘢痕收缩：发生于关节附近时，使关节挛缩、功能受限；发生于胃肠道、泌尿道等腔室器官时可引起管腔狭窄，如胃溃疡瘢痕可引起幽门梗阻。②瘢痕性粘连：在器官之间或器官与体腔壁之间发生的纤维性粘连，常不同程度影响其功能。③广泛的纤维性修复可引起器官硬化。④瘢痕疙瘩（蟹足肿），由瘢痕组织增生过度突出于皮肤表面并向周围不规则扩展所致。

瘢痕组织中的胶原纤维在成纤维细胞、中性粒细胞和巨噬细胞等释放的胶原酶的作用下，可以逐渐分解、吸收，从而使瘢痕缩小、软化。

三、创伤愈合

创伤愈合（wound healing）是指机体遭受外力作用，导致皮肤等组织出现离断或缺损后的愈合过程。

（一）皮肤创伤愈合

根据损伤程度及有无感染，皮肤创伤愈合可分为以下两种类型。

1. 一期愈合（healing by first intention）　见于组织缺损少、创缘整齐、无感染和异物、对合严密的伤口（如手术切口）。这种伤口只有少量的血凝块，炎症反应轻。表皮再生在24~48小时内便可将伤口覆盖。第3天即有肉芽组织从伤口边缘长出，并逐渐将伤口填满。第5~7天伤口两侧出现胶原纤维，切口达临床愈合标准，此时切口已可拆线，最后形成一条线状瘢痕。一期愈合的时间短，形成的瘢痕小（图2-3-4）。

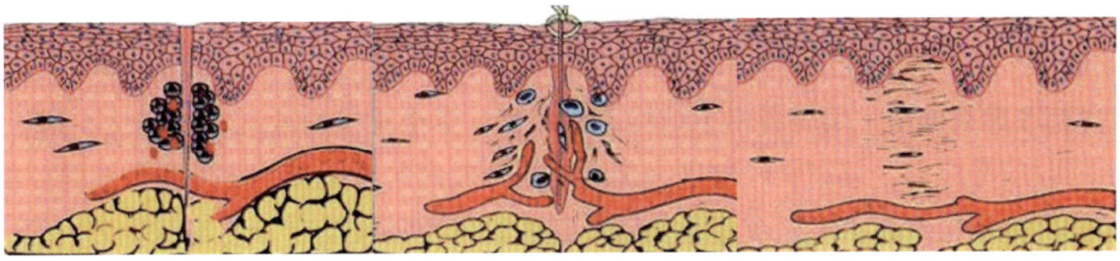

图2-3-4 创伤一期愈合模式图

2. 二期愈合（healing by second intention） 见于组织缺损大、创缘不整齐、伴有感染和异物、不能严密对合的伤口。这种伤口炎症反应明显，只有等到感染被控制，异物或坏死组织被清除后，再生才能开始。由于伤口大，需大量肉芽组织将伤口填平，故二期愈合的时间长，形成的瘢痕大（图2-3-5）。

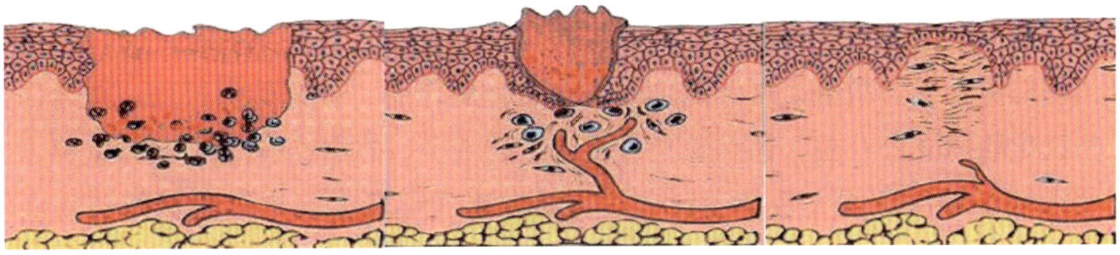

图2-3-5 创伤二期愈合模式图

（二）骨折愈合

骨折通常可分为外伤性骨折和病理性骨折两大类。骨折愈合的好坏，所需时间与骨折的部位、性质、错位的程度、年龄以及引起骨折的原因等因素有关。骨的再生能力很强。一般而言，单纯性外伤骨折经过及时、良好的复位和牢靠的固定及早日进行功能锻炼后，可恢复正常结构和功能。骨折愈合过程可分为以下几个阶段（图2-3-6）。

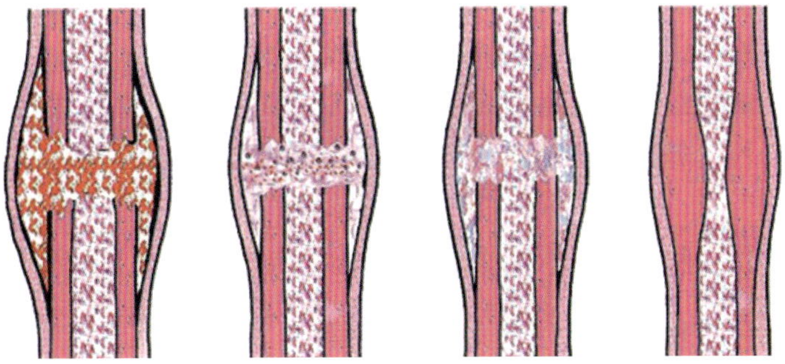

图2-3-6 骨折愈合过程模式图

1. 血肿形成 骨组织和骨髓含有丰富的血管，骨折时，在骨折两端及其周围伴有大量出血形成血肿，数小时后血肿发生凝固。与此同时常出现轻度的炎症反应。

2. 纤维性骨痂形成 骨折后的2~3天，血肿开始由肉芽组织取代而机化，继而发生纤维化形成纤维性骨痂，或称暂时性骨痂。1周左右，上述肉芽组织及纤维组织可进一步分化，形成透明软骨。此过程需2~3周。

3. 骨性骨痂形成 上述纤维性骨痂逐渐分化出骨母细胞，并形成类骨组织，以后出现钙盐沉积，类骨组织转变为编织骨。纤维性骨痂中的软骨组织也经软骨化骨过程演变为骨组织，至此形成骨性骨痂。此期需4~8周。

4. 骨性骨痂改建或再塑　编织骨由于结构不够致密，骨小梁排列紊乱，故仍达不到正常功能需要。为了适应骨活动时所受应力，编织骨经过进一步改建成为成熟的板层骨，皮质骨和骨髓腔的正常关系及骨小梁正常的排列结构也重新恢复。改建是在破骨细胞的骨质吸收及成骨细胞新骨形成的协调作用下完成的。

（三）影响创伤愈合的因素

1. 全身因素

（1）年龄　儿童和青少年的组织再生能力强、愈合快。老年人则相反，因血管硬化、血液供应减少及细胞老化，组织再生能力差、愈合慢。

（2）营养　严重的蛋白质缺乏，尤其是含硫氨基酸（如甲硫氨酸、胱氨酸）缺乏时，肉芽组织及胶原形成不良，伤口愈合延缓。维生素中以维生素C对愈合最重要。维生素C缺乏时，成纤维细胞合成前胶原蛋白减少，伤口愈合慢。微量元素锌对创伤愈合有重要作用，补锌能促进伤口愈合。其机制可能与锌是细胞内一些氧化酶的成分有关。钙和磷是骨盐的主要成分，在骨折愈合中尤为重要。

此外，某些疾病如糖尿病或大量使用肾上腺皮质激素或促肾上腺皮质激素等药物也可影响创伤的愈合。

2. 局部因素

（1）局部血液循环　良好的血液循环能保证组织再生所需的氧和营养物质，同时也有利于吸收坏死组织及控制局部感染，因此，局部血液供应良好时，则伤口愈合好；反之，如动脉硬化、静脉曲张、伤口包扎或缝合过紧等均可导致局部血供不足，使伤口愈合迟缓。临床上用热敷、红外线等理疗，可改善局部血液循环，促进伤口愈合。

（2）感染与异物　感染可引起组织坏死，溶解基质或胶原纤维，加重局部组织损伤，妨碍创伤愈合；渗出物增多，局部伤口张力增加，常使正在愈合的伤口或已缝合的伤口裂开，或者导致感染扩散，加重损伤。异物（如丝线、纱布等）对局部组织既有刺激作用又易引起感染，不利于损伤的修复。因此，临床上对有感染及异物的伤口，只有清除感染及异物，才能愈合。

（3）神经支配　正常的神经支配对组织的再生有一定的作用。如麻风病引起的溃疡不易愈合，是因为神经受累致使局部神经性营养不良的缘故。因此，临床上神经损伤时要及时缝合，清创时也要避免伤及神经。

（4）电离辐射　能破坏细胞，损伤小血管，抑制组织再生，延迟伤口愈合。

在骨折愈合的过程中，除上述因素影响外，损伤过重（粉碎性骨折）、骨膜撕裂过多、断端间有异物或软组织嵌入、复位不良、断端活动等均不利于骨折愈合，值得注意。

● 实训实练一　细胞和组织的适应、损伤与修复 ●

（一）实训目的

1. 能够识别萎缩、肥大、化生、细胞水肿、脂肪变性和肉芽组织的镜下病变特点。

2．观察大体标本，并能对其病变特点进行准确描述。

（二）实训用品

大体标本、组织切片、显微镜。

（三）实训内容

【大体标本观察】

1．**心肌萎缩**　心脏体积缩小，重量减轻，心尖变尖锐，心室壁切面变薄，冠状动脉迂曲如蛇行状，颜色呈褐色。

2．**脑萎缩**　脑体积缩小，重量减轻，脑回变窄，脑沟加深、加宽，边缘变得锐利。切面（额状）侧脑室显著扩张，周围脑实质变薄。

3．**肾萎缩**　肾盂积水压迫肾实质导致的萎缩，切面可见肾盏和肾盂明显扩大呈囊状，肾实质萎缩变薄，重量减轻。

4．**心肌肥大**　高血压性心脏病心肌代偿性肥大，可见心脏体积增大，重量增加，心尖钝圆，左心室切面增厚，达4~5cm，心腔未扩张。

5．**肝细胞水肿**　肝脏体积增大，重量增加，包膜紧张，切面隆起，边缘外翻，颜色苍白混浊无光泽，像被开水烫过一样。

6．**肝脂肪变**　肝脏体积增大，重量增加，质软，颜色淡黄，表面光滑油腻，边角变钝。

7．**足干性坏疽**　病变部位干燥皱缩，呈黑色，与正常组织界限清楚。

8．**肾结核干酪样坏死**　肾脏正常组织结构被破坏，肾实质坏死形成的空洞与肾盏相通，坏死物质呈黄白色，松软，干燥，状似干奶酪。

9．**湿性坏疽（坏疽性阑尾炎）**　阑尾肿胀变粗，浆膜面失去光泽，可见纤维素性渗出物附着。部分阑尾呈黑绿色，坏死组织与正常组织分界不清。

【组织切片观察】

1．**支气管鳞状上皮化生**　镜下可见支气管黏膜假复层纤毛柱状上皮细胞被覆层的鳞状上皮细胞取代。

2．**肾小管上皮细胞水肿**　镜下可见肾近曲小管上皮细胞肿胀、体积增大，胞质丰富，内部充满伊红色细颗粒，细胞核清晰。肾小管腔变窄且形状不规则，呈星芒状改变。

3．**肝脂肪变性**　镜下可见肝细胞胞质内出现大小不等的圆形或椭圆形空泡，散在或聚集成团，肝细胞核可被挤压至细胞的一侧，类似于脂肪细胞。

4．**肉芽组织**　镜下可见肉芽组织由新生的毛细血管、成纤维细胞和炎细胞构成。成纤维细胞呈多树突状，核较大，卵圆形。新生的毛细血管扩张充血，垂直于创缘表面并呈弓形生长，其周围可见巨噬细胞、中性粒细胞、淋巴细胞等炎细胞浸润。

（四）实训作业

制作肉芽组织的显微镜下结构图。

目标检测

答案解析

一、单项选择题

1. 脑动脉硬化引起脑体积缩小、脑沟变宽、脑回变窄的病理改变属于（　　）

A. 压迫性萎缩　　　　　　　　B. 失用性萎缩　　　　　　　　C. 营养不良性萎缩

D. 内分泌性萎缩　　　　　　　E. 去神经性萎缩

2. 肌肉组织中形成骨组织，此改变属于（　　）

A. 增生　　　　　B. 化生　　　　　C. 肥大　　　　　D. 变性　　　　　E. 萎缩

3. 长期不进食引起的营养不良性萎缩，首先萎缩的组织是（　　）

A. 骨骼肌　　　　B. 心肌　　　　C. 肝实质　　　　D. 脑组织　　　　E. 脂肪组织

4. 下列关于化生的叙述，不恰当的是（　　）

A. 化生是一种分化成熟的细胞直接转化为另一种分化成熟细胞的过程

B. 化生对人体益害兼有

C. 化生可发展为肿瘤

D. 化生属于组织适应

E. 化生常发生于同源组织之间

5. 高血压患者左心室壁增厚、肉柱增粗，该心脏的变化属于（　　）

A. 萎缩　　　　B. 肥大　　　　C. 变性　　　　D. 坏死　　　　E. 再生

6. 肺结核时，干酪样坏死物经气管排出后可形成的病变是（　　）

A. 溃疡　　　　B. 空洞　　　　C. 糜烂　　　　D. 窦道　　　　E. 瘘管

7. 病毒性肝炎时，有的肝细胞呈"气球样变"，此种变化属于（　　）

A. 黏液样变性　　　B. 坏疽　　　C. 细胞水肿　　　D. 脂肪变性　　　E. 萎缩

8. 下列选项中，不利于创伤愈合的因素是（　　）

A. 蛋白质　　　B. 维生素　　　C. 钙　　　D. 糖皮质激素　　　E. 微量元素锌

9. 患者，男性，23岁，因车祸引起左下肢胫骨及腓骨开放性、粉碎性骨折，36小时后，患者出现发热和全身不适，左小腿及左足青紫、肿胀，伤口伴有气泡的恶臭脓液，肿胀区按之有捻发音。左小腿最可能的病理变化是（　　）

A. 干性坏疽　　　B. 湿性坏疽　　　C. 气性坏疽　　　D. 液化性坏死　　　E. 干酪样坏死

10. 下列损伤发生后，组织常以瘢痕修复的是（　　）

A. 神经纤维断离，与其相连的细胞体存活

B. 肝细胞小灶状坏死

C. 单纯性骨折

D. 肾小管上皮细胞坏死，基底膜尚完好

E. 心肌梗死

11. 肉芽组织的基本成分是（　　）

A. 新生的毛细血管、炎细胞　　　　　　　　B. 新生的毛细血管、炎细胞、瘢痕组织

C. 成纤维细胞、炎细胞　　　　　　　　　　D. 新生的毛细血管、成纤维细胞

E. 新生的毛细血管、成纤维细胞、炎细胞

12. 下列病理过程属于机化的是（　　）

  A．坏死灶周围钙盐沉积   B．死骨周围纤维增生   C．坏死物排出空腔形成

  D．坏死灶由肉芽组织取代 E．坏死缺损由周围组织修补

二、简答题

1. 请说出适应在形态上的表现形式，并举例说明萎缩和化生的类型。

2. 简述变性坏死的主要病理变化、常见类型、结局及影响。

3. 说出组织损伤修复的方式及肉芽组织在组织损伤修复中的作用。

4. 简述骨折愈合的过程及影响骨折愈合的因素。

（尹秀花）

书网融合……

知识回顾   习题

PPT

学习目标

知识要求：

1．掌握充血、淤血、血栓形成、栓塞和梗死的概念；血栓形成的条件，血栓的类型、结局及对机体的影响；梗死的原因、类型及病变特点。

2．熟悉淤血的原因及后果；栓子的运行途径；栓塞的类型及对机体的影响。

3．了解血栓形成的过程。

技能要求：

1．具有阅读病理图片并进行描述的能力。能初步识别肺、肝淤血，静脉血栓大体标本和切片的特点。

2．能够熟练规范地运用显微镜观察病理组织切片。

3．具备运用所学病理学知识分析和解决实际问题的临床思维能力。

　　良好的血液循环为细胞和组织提供氧气和营养物质，并维持内环境的稳定。血液循环障碍根据累及的范围分全身性和局部性两种，本章主要介绍局部血液循环障碍。局部血液循环障碍表现：①局部组织或器官血管内血液量的异常，如充血、淤血、缺血等；②局部组织或器官的血管内血液性状的异常，如血栓形成、栓塞、梗死等；③血管壁的完整性或通透性的异常，如出血、水肿等。

第一节　充血和淤血

　　机体局部组织、器官血管内血液含量的增多是充血和淤血的共同变化，但两者发生的原因、病变特点及对机体的影响不同。

一、充血

器官或组织动脉输入血量的增多，称动脉性充血，简称充血（hyperemia）。充血是一个主动性的过程，又称主动性充血。

1. **原因及类型**　常见的类型有生理性充血和病理性充血。

（1）生理性充血　常见于为适应器官、组织生理功能和代谢增强的需要而发生的充血，如妊娠时期的子宫充血，进食后的胃肠道黏膜充血，运动时骨骼肌充血以及情绪激动时的面部充血等。

（2）病理性充血　常见于：①炎性充血，较为常见，特别是在急性炎症早期，由于致炎因子的作用引起细动脉扩张、充血；②侧支性充血，由于局部组织缺血、缺氧，代谢产物堆积，刺激血管运动神经，导致缺血组织周围的动脉吻合支扩张充血，具有一定的代偿意义；③减压后充血，局部某一动脉长期受压，其所属动脉分支收缩神经兴奋性降低，当压力突然解除时，该处细动脉可迅速地被动扩张而致充血，如快速抽出大量腹水或摘除腹腔内的巨大肿瘤后，可使腹腔内大量的细动脉扩张充血。

2.　**病理变化**　局部组织、器官体积增大，重量增加，颜色鲜红，温度升高。镜下见局部细、小动脉和毛细血管扩张，血量增多。

3.　**影响和结局**　充血可使局部组织、细胞的氧和营养物质供应增多，增加局部抗病能力。因此，临床上常利用按摩、热敷、拔火罐等方法治疗某些疾病。但是，也有不利影响，如脑血管充血可引起头痛、脑微小动脉瘤破裂出血等。充血是短暂的血管反应，原因消除后，局部血量可恢复正常。

> **📝 知识拓展**
>
> 　　拔火罐作为我国中医学传统治疗方法之一，迄今已有5000余年历史，因为操作简单、方便易行，是民间常用的防病治病方法。其原理是通过罐内负压，使罐缘紧紧附着于皮肤表面，牵拉神经、肌肉、血管以及皮下的腺体，引起一系列神经内分泌反应，调节血管舒、缩功能和血管的通透性，从而改善局部血液循环。中医认为拔火罐可以通气通血、舒经活络。通过加压刺激穴位，产生温热，使血管扩张、血流量增加，增强血管壁的通透性，为病变区域带来营养物质，并能起到缓解肌肉疼痛的作用。目前，随着国际交流合作进展，拔火罐技术已经风靡全球。

二、淤血

由于静脉血液回流受阻，局部组织或器官静脉和毛细血管内血液含量增多，称静脉性充血，简称淤血（congestion）。淤血是一个被动的过程，又称被动性充血。

1.　**原因**　①静脉管腔阻塞，如静脉内血栓形成、静脉栓塞，静脉炎引起的静脉壁增厚等，可导致静脉回流受阻引起淤血。②静脉受压，如肿瘤、炎症包块及绷带包扎过紧，妊娠后期增大的子宫压迫髂静脉可引起下肢淤血，肠套叠、肠扭转引起局部肠管淤血等。③心力衰竭，如左心衰竭，导致肺静脉回流受阻，引起肺淤血；右心衰竭，导致体循环静脉回流受阻，引起肝、脾、肠等器官和组织淤血。

2.　**病理变化**　淤血的组织和器官体积增大，重量增加，包膜紧张，颜色暗红，常有血性液体逸出。当血液中脱氧血红蛋白超过50g/L时，皮肤和黏膜呈紫蓝色，称为发绀。由于血流缓慢，代谢降低，该处的体表温度常下降。淤血组织内小静脉、细静脉及毛细血管扩张，管腔内充满大量红细胞，有时还伴有组织水肿及淤血性出血。

3.　**影响和结局**　取决于淤血发生的速度、程度、部位、持续的时间、侧支循环建立的状况以及淤血器官、组织的性质等因素。轻度、短时间的淤血，原因去除后，其功能、代谢可逐渐恢复正常。但长期淤血可引起以下病变。

（1）组织水肿和出血　淤血使毛细血管内流体静压升高，缺氧使毛细血管壁通透性增加，血管内液体、红细胞漏出，形成淤血性水肿、出血（漏出性出血）。

（2）组织的损伤 长期淤血，导致局部组织缺氧以及代谢产物的蓄积，可引起实质细胞发生萎缩、变性，甚至坏死。

（3）器官淤血性硬化 长期慢性淤血，实质细胞逐渐发生萎缩，间质纤维组织增生，使器官发生淤血性硬化。

4. 重要器官的淤血 肺淤血和肝淤血多见，并有重要的临床意义。

（1）肺淤血 多见于左心衰竭。肉眼观，两肺体积增大，重量增加，颜色暗红，质地较实，挤压切面逸出淡红色或暗红色泡沫状液体。镜下观，肺泡壁毛细血管扩张、充血、水肿，肺泡壁增厚，部分肺泡腔内充满水肿液及红细胞、巨噬细胞。若肺泡腔内漏出的红细胞被巨噬细胞吞噬，其血红蛋白在巨噬细胞内转变为含铁血黄素颗粒。这种含有含铁血黄素颗粒的巨噬细胞称为心衰细胞（heart failure cell）（图3-1-1）。长期肺淤血可引起肺泡壁的纤维组织增生，使肺质地变硬，呈棕褐色，称肺褐色硬化。急性左心衰竭患者出现呼吸困难、发绀，肺部听诊可闻及湿性啰音，咳出浆液性粉红色泡沫痰。

（2）肝淤血 多见于右心衰竭。肉眼观，肝脏体积增大，重量增加，包膜紧张，切面呈红（淤血区）黄（肝细胞脂肪变性区）相间条纹，形似中药槟榔，称为槟榔肝（图3-1-2）。镜下观，肝小叶中央静脉及肝窦扩张淤血，肝小叶中央区肝细胞因缺氧、受压而发生萎缩，甚至坏死消失，而小叶周边区肝细胞出现脂肪变性。如果长期严重的肝淤血，肝小叶中央区肝细胞萎缩消失，网状纤维支架塌陷继而胶原化，汇管区纤维结缔组织增生，使肝质地变硬，导致淤血性肝硬化，又称心源性肝硬化。

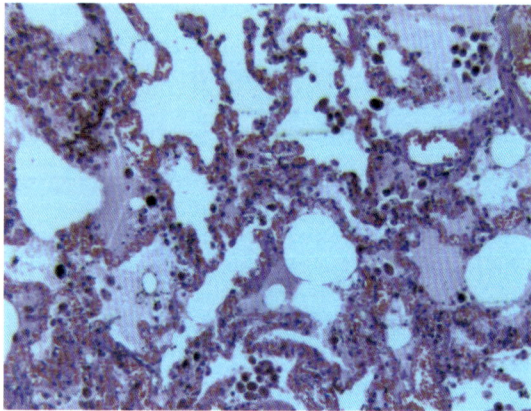

图3-1-1 慢性肺淤血

肺泡壁毛细血管扩张、充血，肺泡腔内可见
红细胞及吞噬含铁血黄素的巨噬细胞（心衰细胞）

图3-1-2 慢性肝淤血

肝脏切面出现红（淤血区）黄（脂肪变区）
相间的条纹，状似槟榔切面

第二节 出 血

出血（hemorrhage）是血液（主要指红细胞）由心脏或血管内逸出的过程。逸出的血液进入组织间隙或体腔称内出血，流出体外称外出血。

一、病因与机制

出血可分为生理性出血（正常月经的子宫内膜出血）和病理性出血。后者多由创伤、血管病变、炎症等引起。按血液逸出的机制分为破裂性出血和漏出性出血。

1. **破裂性出血**　可发生在心脏、动脉、静脉和毛细血管的任何部分，如割伤、刺伤等机械性损伤，动脉瘤、室壁瘤破裂，消化性溃疡、结核性空洞和肿瘤等侵蚀导致血管壁破裂等。破裂性出血，一般出血量较多。

2. **漏出性出血**　因微循环毛细血管通透性增加，血液漏出于血管外。常见的原因有：①微血管壁损伤，通透性增加导致出血，如缺氧、感染、中毒、变态反应、维生素C缺乏等。临床上常见的疾病有流行性脑脊髓膜炎、流行性出血热、过敏性紫癜、毒蛇咬伤等。②血小板数量减少和/或功能异常，如再生障碍性贫血、白血病、肿瘤广泛骨转移、弥散性血管内凝血（DIC）、脾功能亢进等。③凝血因子缺乏，如血友病、肝脏疾病、DIC等。

二、病理变化

肉眼观，新鲜的出血呈红色，随着红细胞降解形成含铁血黄素而呈黄褐色。镜下观，组织内大量红细胞、巨噬细胞，巨噬细胞内和组织中可见游离的含铁血黄素。血液聚积于体腔内称积血，如心包积血、腹腔积血等。血液聚积在组织内称为血肿，如脑硬膜下血肿、皮下血肿等。皮肤、黏膜、浆膜面形成的出血点，直径1~2mm的称为瘀点；直径3~5mm的出血点称紫癜；直径超过1~2cm的皮下出血灶称为瘀斑。呕血是指消化性溃疡或食管下段静脉曲张破裂，血液经口排出体外。血液随粪便排出称为便血。泌尿道出血经尿排出称为血尿。

少量出血仅能在显微镜下见到组织内有数量不等的红细胞或含铁血黄素的存在。

三、后果

缓慢少量的出血可自行停止，主要由于局部受损血管发生反射性收缩使破损处缩小，或血管受损处血小板黏集经凝血过程形成血凝块，阻止继续出血。少量局部组织出血或体腔积血可通过吸收消除，较大血肿如吸收不完全则可发生机化或纤维包裹。

出血对机体的影响取决于出血速度、出血量和出血部位。漏出性出血速度比较缓慢，出血量一般较少，但出血广泛时如DIC，亦可导致出血性休克。破裂性出血若在短时间内丧失机体循环血量的20%~25%，可引起失血性休克。发生在重要器官的出血，即使出血量不多，也可引起严重的后果，如脑出血、心脏破裂出血等。慢性反复性外出血还可引起缺铁性贫血。

第三节　血栓形成

在活体的心脏和血管内，血液发生凝固或血液中某些有形成分凝集形成固体质块的过程，称为血栓形成（thrombosis）。形成的固体质块称为血栓（thrombus）。血栓与血凝块不同，血栓是在血液流动状态下发生的血液凝固。

一、血栓形成的条件和机制

在生理状态下，血液中存在着凝血和抗凝血系统及纤维蛋白溶解系统的动态平衡，这种动态平衡既保证了血液潜在的可凝固性，又保证了血液的流体状态。若上述的动态平衡被破坏，触发了凝血过程，便可形成血栓。血栓形成的主要原因有以下三种，其中最重要和最常见的原因是心、血管内皮细胞的损伤。

1. **心、血管内皮细胞损伤**　多见于心内膜炎、缺氧、心肌梗死、动脉粥样硬化斑块、创伤性或炎症性血管内膜损伤等。心、血管内皮细胞变性、坏死，内皮下胶原暴露。受损的内皮细胞释放出ADP与血小板膜上的ADP受体结合，促进血小板发生黏附反应。黏附的血小板可释放出内源性ADP，促使更多的血小板黏附及凝聚，并使血小板发生释放反应，释放出更多的促凝物质。同时，内皮下胶原暴露，使XII凝血因子活化，启动内源性凝血系统；损伤的内皮细胞释放组织因子，启动外源性凝血系统，导致血栓形成。

2. **血流状态的改变**　当血流缓慢或产生涡流时，血小板可进入边流，黏附于内膜，促使血栓形成；同时，被激活的凝血因子在局部易达到凝血所需的浓度；血管内皮易损伤。

因此，临床上静脉血栓形成比动脉多4倍，尤以下肢深静脉血栓形成最多见，而下肢深静脉血栓形成常发生于心力衰竭、久病和术后卧床患者。

3. **血液凝固性增加**　是指血液中血小板和凝血因子增多，或纤维蛋白溶解系统活性降低，导致血液的高凝状态。常见于严重创伤、大面积烧伤、分娩后或大手术后，由于严重失血，血液中补充了大量幼稚的血小板，其黏性较大，同时血液浓缩，黏稠度增加，纤维蛋白原、凝血酶原以及凝血因子XII、VII等含量增多，易发生血栓形成。此外，高脂血症、吸烟和肥胖等也可引起血小板增多及黏性增加。

在血栓形成过程中，往往是多种因素综合作用的结果。三个条件可同时存在，互相影响，常以其中某一条件为主。

二、血栓形成的过程及血栓的形态

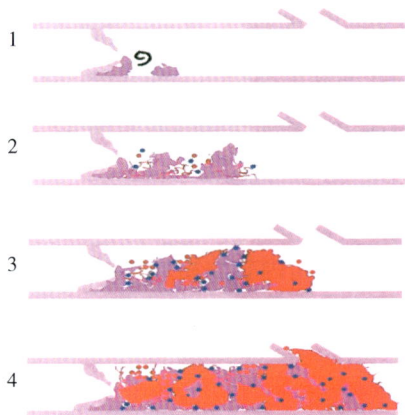

图3-3-1　延续性血栓形成示意图

1. **血栓形成的过程**　在血栓形成过程中，血小板黏附在被损伤后的心、血管内膜裸露的胶原表面，血小板发生变形、收缩，释放出内源性腺苷二磷酸（ADP）以及合成血栓素A_2（thromboxane A_2，TXA_2），使血小板继续黏集，形成新的血小板黏集堆。此时血小板的黏附是可逆的，可被血流冲散消失。但随着内、外源性凝血系统的启动，黏附的血小板堆牢牢固定于受损的血管内膜表面，形成均匀一致、无结构的血小板血栓，这是血栓形成的第一步。此后血栓的发生发展以及血栓的形态、组成和大小都取决于血栓发生的部位和局部血流状态（图3-3-1）。

2. **血栓的形态**　由于构成血栓的成分不同，血栓的形态也不尽相同。血栓分为以下四种类型。

（1）白色血栓　常见于急性风湿性心内膜炎二尖瓣闭锁缘上形成的疣状赘生物。在动脉、静脉内形成的延续性血栓的起始部，称血栓头部。肉眼观：呈灰白色小结节状，表面粗糙、质硬，与瓣膜或血管壁粘着紧密不易脱落。镜下观：可见其主要由淡红色的血小板及少量纤维蛋白构成，又称血小板性血栓。

（2）混合血栓　常位于动、静脉内延续性血栓的体部，称血栓体部。当白色血栓增大，使血流变慢，发生旋涡，从而形成多个小梁状白色血栓，小梁之间的纤维蛋白形成网架，网罗大量红细胞发生凝固。这种由小梁（白色）及红细胞（红色）交错构成的血栓，称混合血栓（图3-3-2）。肉眼观：呈灰白色、红褐色相间的层状结构。镜下观：可见其由血小板梁、纤维蛋白网架、红细胞、白细胞构成。混合血栓与管壁黏着比较紧密。

混合血栓还可见于二尖瓣狭窄时，左心房内的球形血栓（ball thrombus）和动脉瘤、室壁瘤内的附壁血栓。

（3）红色血栓　常发生在动、静脉内延续性血栓的尾部，称血栓尾部。当混合血栓逐渐增大阻塞管腔，局部血流停滞，血液则迅速发生凝固，形成暗红色凝血块，称为红色血栓。肉眼观：血栓的大小与静脉管腔大小相同，为暗红色长条形固体物质。新鲜的红色血栓湿润，有一定的弹性，血栓与血管壁有粘连；陈旧的红色血栓由于水分被吸收，变得干燥、易碎，失去弹性，并易于脱落造成栓塞。在特殊情况下，门静脉、肝静脉甚至胎儿的脐静脉也可形成静脉血栓。镜下观：在纤维蛋白网眼内充满正常血液分布的血细胞。

静脉内血栓，分头部（白色血栓）、体部（混合性血栓）和尾部（红色血栓）（图3-3-3），称为延续性血栓。

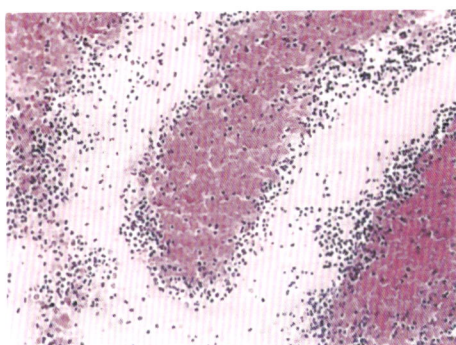

图3-3-2　混合血栓

血小板凝聚成小梁状，小梁之间血液凝固，
充满大量凝固的纤维蛋白和红细胞

图3-3-3　静脉内混合血栓

髂静脉内的粗糙干燥圆柱状血栓，
部分区域仍可辨认出灰白与褐色相间的条纹

（4）透明血栓　发生在毛细血管内，只能在显微镜下见到，故又称微血栓。主要成分为嗜酸性均质性的纤维蛋白，又称纤维蛋白性血栓，常见于弥散性血管内凝血（disseminated intravascular coagulation，DIC），由于全身的组织器官，特别是肺、脑、心、肾的微循环透明血栓迅速形成，患者可出现循环衰竭。

三、血栓的结局

1. 软化、溶解、吸收或脱落　新形成的血栓，由于血栓内纤溶解酶原的激活和白细胞崩解释放溶蛋白酶，使血栓软化并逐渐被溶解。小而新鲜的血栓可被快速完全溶解；大的血栓仅部分溶解或软化，若被血流冲击可形成碎片或整个脱落形成血栓栓子，造成血栓栓塞。

2. 机化、再通　血栓形成1~2天后，血管内皮细胞和成纤维细胞向血栓内长入，形成新生的肉芽组织，取代血栓，血栓被肉芽组织逐渐取代的过程，称为血栓机化。机化的血栓和血管壁紧密相连，不易脱落。血栓内的水分吸收、干燥、收缩，其内部或与血管壁之间出现裂隙，再由内皮细胞被覆，形成新生的血管，使血流重新通过，称为再通（图3-3-4）。

3. 钙化　是指钙盐在血栓内沉积，形成坚硬的"静脉石"或"动脉石"。

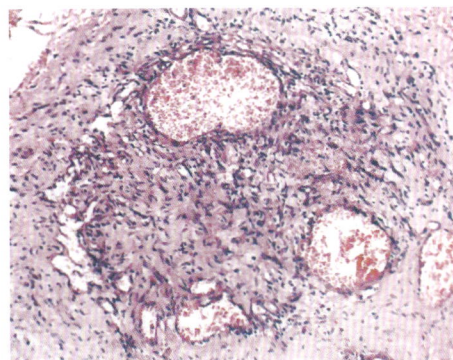

图3-3-4　血栓的机化与再通

四、血栓形成对机体的影响

血栓形成对机体有利的一面是，对破裂血管起到止血的作用，如胃、十二指肠溃疡或肺结核空洞形成，其所受累血管内血栓形成，避免血管破裂、大出血的可能。但多数情况下，血栓形成对机体有不同程度的不利影响，取决于阻塞血管的大小、程度、部位、速度以及侧支循环能否及时建立等。

1. **阻塞血管**　动脉内的血栓形成，引起局部组织、器官缺血性坏死（梗死）。如心肌梗死，脑梗死（脑软化）。静脉内血栓形成，可引起组织、器官淤血、水肿、出血、坏死。

2. **栓塞**　血栓软化、脱落，形成血栓栓子，随血流运行引起栓塞。如果栓子内含有细菌，可引起败血症或脓毒血症，形成败血性梗死或栓塞性脓肿。

3. **心脏瓣膜病**　心脏瓣膜上的血栓机化后，引起瓣膜增厚、皱缩、粘连、变硬，形成慢性心瓣膜病。

4. **出血**　常见于DIC时，消耗大量的凝血因子和血小板，从而造成血液的低凝状态，引起全身广泛性继发性出血。

🎯 知识拓展

鲁道夫·魏尔啸（Rudolf Virchow）（1821~1902）是德国病理学家、人类学家和政治家，19世纪创立了细胞病理学，直到今天，其理论和技术仍对世界医学科学的发展产生影响。栓塞术语及肺动脉血栓栓塞的形成机制均是由魏尔啸提出。魏尔啸提出肺动脉中的血凝块是来自静脉血栓，他认为软化的血栓末端脱落形成大小不一的小碎片，被血流带至远端的血管，引起了常见的病理过程，他将这一过程命名为栓塞。此外，目前公认的"血栓形成三要素"也由魏尔啸提出，称为魏尔啸三要素。

第四节　栓　塞

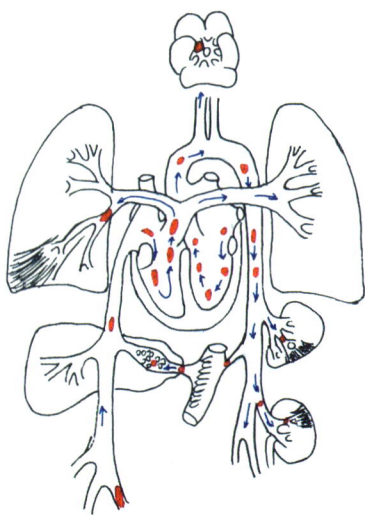

图3-4-1　栓子运行的途径

栓子运行的途径一般随血流方向运行

栓塞（embolism）是指在循环血液中出现不溶于血液的异常物质，随血流运行阻塞血管腔的现象。阻塞血管的异常物质称为栓子（embolus）。栓子可以是固体、液体或气体。最常见的栓子是血栓栓子，其他的栓子有脂滴、肿瘤细胞团、细菌和羊水等。

一、栓子的运行途径

栓子一般随血流方向运行（图3-4-1），最终停留在口径与其相当的血管并阻断血流。来自不同血管系统的栓子，其运行途径不同。

1. **静脉系统及右心栓子**　来自静脉系统、右心的栓子，随血流运行进入肺动脉及其分支，引起肺栓塞。有些体积小而富有弹性的栓子（如脂肪栓子）可通过肺泡壁毛细血管回流入左心，再进入体循环系统，阻塞动脉小分支。

2. **主动脉系统及左心栓子**　来自左心、主动脉系统的栓子，随动脉血流运行，阻塞相应体循环动脉的分支，常见于脑、脾、肾、下肢等的动脉。

3. **门静脉系统栓子**　来自肠系膜静脉、脾静脉等门静脉系统的栓子，引起肝内门静脉分支的栓塞。

4. **交叉性栓塞**　又称反常性栓塞。见于房间隔或室间隔缺损时，心腔内的栓子由压力高的一侧，通过缺损处进入另一侧心腔，如右心的栓子通过房（室）间隔缺损到达左心，栓塞体循环动脉的分支。

5. **逆行性栓塞**　罕见于下腔静脉内栓子，当剧烈咳嗽、呕吐等胸、腹腔内压力骤增时，下腔静脉血液逆流，栓子可随血流方向栓塞下腔静脉所属分支，称为逆行性栓塞。

二、栓塞的类型和对机体的影响

栓塞主要分为血栓栓塞、脂肪栓塞、气体栓塞和羊水栓塞四种类型。栓塞对机体的影响主要与栓子的种类、大小、多少、部位以及侧支循环建立的情况有关。

（一）血栓栓塞

血栓栓塞（thromboembolism）是由血栓或血栓的一部分脱落引起的栓塞。血栓栓塞是栓塞最常见的类型，占所有栓塞的99%。

1. **肺动脉栓塞**　栓子95%以上来自下肢膝以上的深静脉，如腘静脉、股静脉或髂静脉等，偶尔可来自盆腔静脉或右心附壁血栓。栓塞的后果与栓子的大小和数量有关：①中、小栓子多栓塞肺动脉的小分支，常见于肺下叶，因肺有肺动脉和支气管动脉双重血液供应，一般不引起严重后果。若在栓塞前，肺已有严重淤血，肺循环内压升高，与支气管动脉之间难以建立有效的侧支循环，可引起肺出血性梗死。②大的栓子栓塞肺动脉主干或大分支，较长的栓子可同时阻塞于肺动脉主干分叉处，称为骑跨性栓塞。患者会突然出现呼吸困难、发绀、休克等症状，严重者甚至发生猝死。③若栓子小但数量多，可广泛栓塞肺动脉小分支，亦可引起右心衰竭而猝死。

肺动脉栓塞引起猝死的机制尚未完全清楚，可能与以下因素有关：肺动脉主干或大分支栓塞时，肺动脉内阻力急剧增加，造成急性右心衰竭；同时肺缺血、缺氧，左心回心血量减少，冠状动脉灌流量不足导致心肌缺血。动物实验表明，肺栓塞刺激迷走神经，通过神经反射导致肺动脉、支气管动脉和冠状动脉广泛痉挛以及支气管痉挛，导致急性右心衰竭和窒息，血栓栓子内血小板释出TXA_2和5-HT，亦可引起肺血管的痉挛，故新鲜血栓栓子比陈旧性血栓栓子危害性大。

2. **体循环动脉栓塞**　栓子约80%来自左心腔，常见于亚急性感染性心内膜炎时心瓣膜上的赘生物、二尖瓣狭窄时左心房附壁血栓及心肌梗死区心内膜上的附壁血栓，其余见于动脉粥样硬化溃疡或动脉瘤的附壁血栓。栓塞主要见于下肢、脑、肠系膜、肾、脾等动脉。栓塞的后果取决于栓塞的部位、局部的侧支循环情况以及组织对缺血的耐受性。当栓塞的动脉缺乏有效的侧支循环时，可引起局部组织的梗死。上肢动脉吻合支丰富，肝脏有肝动脉和门静脉双重供血，故很少发生梗死。

（二）脂肪栓塞

循环血流中出现脂肪滴并阻塞小血管称为脂肪栓塞（fat embolism）。常见于长骨粉碎性骨折、脂肪组织挫伤等，这些损伤可导致脂肪细胞破裂并释出脂滴，通过破裂的骨髓血管窦状隙或静脉进入血流，引起脂肪栓塞。脂肪肝时，由于上腹部猛烈挤压，使肝细胞破裂释出脂滴进入血流。在糖尿病、慢性胰腺炎等血脂过高或精神刺激，使悬乳状态的血脂不能保持稳定而游离并互相融合形成脂肪滴。

少量脂滴入血，可被吞噬细胞吞噬，或由血中脂酶分解清除，无不良后果。若大量脂滴短期内从静脉入血，进入肺循环，广泛阻塞肺动脉分支，并损伤肺微血管内皮细胞，使血管壁通透性增高，引起肺水肿、肺出血。患者可出现突发性的呼吸急促、呼吸困难和心动过速，严重者可因窒息和急性右心衰竭而死亡。小的脂滴可通过肺泡壁毛细血管进入肺静脉至左心、体循环动脉的分支，引起全身多器官栓塞，最常阻塞脑血管，引起脑水肿和血管周围点状出血，患者可出现烦躁不安、幻觉、谵妄和昏迷等神经症状。

（三）气体栓塞

气体栓塞（gas embolism）是指大量空气迅速进入血液循环或原溶解于血液中的气体迅速游离，形成气泡阻塞心血管。前者为空气栓塞（air embolism），后者是在高气压环境急速转到低气压环境的过程中发生的气体栓塞，称减压病（decompression sickness）。

1. 空气栓塞　见于头颈、胸壁和肺的创伤或手术时损伤静脉，由于吸气时静脉的负压，外界空气由破裂口处进入静脉而引起栓塞。亦可见于加压输液、输血、输卵管通气、人工气胸或气腹损伤静脉等。分娩或流产时，由于子宫强烈收缩，可将空气挤入子宫壁破裂的静脉窦内。少量空气入血可溶解于血液中，不引起严重后果。若大量空气迅速进入静脉（超过100mL），空气随血流进入右心并在右心聚集，因心脏搏动，将空气和血液搅拌成可压缩的泡沫血，阻碍静脉血回流和向肺动脉的输出；部分气泡可直接进入肺动脉，阻塞肺动脉的小分支，可导致严重的循环障碍而猝死。小气泡亦可经过毛细血管到左心，引起体循环动脉小分支的栓塞。

2. 减压病　又称氮气栓塞。当人体从高气压环境迅速转入常压或低气压环境时，溶解于血液、组织液和脂肪组织中的氧气、二氧化碳和氮气迅速游离形成气泡。氧和二氧化碳易再溶解于体液内被吸收，但氮气溶解迟缓，在血液和组织液内形成气泡，引起气体栓塞。常见于深潜水或沉箱作业者从深水迅速浮出水面或飞行员从地面迅速升入高空时，故又称沉箱病和潜水员病。

（四）羊水栓塞

羊水栓塞（amniotic fluid embolism）是分娩过程中一种罕见的严重并发症，死亡率大于80%。如胎盘早期剥离，又有羊膜破裂，尤其有胎盘阻塞产道口时，子宫强烈收缩，宫腔内压增高，羊水被挤入子宫破裂的静脉窦内，随血流经下腔静脉进入母体右心，栓塞肺动脉分支及肺泡壁毛细血管。少量羊水也可通过肺毛细血管到左心，栓塞体循环动脉小分支。镜下观，肺动脉小分支及毛细血管中有纤维蛋白性血栓及角化的鳞状上皮细胞、胎毛、胎脂、胎便等。

羊水栓塞发病急，后果严重，产妇常在分娩过程中或分娩后突然出现呼吸困难、发绀、抽搐、休克、昏迷，甚至死亡。羊水栓塞引起猝死的机制：①羊水中胎儿的代谢产物入血，引起母体发生过敏性休克；②羊水栓子阻塞肺动脉分支及羊水内含有的血管活性物质，引起血管反射性痉挛；③羊水具有凝血致活酶的作用引起DIC。

（五）其他栓塞

细菌及寄生虫栓子栓塞，如大量细菌团、寄生虫、虫卵侵入血管或淋巴管后，引起管腔阻塞。肿瘤细胞栓塞，见于恶性肿瘤细胞侵入血管时，栓塞血管，引起肿瘤转移。

🔬 病例分析 4

患者，男，41岁。1个月前行髋关节置换手术，未按时服药，因胸闷、咳嗽1周，加重3天入院。体温（T）36.6℃，脉搏（P）69次/分，呼吸频率（R）13次/分，血压（BP）110/68mmHg。双肺未闻及干湿啰音，右下肢略肿胀，右侧小腿周长比左侧粗2.4cm。D-二聚体：3.98mg/L。血气分析示低氧血症。肺动脉血管造影示左、右肺动脉干末端及各叶动脉、多个段动脉管腔内斑块状、条柱状低密度充盈缺损，双肺动脉栓塞面积大。下肢血管B超：右侧腘静脉血栓形成，长约58mm。

问题与思考

（1）该患者右侧腘静脉血栓形成的原因。

（2）肺动脉栓塞栓子的来源及运行途径。

答案解析

第五节　梗　死

梗死（infarction）是指机体局部组织、器官的血管阻塞，血流中断，导致缺血性坏死。梗死一般是由于动脉阻塞而引起的局部组织缺血坏死。静脉阻塞使局部血流停滞造成组织缺氧，亦可引起梗死。

一、梗死形成的原因和条件

（一）梗死形成的原因

1. **血栓形成**　动脉内血栓形成是引起梗死最常见的原因。主要见于冠状动脉、脑、脾、肾和下肢大动脉的动脉粥样硬化合并血栓形成时。一般情况下，静脉内血栓形成只引起淤血、水肿，但肠系膜静脉血栓形成可引起所属静脉引流肠段的梗死。

2. **动脉栓塞**　多为血栓栓塞，亦可为气体、羊水和脂肪栓塞，常引起脾、肾、肺和脑的梗死。

3. **动脉痉挛**　多数是在动脉粥样硬化或合并硬化灶内出血的基础上，发生血管持续性痉挛引起血管闭塞，导致组织梗死，常见心肌梗死等。

4. **血管受压闭塞**　见于肠扭转、肠套叠、嵌顿疝、卵巢囊肿蒂扭转等引起动脉受压，导致血流供应中断引起梗死。

（二）梗死形成的条件

血管阻塞是否发生梗死，还与下列因素有关。

1. **器官血供特性**　有双重血液循环的器官，其中一条动脉阻塞，因有另一条动脉可以维持供血，一般不会引起梗死，如肺、肠、肝等。有些组织、器官动脉吻合支较少，如脾、肾、脑等，一旦动脉血流被迅速阻断，由于不易建立有效的侧支循环，很易发生梗死。

2. **局部组织对缺血缺氧的耐受性**　大脑的少突胶质细胞和神经细胞对缺血缺氧最敏感，3~4分钟的缺血即可引起梗死。心肌细胞缺血20~30分钟即可死亡。骨骼肌、纤维结缔组织对缺血耐受性最强。严重的贫血或心功能不全，血氧含量降低可促进梗死的发生。

二、梗死的类型及病理变化

根据梗死灶内含血量多少及是否合并细菌感染，分为贫血性、出血性和败血性梗死。

1. **贫血性梗死（anemic infarct）**　多发生于组织结构较致密而侧支循环不充分的实质器官，如心、肾、脾、脑等。当动脉分支阻塞时，局部组织缺血缺氧，使其所属微血管通透性增高，病灶边缘侧支血管内的血液通过通透性增高的血管漏出于病灶周围，在肉眼或在显微镜下呈现为梗死灶周围的充血出血带。几天后，坏死组织凝固，病灶表面下陷，呈灰白色或灰黄色。心肌梗死时，由于冠状动脉分支分布不规则，故梗死灶形状呈不规则的地图状。肾及脾的梗死灶形状呈锥体形，尖端指向血管阻塞的部位（门部），底部靠近器官的表面。梗死区表面覆有纤维素性渗出物，切面为楔形的梗死灶（图3-5-1）。镜下观，梗死灶周围见充血、出血带及急性炎症带，有大量中性粒细胞浸润，周围肉芽组织长入，最后可变成瘢痕。

脑梗死由于脑组织含水分及磷脂较多，蛋白质较少，故坏死组织软化形成囊腔。同时有小胶质细胞增生及肉芽组织包围，梗死灶机化，最后形成胶质瘢痕。

2. **出血性梗死**（hemorrhagic infarct）　是指梗死灶内有弥漫性出血，呈红色。主要见于肺和肠等有双重血液供应或血管吻合支丰富、组织结构疏松且有淤血的器官。①肺梗死：常位于肺下叶，尤好发于肋膈缘，常多发，大小不等，呈锥形，切面为楔形，尖端指向肺门，底部紧靠肺膜，肺膜表面因炎症反应常有纤维蛋白渗出物附着，患者呼吸时可有胸痛，听诊闻及胸膜摩擦音，伴咯血等。镜下观，肺泡壁结构不清，肺泡腔、间质充满红细胞，周围肺组织淤血、水肿、机化，最后形成瘢痕。②肠出血性梗死：肉眼观，梗死灶呈节段形，肠壁因出血而增厚，呈暗红色或紫黑色，肠腔内充满暗红色血性液体（图3-5-2）。镜下观，肠壁各层组织坏死及弥漫性出血。患者表现为剧烈腹痛、呕吐，晚期肠壁坏死可并发穿孔，形成弥漫性腹膜炎，甚至引起死亡。

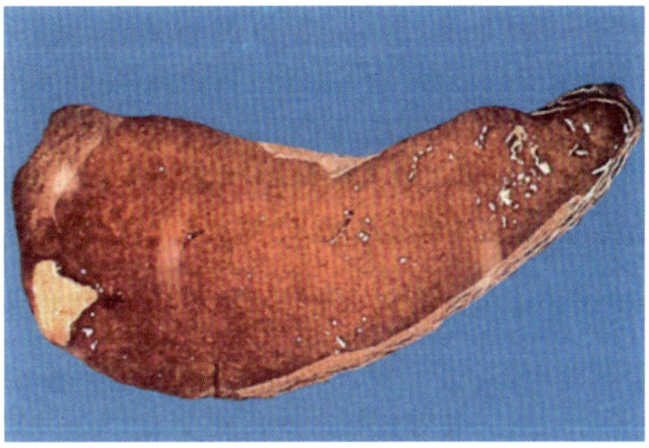

图3-5-1　脾梗死

切面可见一个三角形梗死区

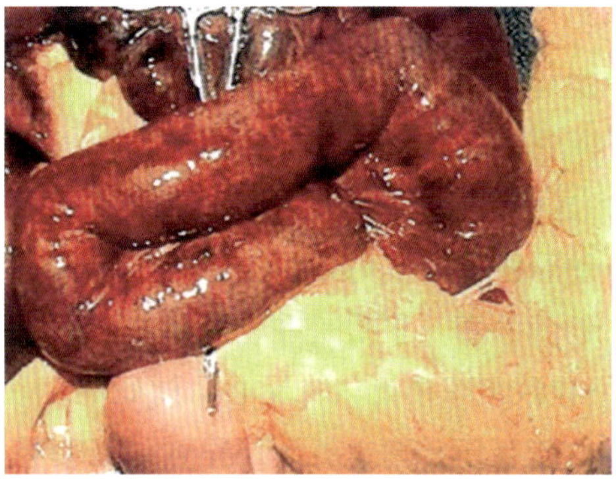

图3-5-2　肠出血性梗死

梗死的肠壁呈现暗红色

3. **败血性梗死**（septic infarct）　是指含有细菌的栓子阻塞血管引起梗死。常见于急性细菌性心内膜炎，含有细菌的栓子脱落，顺血流运行而引起相应组织器官动脉栓塞所致。梗死灶内可见细菌团及大量炎细胞浸润，可形成脓肿。

三、梗死对机体的影响和结局

1. **对机体的影响**　取决于梗死器官、梗死灶的大小和部位，以及有无细菌感染等因素。大面积心肌梗死可引起心功能不全、心源性休克，甚至心脏破裂而死亡；大面积脑梗死可导致偏瘫、昏迷，甚至死亡；肾梗死可出现腰痛和血尿，不影响肾功能；肺梗死患者有胸痛、咳嗽和咯血；肠梗死可致剧烈腹痛、呕吐、血便、肠梗阻和弥漫性腹膜炎等症状。

2. **结局**　梗死是组织的不可逆性损伤。梗死灶小，逐渐机化，以后变为瘢痕；梗死灶大不能完全机化时，则由纤维组织包裹或钙化；较大的脑组织梗死灶则液化成囊腔，周围由神经胶质纤维包裹。

实训实练二　局部血液循环障碍

（一）实训目的

1. 能够识别慢性肺淤血、慢性肝淤血、混合血栓、肾梗死的镜下病变特点。
2. 观察大体标本，并能对其病变特点进行准确描述。

（二）实训用品

大体标本、组织切片、显微镜。

（三）实训内容

【大体标本观察】

1. **慢性肺淤血**　主要见于左心衰竭。肺脏体积增大，呈暗红色，质地变实；切面呈暗红色，有较多暗红色血液流出。

2. **慢性肝淤血**　主要见于右心衰竭。肝脏体积增大，颜色暗红；切面可见红黄相间的斑纹，状似槟榔的切面，暗红色为肝窦淤血，灰黄色为肝细胞脂肪变性。

3. **延续性血栓**　发生于静脉内。由白色血栓、混合血栓及红色血栓构成。白色血栓由血小板和纤维蛋白构成，呈灰白色；混合血栓由白色血栓和红色血栓构成，呈灰白色与暗红色相间排列的层状结构；红色血栓由血液凝固形成，呈暗红色。

4. **肺栓塞**　血栓主要来自下肢静脉或右心，随血流运行到肺动脉，引起肺动脉栓塞。肺动脉及其分支内可见灰红色血块，阻塞血管腔。肺梗死属于出血性梗死，病灶呈三角形，暗红色。

5. **肾梗死**　肾梗死属于贫血性梗死，梗死灶呈三角形，灰白或灰黄色，干燥、质实，分界清，新鲜的梗死灶周围有暗红色出血带。

6. **肠梗死**　由肠系膜动脉栓塞引起。多发生于小肠，因肠系膜动脉呈扇形节段状分布，故肠梗死通常累及某一段肠管。梗死的肠壁呈紫红色，肠壁水肿、质脆、易破裂；肠腔内充满混浊的暗红色液体。

【组织切片观察】

1. **慢性肺淤血**　主要见于左心衰竭。首先观察肺的基本结构（支气管、肺泡）。肺泡壁毛细血管高度扩张淤血，肺泡腔内有水肿液、红细胞和白细胞。当巨噬细胞吞噬漏出的红细胞后，巨噬细胞质内有含铁血黄素，这种巨噬细胞称为心力衰竭细胞，注意观察心衰细胞的形态特点。

2. **慢性肝淤血**　主要见于右心衰竭。首先观察肝脏的基本结构（肝小叶），然后观察肝细胞的形态变化和间质有无增生。肝小叶中央静脉和肝窦扩张淤血，肝细胞萎缩，肝小叶外周肝细胞可见脂肪变性（注意胞质内空泡）。

3. **混合血栓**　多见于静脉内，管腔内可见红染的血栓。混合血栓由白色血栓及红色血栓构成。白色血栓主要由血小板和纤维蛋白构成，染色呈淡红色；红色血栓由血液凝固形成。注意观察白色血栓和红色血栓构成、颜色、白细胞位置、纤维蛋白的形态特点。

4. **肾梗死**　肾梗死属于凝固性坏死。肉眼观察切片，根据颜色不同初步判断正常区和梗死区（梗死区较红）；低倍镜观察肾脏基本结构（肾单位），确定梗死灶范围；梗死灶肾小管上皮细胞核固缩、核碎裂、核溶解，但组织结构轮廓尚存，梗死灶周围可见炎性细胞及红细胞。

（四）实训作业

制作混合性血栓的显微镜下结构图。

目标检测

答案解析

一、单项选择题

1. 淤血时扩张充盈的血管主要是（　　）
   A．动脉 　　　　　　　　　B．静脉 　　　　　　　　　C．毛细血管
   D．小静脉和毛细血管 　　　E．小动脉、毛细血管

2. 高血压患者脑动脉充血引起的最严重后果是（　　）
   A．脑血栓形成 　　　　　　B．脑软化 　　　　　　　　C．脑血管破裂出血
   D．脑缺血 　　　　　　　　E．脑淤血

3. 下列选项中不符合静脉性充血病变特点的是（　　）
   A．颜色暗红 　　　　　　　B．血流加速 　　　　　　　C．局部温度降低
   D．组织或器官体积增大 　　E．间质水肿

4. 肺淤血的常见原因是（　　）
   A．右心衰竭 　　　　　　　B．左心衰竭 　　　　　　　C．多种肺疾患
   D．肺心病 　　　　　　　　E．肺动脉栓塞

5. 肺淤血患者的痰中可出现细胞质内含有棕褐色颗粒的巨噬细胞，该细胞称为（　　）
   A．脂褐素细胞 　　　　　　B．含铁血黄素细胞 　　　　C．心力衰竭细胞
   D．异物巨细胞 　　　　　　E．尘细胞

6. 透明血栓的主要成分是（　　）
   A．纤维蛋白 　　　　　　　　　　　　　B．血小板
   C．血小板小梁和黏附在上的白细胞 　　　D．血小板小梁和黏附在上的红细胞
   E．白细胞

7. 混合血栓可见于（　　）
   A．室壁瘤内附壁血栓 　　　　　　　　　B．静脉内血栓的头部
   C．肾毛细血管内的微血栓 　　　　　　　D．心瓣膜上的疣状赘生物
   E．静脉内血栓的尾部

8. 来自右心及静脉系统的栓子随血流运行常引起的栓塞是（　　）
   A．脑栓塞 　　B．脾栓塞 　　C．肾栓塞 　　D．肠栓塞 　　E．肺栓塞

9. 下列最常见的栓塞类型是（　　）
   A．血栓栓塞 　　B．空气栓塞 　　C．脂肪栓塞 　　D．细菌栓塞 　　E．羊水栓塞

10. 门静脉系统的栓子随血液运行，首先栓塞的部位是（　　）
    A．肺 　　B．脑 　　C．肝 　　D．肾 　　E．肠

11. 引起肺动脉栓塞的血栓栓子多来源于（　　）
    A．左心室 　　B．左心房 　　C．右心房 　　D．下肢深静脉 　　E．盆腔静脉

12. 脑动脉发生栓塞，其栓子最可能的来源是（　　）

    A. 门静脉血栓   B. 下肢深静脉血栓   C. 下肢浅静脉血栓

    D. 盆腔静脉血栓   E. 左心室附壁血栓

13. 梗死最常见的原因是（　　）

    A. 静脉石   B. 动脉腔狭窄   C. 血栓形成

    D. 动脉痉挛   E. 血管受压闭塞

14. 肾梗死灶大体形态的主要特点是（　　）

    A. 多呈楔形，暗红色，界限不清   B. 多呈楔形，灰白色，界限清楚

    C. 多呈地图状，灰白色，界限清楚   D. 多呈地图形，暗红色，界限不清

    E. 多呈不规则形，暗红色，界限不清

15. 脑梗死区的坏死为（　　）

    A. 坏疽   B. 凝固性坏死   C. 液化性坏死

    D. 干酪样坏死   E. 脂肪坏死

二、简答题

1. 简述肺淤血和肝淤血的原因及病理特点。

2. 简述血栓形成的条件。

3. 请说出栓塞的类型及各类型的原因及特点。

4. 简述贫血性梗死与出血性梗死的区别。

（钱　程）

书网融合……

知识回顾　　习题

第四章 | 炎 症

学习目标

知识要求：

1. 掌握炎症的概念、基本病理变化、类型及各型炎症的病理特点。

2. 熟悉炎症介质的作用；炎细胞的种类、形态和作用；炎症的局部表现和全身反应；渗出液与漏出液的区别；炎症的结局。

3. 了解炎症的病因及炎症介质的分类。

技能要求：

1. 具有阅读病理图片并进行描述的能力。

2. 能够熟练规范地运用显微镜观察病理组织切片。

3. 具备运用所学病理学知识分析和解决实际问题的临床思维能力。

炎症是具有血管系统的活体组织对各种致炎因子引起的损害所发生的一种以防御为主的综合性反应，基本病理变化表现为局部组织发生变质、渗出和增生改变。临床上常有红、肿、热、痛、功能障碍等局部症状和发热、白细胞变化等全身反应。炎症过程的一系列变化，不仅能动员各种力量对抗和消灭致炎因子、清除异物和坏死组织细胞，防止损害扩大，并能促进受损组织修复，具有自卫和抗损伤的意义。但是在一定情况下，炎症对机体也可引起不同程度的危害。

第一节 炎症的原因

任何能引起组织和细胞损伤的因素，都可成为炎症的原因（即致炎因子），种类很多，可归纳为以下几类。

1. **物理性因子** 如高温、低温、射线、电击伤、切割、挤压等。

2. **化学性因子** 包括内源性和外源性两类。外源性化学物质有强酸、强碱、强氧化剂等。内源性化学物质有坏死组织的崩解产物和病理条件下堆积于体内的代谢产物（如尿酸、尿素）等。

3. **生物性因子** 包括病毒、细菌、真菌、支原体、螺旋体、立克次体、寄生虫等，是引起炎症最常见的原因。生物性因子引起的炎症，又称感染，其致炎机制各不同，病毒可通过在细胞内复制而导致感染细胞坏死。细菌及其释放的内毒素和外毒素以及分泌某些酶可激发炎症。某些病原体还可由其抗原性诱发免疫反应。

4. **变态反应** 当机体免疫反应状态异常时，可引起炎症反应，例如过敏性鼻炎和肾小球肾炎。

5. **组织坏死** 任何因素引起的组织坏死都是潜在的致炎因子。例如，在坏死组织周围出现的出血充血带及炎细胞浸润，就是炎症的表现。

6. **异物** 手术缝线、二氧化硅晶体或物质碎片等残留在机体组织内可导致炎症。

第二节　炎症的基本病理变化

任何炎症，不论其发生原因和部位如何，其基本病理变化包括变质、渗出和增生，其中以血管反应为中心的渗出性变化是炎症的重要标志。通常在病变的早期，以变质和渗出反应为主，而炎症愈复期和慢性炎症，以增生反应为主。但变质、渗出和增生是相互联系的，一般认为，变质属于损伤性过程，而渗出和增生属于抗损伤和修复过程。

一、变质

炎症局部组织发生的变性和坏死统称为变质（alteration）。变质是由致病因子直接作用所致或由血液循环障碍及炎症反应产物的间接作用引起，其反应的轻重取决于致病因子的性质、强度和机体的反应情况。

（一）形态学变化

变质可发生于实质细胞，也可以发生于间质细胞。实质细胞常出现的变质性变化包括细胞水肿、脂肪变性、细胞凝固性坏死和液化性坏死等。间质细胞常出现的变质性变化包括黏液样变性和纤维素样坏死等。

（二）代谢变化

1. **分解代谢增强** 由于致炎因子的损伤，炎症区域糖、脂肪和蛋白质的分解代谢均增强，耗氧量增加。但由于细胞酶系统受损和血液循环障碍，导致无氧酵解增强，中间代谢产物（如乳酸、脂肪酸、酮体等）堆积，使炎症区域氢离子浓度增高，出现局部酸中毒。局部酸中毒不但限制病原微生物的生长，而且可使小血管损伤，导致血管壁通透性升高、细胞和液体渗出，同时可促使多种炎症介质释放。

2. **组织内渗透压升高** 由于局部分解代谢增强，分子数目增多，炎症区域胶体渗透压升高。局部酸中毒区域不但氢离子浓度升高，而且盐类的解离过程加强，使钾离子和其他离子的浓度升高，也使炎症区域晶体渗透压升高。

二、渗出

炎症局部组织血管内的液体成分、纤维素等蛋白质和各种炎症细胞通过血管壁进入组织间隙、体腔和黏膜表面的过程称渗出（exudation）。渗出的液体和细胞成分，统称为渗出物。渗出液的产生是由于血管壁通透性增高和白细胞主动游出血管所致。渗出是炎症最重要的形态学标志，其过程包括血流动力学改变、血管壁通透性增加和白细胞游出及吞噬活动。此过程在炎症早期和急性炎症表现尤为突出。

（一）血流动力学变化

在炎症因子的作用下，局部组织发生微循环的血流动力学变化（图4-2-1）。

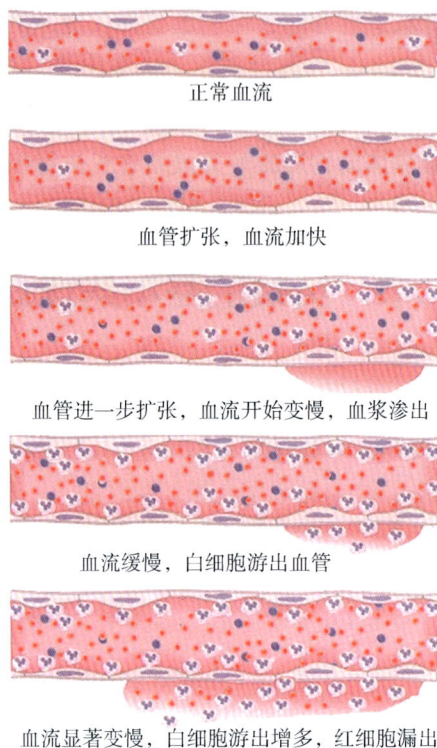

正常血流

血管扩张，血流加快

血管进一步扩张，血流开始变慢，血浆渗出

血流缓慢，白细胞游出血管

血流显著变慢，白细胞游出增多，红细胞漏出

图4-2-1　血流动力学变化模式图

1. **细动脉短暂收缩**　机体受到炎症因子作用后，肾上腺素能神经纤维兴奋，细动脉短暂收缩，持续几秒钟。

2. **细动脉和毛细血管扩张**　细动脉短暂收缩后，在神经因素（轴突反射）和体液因素（组胺、一氧化氮、缓激肽、前列腺素等化学介质）的作用下，细动脉先扩张，然后毛细血管床开放，导致局部血流加快，血量增加（充血）和能量代谢增强，这是炎症局部组织出现红和热的原因。

3. **血流速度减慢**　血管壁通透性升高导致血浆渗出，小血管内红细胞浓缩，血液黏稠度增加，血流阻力增大，血流速度减慢，甚至出现血流瘀滞。炎症区域血流减慢的机制有：①细静脉、毛细血管网广泛开放；②炎症介质的释放使血管壁通透性增加；③炎症区域局部酸中毒，导致血流阻力增大；④炎性渗出物对静脉血管的压迫。

（二）液体渗出

在炎症反应的基础上，血管内富含蛋白质的液体通过血管壁到达血管外的过程，称为液体渗出。渗出的液体称为渗出液。渗出液若集聚在组织间隙内，称为炎性水肿；渗出液若集聚于浆膜腔，则称为炎性积液，如胸腔积液、腹腔积液、心包积液或关节腔积液等。因致炎因子种类或血管壁受损的严重程度不同，渗出液的成分也不同。渗出液和漏出液均可造成组织水肿和体腔积液，但两者的成分和性质不同。在临床上，要正确鉴别渗出液和漏出液，两者的区别如表4-2-1。

表4-2-1　渗出液与漏出液的区别

项目	渗出液	漏出液
原因	炎症	非炎症
蛋白量	>30g/L	<30g/L
细胞数	通常 >500 × 10^6/L	通常 <100 × 10^6/L

续表

项目	渗出液	漏出液
比重	>1.018（多数>1.020）	<1.018
外观	浑浊	清亮
凝固性	易自凝	不自凝
蛋白定性试验	阳性	阴性

液体渗出是血管壁通透性增加、血管内流体静压升高及组织渗透压升高三者共同作用的结果。

1. **血管壁通透性增加**　是导致炎症局部液体和蛋白质渗出到血管外的重要原因。下列机制可引起血管壁通透性增加（图4-2-2）。

（1）内皮细胞收缩　通常发生于毛细血管后小静脉，持续时间较短。组胺、缓激肽、白细胞三烯等炎症介质作用于内皮细胞，使内皮细胞收缩并在细胞间出现缝隙（0.5~1.0μm），导致血管通透性增加。

（2）内皮细胞损伤　某些严重损伤刺激如烧伤和化脓菌感染等可直接损伤内皮细胞，使之坏死及脱落，引起血管壁通透性明显增加，可持续数小时到数天。另外，黏附于内皮细胞的白细胞被激活，释放具有毒性的氧代谢产物和蛋白水解酶，也可造成内皮细胞损伤。

（3）内皮细胞穿胞作用增强　在靠近内皮细胞连接处的细胞质内，存在着由相互连接的囊泡所构成的囊泡体，这些囊泡体构成穿胞通道。富含蛋白质的液体通过穿胞通道穿越内皮细胞的现象称为穿胞作用，这是血管通透性增加的另一机制。

（4）新生毛细血管高通透性　在炎症修复过程中形成的新生毛细血管，其内皮细胞连接不健全，使新生毛细血管具有高通透性。

内皮细胞收缩，主要累及细静脉

内皮细胞收缩和穿胞作用，主要累及细静脉

内皮细胞损伤，累及细动脉、毛细血管和细静脉

新生毛细血管高通透性

图4-2-2　血管壁通透性升高的四种机制模式图

2. **血管内流体静压升高**　由于炎症区域局部微循环的血管反应，细静脉和毛细血管扩张、淤血，引起毛细血管内流体静压升高，促使液体从血管内渗出。

3. **组织渗透压升高**　炎症区域局部坏死组织崩解、分解代谢增强，大分子物质被分解，形成小分子物质，使组织胶体渗透压升高，为了维持血管内外渗透压平衡，血管内的液体渗出到血管外，进入局部组织间隙或体腔。

液体渗出对机体有积极的防御意义：①能稀释毒素，通过吸收带走炎症区内的有害物质，减轻损伤。②给局部带来葡萄糖、氧等营养物质以及抗体、补体，有利于增强细胞的防御能力，消灭病原体。③渗出的纤维蛋白原形成纤维蛋白，交织成网，能限制病原体扩散，局限病灶，并有利于吞噬细胞发挥吞噬作用；在炎症后期，纤维蛋白网还可成为组织再生修复的支架，促进损伤愈合。④渗出液中的病原微生物和毒素随淋巴液回流到达局部淋巴结，可刺激机体发生细胞免疫和体液免疫。

但过多的渗出液可压迫邻近组织和器官，造成不良后果。如严重喉黏膜水肿，可引起呼吸困难；大量纤维蛋白不能完全被吸收时，可发生机化粘连，影响器官功能，如心包纤维性粘连，可影响心脏舒缩

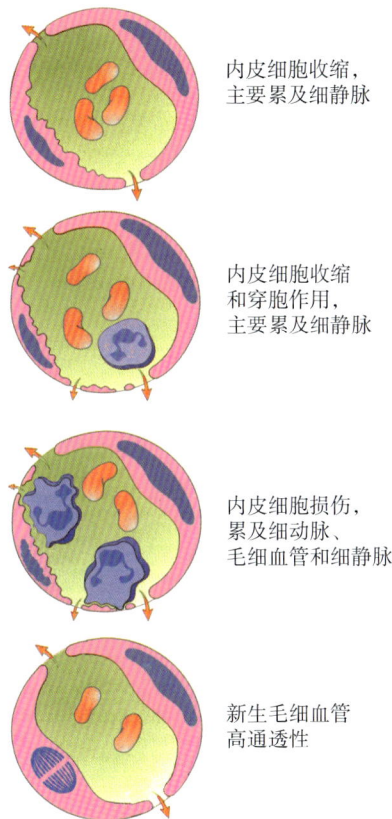

功能。

（三）白细胞渗出

白细胞通过血管壁游出到血管外的过程称为白细胞渗出，是炎症反应最重要的特征。渗出到血管外的白细胞称为炎细胞。炎细胞聚集到组织间隙的现象，称为炎细胞浸润。渗出的中性粒细胞、单核细胞可以吞噬并降解细菌、坏死细胞碎片，同时白细胞释放蛋白水解酶和炎症介质，可以延长炎症过程并加重组织损伤。

1. 白细胞的渗出过程　白细胞的渗出过程是一种主动复杂的连续过程，包括白细胞边集和滚动、黏附和游出，随后在趋化因子的作用下游走到炎症病灶，在局部发挥防御作用（图4-2-3）。

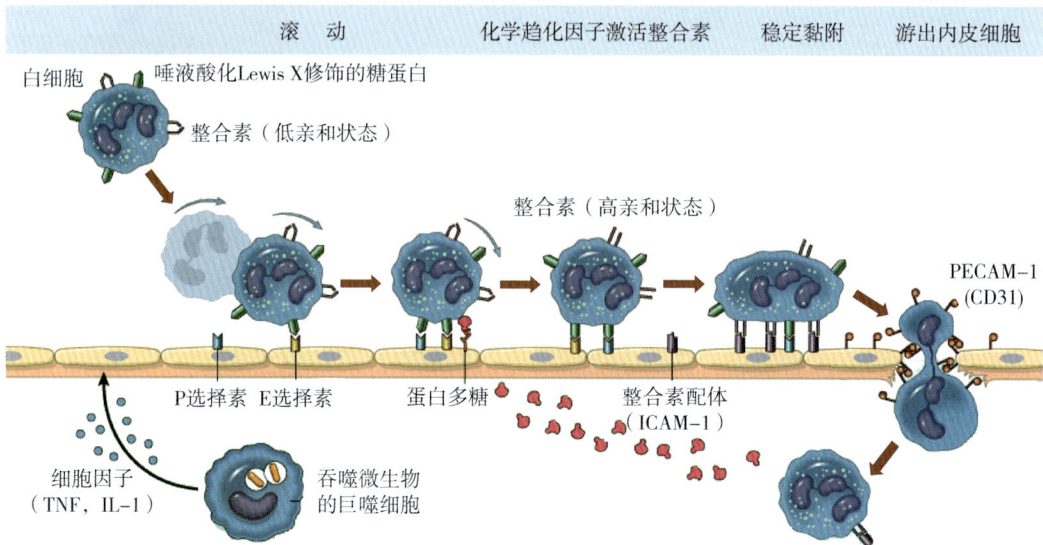

图4-2-3　白细胞渗出过程

（1）白细胞边集和滚动　在毛细血管后小静脉，随着血流缓慢和液体的渗出，体积较小而移动较快的红细胞逐渐将体积较大、移动较慢的白细胞推离血管的中心部（轴流），白细胞到达血管的边缘部，称为白细胞的边集。随后，白细胞在内皮细胞表面翻滚，称为白细胞滚动。

（2）白细胞黏附　白细胞紧紧黏附于内皮细胞是白细胞从血管中游出的前提。黏附的机制主要是通过内皮细胞和白细胞表面的黏附分子及其受体特异性结合来实现的。在炎症介质的刺激下内皮细胞可表达和合成新的黏附分子，并增加黏附分子的数量和亲和力。白细胞与血管内皮细胞黏着的这种现象称为白细胞黏附。

（3）白细胞游出　白细胞穿过血管壁进入周围组织的过程，称为白细胞游出，通常发生在毛细血管后小静脉。黏附于内皮细胞表面的白细胞首先沿着内皮细胞滚动，在内皮细胞连接处伸出伪足，然后以阿米巴样运动的方式从内皮细胞之间挤出，到达内皮细胞和基膜之间。穿过内皮细胞的白细胞可分泌胶原酶降解血管基底膜，进入周围组织中。游出的白细胞开始围绕在血管周围，然后沿组织间隙向病灶中心移动。

2. 趋化作用　白细胞游出血管后，通过趋化作用而聚集到炎症病灶。趋化作用是指白细胞沿化学物质浓度梯度向着化学刺激物做定向移动。这些具有吸引白细胞定向移动的化学刺激物称为趋化因子。趋化因子可以是外源性的，也可以是内源性的。不同的炎细胞对趋化因子的反应不同，中性粒细胞和单核细胞对趋化因子的反应较明显，而淋巴细胞对趋化因子的反应则较弱。

3. **吞噬作用**　白细胞吞噬病原体、组织碎片和异物的过程，称为吞噬作用。具有吞噬作用的细胞主要是中性粒细胞和巨噬细胞。吞噬过程包括识别和附着、吞入、杀伤和降解三个阶段（图4-2-4）。

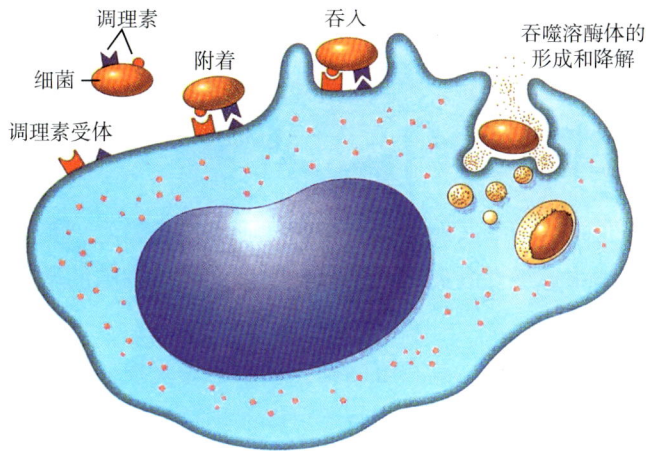

图4-2-4　白细胞的吞噬作用

（1）识别及附着　吞噬细胞表面的甘露糖受体、清道夫受体和各种调理素受体都有识别、结合和摄入微生物的功能。

（2）吞入　吞噬细胞在附着细菌等颗粒状物体后，便伸出伪足，随着伪足的延伸和相互融合，由吞噬细胞的细胞膜包围吞噬物形成泡状小体，即吞噬体。然后，吞噬体与初级溶酶体颗粒融合，形成吞噬溶酶体。

（3）杀伤和降解　进入吞噬溶酶体的细菌可被依赖氧的机制和不依赖氧的机制杀伤和降解。

4. **炎细胞的种类**　常见的炎细胞有以下几种（图4-2-5）。

（1）中性粒细胞　来自血液，具有较强的运动能力，游出早而且速度快，常出现在急性炎症、炎症早期及化脓性炎症中。另外，中性粒细胞还具有比较强的吞噬能力，能够吞噬多种细菌、坏死组织碎片和抗原抗体复合物，故又称为小吞噬细胞。中性粒细胞完成吞噬作用后很快死亡，并释放出各种蛋白水解酶。

图4-2-5　白细胞模式图

（2）单核细胞和巨噬细胞　单核细胞来自血液，迁移入组织中继续发育成巨噬细胞，主要分布于肝、脾、淋巴结、肺和结缔组织中。巨噬细胞又称为大吞噬细胞，具有较强的吞噬能力，可以吞噬中性粒细胞不能吞噬的较大的病原体、抗原抗体复合物、坏死组织碎片、异物等；同时还参与机体的免疫反应，处理抗原信息。巨噬细胞寿命较长，可生存几周甚至几个月，常出现在急性炎症后期、慢性炎症、非化脓性炎症以及病毒和原虫感染时。

（3）淋巴细胞和浆细胞　淋巴细胞来自血液及局部淋巴组织，运动能力较弱，无趋化性和吞噬功能，主要参与免疫反应，常出现在病毒感染和慢性炎症时。淋巴细胞分为T淋巴细胞和B淋巴细胞两大类。T淋巴细胞发挥细胞免疫作用，B淋巴细胞转化为浆细胞，产生并释放抗体，参与体液免疫过程。

（4）嗜酸性粒细胞　来自血液，运动能力较弱，有一定的吞噬能力，能吞噬抗原－抗体复合物。主要出现在炎症后期、寄生虫感染及某些变态反应性炎症时。

（5）嗜碱性粒细胞和肥大细胞　嗜碱性粒细胞来自血液，肥大细胞主要分布于结缔组织和血管周围。这两种细胞胞质中均含有粗大的嗜碱性颗粒，脱颗粒后，可释放肝素、组胺等；肥大细胞还可释放5-羟色胺（5-HT），它们都是重要的炎症介质。这两种细胞多见于变态反应性炎症。

三、增生

在致炎因子的作用下，炎症局部的实质细胞和间质细胞可发生增生。实质细胞的增生，如鼻黏膜慢性炎症时被覆上皮和腺体的增生，慢性肝炎中的肝细胞增生。间质细胞的增生包括巨噬细胞、内皮细胞和成纤维细胞增生。

增生属于炎症过程中的抗损伤反应，具有限制炎症扩散和修复损伤组织的作用，如增生的巨噬细胞可以吞噬病原体和坏死组织碎片，增生的淋巴细胞还可以参加免疫反应。但是，过度增生又可以破坏原有组织结构，对机体产生不利影响，如肝炎后肝硬化则是由于纤维组织大量增生和肝细胞发生结节状再生，破坏了正常肝小叶的结构和肝内血液循环，从而导致一系列临床病变。

增生通常在急性炎症后期或慢性炎症较明显，但少数疾病在炎症初期即可见明显增生，如伤寒初期即有大量巨噬细胞增生，急性肾小球肾炎毛细血管内皮细胞和球内系膜细胞的增生。

综上所述，炎症具有三种基本病理变化。一般以其中一种为主，三者之间联系密切，又互相影响。变质是损伤性反应，渗出和增生是抗损伤和修复反应。在炎症发生过程中，变质可以促进渗出或增生性变化，渗出又可以反过来加重变质变化。过度增生可以压迫周围组织器官，从而影响疾病的痊愈。所以，炎症并非都是对机体有利的。

第三节　炎症的类型

一、炎症的临床类型

根据临床上炎症发生的缓急和持续时间的长短，将炎症分为超急性炎症、急性炎症、亚急性炎症和慢性炎症四种类型。

1. **超急性炎症（super acute inflammation）**　起病急速，呈暴发性，整个过程仅数小时至数天，炎症反应非常剧烈，短期内就可引起组织器官严重损伤，甚至死亡。多属于变态反应性疾病，例如，青霉素过敏反应，处理不及时，患者可在发病后几分钟内死亡。

2. **急性炎症（acute inflammation）**　起病较急，病程较短，整个过程持续几天至1个月。炎症局部常以变质和渗出性病理变化为主，渗出和浸润的炎症细胞主要为中性粒细胞。体表的急性炎症局部表现和全身表现都很明显。

3. **亚急性炎症（subacute inflammation）**　病程介于急性炎症和慢性炎症之间，整个过程为1个月至数月，多由急性炎症转变而来，也与致炎因子有关。

4. **慢性炎症（chronic inflammation）**　病程较长，整个过程持续几个月甚至几年。炎症发生慢，一开始即可为慢性炎症，但多由急性炎症迁延而来。病变以增生为主，以淋巴细胞、浆细胞和单核细胞浸润为主。慢性炎症局部表现及全身表现不明显。当机体抵抗力降低，病原刺激增强或发生再次感染时，可以在慢性炎症基础上发生急性炎症反应，即为慢性炎症急性发作。

二、炎症的病理类型

任何炎症都有变质、渗出和增生这三个基本病理变化，但往往以其中一种基本病理变化为主，故可将炎症分为变质性炎、渗出性炎、增生性炎。

（一）变质性炎

以组织细胞变性、坏死为主的炎症称为变质性炎。其病变特点是局部以变质为主，呈急性经过，在一定条件下也可迁延为慢性炎症。常发生于实质性器官，并可出现明显的器官功能障碍。如病毒性肝炎以肝细胞变性、坏死为主，常伴有肝功能障碍；流行性乙型脑炎以神经细胞变性、坏死为主，常伴有神经系统功能障碍症状。

（二）渗出性炎

以渗出改变为主的炎症称为渗出性炎（exudative inflammation），是临床最常见的炎症类型。根据渗出物的主要成分和病变特点，将渗出性炎分为浆液性炎、纤维素性炎、化脓性炎和出血性炎。

1. **浆液性炎（serous inflammation）** 指以浆液渗出为主的炎症。渗出的液体主要来自血浆，也可由浆膜的间皮细胞分泌，并含有3%~5%的蛋白质，主要是白蛋白。常发生于黏膜、浆膜、滑膜、皮肤和疏松结缔组织等处。黏膜的浆液性炎又称为浆液性卡他性炎，卡他是指渗出物沿黏膜表面顺势下流。例如，上呼吸道感染初期，鼻黏膜排出大量浆液性分泌物；毒蛇咬伤后，常出现局部疏松结缔组织明显水肿；皮肤浅Ⅱ度以上的烫伤常形成水疱（图4-3-1）；结核性胸膜炎常形成浆膜腔积液。

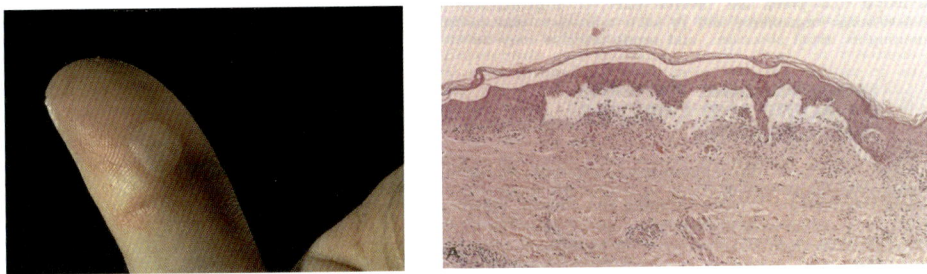

图4-3-1　烫伤形成的水疱

浆液性炎病变一般较轻，容易消退。但心包腔、胸腔等部位出现大量浆液渗出时，可造成局部压迫，影响心肺功能。

2. **纤维素性炎（fibrinous inflammation）** 以大量纤维蛋白原渗出为主，继而形成纤维蛋白，即纤维素的炎症。在HE染色切片中，纤维素呈红染、相互交织的网状、条索状或颗粒状，常混有中性粒细胞和坏死细胞碎片。纤维蛋白原大量渗出，说明血管壁损伤严重，通透性明显增加，多由某些细菌毒素（如白喉杆菌、痢疾杆菌和肺炎球菌的毒素）或各种内、外源性毒性物质（如尿毒症的尿素和汞中毒）引起。纤维素性炎常发生于黏膜、浆膜和肺组织。黏膜发生的纤维素性炎，渗出的纤维素、中性粒细胞和坏死黏膜组织以及病原菌等可在黏膜表面形成一层灰白色膜状物，称为"伪膜"（图4-3-2）。有的伪膜附着牢固，不易脱落（如咽白喉），称为固膜性炎；有的伪膜附着不牢固，易脱落（如气管白喉），称为浮膜性炎，脱落的伪膜易引起窒息。

浆膜发生的纤维素性炎常见于心包膜和胸膜。心包膜的纤维素性炎，渗出的纤维素随着心脏搏动形成绒毛状覆盖于心脏的脏层和壁层之间，故称"绒毛心"（图4-3-3），渗出物少可被吸收，渗出物过多时不易被吸收，可被机化而导致心包腔粘连。

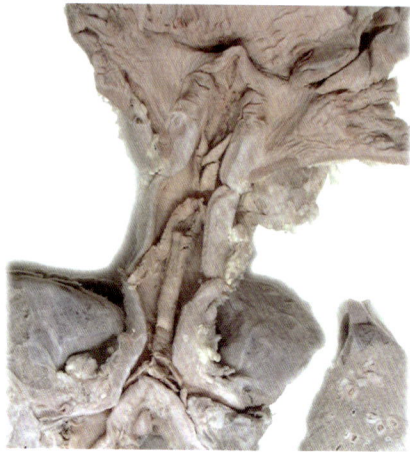

图4-3-2　咽及气管伪膜性炎

图4-3-3　绒毛心

肺的纤维素性炎见于大叶性肺炎，病变特点为肺泡腔内有大量渗出的纤维素，纤维素网眼中可见中性粒细胞，并造成肺实变，常导致患者出现呼吸困难等症状。

3. 化脓性炎（suppurative or purulent inflammation）　以中性粒细胞渗出，并伴有不同程度的组织坏死和脓液形成为其特点。化脓性炎多由化脓菌（如葡萄球菌、链球菌、脑膜炎双球菌、大肠杆菌）感染所致，亦可由组织坏死继发感染产生。脓性渗出物称为脓液，是一种浑浊的凝乳状液体，呈灰黄色或黄绿色。脓液的主要成分为脓细胞（变性坏死的中性粒细胞），还含有细菌、坏死组织和少量浆液。多呈急性过程，但有时也可呈慢性过程。根据其发生的原因和部位不同，将化脓性炎分为三种类型。

（1）表面化脓和积脓　表面化脓是指发生在黏膜和浆膜表面的化脓性炎。黏膜的化脓性炎又称脓性卡他性炎，此时中性粒细胞向黏膜表面渗出，深部组织的中性粒细胞浸润不明显（图4-3-4）。如化脓性尿道炎和化脓性支气管炎，渗出的脓液可沿尿道、支气管排出体外。当化脓性炎发生于浆膜、胆囊和输卵管时，脓液则在浆膜腔、胆囊和输卵管腔内积存，称为积脓（empyema）。

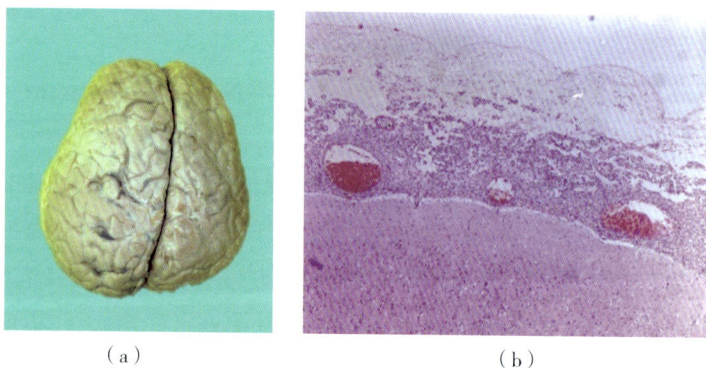

（a）

（b）

图4-3-4　表面化脓（脑膜）

（a）脑膜表面化脓；（b）镜下观：炎细胞浸润

（2）蜂窝织炎（phlegmonous inflammation）　是指疏松结缔组织的弥漫性化脓性炎，常发生于皮肤、肌肉和阑尾。蜂窝织炎主要由溶血性链球菌引起，链球菌分泌的透明质酸酶能降解疏松结缔组织中的透明质酸，分泌的链激酶能溶解纤维素，因此，细菌易于通过组织间隙和淋巴管扩散，表现为炎症病变组织内大量中性粒细胞弥漫性浸润，与周围组织界限不清（图4-3-5）。由于单纯蜂窝织炎一般不发生明显的组织坏死和溶解，痊愈后一般不留痕迹。

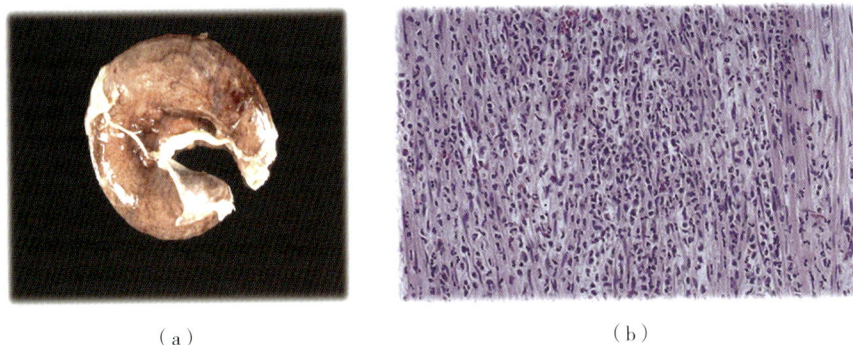

（a）　　　　　　　　　　　　　（b）

图4-3-5　急性蜂窝织炎（阑尾炎）

（a）阑尾蜂窝织炎；（b）见大量中性粒细胞弥漫浸润

（3）脓肿（abscess）　脓肿是指器官或组织内的局限性化脓性炎症，其主要特征是组织发生溶解坏死，形成充满脓液的腔，即脓腔（图4-3-6）。脓肿可发生于皮下和内脏，主要由金黄色葡萄球菌引起，金黄色葡萄球菌可产生血浆凝固酶，使渗出的纤维蛋白原转变成纤维素，因而病变较局限。小脓肿可吸收消散，较大脓肿由于脓液过多，吸收困难，则需要切开排脓或穿刺抽脓。

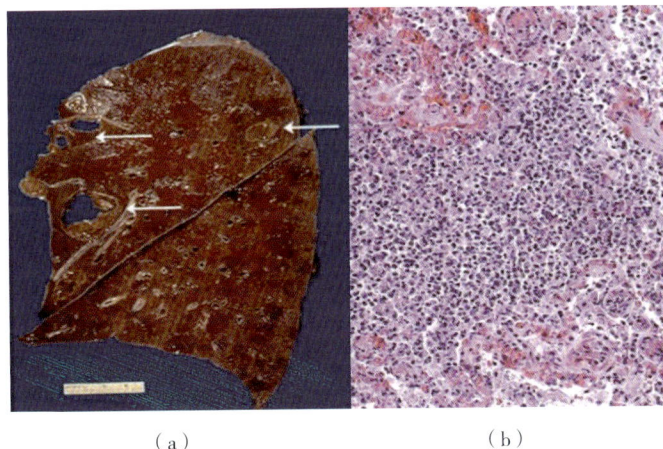

（a）　　　　　　　　　　　　　（b）

图4-3-6　肺脓肿

（a）脓肿与周围肺组织界限清楚；（b）镜下观：脓腔内充满脓液

如果较大脓肿未及时切开引流，可因脓液过多、脓腔内压力较大而自行溃破。位于皮肤和黏膜的脓肿破溃后形成较深的缺损，称为溃疡（ulcer）。组织和器官内部较深的脓肿可向体表或自然管道穿破，形成有一个开口的排脓通道，称为窦道（sinus）。深部脓肿一端向体表或体腔穿破，另一端开口于自然管道，形成两个及以上开口的管道，称为瘘管（fistula）（图4-3-7）。

疖（furuncle）是毛囊、皮脂腺及其周围组织的脓肿。疖中心部位液化变软后，脓液便可破出。痈（carbuncle）是多个疖的融合，

窦道　　　　脓肿
　　　　　　瘘管

图4-3-7　窦道与瘘管模式图

在皮下脂肪和筋膜组织中形成许多互相沟通的脓肿，必须及时切开排脓。

4. 出血性炎症（hemorrhagic inflammation） 是指炎症病灶的血管损伤严重，渗出物中含有大量红细胞。常见于流行性出血热、钩端螺旋体病和鼠疫等。

上述各型炎症可以单独发生，亦可以合并存在，如浆液性纤维素性炎、纤维素性化脓性炎等。另外，在炎症的发展过程中，一种炎症类型可以转变成另一种炎症类型，如浆液性炎可以转变成纤维素性炎或化脓性炎。

病例分析 5

患者，男性，68岁，既往有2型糖尿病病史4年。2周前患者无诱因出现咳嗽，咳少量黄色黏痰，不易咳出，伴臭味，发热，最高体温38.5℃。1天前上述症状加重，感胸痛，胸憋，乏力，食欲下降。X线检查示左肺下叶一大团片状浓密阴影，肺实质内有空腔形成。诊断为肺脓肿。

问题与思考

（1）什么是脓肿？说出其病变特征。

（2）请分析该患者肺脓肿的可能结局。

答案解析

（三）增生性炎

增生性炎是以增生为主的炎症，一般呈慢性经过，但也可一开始即呈急性经过，如急性弥漫性增生性肾小球肾炎、伤寒等。根据细胞增生成分及病变特点不同，可以分为以下两种类型。

1. 一般增生性炎 主要表现为血管内皮细胞、成纤维细胞增生，并伴有单核细胞、淋巴细胞和浆细胞浸润，同时伴有被覆上皮细胞、腺上皮细胞等实质细胞增生。此种增生性炎无特殊的形态表现，称为非特异性炎。在致炎因子的长期刺激下，局部黏膜上皮、腺体及肉芽组织增生形成向黏膜表面突出、根部常带蒂的肿物，称为炎性息肉（inflammatory polyp）。炎性假瘤（inflammatory pseudotumor）是指局部组织炎性增生形成境界清楚的肿瘤样团块；肉眼观和X线表现与肿瘤相似，需注意与肿瘤鉴别；好发于肺和眼眶。

2. 肉芽肿性炎（granulomatous inflammation） 以炎症局部巨噬细胞及其衍生细胞增生形成境界清楚的结节状病灶（即肉芽肿）为特征。肉芽肿直径一般在0.5~2mm。巨噬细胞衍生的细胞包括上皮样细胞和多核巨细胞等。

肉芽肿性炎多由病原微生物（如结核分枝杆菌、麻风杆菌、伤寒杆菌、梅毒螺旋体等）和异物（如手术缝线、石棉、滑石粉等）引起。由于致炎因子种类及发病机制不同，所形成的肉芽肿形态也不同，可以分为以下两种类型。

（1）感染性肉芽肿 由病原微生物引起，最常见，多具有独特的形态特征，具有病理诊断价值。如结核性肉芽肿（即结核结节，如图4-3-8所示）、伤寒性肉芽肿（即伤寒小结）、风湿性肉芽肿（即风湿小体）、血吸虫病慢性虫卵结节及梅毒性肉芽肿等。其中由结核分枝杆菌感染形成的结核结节最具代表性。典型结核结节干酪样坏死位于中心部，周围有大量上皮样细胞（也称类上皮细胞）及少量朗格汉斯细胞，外围可见大量淋巴细胞浸润，结节周围还可见成纤维细胞及胶原纤维围绕。

（2）异物性肉芽肿 由手术缝线、滑石粉等异物引起，在异物的周围常伴有数目不等的巨噬细胞、异物巨细胞、成纤维细胞及淋巴细胞，可形成结节状病灶（图4-3-9）。

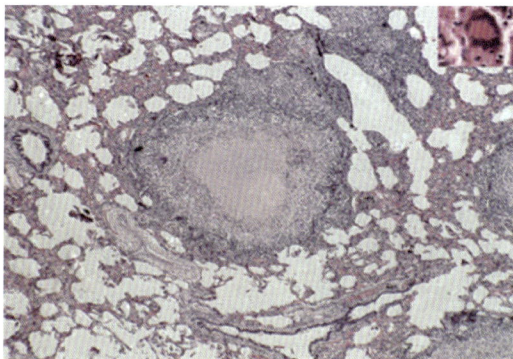

图 4-3-8 结核性肉芽肿

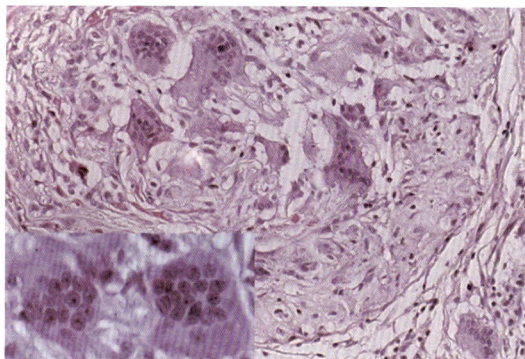

图 4-3-9 异物性肉芽肿

第四节 炎症的结局

由于致炎因子的性质、机体的功能状态及治疗效果的不同，炎症的结局也不同。如果抗损伤占优势，炎症趋向痊愈；反之，损伤占优势，则炎症加剧，蔓延播散，甚至危及生命。如果致炎因子持续存在，或机体的抵抗力较弱，则炎症迁延不愈转为慢性炎症。因此，炎症的结局表现为痊愈、迁延不愈或转为慢性，以及蔓延播散三种情况。

一、痊愈

多数情况下，由于致炎因子的清除、机体抵抗力增强以及适当治疗，渗出物逐渐被吸收，坏死组织将被溶解、液化，通过淋巴管、血管吸收或排出体外。受损组织通过周围正常细胞的再生而修复，病变趋向痊愈。根据修复后组织形态结构和功能是否完全恢复，痊愈分为完全痊愈和不完全痊愈两种。

1. 完全痊愈 在炎症过程中病因被清除，由于损伤范围小，渗出物和坏死组织可被溶解、吸收，缺损由其周围正常细胞增生来完成修复，修复后完全恢复组织原有的结构和功能。

2. 不完全痊愈 炎症局部坏死范围较大，渗出物较多，不能被完全溶解、吸收，则需由肉芽组织来完成修复，最终转变为瘢痕组织，不能完全恢复组织原有的结构和功能。

二、迁延不愈

在机体抵抗力低下或治疗不及时、不彻底的情况下，致炎因子不能在短期内清除，其在机体内持续起作用，不断地损伤组织造成炎症迁延不愈，使急性炎症转变成慢性炎症，病情可时轻时重。

三、蔓延扩散

当机体抵抗力低下或病原微生物毒力强、数量多时，病原微生物可不断繁殖，并沿组织间隙或脉管系统向周围和全身器官扩散。

1. 局部蔓延 炎症局部的病原微生物可通过组织间隙或自然管道向周围组织和器官扩散蔓延，如急性膀胱炎可向上蔓延到输尿管和肾盂。炎症局部蔓延可形成糜烂（erosion）、溃疡、瘘管、窦道和空洞（cavity）。

2. 淋巴道蔓延 急性炎症渗出的富含蛋白的炎性水肿液或部分白细胞可通过淋巴液回流至淋巴结。

其中所含的病原微生物也可沿淋巴液扩散，引起淋巴管炎和局部淋巴结炎。例如，足部感染时腹股沟淋巴结可肿大，在足部感染灶和肿大的腹股沟淋巴结之间出现红线，即为淋巴管炎。病原微生物可进一步通过淋巴系统入血，引起血行蔓延。

3. **血行蔓延**　炎症灶中的病原微生物可直接或通过淋巴道侵入血液循环，引起菌血症、毒血症、败血症和脓血症。

（1）菌血症（bacteremia）　细菌由局部病灶入血，全身无中毒症状，但从血液中可查到细菌，称为菌血症。一些炎症性疾病的早期有菌血症，如大叶性肺炎和流行性脑脊髓膜炎。在菌血症阶段，肝、脾和骨髓的吞噬细胞可清除细菌。

（2）毒血症（toxemia）　细菌的毒性产物或毒素被吸收入血称为毒血症。临床上出现高热和寒战等中毒症状，同时伴有心、肝、肾等实质细胞的变性或坏死，严重时出现中毒性休克，但血培养查不到病原菌。

（3）败血症（septicemia）　细菌由局部病灶入血后，大量繁殖并产生毒素，引起全身中毒症状和病理变化，称为败血症。败血症除有毒血症的临床表现外，还常出现皮肤和黏膜的多发性出血斑点，以及脾脏和淋巴结肿大等。此时血液中常可培养出病原菌。

（4）脓血症（pyemia）　化脓菌所引起的败血症可进一步发展成为脓血症。脓血症是指化脓菌除导致败血症的表现外，还可在全身一些脏器中出现多发性栓塞性脓肿，或称转移性脓肿。显微镜下小脓肿中央的小血管或毛细血管中可见细菌菌落，周围大量中性粒细胞局限性浸润并伴有局部组织的化脓性溶解破坏。

第五节　炎症介质

炎症的血管反应和白细胞反应都是通过一系列化学因子的作用实现的，参与和介导炎症反应的化学因子称为化学介质或炎症介质（inflammatory mediator）。

一、细胞释放的炎症介质

1. **血管活性胺**　包括组胺和5-羟色胺（5-HT），储存在细胞的分泌颗粒中，在急性炎症反应时最先释放。组胺主要存在于肥大细胞和嗜碱性粒细胞的颗粒，也存在于血小板内。肥大细胞释放组胺称为脱颗粒。可引起肥大细胞脱颗粒的刺激因子包括：物理因素（如创伤以及冷、热等）、补体片段（C3a和C5a等）、细胞因子（IL-1和IL-8等）。组胺主要通过血管内皮细胞的H_1受体起作用，可使细动脉扩张和细静脉通透性增加。

5-HT主要存在于血小板中。当血小板与胶原纤维、凝血酶、免疫复合物等接触后，血小板聚集并释放5-HT，引起血管收缩。

2. **花生四烯酸代谢产物**　包括前列腺素（PG）、白细胞三烯（LT）和脂质素（LX），参与炎症和凝血反应。花生四烯酸（AA）是二十碳不饱和脂肪酸，来源于饮食或由亚油酸转换产生，存在于细胞膜磷脂分子中，在磷脂酶的作用下释放。AA通过环氧合酶途径产生前列腺素和凝血素，通过脂质氧合酶途径产生白细胞三烯和脂质素。其主要作用：①使小血管扩张；②使血管壁通透性增加；③对白细胞有趋化作用；④发热、致痛作用。

3. **白细胞溶酶体酶**　存在于中性粒细胞和单核细胞溶酶体颗粒内的酶可以杀伤和降解吞噬微生

物，并引起组织损伤。溶酶体颗粒含有多种酶，如酸性水解酶、中性蛋白酶、溶菌酶等。酸性水解酶在吞噬溶酶体内降解细菌及其碎片。中性蛋白酶包括弹力蛋白酶、胶原酶和组织蛋白酶，可降解各种细胞外成分，包括胶原纤维、基底膜、纤维素、弹力蛋白和软骨基质等，在化脓性炎症的组织破坏中起重要作用。中性蛋白酶还能直接剪切C3和C5而产生血管活性介质C3a和C5a，并促进激肽原产生缓激肽样多肽。

4. **细胞因子**　是由多种细胞产生的多肽类物质，主要由激活的淋巴细胞和巨噬细胞产生，包括IL、TNF、IFN、集落刺激因子等，参与免疫反应和炎症反应。TNF和IL-1是介导炎症反应的两个重要细胞因子，可促进内皮黏附分子的表达以及其他细胞因子的分泌，促进肝脏合成各种急性期蛋白，促进骨髓向末梢血循环释放中性粒细胞，并可引起患者发热、嗜睡及心率加快等。

5. **活性氧和一氧化氮**　中性粒细胞和巨噬细胞受到免疫复合物、细胞因子等刺激后，合成和释放活性氧，杀死和降解吞噬的病原微生物及坏死细胞。

一氧化氮可由巨噬细胞、内皮细胞和脑内某些神经细胞产生，在炎症的发展过程中有双重作用：一是导致平滑肌松弛，小血管扩张；二是可以抑制炎症过程中的细胞反应。

二、血浆中的炎症介质

血浆中的炎症介质来自激肽系统、补体系统、凝血系统和纤维蛋白溶解系统。

1. **激肽系统**　缓激肽是一种血管活性肽，形成的中心环节是Ⅻ因子的激活。其作用：①使微血管扩张；②使血管壁通透性升高；③引起疼痛。

2. **补体系统**　由20多种血浆蛋白质组成，在血浆中以非活性的形式存在。在病原微生物、坏死组织释放的酶以及激肽、纤维蛋白形成系统及降解系统的中间代谢产物的作用下，通过经典和替代两大途径被激活。其中最重要的是激活C3和C5，其裂解产物C3a和C5a又称过敏毒素，是重要的炎症介质。

C3a和C5a通过介导肥大细胞来释放组胺，引起血管扩张、血管壁通透性升高。C5a对白细胞有趋化作用，并能激活白细胞引起前列腺素和白细胞三烯等炎症介质的释放。C3a可增强吞噬细胞的吞噬作用，还可以引起和加重组织损伤。

3. **凝血系统和纤维蛋白溶解系统**　Ⅻ因子激活后，启动凝血系统，激活凝血酶、纤维蛋白多肽和凝血因子X等。凝血酶可以激活血管内皮细胞，促进白细胞黏附。凝血酶还可以把凝血和补体系统联系起来。纤维蛋白多肽是纤维蛋白原的降解产物，可以增加血管通透性，并且是白细胞的趋化因子。凝血因子Xa可以增加血管通透性并促进白细胞游出。纤维蛋白溶解系统启动后，激活纤维蛋白溶酶，其具有增加血管通透性的作用，还可剪切C3产生C3a，使血管扩张和血管通透性增加。

主要炎症介质的作用如表4-5-1。

表4-5-1　主要炎症介质及其作用

功能	炎症介质
血管扩张	前列腺素、一氧化氮、组胺
血管通透性升高	组胺和5-HT、C3a、缓激肽、LTC$_4$、LTD$_4$、LTE$_4$、PAF、P物质
趋化作用、白细胞渗出和激活	TNF、IL-1、化学趋化因子、C3a、C5a、LTB$_4$
发热	TNF、IL-1、前列腺素
疼痛	前列腺素、缓激肽、P物质
组织损伤	白细胞溶酶体酶、活性氧、一氧化氮

📖 **知识拓展**

2020年7月，耶鲁大学药学院Andrew Wang团队在国际顶尖学术期刊*Cell*杂志发表题为 *Origin and Function of Stress Induced IL-6 in Murine Models*（《应激诱导IL-6在小鼠模型中的来源和作用》）的论文。该研究发现外界压力会使细胞因子白细胞介素-6（IL-6）在棕色脂肪细胞中分泌，导致棕色脂肪细胞无法正常调节葡萄糖等物质的新陈代谢和分解脂肪，最终造成肥胖；应激诱导棕色脂肪细胞产生IL-6受体信号和β-3-肾上腺素能受体信号；应激性高血糖需要IL-6，这是一种代谢适应，通过肝脏糖异生来实现"战斗或逃跑"的反应；应激诱导的IL-6的代价是它降低了宿主对后续炎症挑战的适应性。

第六节　炎症的局部表现和全身反应

一、炎症的局部表现

炎症的局部表现为红、肿、热、痛和功能障碍。

1. **红**　炎症局部发红是局部血管扩张、充血所致。炎症病灶早期呈鲜红色是由于动脉性充血，随着炎症发展，形成静脉性充血，故炎症病灶后期逐渐变成暗红色。急性炎症表现很明显，慢性炎症不明显。

2. **肿**　炎症局部肿胀主要是局部血管通透性升高，液体和细胞成分渗出所致。急性炎症病变区肿胀明显，主要与炎性充血特别是炎性水肿有关；慢性炎症局部肿胀多由局部增生所致。

3. **热**　炎症时发热是动脉性充血，血流加快，代谢增强，产热增多所致。这种表现在体表炎症时较明显，但内脏发生炎症时，由于内脏器官本身温度就较高，因此病变部位的温度于正常器官的温度相比无明显差别。

4. **痛**　炎症时局部疼痛的原因是前列腺素等炎症介质的释放；局部炎性水肿、张力增加，压迫和牵拉感觉神经末梢。在感觉神经末梢较多的部位（如牙髓、手指、外耳道等），炎症疼痛比较剧烈。

5. **功能障碍**　由于致炎因子的作用，实质细胞变性坏死、代谢改变及炎性渗出物增多导致炎症局部组织器官疼痛、肿胀或机械性阻塞，引起相应组织器官的功能障碍。

二、炎症的全身反应

炎症的全身反应主要有发热、末梢血白细胞数目改变、单核吞噬细胞系统增生等。

1. **发热**　发热是外源性和内源性致热原共同作用的结果。细菌产物等外源性致热原，可以刺激白细胞释放内源性致热原。内源性致热原作用于下丘脑的体温调节中枢，通过提高局部环氧合酶水平，促进花生四烯酸转变为前列腺素E而引起发热。

2. **白细胞数目改变**　末梢血白细胞计数增加是炎症反应的常见表现，特别是细菌感染所引起的炎症。白细胞增多的数量和程度与机体抵抗力的强弱和感染的严重程度有关。如感染严重、机体抵抗力强，则白细胞数目明显增多；如感染严重、机体抵抗力差，白细胞增多不明显，说明患者预后不良。

白细胞计数增加主要是由于IL-1和TNF引起白细胞从骨髓储存库释放加速，而且相对不成熟的杆状核中性粒细胞所占比例增加所致，称之为"核左移"。多数细菌感染引起中性粒细胞增多；慢性炎症和一些病毒感染时以单核-巨噬细胞或淋巴细胞增多为主；寄生虫感染和过敏反应，以嗜酸性粒细胞增多为主。但多数病毒、立克次体和原虫感染，甚至极少数细菌（如伤寒杆菌）感染，则引起末梢血白细胞计数减少。临床上常通过检查白细胞总数和分类来辅助诊断疾病。

3. **单核吞噬细胞系统增生**　是炎症防御反应的表现。炎症区域的病原微生物、组织崩解产物等可经局部淋巴管进入淋巴结，或者经血液循环到达其单核吞噬细胞系统，使单核吞噬细胞系统出现不同程度的增生，从而发挥吞噬功能。临床上表现为肝、脾及局部淋巴结肿大。

● 实训实练三　炎　症　●

（一）实训目的

1. 能够识别各类炎细胞的镜下病变特点。
2. 能够识别炎症的基本病理变化。
3. 观察大体标本，并能对炎症病变特点进行准确描述。

（二）实训用品

大体标本、组织切片、显微镜。

（三）实训内容

【大体标本观察】

1. **各型阑尾炎**

（1）正常阑尾　注意观察正常阑尾粗细、光泽及血管情况。

（2）急性单纯性阑尾炎　阑尾呈不同程度的肿胀，浆膜面充血，失去正常光泽。

（3）急性化脓性阑尾炎　阑尾肿胀，浆膜面充血明显，附有纤维素性脓性渗出物。切面：阑尾壁增厚，腔内有脓性渗出物。

（4）急性坏疽性阑尾炎　阑尾显著肿大，呈污秽黑色并附有大量化脓性炎性渗出物，易并发穿孔。

2. **化脓性脑膜炎**　大脑半球标本，蛛网膜下腔有灰白色脓液积聚，覆盖于脑表面，使脑回和脑沟结构模糊，脑血管明显扩张充血。

3. **肺脓肿**　肺组织切面见多个大小不一的脓腔，腔内面残留部分脓液，周围有纤维组织包绕，边界清楚。

4. **脑脓肿**　大脑半球矢状切面，一侧见一脓腔，腔内脓液已流失，仅留少许脓液黏附，周围有纤维组织包绕，边界清楚，邻近的侧脑室已经被挤压变形。

5. **绒毛心**　心脏标本。心包已剪开，见心包膜脏、壁两层有大量灰白色纤维素性渗出物附着，心脏表面呈绒毛状外观。

6. **气管白喉**　标本为舌、会厌、喉及气管。气管腔内有灰白色的假膜覆盖，部分假膜已脱离气管壁。

7. **胸膜粘连**　肺脏标本。肺的表面可见胸膜壁层和脏层纤维组织增生、增厚而互相粘连。部分撕开处可见脏层表面有许多灰白色纤维条索，表面显得粗糙。

8. **慢性胆囊炎**　胆囊体积增大，壁变厚，黏膜粗糙，胆囊腔内有结石。

9. **鼻炎性息肉**　标本取自鼻腔，椭圆形，灰白色，表面光滑，略呈半透明状，质地细嫩、软、脆。

【组织切片观察】

1. **各类炎细胞**　低倍镜下辨认为肾脏组织，各类炎细胞弥漫性浸润于肾盂及肾间质之中。高倍镜下可见到大量中性粒细胞、浆细胞、淋巴细胞及少量嗜酸性粒细胞和巨噬细胞。

2. **急性蜂窝织炎性阑尾炎**　阑尾黏膜上皮部分坏死脱落，形成缺损。各层组织中血管充血、间质水肿，有大量中性粒细胞弥漫性浸润。阑尾腔内有变性、坏死的中性粒细胞（脓细胞）、浆液渗出和红细胞漏出。阑尾浆膜及系膜明显充血，并附有中性粒细胞为主的炎性渗出物。

3. **化脓性脑膜炎**　分清蛛网膜、蛛网膜下腔和软脑膜三层结构。见蛛网膜下腔增宽，血管扩张、充血，有大量脓性渗出物积聚，主要为中性粒细胞及脓细胞。脑实质变化不明显。

4. **肺脓肿**　肺组织中可见多发性散在小脓肿。脓肿区肺组织坏死、液化，并有大量变性和坏死的中性粒细胞（脓细胞）。有些脓肿中央可见染色呈深紫色的细菌菌落。脓肿之间的结缔组织可见间质及肺泡壁毛细血管扩张充血和浆液渗出。

5. **纤维素性脓性心外膜炎**　心外膜（有脂肪组织和血管）大部分被纤维素及炎性渗出物取代。纤维素为红染的丝网状或片状物质，网眼内主要为中性粒细胞及脓细胞。纤维素性脓性渗出物与心肌之间有肉芽组织增生，表明有早期机化。

6. **异物肉芽肿**　主要由多核巨细胞、单核-巨噬细胞构成，略呈结节状。多核异物巨细胞体积巨大，多个细胞核散在于细胞质内，部分细胞质内吞噬有类脂质形成的空隙。可见嗜碱性无结构的线头异物。周围纤维组织显著增生、玻璃样变性。

7. **慢性胆囊炎**　胆囊壁增厚，纤维结缔组织增生；黏膜上皮多数萎缩，部分黏膜上皮凹陷深达肌层形成罗-阿窦；各层中有慢性炎细胞（淋巴细胞和浆细胞）浸润。

（四）实训作业

制作绒毛心显微镜下结构图。

（　　**目标检测**　　）

答案解析

一、单项选择题

1. 病毒感染时，病灶局部浸润的炎细胞主要为（　　）

　　A．嗜酸性粒细胞　　B．嗜碱性粒细胞　　C．中性粒细胞　　D．淋巴细胞　　E．浆细胞

2. "绒毛心"的病变属于（　　）

　　A．浆液性炎　　　　B．蜂窝织炎　　　　C．脓肿　　　　D．纤维素性炎　　E．出血性炎

3. 病原微生物进入血液繁殖，并产生大量毒素，导致全身中毒症状，称为（　　）

　　A．菌血症　　　　　B．败血症　　　　　C．脓血症　　　　D．毒血症　　　　E．以上都不是

4. 过敏性疾病病灶局部浸润的炎细胞主要是（　　）

　　A．中性粒细胞　　　B．嗜酸性粒细胞　　C．嗜碱性粒细胞　　D．单核细胞　　E．淋巴细胞

5. 引起发热的炎症介质是（　　）

　　A．组胺　　　　　　B．缓激肽　　　　　C．前列腺素　　　D．补体C3a　　　E．阳离子蛋白

6. 寄生虫感染病灶局部浸润的炎症细胞主要是（　　）

　　A. 中性粒细胞　　B. 嗜酸性粒细胞　　C. 嗜碱性粒细胞　　D. 单核细胞　　E. 淋巴细胞

7. 下列疾病的病变属于化脓性炎的是（　　）

　　A. 结核　　　　　B. 麻风　　　　　C. 梅毒　　　　　D. 淋病　　　　　E. 伤寒

8. 蜂窝织炎常见于（　　）

　　A. 脑　　　　　　B. 肺　　　　　　C. 肾脏　　　　　D. 阑尾　　　　　E. 脾脏

9. 下列疾病或病变不属于纤维素性炎的是（　　）

　　A. 大叶性肺炎　　B. 绒毛心　　　　C. 气管白喉　　　D. 细菌性痢疾　　E. 疖、痈

10. 下列病变不属于肉芽肿性炎的是（　　）

　　A. 结核结节　　　B. 树胶肿　　　　C. 风湿小体　　　D. 伤寒小结　　　E. 宫颈息肉

11. 蜂窝织炎最常见的致病菌是（　　）

　　A. 金黄色葡萄球菌　　　B. 淋球菌　　　　　C. 结核杆菌

　　D. 溶血性链球菌　　　　E. 伤寒杆菌

12. 以中性粒细胞浸润为主的炎症，最可能的类型是（　　）

　　A. 浆液性炎　　　　　　B. 纤维素性炎　　　C. 化脓性炎

　　D. 出血性炎　　　　　　E. 增生性炎

13. 构成肉芽肿的主要细胞是（　　）

　　A. 淋巴细胞　　　　　　B. 中性粒细胞　　　C. 浆细胞

　　D. 巨噬细胞　　　　　　E. 嗜酸性粒细胞

14. 炎症时，白细胞渗出最先出现的病理过程是（　　）

　　A. 白细胞边集　　　　　B. 白细胞游出　　　C. 化学趋化作用

　　D. 吞噬作用　　　　　　E. 白细胞黏附

15. 急性细菌性痢疾的典型肠道病变性质是（　　）

　　A. 化脓性炎症　　　　　B. 卡他性炎症　　　C. 假膜性炎症

　　D. 蜂窝织炎　　　　　　E. 增生性炎症

二、简答题

1. 炎症局部基本的病理变化是什么？并进行解释。

2. 试比较渗出液与漏出液的不同。

3. 从病理形态学角度炎症分为哪几类？举例说明。

（付海荣）

书网融合……

知识回顾　　习题

学习目标

知识要求：

1. 掌握肿瘤的概念；肿瘤的组织形态；肿瘤的异型性；肿瘤的生长方式与扩散途径；肿瘤的分级与分期方法；良、恶性肿瘤对机体的影响；良、恶性肿瘤的区别；良、恶性肿瘤的命名；癌前病变的常见类型及原位癌的概念。

2. 熟悉肿瘤细胞的生长特点；肿瘤的大体形态；副肿瘤综合征及异位内分泌综合征；肿瘤的分类；癌前病变的概念；异型增生的分级；上皮组织肿瘤和间叶组织肿瘤的好发部位及病变特点。

3. 了解肿瘤性增殖与非肿瘤性增殖；上皮内瘤变的分级；肿瘤的病因和发病机制。

技能要求：

1. 具有阅读病理图片并进行描述的能力。
2. 能够熟练规范的运用显微镜观察病理组织切片。
3. 具备运用所学病理学知识分析和解决实际问题的临床思维能力。

肿瘤（tumor）是以细胞异常增殖为特点的一大类疾病。肿瘤种类繁多，具有不同的生物学行为和临床表现。生长缓慢、没有侵袭性或侵袭性弱、不播散、对人体危害小的肿瘤，称为良性肿瘤。生长迅速、侵袭性强、易播散、对人体危害大的肿瘤，称为恶性肿瘤。通常所说的癌症，则是泛指所有的恶性肿瘤。

癌症作为全球第2大死亡原因，其死亡例数和发病例数逐年上升。世界卫生组织/国际癌症研究署（WHO/IARC）发布的《世界癌症报告》（2022）显示：2020年全球新发癌症病例1929万例，其中中国新发癌症病例457万例，占全球的23.7%；2020年全球癌症死亡病例996万例，其中中国癌症死亡病例300万例，占癌症死亡总人数30%。

国家统计局的《中国统计年鉴（2021）》显示：2020年我国部分地区的城市居民主要疾病死因排在第一位的是恶性肿瘤，农村居民主要疾病死因排在第三位的是恶性肿瘤。2020年中国癌症新发病例数前十的癌症分别是：肺癌（82万）、结直肠癌（56万）、胃癌（48万）、乳腺癌（42万）、肝癌（41万）、食管癌（32万）、甲状腺癌（22万）、胰腺癌（12万）、前列腺癌（12万）、宫颈癌（11万）。2020

年中国癌症死亡人数前十的癌症分别是：肺癌（71万）、肝癌（39万）、胃癌（37万）、食管癌（30万）、结直肠癌（29万）、胰腺癌（12万）、乳腺癌（12万）、神经系统癌症（7万）、白血病（6万）、宫颈癌（6万）。

恶性肿瘤不但威胁患者的生命，还给患者带来躯体痛苦、精神压力和经济负担。肿瘤的诊断、预防和治疗，是医学科学十分重要的组成部分，形成了肿瘤学这一专门分支。肿瘤的发生机制及其病理诊断是病理学和肿瘤学的重要内容。本章主要从病理学角度介绍关于肿瘤的基本知识，包括肿瘤的形态、生长和扩散、命名和分类、病因和发病机制等。掌握这些知识，对肿瘤的诊断和治疗具有重要的临床意义。

思政课堂

　　沈琼教授是国内外著名的病理学家，是我国食管癌防治研究的先驱。1959年，为了实现对肿瘤做到"三早"（即早发现、早诊断、早治疗）的目标，沈教授不顾个人安危，深入到我国食管癌高发区之一、被当地人称为"三不通"：路不通、水不通、食管不通的林州县（现林州市）。四十余年中，沈教授走遍了林县的大小村庄，成为当地妇孺皆知的"沈大夫"。经过反复试验和多次改进，终于发明了"食管细胞采取器"，即著名的"沈氏拉网法"，并创立了食管细胞诊断学。

　　沈琼教授解决了食管癌早期诊断的重大难题，为食管癌的防治及科研开拓了新途径，促进了我国食管癌研究的发展，取得了一系列令世界瞩目的科研成果，使我国的食管癌研究水平处于国际领先地位。

　　在沈琼教授身上，我们看到了他报效祖国、服务社会、一心为民的坚定信念和求真务实、勇于探索的科学精神。"献身医学，执着追求，健康所系，性命相托"是我们每个医学生在成为医生前都要举起右手、庄严喊出的誓言。作为当代的医学大学生，同学们应该以沈琼教授为榜样，努力成为真正满足国家和社会需要的高素质复合型医学人才。

第一节　肿瘤的概念和形态

PPT

一、肿瘤的概念

肿瘤是机体在各种致瘤因素的作用下，局部组织细胞在基因水平上失去对其生长的正常调控，导致克隆性异常增生而形成的新生物（白血病除外）。这种新生物常表现为局部肿块。形成肿瘤的过程，称为肿瘤形成。

肿瘤形成（neoplasia）是机体细胞异常增殖的结果，也与细胞的死亡机制发生障碍有关。这种导致肿瘤形成的细胞增殖称为肿瘤性增殖。

与肿瘤性增殖相对的概念是非肿瘤性增殖，如炎症和损伤修复时的细胞增殖，二者是有本质区别的。肿瘤细胞一般呈单克隆性增殖，不同程度的丧失了分化成熟的能力，表现出异常的形态、代谢和功能。肿瘤细胞生长旺盛，失去控制，具有相对自主性，即使致瘤因素已去除，肿瘤细胞的生长和代谢特点仍可继续维持，提示肿瘤细胞的这种生物学特征可遗传给子代细胞。非肿瘤性增殖一般是多克隆性，增殖的细胞或组织能够分化成熟，基本上具有原组织的结构与功能，一旦病因消失，增殖即告停止。

二、肿瘤的大体形态

大体观察时，应注意肿瘤的数目、大小、形状、颜色和质地等。通过大体观察有助于判断肿瘤的组织来源和良恶性。

1. **数目**　肿瘤多为单发，也可先后或同时发生多个肿瘤（多发肿瘤），如子宫多发性平滑肌瘤、神经纤维瘤病等。

2. **大小**　肿瘤的大小差别很大，与肿瘤的性质、生长时间和发生部位等有关。小者只有几毫米，很难发现，需在显微镜下才能发现，如原位癌；大者数十厘米，重量可达数千克甚至数十千克，如巨大卵巢囊腺瘤。发生在体表或大的体腔（如腹腔）内的肿瘤，生长空间充裕，体积可以很大；发生在密闭的狭小腔道（如颅腔、椎管）内的肿瘤，生长受限，体积通常较小。良性肿瘤生长缓慢，生长时间长，通常比较大；而恶性肿瘤生长速度快，易发生转移和引起患者死亡，常长不大。

3. **形状**　肿瘤的形状多种多样，与肿瘤的组织类型、发生部位、生长方式及良、恶性密切相关。常见的形状有息肉状、菜花状、乳头状、结节状、分叶状、囊状、浸润性包块状、弥漫肥厚状、溃疡状等（图5-1-1）。

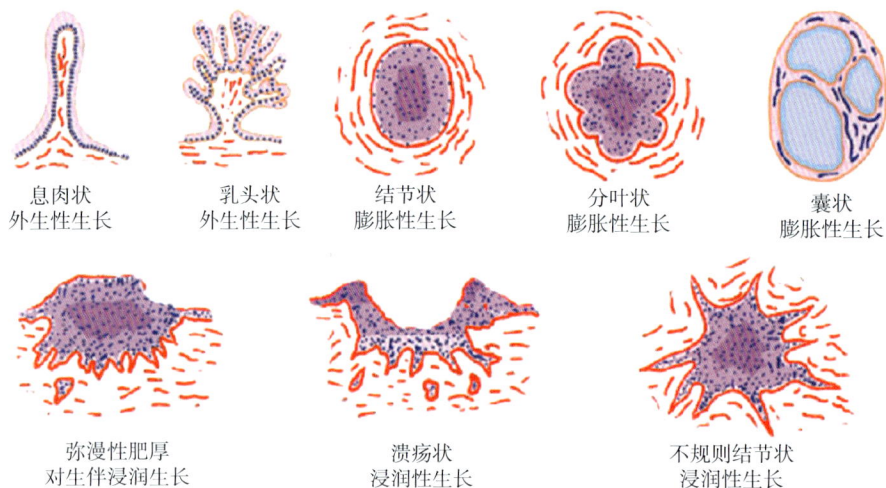

| 息肉状 | 乳头状 | 结节状 | 分叶状 | 囊状 |
| 外生性生长 | 外生性生长 | 膨胀性生长 | 膨胀性生长 | 膨胀性生长 |

弥漫性肥厚　　　　溃疡状　　　　不规则结节状
对生伴浸润生长　　浸润性生长　　浸润性生长

图5-1-1　肿瘤的形状和生长方式模式图

4. **颜色**　肿瘤的颜色由组成肿瘤的组织、细胞及其产物的颜色决定。如血管瘤呈红色，脂肪瘤呈黄色，黑色素瘤则呈黑色或灰褐色。恶性肿瘤的切面多呈灰白色或灰红色。肿瘤发生继发性改变，如变性、出血、坏死时，其颜色会发生相应改变。

5. **质地**　肿瘤的质地与其类型、肿瘤细胞与间质的比例等因素有关。不同组织来源的肿瘤，其质地取决于来源的组织。如脂肪瘤一般比较软，而骨瘤较坚硬。同一来源的肿瘤其质地取决于实质与间质的比例，间质多而实质少者较硬，反之则较软。

三、肿瘤的组织形态

肿瘤的组织形态千变万化，是组织病理学的重要内容，也是肿瘤组织病理学诊断的基础。肿瘤组织由实质和间质两部分组成。

1. **肿瘤实质** 即肿瘤细胞，是肿瘤的主要成分，决定着肿瘤的生物学特性。通常根据肿瘤细胞的形态、形成的结构或其产物来判断肿瘤的分化方向并进行组织学分类。

2. **肿瘤间质** 一般由结缔组织、血管和淋巴管组成，对肿瘤实质起着支持和营养的作用。间质不具特异性，通常生长快的肿瘤间质血管多，反之则较少。一般情况下，肿瘤间质内有丰富的淋巴细胞、浆细胞、巨噬细胞等浸润，与机体对肿瘤组织的免疫反应有关。

第二节　肿瘤的异型性

PPT

　　肿瘤的分化（differentiation）是指肿瘤组织在形态和功能上与某种正常组织的相似之处；相似的程度称为分化程度（degree of differentiation）。如某个肿瘤的形态与鳞状上皮相似，提示这个肿瘤是向鳞状上皮分化的。肿瘤的组织形态和功能越是接近某种正常组织，说明其分化程度越高或分化好；与正常组织相似性越小，则说明其分化程度越低或分化差。如果肿瘤组织缺乏与正常组织的相似之处，则称为未分化（undifferentiated）肿瘤。

　　肿瘤组织在细胞形态和组织结构上，与相应的正常组织有不同程度的差异，这种差异称为异型性（atypia）。

一、肿瘤组织结构的异型性

　　肿瘤组织在空间排列形式上与相应正常组织之间的差异，称为肿瘤组织结构的异型性。良性肿瘤组织结构有不同程度的异型性，如子宫平滑肌瘤，细胞排列成束状，相互编织，同一束内的细胞排列与正常平滑肌细胞相似，但核有时排列成栅状。恶性肿瘤组织结构的异型性明显，如纤维肉瘤，瘤细胞很多，胶原纤维很少，细胞排列紊乱，与正常的组织结构相差甚远，有时甚至无法判断其组织来源（图5-2-1，图5-2-2）。

图 5-2-1　纤维瘤

纤维瘤细胞形成束状呈编织状排列，
与正常纤维细胞相似

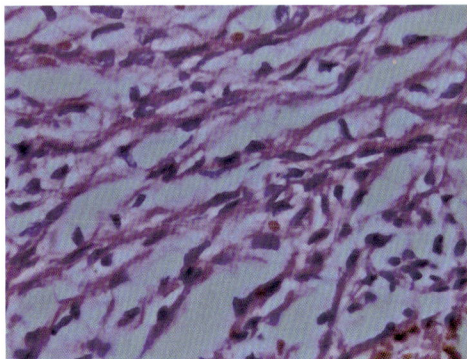

图 5-2-2　纤维肉瘤

肉瘤细胞弥漫分布，大小不一，排列紊乱

二、肿瘤细胞形态的异型性

　　良性肿瘤细胞形态异型性较小，与起源的正常细胞相似。恶性肿瘤细胞分化程度低，异型性明显，其特点如下。

1. **肿瘤细胞的多形性** 恶性肿瘤细胞一般比相应的正常细胞大，但大小不一、形态各异，并可出现瘤巨细胞，即体积巨大的肿瘤细胞。有些分化很差的肿瘤，瘤细胞常比相应的正常细胞小，大小也较一致，如肺燕麦细胞癌。

2. **肿瘤细胞核的多形性** 表现为：①核体积增大，使核/浆比例增大（正常为$1:4$~$1:6$，恶性肿瘤细胞接近$1:1$）；②核大小不一，形态各异，可出现多核、巨核、双核或奇异形核；③核染色加深，染色质呈粗颗粒状，分布不均，常堆积于核膜下；④核仁肥大，数目增多（2~5个不等）；⑤核分裂象多见，出现异常的核分裂象（病理性核分裂象），如不对称性核分裂、多极性核分裂等，对诊断恶性肿瘤具有重要价值。（图5-2-3）

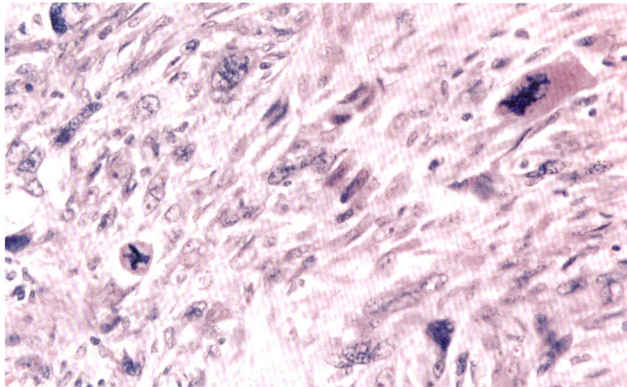

图5-2-3 病理性核分裂象

肿瘤异型性的大小反映了肿瘤组织的分化成熟程度。异型性越小，说明肿瘤组织分化成熟程度越高，恶性程度越低；反之，异型性越大，说明肿瘤组织分化成熟程度越低，恶性程度越高。很明显的异型性称为间变（anaplasia），具有间变特征的肿瘤，称为间变性肿瘤（anaplastic tumor），多为高度恶性的肿瘤。因此，肿瘤异型性的大小是区别肿瘤性增殖和非肿瘤性增殖，诊断肿瘤良、恶性以及肿瘤恶性程度的主要组织学依据。

第三节　肿瘤的命名与分类

PPT

肿瘤的命名与分类是肿瘤病理诊断的重要内容，对于临床实践非常重要。医务工作者必须了解肿瘤病理诊断名称的含义并能正确使用。

一、肿瘤的命名

人体的任何部位、组织和器官几乎都可以发生肿瘤，因此肿瘤种类繁多，命名复杂。一般根据其组织或细胞类型及生物学行为来命名。

（一）良性肿瘤的命名

一般原则是在肿瘤组织或细胞类型的名称之后加一个"瘤"字。如脂肪组织的良性肿瘤，称为脂肪瘤；腺上皮的良性肿瘤，称为腺瘤。有时还结合肿瘤的形态特点命名，如腺瘤呈乳头状生长并有囊腔形成者称为乳头状囊腺瘤。

（二）恶性肿瘤的命名

1. 癌（carcinoma）　上皮组织的恶性肿瘤统称为癌。这些肿瘤表现出向某种上皮分化的特点，其命名原则是在上皮名称之后加一个"癌"字。如鳞状上皮的恶性肿瘤，称为鳞状细胞癌；腺上皮的恶性肿瘤，称为腺癌。有些癌具有不止一种上皮分化，例如，肺的腺鳞癌同时具有腺癌和鳞状细胞癌的成分。未分化癌（undifferentiated carcinoma）是指形态或免疫表型可以确定为癌，但缺乏特定上皮分化特征的癌。

2. 肉瘤（sarcoma）　间叶组织的恶性肿瘤统称为肉瘤。这些肿瘤表现出向某种间叶组织分化的特点。间叶组织包括纤维组织、脂肪、血管、淋巴管、肌肉、骨、软骨、滑膜组织等，其命名原则是在间叶组织名称之后加"肉瘤"二字，如平滑肌肉瘤、骨肉瘤。未分化肉瘤（undifferentiated sarcoma）是指形态或免疫表型可以确定为肉瘤，但缺乏特定间叶组织分化特征的肉瘤。

如果一个肿瘤既有癌的成分又有肉瘤的成分，则称为癌肉瘤（carcinosarcoma）。

（三）肿瘤的其他命名

由于历史原因，有少数肿瘤的命名已经约定俗成，不按上述原则进行。①有些肿瘤的形态类似发育过程中的某种幼稚组织或细胞，称为母细胞瘤，恶性者如视网膜母细胞瘤、神经母细胞瘤和肾母细胞瘤；良性者如软骨母细胞瘤、骨母细胞瘤等。②有些恶性肿瘤因成分复杂或沿袭传统习惯，则在肿瘤名称前加"恶性"二字，如恶性畸胎瘤、恶性淋巴瘤、恶性黑色素瘤等。在临床上，恶性淋巴瘤、恶性黑色素瘤有时省去"恶性"二字，但依然是恶性。③有的肿瘤以起初描述或研究该肿瘤的学者的名字命名，如尤文（Ewing）肉瘤、霍奇金（Hodgkin）淋巴瘤。④还有些恶性肿瘤采用习惯名称，如精原细胞瘤、白血病、蕈样霉菌病等。⑤瘤病多用于多发性良性肿瘤，如多发神经纤维瘤病、脂肪瘤病等。⑥有些肿瘤以肿瘤细胞的形态命名，如肺燕麦细胞癌。

二、肿瘤的分类

肿瘤分类在医学实践包括病理学实际工作中有重要作用。不同类型的肿瘤具有不同的临床病理特点、治疗反应和预后。肿瘤的正确分类是拟定治疗计划、判断患者预后的重要依据，也是诊断和研究工作的基础。恰当的分类，有助于明确诊断标准，统一诊断术语，这是临床病理诊断工作的前提。

根据肿瘤的组织类型、细胞类型和生物学行为对其进行分类。常见肿瘤的简单分类见表5-3-1。

表5-3-1　常见肿瘤的分类

	良性肿瘤	恶性肿瘤
上皮组织		
鳞状细胞	鳞状细胞乳头状瘤	鳞状细胞癌
基底细胞		基底细胞癌
尿路上皮（移行细胞）	尿路上皮乳头状瘤	尿路上皮癌
腺上皮细胞	腺瘤	腺癌
间叶组织		
纤维组织	纤维瘤	纤维肉瘤

续表

	良性肿瘤	恶性肿瘤
脂肪	脂肪瘤	脂肪肉瘤
平滑肌	平滑肌瘤	平滑肌肉瘤
横纹肌	横纹肌瘤	横纹肌肉瘤
血管	血管瘤	血管肉瘤
淋巴管	淋巴管瘤	淋巴管肉瘤
骨	骨瘤	骨肉瘤
软骨	软骨瘤	软骨肉瘤
滑膜	滑膜瘤	滑膜肉瘤
间皮	间皮瘤	恶性间皮瘤
淋巴造血组织		
淋巴细胞		淋巴瘤
造血细胞		白血病
神经组织和脑脊膜		
神经鞘细胞	神经鞘瘤	恶性神经鞘瘤
胶质细胞		弥漫型星形细胞瘤、胶质母细胞瘤
脑膜	脑膜瘤	恶性脑膜瘤
神经细胞	神经节细胞瘤	神经母细胞瘤，髓母细胞瘤
其他组织		
黑色素细胞		黑色素瘤
胎盘滋养叶细胞	葡萄胎	恶性葡萄胎、绒毛膜上皮癌
生殖细胞		精原细胞瘤、无性细胞瘤、胚胎性癌
性腺或胚胎剩件中的全能细胞	畸胎瘤（成熟畸胎瘤）	恶性畸胎瘤（不成熟畸胎瘤）

第四节　肿瘤的生长与扩散

PPT

一、肿瘤的生长

（一）肿瘤的生长速度

不同肿瘤及肿瘤的不同阶段生长速度差别很大。一般来说，良性肿瘤分化程度高，大部分瘤细胞处于非增殖状态，故生长缓慢。恶性肿瘤分化程度低，生长速度快，短时间内即可形成肿块，且常因血管及营养供应相对不足，发生坏死、出血等继发性改变。如果良性肿瘤在短时间内生长速度突然加快，要考虑到恶性变的可能。影响肿瘤生长速度的因素很多，如肿瘤细胞的倍增时间（doubling time）、生长分数（growth fraction）及肿瘤细胞的生成和死亡的比例等。

肿瘤细胞的倍增时间是指细胞分裂繁殖为两个子代细胞所需的时间。多数恶性肿瘤细胞的倍增时间并不比正常细胞快，所以恶性肿瘤生长迅速可能主要不是肿瘤细胞倍增时间缩短引起的。生长分数是指肿瘤细胞群体中处于增殖状态的细胞的比例。处于增殖状态的细胞，不断分裂繁殖。恶性肿瘤形成初期，细胞分裂增殖活跃，生长分数高。随着肿瘤的生长，有的肿瘤细胞进入静止期，分裂增殖停止。许多抗肿瘤药物都是通过干扰细胞增殖而起作用的。因此，生长分数高的肿瘤对化学药物治疗敏感。对于生长分数低的肿瘤，在化疗前可以先进行放射治疗或手术治疗，以缩小或去除大部瘤体，此时，残余的静止期肿瘤细胞可再进入增殖期，从而增加肿瘤对化学治疗的敏感性。

肿瘤细胞的生成和死亡的比例是影响肿瘤生长速度的一个重要因素，可能在很大程度上决定着肿瘤是否能持续生长、能以多快的速度生长。肿瘤生长过程中，由于营养供应和机体抗肿瘤反应等因素的影响，有些肿瘤细胞会死亡，且往往以凋亡的形式发生。

（二）肿瘤血管生成

肿瘤直径达到1~2mm后，若无新生血管生成来提供营养，则不能继续增长。实验显示，肿瘤有诱导血管生成的能力。肿瘤细胞本身及巨噬细胞等炎细胞能产生血管内皮细胞生长因子（vascular endothelial growth factor，VEGF）等血管生成因子，诱导新生血管的生成。血管内皮细胞和成纤维细胞表面有血管生成因子受体。血管生成因子与其受体结合后，可促进血管内皮细胞分裂和毛细血管生长。因此，抑制肿瘤血管生成有望成为治疗肿瘤的新途径。

（三）肿瘤的演进与异质性

恶性肿瘤生长过程中，其侵袭性增加的现象，称为肿瘤的演进（progression），可表现为生长速度加快、浸润周围组织和发生远处转移。肿瘤演进与它获得越来越大的异质性（heterogeneity）有关。恶性肿瘤细胞虽然是从一个发生恶性转化的细胞单克隆性增殖而来，但在生长过程中，经过许多代分裂繁殖产生的子代细胞，可出现不同的基因改变或其他大分子的改变，其生长速度、侵袭能力、对生长信号的反应、对抗癌药的敏感性等方面都可以有差异。这时，这一肿瘤细胞群体不再是由完全一样的肿瘤细胞组成的，而是具有异质性的肿瘤细胞群体，是具有各自特性的"亚克隆"。在获得这种异质性的肿瘤演进过程中，具有生长优势和较强侵袭力的细胞压倒了没有生长优势和侵袭力弱的细胞。

（四）肿瘤的生长方式

1. **膨胀性生长** 是多数良性肿瘤的生长方式。肿瘤生长缓慢，不侵袭周围正常组织，随着体积增大，将周围组织慢慢推开或挤压，肿瘤呈结节状，有完整包膜，与周围组织界限清楚。位于皮下者，临床触诊时推之易动，手术容易摘除，术后不易复发。

2. **浸润性生长** 是大多数恶性肿瘤的生长方式。肿瘤细胞长入并破坏周围组织（包括组织间隙、淋巴管或血管），这种现象称为浸润（invasion）。呈浸润性生长的肿瘤无包膜，与周围组织界限不清，触诊时固定、不活动。手术不易切除干净，术后容易复发。

3. **外生性生长** 发生于体表、体腔（如胸腔、腹腔）内或自然管道（如消化道）腔面的肿瘤多呈外生性生长，形成突起的乳头状、息肉状或菜花状肿物。良、恶性肿瘤均可呈外生性生长，但恶性肿瘤在外生性生长的同时，其基底部常呈浸润性生长。外生性生长的恶性肿瘤，由于生长迅速，肿瘤中央部位血液供应相对不足，易发生坏死，坏死组织脱落后形成底部高低不平、边缘隆起的溃疡（恶性溃疡）。

二、肿瘤的扩散

恶性肿瘤不仅可在原发部位浸润生长、累及邻近器官或组织，还可通过多种途径扩散到身体其他部位，这是恶性肿瘤最重要的生物学特点。其扩散方式如下。

（一）直接蔓延

恶性肿瘤细胞常沿组织间隙、淋巴管、血管或神经束向周围正常组织或器官生长，并破坏其结构，这种现象称为直接蔓延（direct spread）。如晚期子宫颈癌可直接蔓延至膀胱和直肠。

（二）转移

恶性肿瘤细胞从原发部位侵入淋巴管、血管或体腔，迁徙到其他部位，继续生长，形成与原发瘤同样类型的肿瘤，这个过程称为转移（metastasis），所形成的肿瘤称为转移瘤或继发瘤。原发部位的肿瘤称为原发肿瘤。发生转移是恶性肿瘤的特点，但并非所有恶性肿瘤都会发生转移。如皮肤基底细胞癌，多造成局部破坏，很少发生转移。恶性肿瘤的转移途径主要有以下几种。

1. **淋巴道转移**　是癌的主要转移途径。恶性肿瘤细胞侵入淋巴管，随淋巴液首先到达局部淋巴结（区域淋巴结）。如乳腺癌转移到同侧腋窝淋巴结，形成淋巴结的乳腺癌转移。肿瘤细胞先聚集于边缘窦，以后累及整个淋巴结，使淋巴结肿大、质地变硬、切面灰白色。肿瘤组织侵出被膜，可使相邻的淋巴结融合成团。局部淋巴结转移后，可继续转移到下一站淋巴结（图5-4-1）。最后可经胸导管入血，继发血道转移。

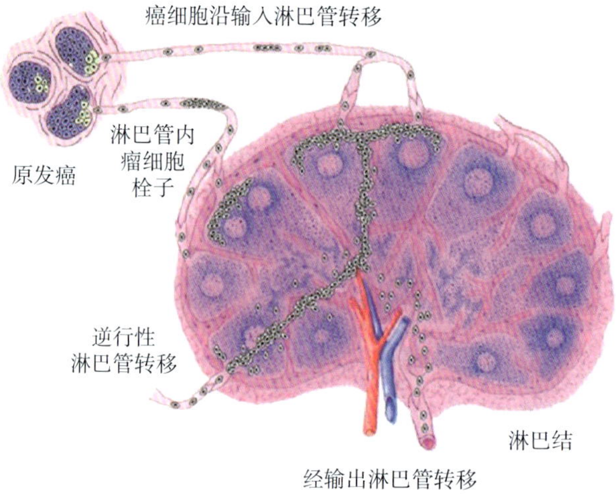

图5-4-1　癌的淋巴道转移示意图

2. **血道转移**　是肉瘤的主要转移途径。肿瘤细胞侵入血管后，可随血流到达远处器官，继续生长，形成转移瘤。由于静脉管壁薄，管腔内压力低，因此恶性肿瘤细胞多经静脉入血，少数也可经淋巴管间接入血。肿瘤细胞血道转移的途径与栓子的运行途径相似，即侵入体循环静脉的肿瘤细胞经右心到肺，在肺内形成转移瘤（图5-4-2）。侵入门静脉系统的肿瘤细胞首先发生肝转移。侵入肺静脉的肿瘤细胞，可经左心随主动脉血流到达全身各器官，常转移到脑、骨、肾及肾上腺等处，因此这些器官的转移常发生在肺内已有转移之后。侵入胸、腰、骨盆静脉的肿瘤细胞，也可通过吻合支进入脊椎静脉丛，直接转移到脊椎和脑。

血道转移可累及许多器官，但最常受累的脏器是肺，其次是肝。临床上在判断有无血道转移，以确定患者的临床分期和治疗方案时，应做肺及肝的影像学检查。血道转移瘤的特点是多发、边界清楚、散在分布且多位于器官表面。位于器官表面的转移瘤，由于瘤结节中央出血、坏死而下陷，可形成所谓的"癌脐"。

3. **种植性转移** 胸腹腔等体腔内器官的恶性肿瘤蔓延到器官表面时，瘤细胞可以脱落，像播种一样种植在体腔内各器官的表面，形成多数转移瘤。如晚期胃癌破坏胃壁侵及浆膜后，可种植到大网膜、腹膜、盆腔器官如卵巢等处。在卵巢可表现为双侧卵巢体积增大，镜下见富于黏液的印戒细胞癌弥漫浸润，这种特殊的卵巢转移性肿瘤称为Krukenberg瘤（图5-4-3）。但Krukenberg瘤不一定都是种植性转移，也可通过淋巴道和血道转移形成。

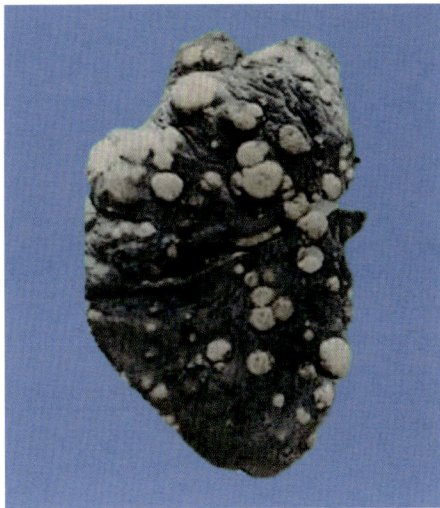

图5-4-2 肺转移癌

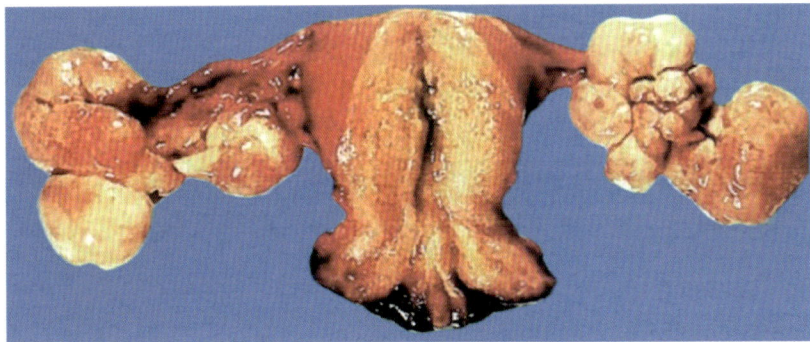

图5-4-3 卵巢的转移性腺癌

胃肠道癌侵及浆膜后，种植转移到卵巢，表现为双侧卵巢肿大

浆膜腔的种植性转移常伴有浆膜腔积液，可为血性浆液性积液，原因是浆膜下淋巴管或毛细血管被瘤栓堵塞，毛细血管通透性增加，血液漏出或者是肿瘤细胞破坏毛细血管引起的出血。积液中可含有数量不等的肿瘤细胞。抽取积液进行脱落细胞学检查，以发现恶性肿瘤细胞，是诊断恶性肿瘤的重要方法之一。瘤细胞浸润也可引起浆膜腔器官粘连。极少数情况下，在施行外科手术时医护人员也可能造成医源性种植性转移。

第五节 肿瘤的分级与分期

PPT

肿瘤的分级与分期一般用于恶性肿瘤，是临床制定治疗方案和估计预后的重要参考。医学上常使用"五年生存率""十年生存率"等统计指标来衡量肿瘤的恶性行为和对治疗的反应，这些指标与肿瘤的分级和分期有密切关系。一般来说，肿瘤的分级和分期越高，患者的生存率越低。

一、分级

恶性肿瘤的分级（grade）是描述其恶性程度的指标。病理学上，根据肿瘤的分化程度、异型性、核分裂象的数目等将恶性肿瘤分为Ⅰ、Ⅱ、Ⅲ三级。Ⅰ级为高分化，恶性程度低；Ⅱ级为中等分化，中度恶性；Ⅲ级为低分化或未分化，恶性程度高。此分级法简单易行，但易受主观因素的影响。

二、分期

肿瘤的分期（stage）是指恶性肿瘤的生长范围和播散程度。肿瘤体积越大，生长范围和播散程度越广，患者的预后越差。肿瘤分期有多种方案，其主要原则是根据原发肿瘤的大小、浸润的深度、扩散的范围以及是否有转移等来确定肿瘤发展的程度或早晚。目前国际上广泛采用TNM分期系统。T指原发瘤的大小或浸润的深度，用T_1~T_4表示，Tis代表原位癌；N指局部淋巴结受累情况，N_0表示无淋巴结转移，随淋巴结受累程度和范围的增加，依次用N_1~N_3表示；M指远处转移（通常是血道转移），用M_0、M_1表示，M_0表示无远处转移，M_1表示有远处转移。

> ### 病例分析 6
>
> 陈某，女，49岁，已婚。左侧乳房无痛性肿块3个月。3个月前，患者洗澡时无意中发现左侧乳房有一肿块，质硬，遂来医院就诊。
>
> 体格检查：左侧乳房乳头凹陷，皮肤呈橘皮样外观。左侧乳房外上象限可触及一个2.0cm×1.5cm大小肿块，表面不光滑，质硬，无压痛，不易推动，与周围组织分界不清。左侧腋窝可扪及一个1.0cm×1.0cm大小结节，表面光滑，尚可活动，质硬。
>
> 病理活检：细胞异型性明显，呈不规则条索状排列，核分裂象多见，并可见病理性核分裂象。间质为大量纤维组织。
>
> **问题与思考**
>
> （1）请结合临床做出诊断，并说明诊断依据。
>
> （2）患者为什么出现乳头下陷，皮肤呈橘皮样外观？腋窝淋巴结为什么会肿大？
>
> 答案解析

第六节 肿瘤对机体的影响

PPT

肿瘤因其良、恶性不同，发展阶段不同，对机体的影响也不同。

一、良性肿瘤对机体的影响

良性肿瘤分化好，生长缓慢，在局部生长，不浸润，不转移，通常对机体影响较小，主要表现为局部压迫和阻塞症状。这些症状的有无或严重程度，主要与肿瘤发生部位和继发变化有关。但生长在重要部位的肿瘤，也可引起较为严重的后果。如生长在颅内或椎管内的良性肿瘤，可压迫脑或脊髓，引起颅内高压等相应的神经系统症状。一些内分泌腺的良性肿瘤常因能引起某种激素分泌过多而产生全身性影响，如胰岛细胞瘤因胰岛素产生过多而引起阵发性低血糖；肾上腺嗜铬细胞瘤产生去甲肾上腺素而引起阵发性高血压；垂体生长激素腺瘤分泌过多的生长激素，可引起巨人症或肢端肥大症。

二、恶性肿瘤对机体的影响

恶性肿瘤由于分化程度低，生长迅速，呈浸润性生长并可发生转移，对机体的影响严重。主要表现为：

1. **局部压迫和阻塞** 如食管癌阻塞食管引起吞咽困难，肺癌引起呼吸困难。

2. **破坏组织器官的结构和功能** 如骨肉瘤侵袭破坏正常骨组织，可引起病理性骨折；晚期肝癌破坏肝组织，引起肝功能障碍。

3. **出血和感染** 恶性肿瘤常因侵袭破坏血管或缺血坏死而发生出血。如鼻咽癌导致鼻出血、肺癌导致咯血、直肠癌出现便血、膀胱癌可发生无痛性血尿等。肿瘤坏死、出血可继发感染，常排出腥臭分泌物，如晚期子宫颈癌、阴茎癌等。

4. **疼痛** 恶性肿瘤晚期，由于肿瘤局部压迫或侵犯神经，可引起相应部位疼痛。如肝癌时肝被膜神经受压迫而出现肝区疼痛、鼻咽癌侵犯三叉神经引起头疼等。肿瘤累及局部神经，可引起顽固性疼痛。

5. **发热** 肿瘤代谢产物、坏死分解产物或继发感染时均可引起发热。

6. **恶病质** 多见于恶性肿瘤患者的晚期，是指患者机体出现进行性消瘦、乏力、贫血和全身衰竭的状态。恶病质的发生可能与多种因素有关，如恶性肿瘤生长迅速消耗体内大量营养物质；肿瘤组织坏死分解产物及继发出血、感染、发热等引起机体代谢紊乱；疼痛和不良的心理状态影响患者进食和睡眠；此外，消化道的恶性肿瘤可直接影响进食和消化吸收，因此恶病质出现的早且严重。

7. **副肿瘤综合征（paraneoplastic syndrome，PNS）** 一些非内分泌腺的肿瘤可产生和分泌激素或激素样物质，这类激素称为异位激素，如促甲状腺激素、促肾上腺皮质激素、胰岛素、生长激素、抗利尿激素等十余种。产生异位激素的肿瘤大多数是恶性肿瘤，其中以癌为多，如小细胞肺癌、胃癌、肝癌、胰腺癌、结肠癌等，有时也可见于肉瘤。由异位激素引起内分泌紊乱而出现的相应临床症状，称为异位内分泌综合征（ectopic endocrine syndrome）。

异位内分泌综合征属于副肿瘤综合征。由于肿瘤的产物（如异位激素）或异常免疫反应或其他不明原因，引起患者内分泌、神经、消化、造血、骨关节、皮肤及肾脏等系统发生病变，出现相应的临床表现，称为副肿瘤综合征，这些表现不能用肿瘤的直接蔓延或远处转移来解释。需要注意的是，内分泌腺的肿瘤（如垂体腺瘤）产生内分泌腺固有的激素（如生长激素）导致的病变或临床表现，不属于副肿瘤综合征。

副肿瘤综合征见于少数晚期肿瘤患者，也可以是一些隐匿肿瘤的早期表现。一些肿瘤患者在发现肿瘤之前，先表现出副肿瘤综合征，如果医护人员能够考虑到副肿瘤综合征并进一步搜寻，可能及时发现肿瘤。另一方面，已确诊的肿瘤患者出现此类症状时，应考虑到副肿瘤综合征的可能，避免将之误认为是肿瘤转移所致。

第七节 良性肿瘤与恶性肿瘤的区别

PPT

良性肿瘤与恶性肿瘤的生物学特性和对机体的影响差别很大，临床上治疗措施和治疗效果也完全不同。良性肿瘤一般易于治疗，治疗效果好；恶性肿瘤危害大，治疗措施复杂，效果尚不理想。若将恶性肿瘤误诊为良性肿瘤，可能延误治疗或者治疗不彻底；相反，若将良性肿瘤误诊为恶性肿瘤，可能导致过度治疗。因此，正确区分良、恶性肿瘤（表5-7-1），具有重要意义。

表5-7-1　良性肿瘤与恶性肿瘤的区别

项目	良性肿瘤	恶性肿瘤
分化程度	分化好，异型性小	分化差，异型性大
核分裂象	无或稀少，不见病理性核分裂象	多，可见病理性核分裂象
生长速度	缓慢	较快
生长方式	膨胀性或外生性生长	浸润性或外生性生长
继发改变	少见	常发生出血、坏死、溃疡形成等
转移	不转移	常有转移
复发	很少复发	较多复发
对机体影响	较小，主要为局部压迫或阻塞	较大，局部压迫和阻塞，破坏组织结构，引起坏死、出血、合并感染，甚至造成恶病质、死亡

需要指出的是，良、恶性肿瘤的区别是相对的，无绝对的界限。如血管瘤为良性肿瘤但无包膜，常呈浸润性生长；而皮肤基底细胞癌虽为恶性肿瘤，却几乎不发生转移；再如甲状腺滤泡性腺癌，细胞分化好，异型性小，但可以浸润和转移。有些肿瘤的组织形态和生物学行为介于良、恶性之间，称交界性肿瘤，如卵巢交界性囊腺瘤。肿瘤的良、恶性也并非一成不变，有些良性肿瘤如不及时治疗，可转变为恶性肿瘤；极个别恶性肿瘤（如黑色素瘤），有时由于机体免疫力增强等原因，可以停止生长甚至完全自然消退（1/10万）。

第八节　癌前病变、异型增生和原位癌

PPT

一、癌前病变

癌前病变（precancerous lesion）是指某些具有癌变潜在可能性的病变，如长期存在有可能转变为癌。应该注意，癌前病变并不是一定会发展为恶性肿瘤。从癌前病变发展为癌，可经过很长时间。在上皮组织，有时可观察到先出现非典型增生，再发展为上皮内的原位癌，再进一步发展为浸润性癌。正确认识和积极治疗癌前病变对肿瘤的预防具有重要意义。常见的癌前病变有以下几种。

1. **黏膜白斑**　常发生于食管、口腔、外阴、宫颈等处，局部黏膜呈白色斑块。镜下表现为鳞状上皮过度增生和过度角化，并有一定的异型性。长期不愈有可能转变为鳞状细胞癌。

2. **纤维囊性乳腺病**　常见于40岁左右的妇女，其发展为浸润性乳腺癌的相对危险度为普通女性的4~5倍。病变主要为乳腺导管囊性扩张、小叶和导管上皮细胞增生。

3. **大肠腺瘤**　常见，单发或多发，有绒毛状腺瘤、管状腺瘤等。绒毛状腺瘤发生癌变的机会更大，家族性腺瘤性息肉病（familial adenomatous polyposis，FAP）几乎均会发生癌变。

4. **慢性胃炎与肠上皮化生**　胃的肠上皮化生与胃癌的发生有一定关系。慢性幽门螺杆菌性胃炎与胃的黏膜相关淋巴组织发生的B细胞淋巴瘤及胃腺癌有关。

5. **皮肤慢性溃疡**　经久不愈的皮肤溃疡和瘘管，由于长期慢性炎症刺激，鳞状上皮增生和非典型增生，可进一步发展为癌。

6. 慢性溃疡性结肠炎　是一种炎性肠病。在反复发生溃疡和黏膜增生的基础上可发生结肠腺癌。

二、异型增生

过去的文献常使用非典型增生（atypical hyperplasia）这一术语来描述细胞增生并出现异型性，多用于上皮的病变，包括被覆上皮（如鳞状上皮和尿路上皮）和腺上皮（如乳腺导管上皮、子宫内膜腺上皮）。由于在修复、炎症等情况下，也可以出现非典型增生，因此，近年来学术界倾向使用异型增生这一术语来描述与肿瘤形成相关的非典型增生。

异型增生是癌前病变的组织学改变，表现为细胞大小不一，形态多样，核大深染，核/浆比增大，核分裂象增多，细胞排列紊乱，极向消失。根据病变累及的范围和异型性大小，异型增生分为轻、中、重三级。以被覆上皮为例，异型性较小，异型细胞累及上皮层的下1/3为轻度；异型细胞累及上皮层的下1/3~2/3为中度；增生的异型细胞超过全层的2/3，但尚未累及上皮全层的为重度。轻度异型增生当病因消除后可恢复正常，而中、重度则较难逆转。

三、原位癌

原位癌（carcinoma in situ）一词通常用于上皮的病变，是指异型增生的细胞在形态和生物学特性上与癌细胞相同，并累及上皮的全层，但没有突破基底膜向下浸润（图5-8-1），有时也称为上皮内癌（intraepithelial carcinoma）。原位癌常见于鳞状上皮或尿路上皮，如子宫颈、食管、皮肤、膀胱等处；也可见于发生鳞状上皮化生的黏膜表面，如鳞化的支气管黏膜。乳腺导管上皮发生癌变而未侵破基底膜向间质浸润者，称为导管原位癌或导管内癌。原位癌是一种早期癌，如果能早期发现、积极治疗可防止其发展为浸润癌，从而提高治愈率。肿瘤防治的一个重要工作是建立早期发现原位癌的技术方法。

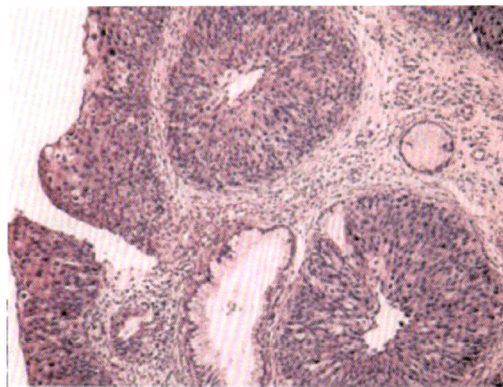

图5-8-1　子宫颈原位癌累及腺体（CIN Ⅲ级）

异型细胞占据宫颈上皮全层并累及腺体，但基底膜完整

目前，较多使用上皮内瘤变（intraepithelial neoplasia）这一概念来描述上皮细胞从异型增生到原位癌这一连续的过程，将轻度异型增生称为上皮内瘤变Ⅰ级，中度异型增生称为上皮内瘤变Ⅱ级，重度异型增生和原位癌称为上皮内瘤变Ⅲ级。如子宫颈上皮内瘤变（cervical intraepithelial neoplasia，CIN）Ⅰ级、Ⅱ级和Ⅲ级（CIN Ⅰ、CIN Ⅱ、CIN Ⅲ）（图5-8-2）。将重度异型增生和原位癌统称为上皮内瘤变Ⅲ级，主要是因为重度异型增生和原位癌二者实际上难以截然划分，而且临床处理原则基本一致。

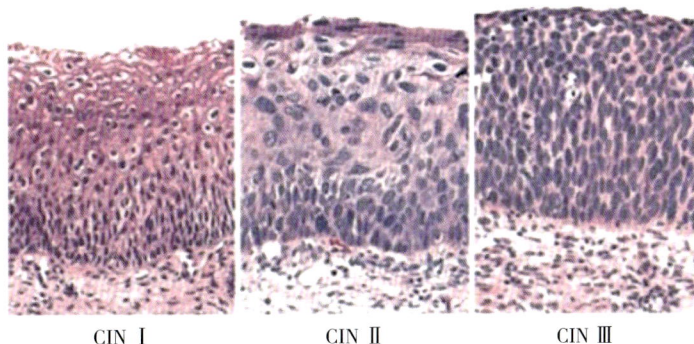

CIN Ⅰ　　　　CIN Ⅱ　　　　CIN Ⅲ

图5-8-2　子宫颈上皮内瘤变（CIN）Ⅰ、Ⅱ、Ⅲ级

第九节 常见肿瘤举例

PPT

一、上皮组织肿瘤

上皮组织包括被覆上皮与腺上皮。上皮组织肿瘤常见，人体的恶性肿瘤大部分是上皮组织恶性肿瘤（癌），对人类危害甚大。

（一）上皮组织良性肿瘤

1. **乳头状瘤（papilloma）** 是被覆上皮（鳞状上皮、尿路上皮等）的良性肿瘤。肿瘤呈外生性向体表或腔面生长，形成指状或乳头状突起，也可呈菜花状或绒毛状。肿瘤的根部有蒂与正常组织相连。镜下，乳头的轴心由血管和结缔组织等间质成分构成，表面被覆增生的上皮。其中发生在阴茎、外耳道、膀胱的乳头状瘤较易发生恶变。

2. **腺瘤（adenoma）** 是腺上皮的良性肿瘤。常见于甲状腺、乳腺、胃肠道、涎腺、卵巢等处。腺器官内的腺瘤多呈膨胀性生长，形成结节状肿块，有完整包膜。黏膜表面的腺瘤多呈外生性生长，形成息肉状突起。镜下观，腺瘤的腺体与相应的正常腺体结构相似，可具有分泌功能。但腺瘤的腺体大小不一、形态不规则、排列较密集，无导管结构，腺腔可扩大并融合形成囊腔。根据腺瘤的组成成分或形态特点，可将其分为管状腺瘤、绒毛状腺瘤、囊腺瘤、纤维腺瘤、多形性腺瘤和息肉状腺瘤等类型。

（二）上皮组织恶性肿瘤

癌是人类最常见的恶性肿瘤。在40岁以上的人群中，癌的发生率显著增加。

癌多呈浸润性、外生性生长。切面常为灰白色，较干燥，质硬。镜下观，癌细胞可呈腺状、巢状或条索状排列，与间质分界一般较清楚。少数低分化的癌在间质内弥漫浸润，与间质分界不清。癌巢周围网状纤维染色阳性，免疫组织化学染色癌细胞表达上皮标记如角蛋白。癌的转移，在早期多经淋巴道，晚期发生血道转移。

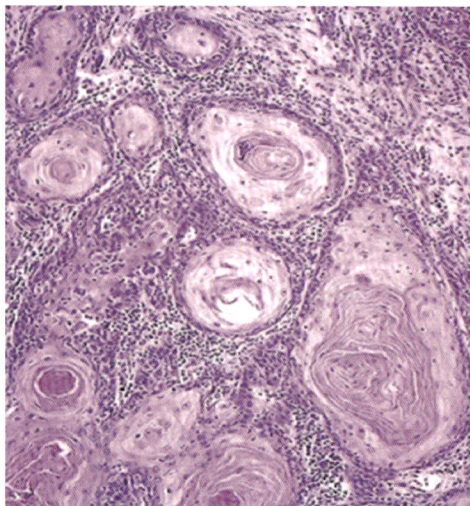

图5-9-1 高分化鳞状细胞癌

1. **鳞状细胞癌（squamous cell carcinoma）** 简称鳞癌，常发生于皮肤、口腔、唇、食管、喉、宫颈、阴道、阴茎等被覆鳞状上皮的部位；也可见于胆囊、支气管、肾盂等黏膜发生鳞状上皮化生的部位。肉眼观，癌组织常呈菜花状，表面可因坏死而形成溃疡。镜下观，分化好的鳞癌癌巢中，细胞间可见细胞间桥，在癌巢的中央可见层状排列的角化物，称为角化珠（keratin pearl）或癌珠（图5-9-1）；中等分化的鳞癌，有细胞角化现象，但无角化珠形成，可见细胞间桥；分化差的鳞癌，癌细胞异型性明显并见较多病理性核分裂象，无细胞内角化及角化珠形成，细胞间桥少或无。

2. **基底细胞癌（basal cell carcinoma）** 多见于老年人面部，如眼睑、颊及鼻翼等处。由表皮原始上皮芽或基底细胞发生。镜下观，癌巢由深染的基底细胞样癌细胞构成，有浅表型、结节型等组织类型。基底细胞癌生长缓慢，表面常形成溃疡，浸润破坏深层组织，但很少发生转移，对放射治疗敏感，临床上呈低度恶性经过。

3. **尿路上皮癌**（urothelial carcinoma）　亦称移行细胞癌（transitional cell carcinoma），发生于肾盂、膀胱、输尿管等部位。肿瘤多呈乳头状，可破溃形成溃疡或广泛浸润深部组织。镜下观，癌细胞似移行上皮，呈多层排列，异型性明显。

4. **腺癌**（adenocarcinoma）　是腺上皮的恶性肿瘤。多见于胃肠道、肺、乳腺及女性生殖系统等。癌细胞形成大小不等、形状不一、排列不规则的腺体或腺样结构，细胞常呈不规则的多层排列，核大小不一，核分裂象多见。乳头状结构为主的腺癌称为乳头状腺癌；腺腔高度扩张呈囊状的腺癌称为囊腺癌；伴乳头状生长的囊腺癌称为乳头状囊腺癌。

分泌大量黏液的腺癌称为黏液癌，又称胶样癌，常见于胃和大肠。肉眼观，癌组织呈灰白色、湿润、半透明似胶冻样。镜下观，可见腺腔扩张，含大量黏液，并可由于腺体崩解形成黏液池，癌细胞似漂浮在黏液中。有时黏液聚集在癌细胞内，将核挤向一侧，使癌细胞呈印戒状，称为印戒细胞。以印戒细胞为主要成分的癌，称为印戒细胞癌。

二、间叶组织肿瘤

间叶组织肿瘤的种类很多，包括脂肪组织、平滑肌、横纹肌、血管、淋巴管、纤维组织、骨组织等的肿瘤。骨肿瘤以外的间叶组织肿瘤又常称为软组织肿瘤。间叶组织肿瘤中，良性肿瘤较常见，恶性肿瘤（肉瘤）不常见。

（一）间叶组织良性肿瘤

1. **纤维瘤**（fibroma）　纤维组织的良性肿瘤，常见于四肢及躯干皮下。肿瘤呈结节状，有完整包膜，切面灰白色，可见编织状条纹，质地韧硬。镜下观，肿瘤主要由分化良好的纤维细胞和丰富的胶原纤维组成，瘤细胞排列成束，互相编织。间质为少量血管和疏松结缔组织。纤维瘤生长缓慢，手术摘除后不易复发。

2. **脂肪瘤**（lipoma）　是最常见的良性软组织肿瘤。主要发生于成人，好发于背、肩、颈及四肢近端皮下组织。外观常呈分叶状，有包膜，质软，切面淡黄色。多单发，亦可多发。镜下观，脂肪瘤与正常脂肪组织极为相似，其区别仅在于脂肪瘤有包膜及纤维组织间隔。脂肪瘤很少恶变，手术易摘除，不易复发。

3. **血管瘤**（hemangioma）　常见，可发生在许多部位，如皮肤、肌肉、内脏器官等。可分为毛细血管瘤（由多数密集的毛细血管构成）、海绵状血管瘤（由扩张的血窦构成）、静脉血管瘤等类型。血管瘤无被膜，界限不清。在皮肤或黏膜可呈突起的鲜红肿块，或呈紫红或暗红色斑块。内脏血管瘤多呈结节状。血管瘤常见于儿童，可为先天性，一般随身体发育而长大，成年后一般停止发展，甚至可以自然消退。

4. **淋巴管瘤**（lymphangioma）　由增生的淋巴管构成，内含淋巴液。若淋巴管呈囊性扩张并互相融合，内含大量淋巴液，称为囊状水瘤，多见于小儿。

5. **平滑肌瘤**（leiomyoma）　多见于子宫，其次为胃肠道。可单发或多发。肿瘤呈球形，境界清楚，切面呈灰白色编织状（图5-9-2）。瘤组织由形态较一致的梭形细胞构成，核呈长杆状，两端钝圆，形态类似平滑肌细胞，排列成束状、编织状。核分裂象罕见（图5-9-3）。

图5-9-2   子宫多发性平滑肌瘤

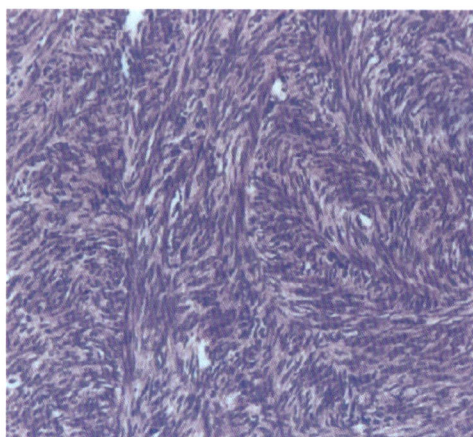

图5-9-3   子宫平滑肌瘤

（二）间叶组织恶性肿瘤

间叶组织恶性肿瘤统称为肉瘤，较癌少见。有些类型的肉瘤较多见于儿童或青少年，如胚胎性横纹肌肉瘤多见于儿童，60%的骨肉瘤发生在25岁以下；有些肉瘤则主要发生于中老年人，如脂肪肉瘤。肉瘤体积常较大，切面灰红色、质软、湿润，似新鲜的鱼肉状；易继发出血、坏死、囊性变等。镜下观，肉瘤细胞不形成巢，弥漫生长，与间质分界不清。肉瘤间质结缔组织少，但血管较丰富，故易发生血道转移。癌与肉瘤的区别见表5-9-1。

表5-9-1   癌与肉瘤的区别

项目	癌	肉瘤
组织来源	上皮组织	间叶组织
发病率	较高，约为肉瘤的9倍，多见于40岁以后的中老年人	较低，大多见于青少年
大体特点	质较硬、色灰白、较干燥	质软、色灰红、湿润、呈鱼肉状
组织学特点	多形成癌巢，实质与间质分界清楚，纤维组织常有增生	肉瘤细胞多弥漫分布，实质与间质分界不清，间质内血管丰富，纤维组织少
网状纤维	癌巢周围有，癌细胞间多无网状纤维	肉瘤细胞间多有网状纤维
免疫组化	上皮细胞性标记物，如角蛋白（keratin）、上皮细胞膜抗原（EMA）等阳性	间充质标记物，如波形蛋白（vimentin）、结蛋白（desmen）阳性
转移	多经淋巴道转移	多经血道转移

1. **横纹肌肉瘤（rhabdomyosarcoma）** 儿童较多见，主要发生于10岁以下儿童和婴幼儿，少见于成年人。好发于头颈部、泌尿生殖道等，偶见于四肢。肿瘤由不同分化阶段的横纹肌母细胞组成，分化较好的横纹肌母细胞胞质红染，有时可见纵纹和横纹。横纹肌肉瘤的组织学类型有胚胎性横纹肌肉瘤、腺泡状横纹肌肉瘤和多形性横纹肌肉瘤等。恶性程度高，生长迅速，易早期发生血道转移，预后差。

2. **骨肉瘤（osteosarcoma）** 是最常见的骨恶性肿瘤。多见于青少年，好发于四肢长骨的干骺端，尤其是股骨下端和胫骨上端。切面灰白色、鱼肉状，常见出血坏死；肿瘤呈梭形膨大，侵犯破坏骨皮质，掀起其表面的骨外膜。局部骨外膜产生大量新生骨，在肿瘤上下两端的骨皮质和掀起的骨外膜之间形成三角形隆起，X线检查称为Codman三角。由于骨膜被掀起，在骨外膜和骨皮质之间可形成与骨表面垂直的放射状反应性新生骨小梁，X线上表现为日光放射状阴影。上述两种现象是X线诊断骨肉瘤的重要依据。镜下观，骨肉瘤细胞异型性明显，梭形或多边形，可见肿瘤性骨样组织或骨组织形成，这是诊断骨肉瘤最重要的组织学依据。骨肉瘤内也可见软骨肉瘤和纤维肉瘤样成分。骨肉瘤恶性度很高，生长迅速，发现时常已有血道转移。

3. **脂肪肉瘤（liposarcoma）**　来自原始间叶细胞，起始即具恶性，而非来自脂肪瘤恶变，是成人多见的肉瘤之一，好发于腹膜后及大腿深部软组织。肿瘤多呈结节状或分叶状，类似脂肪瘤，亦可呈黏液样或鱼肉样。镜下观，肿瘤由分化程度不等的脂肪细胞和脂肪母细胞构成。脂肪母细胞可呈星形、梭形、小圆形或多形性，胞质内可见大小不等的脂质空泡。

4. **平滑肌肉瘤（leiomyosarcoma）**　较多见于子宫及胃肠，也可见于腹膜后、肠系膜、大网膜及皮肤等处。软组织平滑肌肉瘤多为中老年人。肿瘤细胞凝固性坏死和核分裂象的多少对平滑肌肉瘤的诊断及其恶性程度的判断有重要意义。

5. **纤维肉瘤（fibrosarcoma）**　不多见，好发于四肢皮下组织，呈浸润性生长，切面灰白色、鱼肉状，常伴有出血、坏死；镜下典型的形态是异型的梭形细胞呈"鲱鱼骨"样排列。发生于婴儿和幼儿的婴儿型纤维肉瘤较成人纤维肉瘤的预后好。

三、淋巴造血组织肿瘤

（一）恶性淋巴瘤

恶性淋巴瘤（malignant lymphoma）又称淋巴瘤，是原发于淋巴结和结外淋巴组织的恶性肿瘤，起源于T、B淋巴细胞及其前体细胞、NK细胞等。根据瘤细胞形态及组织结构特点可分为霍奇金淋巴瘤和非霍奇金淋巴瘤。临床主要表现为淋巴结无痛性肿大，随病情进展，可逐渐出现发热、消瘦、贫血和局部压迫等症状，可伴有肝、脾肿大。

1. **霍奇金淋巴瘤（Hodgkin lymphoma，HL）**　以往称霍奇金病（Hodgkin's disease，HD），占所有淋巴瘤的10%~20%，青少年多见。最常累及颈部和锁骨上淋巴结，其次为腋窝、腹股沟、纵隔、肺门、腹膜后及主动脉旁淋巴结，晚期可累及脾、肝和骨髓等处。病变从一个或一组淋巴结开始，逐渐向周围淋巴结扩散。受累淋巴结肿大，相互粘连形成不规则结节状巨大肿块。切面灰白色，质较硬，有时可见灰黄色坏死区。镜下观，淋巴结正常结构被破坏，瘤组织在以淋巴细胞为主的多种炎细胞混合浸润的背景上，散在分布不等量的肿瘤细胞，即R-S细胞及其变异细胞。R-S细胞是诊断霍奇金淋巴瘤的重要形态学标志。典型的R-S细胞为双核或多核的瘤巨细胞（图5-9-4），其胞质丰富，略嗜酸或嗜碱性，核仁肥大，直径与红细胞相当，核仁周围有空晕。最典型的R-S细胞其双核呈面对面对称性排列，形如镜影，又称镜影细胞。

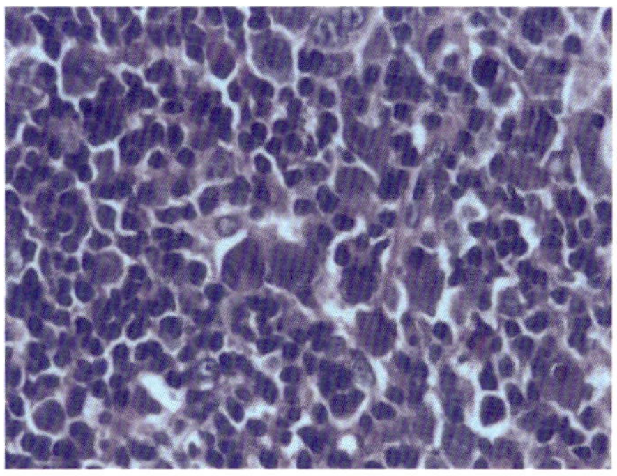

图5-9-4　霍奇金淋巴瘤

瘤组织的多种炎细胞浸润的背景在一定程度上反映了机体抗肿瘤的状态，与淋巴瘤的组织学分型和预后关系密切。WHO将霍奇金淋巴瘤分为经典型霍奇金淋巴瘤和结节性淋巴细胞为主型霍奇金淋巴瘤两大类。经典型霍奇金淋巴瘤又分为结节硬化型、富于淋巴细胞的经典型、混合细胞型和淋巴细胞减少型四个亚型。

2. 非霍奇金淋巴瘤（non-Hodgkin lymphoma，NHL） 占所有淋巴瘤的80%~90%，多见于40~60岁人群，男性多于女性。其中约三分之二原发于淋巴结，如颈部、纵隔、腋窝、腹股沟及腹腔等处的淋巴结；约三分之一发生于结外淋巴组织（如胃肠道、呼吸道、皮肤、涎腺、胸腺、泌尿生殖道等处）和脾、骨髓等。与霍奇金淋巴瘤相比，非霍奇金淋巴瘤具有发病部位的随机性或不定性、病理形态学分类的复杂性和临床表现的多样性等特点。某些情况下，随着病情进展，可以出现白血病象。因此，淋巴瘤与淋巴细胞白血病为同一疾病的不同发展阶段，在淋巴瘤的分类中包括了淋巴细胞白血病。WHO（2000年）对非霍奇金淋巴瘤进行了分类，分为前B或T细胞肿瘤、成熟（外周）B或T细胞肿瘤和NK细胞肿瘤，它们又分别包括若干相应的组织学亚型。

（二）白血病

白血病（leukemia）是骨髓造血干细胞克隆性增生形成的恶性肿瘤。其特征为骨髓内异常的白细胞弥漫性增生并取代正常骨髓组织，然后进入外周血和浸润肝、脾、淋巴结等全身各组织和器官，从而造成贫血、出血和感染。因异常增生的白细胞可见于外周血液中，故得此名。在儿童和青少年恶性肿瘤中，白血病发病率居第1位。根据白血病细胞的成熟程度和自然病程，可分为急性白血病和慢性白血病。急性白血病的细胞分化停滞在较早阶段，多为原始细胞和早期幼稚细胞，起病急，进展快，病程一般在半年内或半年左右，多发生于幼儿和青少年；开始时症状类似急性感染，如突发高热、全身乏力、骨骼（特别是胸骨）疼痛，患者还有进行性贫血和出血倾向。慢性白血病的细胞分化停滞在较晚的阶段，多为中晚幼细胞和成熟细胞；病情发展缓慢，病程可超过1年或数年，多见于成人；早期无明显症状，后出现肝、脾、淋巴结肿大、消瘦、乏力、贫血等表现。

四、其他肿瘤

1. 色素痣（pigmented nevus） 是表皮基底层黑色素细胞的良性增生性病变。见于全身各处的皮肤，痣大小不一，平坦或隆起于皮肤表面，可有少数毛发。痣细胞分化成熟，胞质内含不等量黑色素。根据其在皮肤组织内发生部位的不同，可分为：①皮内痣，最常见，痣细胞在真皮内呈巢状或条索状排列；②交界痣，痣细胞在表皮与真皮交界处生长，形成多个细胞巢团，此型痣较易恶变；③混合痣，同时存在皮内痣和交界痣。如色素痣生长突然加快，体积增大，颜色加深或发炎、破溃、出血及周围出现卫星小黑点，则是恶变的征象。

2. 黑色素瘤（melanoma） 又称恶性黑色素瘤，是高度恶性的黑色素细胞肿瘤。皮肤的黑色素瘤通常由交界痣恶变而来。大多数发生在30岁以上的人。常见于头颈部、足底部、外阴和肛门周围的皮肤，也可发生于黏膜和内脏等部位。肿瘤呈灰黑色。镜下观，瘤细胞呈巢状、条索状或腺泡状排列。瘤细胞可呈多边形或梭形，核大，常有粗大的嗜酸性核仁，胞质中可有黑色素颗粒。但有的黑色素瘤胞质内无黑色素颗粒，称无黑色素性黑色素瘤。黑色素瘤易经淋巴道和血道转移，预后极差。

第十节　肿瘤的病因和发病机制

PPT

一、肿瘤的病因

可导致肿瘤形成的各种因素统称为致瘤因子。可以导致恶性肿瘤形成的物质统称为致癌物

（carcinogen）。致癌物起启动作用（也叫激发作用），引起癌症发生过程中的始发变化。某些物质本身无致癌性，但可增加致癌物的致癌性，这些物质叫作促癌物，起促发作用。恶性肿瘤的发生常要经过启动和促发这两个阶段。致癌因素种类众多，包括外源性（环境性）和内源性两大类。

（一）外界致癌因素

1. 化学致癌因素　是主要因素，大多数肿瘤与化学致癌因素有关。化学致癌物可分为两大类，直接致癌物和间接致癌物。多数化学致癌物需在体内（主要是肝脏）代谢活化后才致癌，称为间接致癌物。少数化学致癌物不需在体内进行代谢转化即可致癌，称为直接致癌物。化学致癌物多数是致突变剂，具有亲电子集团，能与DNA大分子的亲核集团共价结合，导致其结构改变。同一致癌物可引起不同器官发生不同的肿瘤，同一肿瘤也可由不同的致癌物引起，且致癌物间常有协同作用。因此，就某一种肿瘤而言，可能是多种致癌物共同作用的结果。

（1）多环芳香烃　存在于石油、煤焦油中。致癌性特别强的有3,4-苯并芘、1,2,5,6-双苯并蒽和3-甲基胆蒽等。3,4-苯并芘是煤焦油的主要致癌成分，可由有机物燃烧产生，存在于工厂排出的煤烟、内燃机废气及烟草点燃后的烟雾中。此外，烟熏和烧烤的鱼、肉等食品中也含有多环芳烃，这可能和某些地区胃癌的发病率较高有一定关系。

（2）氨基偶氮染料　此类化合物具有颜色，可为纺织品、食品和饮料的染料。如奶油黄（二甲基氨基偶氮苯）、猩红，可引起实验性大白鼠肝细胞癌。

（3）芳香胺类化合物　多为工业用品或染料，如乙萘胺、连苯胺、品红等。从事印染、橡胶等生产或作业的人员，膀胱癌的发生率较高。

（4）亚硝胺类化合物　是一类致癌作用强、致癌谱很广的化合物，与食管癌、胃癌、肝癌等病的发生有关。此类化合物因化学性质不稳定，在自然界中存在并不多。但合成亚硝胺的前体物质，如硝酸盐、亚硝酸盐和二级胺却广泛存在于水和食物中，在变质的蔬菜、食物及短期腌制的咸菜中含量较高。亚硝酸盐也可作为鱼、肉类食品的保鲜剂和着色剂进入人体，在胃内酸性环境中合成具有致癌作用的亚硝胺。曾经我国河南林州县的食管癌发病率很高，即与食物中的亚硝胺含量高有关。

（5）生物毒素　黄曲霉菌广泛存在于霉变的食物中，霉变的花生、玉米及谷类中含量最多。黄曲霉毒素有多种，其中黄曲霉素 B_1 致癌性最强，可诱发肝细胞癌。黄曲霉素 B_1 与HBV具有协同致肝癌作用，可能是我国肝癌高发地区的重要致肝癌因素。

（6）烷化剂和酰化剂　是直接化学致癌物。有些烷化剂用于临床，如环磷酰胺既是抗癌药物又是很强的免疫抑制剂，用于肿瘤治疗和抗免疫治疗，但可诱发恶性肿瘤（如粒细胞性白血病），应谨慎使用。

（7）一些非金属元素和金属元素　亦具有致癌作用，如三价砷与皮肤癌有关；镍、铬与鼻咽癌、肺癌发生有关；苯可致白血病；镉与前列腺癌和肾癌的发生有关。

2. 物理致癌因素　电离辐射包括X射线、γ射线及粒子形式的辐射（如β粒子等），可引起癌症。放射工作者如长期接触射线而又缺乏有效防护措施，皮肤癌和白血病的发病率较一般人高。辐射能使染色体断裂和易位、缺失，导致原癌基因激活或者肿瘤抑制基因失活而引发肿瘤。紫外线（UV）可引起皮肤鳞状细胞癌、基底细胞癌和黑色素瘤。UV可使DNA中相邻的两个嘧啶形成二聚体，造成DNA分子复制错误。在正常人群，这种DNA损伤通过DNA切除修复机制进行修复。着色性干皮病（XP）是一种罕见的常染色体隐性遗传病，患者先天缺乏修复DNA所需的酶，不能修复紫外线导致的DNA损伤，对日照十分敏感，皮肤癌的发生率很高，且在幼年即发病。

3. 生物性致癌因素　包括病毒、支原体、细菌、霉菌和寄生虫等。

（1）病毒　是主要的生物性致癌因素。导致肿瘤形成的病毒称为肿瘤病毒，分为DNA肿瘤病毒和RNA肿瘤病毒，主要与动物肿瘤有关，人类某些肿瘤也与病毒有关。与人类肿瘤发生密切相关的DNA肿瘤病毒主要有以下几种。①乙型肝炎病毒（hepatitis virus B，HBV），与肝细胞肝癌的发生有关。②人类乳头状瘤病毒（human papilloma virus，HPV），有多种类型。其中HPV-6和HPV-11与生殖道和喉等部位的乳头状瘤有关；HPV-16和HPV-18与宫颈等部位的癌有关。③EB病毒（Epstein-Barr，EBV），与鼻咽癌和Burkitt's淋巴瘤有关。RNA肿瘤病毒是逆转录病毒，可分为急性转化病毒和慢性转化病毒。急性转化病毒含有病毒癌基因，如v-src、v-abl、v-myb等。慢性转化病毒本身不含有癌基因，但有很强的促进基因转录的启动子或增强子。逆转录后引起原癌基因激活和过度表达，使宿主细胞转化。发生在日本和加勒比海地区的成人T细胞白血病/淋巴瘤（ATL），与人类T细胞白血病/淋巴瘤病毒Ⅰ（human T cell leukemia/lymphoma virus Ⅰ，HTLV-Ⅰ）有关。

（2）寄生虫　已知日本血吸虫病和结肠癌的发生有关；埃及血吸虫与膀胱癌的发生有关；华支睾吸虫病与胆管细胞肝癌的发生有关。

（3）其他　幽门螺杆菌与胃的黏膜相关淋巴组织（mucosa-associated lymphoid tissue，MALT）发生的MALT淋巴瘤密切相关，与一些胃腺癌的发生也有关。

（二）肿瘤发生的内在因素

机体在化学、物理及生物性致癌因素的作用下有可能发生肿瘤，但并非必然发生肿瘤。这是因为细胞具有精密的DNA损伤修复机制。同时，机体的内在因素在肿瘤的发生和发展中也起着非常重要的作用。

1. **遗传因素**　多数肿瘤细胞的遗传学改变主要是体细胞的遗传物质在患者的生命过程中发生突变和积累的结果，并非与生俱来的，既不存在于其父母，也不遗传到子代，因此，肿瘤不是遗传病。流行病学研究显示，某些肿瘤的发生具有家族聚集现象，如视网膜母细胞瘤、家族性腺瘤性息肉病、胃肠癌、乳腺癌等。这是由于发生肿瘤的某些个体可具有一定的遗传素质，如某些家族的个体存在抑癌基因或DNA损伤修复基因的遗传性基因丢失或突变，导致其对肿瘤的易感性增高。肿瘤的发生是遗传因素与环境致癌因素协同作用所致，具有肿瘤遗传素质的个体成为肿瘤发生高危人群中的易感者，是预防和追踪检查的主要对象。

2. **免疫因素**　虽然肿瘤的本质是肿瘤细胞遗传物质及其表达的改变，而肿瘤的发生、发展与细胞的微环境息息相关；肿瘤细胞能否在宿主体内长期存活，由宿主的免疫状态所决定。因此，免疫因素在机体抗肿瘤机制中发挥着重要作用。机体的免疫功能较强时，可杀灭、溶解瘤细胞，从而抑制肿瘤的生长与扩散；当免疫功能低下或缺陷时，肿瘤发生率明显提高，预后差。如艾滋病（AIDS）患者，肿瘤的发病率明显升高。这一现象提示，正常机体存在免疫监视机制，可以清除发生了肿瘤性转化的细胞，起到抗肿瘤的作用。免疫监视功能的下降，可能参与了一些肿瘤的发生。

3. **内分泌因素**　内分泌紊乱与某些肿瘤的发生密切相关。如雌激素过多与乳腺癌有密切关系，垂体前叶激素可促进肿瘤的发生和转移，而肾上腺皮质激素对某些造血系统的恶性肿瘤有抑制其生长和扩散的作用。

4. **种族因素**　一些肿瘤在不同种族中发生率有显著差别。如欧美国家乳腺癌的发生率甚高；而日本、波罗的海沿岸国家胃癌的发生率明显高于其他国家；我国广东地区鼻咽癌相对常见，移居海外的华裔其发病率也高于当地人。

> ◉ **知识拓展**
>
> 　　癌症是可以预防的。WHO提出：三分之一的癌症，完全可以预防；三分之一的癌症，可通过早期发现得到根治；三分之一的癌症，可运用现有的医疗措施延长生命、减轻痛苦、改善生活质量。可以通过三级预防来进行癌症的防控。一级预防：病因预防，减少外界不良因素的损害；二级预防：早期发现，早期诊断，早期治疗；三级预防：改善生活质量，延长生存时间。

二、肿瘤的发病机制

　　近几十年来，随着分子细胞生物学的发展，人们对肿瘤的发生机制进行了大量研究，其结果显示，肿瘤形成是一个十分复杂的过程，是细胞生长与增殖的调控发生严重紊乱的结果。数十年来的大量研究表明，肿瘤的发生具有复杂的分子基础，包括原癌基因激活、肿瘤抑制基因失活、凋亡调节基因和DNA修复基因功能紊乱。遗传因素和环境致瘤因素通过影响这些基因的结构功能导致肿瘤。以下简述这些重要分子变化在肿瘤发生中的作用。

（一）原癌基因

　　1. 原癌基因及其产物　　原癌基因是细胞正常生命活动所必需的基因，其编码的产物是对促进细胞生长增殖十分重要的蛋白质，如生长因子、生长因子受体、信号转导蛋白和转录因子。

　　2. 原癌基因的激活　　当原癌基因发生某些异常时，能使细胞发生恶性转化，此时这些基因称为细胞癌基因，如c-ras、c-myc等。原癌基因转变为细胞癌基因的过程，称为原癌基因的激活。

　　原癌基因主要是通过基因突变、染色体易位/重排及基因扩增等方式引起原癌基因的结构发生改变或表达过度而被激活，成为癌基因。

　　癌基因以显性的方式发挥作用，即只要等位基因的单一基因发生突变便可导致原癌基因的活化。活化的癌基因编码的蛋白质结构异常，活性增强或过表达产生过多的正常生长促进蛋白，导致细胞生长刺激信号的过度或持续存在，使细胞增殖失控、去分化或分化异常，而成为肿瘤细胞。

（二）肿瘤抑制基因

　　与原癌基因编码的蛋白质促进细胞生长相反，在正常情况下细胞内的另一类基因——肿瘤抑制基因，其产物能抑制细胞的生长。肿瘤抑制基因的两个基因都发生突变或丢失（纯合性丢失）时，其功能丧失，导致细胞的肿瘤性转化。目前了解最多的两种肿瘤抑制基因是Rb基因和$p53$基因，此外还有结肠腺瘤性息肉基因（adenomatous polyposis coli，APC）、$NF1$基因等。

（三）凋亡调节基因

　　肿瘤的生长，取决于肿瘤细胞增殖和死亡的比例。除了原癌基因激活与肿瘤抑制基因的失活外，调节细胞凋亡的基因及其产物在某些肿瘤的发生中也起着重要作用。如B细胞淋巴瘤/白血病家族中的Bcl-2蛋白可抑制凋亡，而Bax蛋白则可促进细胞凋亡。正常情况下，Bcl-2和Bax在细胞内保持平衡。如Bcl-2蛋白增多，细胞长期存活；若Bax蛋白增多，则促进细胞凋亡。

（四）DNA修复基因

　　人类在生活中会接触到许多致癌物，如电离辐射、紫外线、化学物质等，均可引起DNA损伤。除了外源性因素外，DNA还可因为复制过程中出现的错误及碱基的自发改变而出现异常。DNA损害如果超过细胞能忍受的范围，受损细胞会以凋亡的形式死亡；如果DNA损害轻微，可通过正常细胞内的DNA修复机制及时修复。这对维持基因组的稳定性非常重要。DNA损伤修复有切除修复和错配修复两种方式。当DNA修复机制存在异常时，这些DNA损伤就会保留下来，可能在肿瘤的发生中起作用。如着色性干皮病患者，就是因为缺乏DNA损伤修复的内切酶，不能修复紫外线导致的DNA损伤，其皮肤癌发生率极高，且发病年龄较轻。

（五）端粒、端粒酶和肿瘤

染色体末端存在着一个叫作端粒的DNA重复序列，其长度控制着细胞的复制次数。细胞每复制一次，端粒就缩短一点。细胞复制一定次数后，端粒缩短到一定程度，细胞即死亡。因此端粒可以称为细胞的生命计时器。生殖细胞有端粒酶的存在，可使缩短的端粒长度得到恢复，因此具有十分强大的自我复制能力。而大多数体细胞没有端粒酶活性，只能复制大约50次。实验表明，很多恶性肿瘤都具有端粒酶活性，可使其端粒不会缩短。因此，端粒的缩短也可以看成是一种肿瘤抑制机制。

（六）多步癌变的分子基础

流行病学、分子遗传学及化学致癌的动物模型等研究证明，肿瘤的发生是一个长期多因素的分阶段的过程。单个基因改变尚不足以造成细胞的完全恶性转化。细胞要完全恶性转化，需要多个基因的改变，如原癌基因激活、肿瘤抑制基因失活，以及凋亡调节基因和DNA修复基因的改变。一个细胞要积累这些基因改变，往往需要较长的时间，这也是癌症在年龄较大的人群中发生率较高的原因。

肿瘤的发生发展是异常复杂的。尽管目前对肿瘤的病因与发病机制有了很大的研究进展，但了解的仍只是冰山一角，还有许多未知的领域需要继续探索。以下几点是迄今比较肯定的：①肿瘤从遗传学上来说是一种基因病。②肿瘤的形成是瘤细胞单克隆性扩增的结果。③环境和遗传的致癌因素引起细胞遗传物质（DNA）改变的主要靶基因是原癌基因和肿瘤抑制基因。原癌基因激活和（或）肿瘤抑制基因失活可导致细胞的恶性转化。④肿瘤的发生不只是单个基因突变的结果，而是一个长期的分阶段的多种基因突变积累的过程。⑤机体的免疫监视体系在防止肿瘤的发生上起重要作用，肿瘤的发生是免疫监视功能丧失的结果。

实训实练四　肿　瘤

（一）实训目的

1. 能够识别皮肤乳头状瘤、皮肤鳞状细胞癌、纤维瘤和纤维肉瘤的镜下病变特点。
2. 观察大体标本，并能对其病变特点进行准确描述。

（二）实训用品

大体标本、组织切片、显微镜。

（三）实训内容

【大体标本观察】

1. **子宫平滑肌瘤**　子宫肌壁间、内膜下和浆膜下可见大小不等的球形结节，与周围组织界限清楚。

切面呈灰白色，可见编织状或旋涡状条纹，质韧。

2. **脂肪瘤** 肿瘤淡黄色，呈分叶状或扁圆形，包膜完整，质地柔软。切面似正常脂肪组织。

3. **皮肤乳头状瘤** 肿瘤突出于皮肤表面，呈凹凸不平的乳头状，肿瘤基底部有蒂。

4. **纤维瘤** 肿瘤呈结节状，有包膜，与周围组织界限清楚。切面呈灰白色，编织状，质地硬韧。

5. **纤维肉瘤** 肿瘤呈结节状，可见假包膜。切面灰红色、湿润、鱼肉状。

6. **皮肤鳞状细胞癌** 皮肤表面可见一菜花样肿块，有溃疡形成。切面灰白色，基底部宽，肿瘤组织呈蟹足状向周围组织浸润生长。

7. **肠腺癌** 肿瘤突出于肠黏膜表面，呈菜花状或蕈伞状，表面可见坏死，肿瘤基底部较宽。切面灰白色，肿瘤组织向黏膜下层浸润，使肠壁增厚，肠腔狭窄。

8. **乳腺癌** 乳腺表面皮肤呈"橘皮样"外观，乳头凹陷。切面可见肿瘤组织呈灰白色，结节状，并向周围组织浸润扩展。

9. **原发性肝癌** 肿瘤体积巨大，圆形，质硬，灰白色，无包膜，瘤体周围有多个大小不等的瘤结节。

10. **骨肉瘤** 骨干骺端形成梭形肿块，硬软不一。切面灰白色、鱼肉状，骨外膜新生的肿瘤性骨质呈放射状。

11. **肺转移性恶性肿瘤** 肺表面可见多个分散存在的大小不等的结节，界限清楚，无包膜。有的结节中央发生出血、坏死，可见"癌脐"。

【组织切片观察】

1. **皮肤乳头状瘤** 镜下可见肿瘤组织呈分支状乳头结构，乳头表面由增生的鳞状上皮覆盖，鳞状上皮分化成熟，细胞层次增多，可见角化，基膜完整。乳头中间为肿瘤的间质成分——血管和纤维组织，并可见少量淋巴细胞浸润。

2. **皮肤鳞状细胞癌** 镜下可见癌细胞排列成条索状或片状的癌巢，与间质分界清楚。癌巢内癌细胞异型性明显，细胞大小不等，核大深染，核分裂象多见，可见病理性核分裂象。高分化鳞状细胞癌癌巢中央可见红染层状的角化珠，即癌珠。间质内可有淋巴细胞浸润。

3. **纤维瘤** 镜下可见肿瘤实质形成束状呈编织状排列，间质为少许血管和疏松结缔组织。瘤细胞分化好，呈长梭形，与正常的纤维细胞相似，核梭形，两端尖。胶原纤维多少不等。

4. **纤维肉瘤** 镜下可见瘤细胞弥漫分布。分化好者，瘤细胞大小较一致，呈长梭形，核大深染，染色质较粗，可见核分裂象；分化差者，瘤细胞呈短梭形，核分裂象多见，并可见病理性核分裂象。间质内胶原纤维少，血管丰富。

（四）实训作业

制作皮肤鳞状细胞癌和纤维肉瘤的显微镜下结构图。

(目标检测)

答案解析

一、单项选择题

1. 肿瘤性增生和其他类型的增生最根本的区别是（ ）

    A. 增生迅速   B. 有致瘤因子作用   C. 病因尚不清楚

D．去除原因，增生是否停止　　　E．增生对机体有害

2．区别良、恶性肿瘤的主要组织学依据是（　）

　　A．异型性　　　　　B．生长方式　　　　C．转移途径　　　D．复发　　　　E．生长速度

3．肿瘤细胞分化程度高是指（　）

　　A．与起源组织相似　　　　　　　　　　B．不容易引起器官的阻塞和破坏

　　C．高度恶性的肿瘤　　　　　　　　　　D．较大的异型性

　　E．肿瘤周围有较多的淋巴细胞浸润

4．良性肿瘤的异型性主要表现在（　）

　　A．瘤细胞核的多形性　　　　B．肿瘤组织结构紊乱　　　　C．瘤细胞的多形性

　　D．核浆比例增大　　　　　　E．可见核分裂象

5．临床检查肿瘤患者的局部淋巴结，其目的是（　）

　　A．确定肿瘤的良、恶性　　　B．鉴别肿瘤或炎症　　　　C．了解是否有淋巴道转移

　　D．明确有无多发性肿瘤　　　E．了解是否存在淋巴瘤

6．恶性肿瘤向邻近器官侵犯的主要方式为（　）

　　A．直接蔓延　　B．淋巴道转移　　C．血道转移　　D．种植性转移　　E．接触播散

7．肿瘤的特性取决于（　）

　　A．肿瘤的间质　　　　　　　B．肿瘤的实质　　　　　　C．肿瘤的生长方式

　　D．肿瘤的生长速度　　　　　E．肿瘤的转移

8．下列哪项是恶性肿瘤细胞的最主要形态特点（　）

　　A．核大　　　　　　　　　　B．多核或异形核　　　　　C．核仁大

　　D．核浓染　　　　　　　　　E．病理性核分裂象

9．纤维组织来源的恶性肿瘤应命名为（　）

　　A．纤维瘤　　　　　　　　　B．瘤样纤维组织增生　　　C．纤维母细胞瘤

　　D．纤维肉瘤　　　　　　　　E．纤维组织细胞增生症

10．癌与肉瘤的最主要区别是（　）

　　A．瘤细胞分布方式不同　　　B．转移途径不同　　　　　C．肿瘤内血管多少不同

　　D．组织来源不同　　　　　　E．发生年龄不同

11．下列肿瘤中属于良性肿瘤的是（　）

　　A．畸胎瘤　　B．白血病　　　C．多发性骨髓瘤　　D．淋巴瘤　　E．炎性假瘤

12．原位癌与浸润癌的主要区别在于（　）

　　A．肿瘤大小　　　　　　　　B．边界清晰程度　　　　　C．基底膜是否受侵犯

　　D．淋巴管有无癌栓　　　　　E．有无浸润血管

13．造血组织的恶性肿瘤统称为（　）

　　A．霍奇金病　　B．血癌　　　C．白血病　　D．血管内皮肉瘤　　E．以上都不是

14．宫颈病变，异型增生的细胞累及上皮的全层，但基底膜尚完整，该病变属于CIN（　）

　　A．Ⅰ级　　　　　B．Ⅱ级　　　　　C．Ⅲ级　　　　　D．Ⅳ级　　　　E．Ⅴ级

15．下列关于异位内分泌综合征的描述，正确的是（　）

　　A．见于内分泌腺的良性肿瘤　　B．多见于肉瘤　　　　C．属于副肿瘤综合征

　　D．见于内分泌腺的恶性肿瘤　　E．属于良性肿瘤对机体的影响

二、简答题

1. 什么是肿瘤？肿瘤细胞的生长特点是什么？
2. 简述异型性、分化程度及肿瘤良恶性之间的关系。
3. 简述良、恶性肿瘤的命名原则。
4. 简述肿瘤的生长方式与扩散途径。
5. 简述良、恶性肿瘤的区别。

（曲晓媛）

书网融合……

知识回顾　习题

第六章

环境和营养病理学

PPT

学习目标

知识要求：

1. 掌握职业及环境暴露性污染的概念；金属元素对人体的毒性作用；肥胖症。

2. 熟悉空气污染；吸烟、酒精中毒对人体的作用；营养性疾病。

3. 了解药物滥用。

技能要求：

1. 能够运用所学知识开展职业病的健康宣教。

2. 学会运用所学病理学知识分析和解决临床实际问题。

环境和营养病理学（environmental and nutritional pathology）是指当机体暴露于周围有害环境时引发的一系列疾病。

第一节　环境污染与职业暴露

环境污染是指人类在其社会活动和日常生活中直接或间接地向环境排放超过环境自身自净能力的化学物质或能量，造成水、大气、噪声及辐射性污染，对人类生存的生态系统、生产生活造成不利的影响。职业暴露是指机体由于职业关系暴露在危险环境中，从而导致自身健康甚至生命安全可能受到损害。

一、空气污染

空气污染（air pollution）是指有害的物质进入大气中所引起的污染。

（一）室外空气污染

1. **粉尘**　是指悬浮在空气中的固体微粒，常见于生产生活中，如在煤、汽油燃烧或者固体物质粉碎过程中产生。当粉尘被吸入机体后容易停留于肺泡处，被巨噬细胞吞噬。根据空气动力学当量直径，将大气颗粒物分为总悬浮颗粒物和可吸入颗粒物。可吸入颗粒物又称PM_{10}（particulate matter$_{10}$），是指环境空气中空气动力学当量直径小于等于$10\mu m$的颗粒物。$PM_{2.5}$（particulate matter$_{2.5}$）是指环境空气中空气动力学当量直径小于等于 $2.5\mu m$ 的颗粒物，又称细颗粒物，由于颗粒直径较小，可以逃避机体的防御机制，进入肺泡中，引起肺部病变，如煤矿工人长期吸入煤矿粉尘引起尘肺。

2. **臭氧** 又称超氧，是二氧化氮与空气中的碳氢化合物经阳光照射后而产生的一种强力氧化剂，亦被称为光化学反应的污染物。臭氧对人体的呼吸道有强烈的刺激作用，易与细胞膜表面的不饱和脂肪酸发生反应，生成过多的自由基而发挥毒性作用。可引发呼吸道的炎症，还可引起神经中毒、破坏人体的免疫力等。

3. **酸性气溶胶** 排放到大气中的二氧化氮和硫被氧化后形成硝酸和硫酸，二者溶解在水中或附着在微粒表面而形成酸性气溶胶。其对呼吸道有一定的刺激作用，可损坏呼吸道黏膜自净作用，导致疾病发生。

4. **一氧化碳** 主要来源于汽车尾气、森林火灾及一些工业用燃料的燃烧。当燃烧不充分时，即可产生大量的一氧化碳，由于一氧化碳无色无味，人体吸入后轻者头晕头痛，重者可致死亡。

（二）室内空气污染

室内空气污染是指在封闭空间内含有对人体健康有害的物质。如室内装修使用的油漆涂料、家具中释放的甲醛、宠物的过敏原、烟草燃烧产生的烟雾等，其中室内空气污染最主要的原因是家具及装修材料的污染。

1. **一氧化碳** 室内一氧化碳的主要来源为吸烟、液化气或煤炭的不完全燃烧。在密闭空间内燃烧煤炭可导致一氧化碳中毒。由于一氧化碳与血红蛋白的结合力远远大于氧，因此可形成大量的碳氧血红蛋白，导致机体缺氧，使病人的皮肤黏膜呈现特殊的樱桃红色。

2. **甲醛** 无色气体，有刺激气味，易溶于水和乙醇，被世界卫生组织确定为一类致癌物。其对皮肤黏膜有刺激作用，浓度过高可引起急性中毒症状如咽喉不适、过敏性皮炎等，长期接触可导致呼吸功能障碍和肝脏受损等。

3. **木材烟雾** 木材燃烧取暖可造成室内空气污染。木材燃烧产生的烟雾中含有一氧化碳、氮氧化物等，可刺激呼吸道，提高呼吸系统疾病的发病率。

4. **其他** 氡（radon）是放射性气体，由铀衰变而来，存在于一切环境的空气中。在高浓度氡环境中，氡被吸入肺部继续衰变产生 α 射线，可导致肺癌的发生。

二、职业与环境暴露性污染

职业病是指劳动者在职业活动中因接触粉尘、放射性物质和其他有毒有害物质而引起的疾病，比如尘肺、职业性眼病和职业中毒等。职业暴露及环境污染因素包括有机溶剂、高分子聚合物、金属和非金属离子等。

（一）有机溶剂

常用的有机溶剂有苯乙烯、甲醇、氯仿等。高浓度急性吸入者可出现头晕头痛、食欲不振、消瘦、骨髓造血功能障碍、肝功能异常等表现。低剂量长期吸入还可增加肿瘤发生的危险性。职业暴露人群多见于有机溶剂的生产企业、装修从业人员等。

（二）塑料、橡胶及高分子聚合物

合成塑料、橡胶及高分子聚合物在汽车、航天、家用品、电缆、管道等方面应用广泛。橡胶制造过程中的苯，严重可致贫血。在塑料生产过程中，塑化剂邻苯二甲酸酯可通过消化道、呼吸道、皮肤接触

等途径进入人体，对人体多种器官造成损害，特别是男性生殖系统，引起男性生殖功能下降。

（三）金属元素

1. 铅（lead） 在自然界广泛分布，常以硫化物的形式存在。在从事电池制造、食用爆米花、使用含铅量高的化妆品，或接触老式建筑中铅水管等均可导致铅中毒。铅中毒机制较为复杂，主要有大脑皮层兴奋抑制过程失调、卟啉代谢障碍、外周神经纤维节段性脱髓鞘改变等。铅中毒可导致消化系统、神经系统出现形态结构及功能代谢紊乱；影响心血管系统引起心功能不全、高血压等疾病的发生。铅具有神经毒性，儿童若摄入过量铅可引起发育迟缓、智力低下等。

2. 汞（mercury） 俗称水银，常温下易蒸发。主要来源于朱砂（硫化汞），自然界的矿石中亦分布有汞。从事温度计生产、汞矿开采、金银提取等工作时，容易吸入汞蒸气，导致汞中毒；还可通过接触溶解于水的汞（甲基汞和氯化汞）导致汞中毒；或是食用了被汞污染的食物引起汞中毒。

金属汞可通过血脑屏障进入脑组织，以汞离子的形式与脑内蛋白质结合，造成脑损害。形态改变主要有小脑萎缩和视皮质神经元损伤。临床上表现为口周麻木、视觉受限、共济失调等。无机汞进入机体后以离子态形式和金属硫蛋白相结合，易蓄积在肾脏，引起肾小管上皮细胞坏死，导致肾衰竭。

3. 砷（arsenic） 俗称砒，是一种类金属元素，广泛存在于自然界，主要以硫化物的形式存在，如雄黄（As_2S）、雌黄（As_2S_3）等。常被用作杀虫剂、除草剂。砷的氧化物形式为三氧化二砷，又称砒霜。长期服用含砷量高的中草药、误食含砷的杀虫药或从事砷化合物加工等均可导致砷中毒。

某些特定地理环境条件下的人群，长期通过饮水、空气或食物摄入过量砷而引起地方性砷中毒。通过燃煤取暖，饮用含砷量高的水源，食用被燃煤烘烤的粮食等，导致过多的砷进入机体，引起慢性砷中毒。

急性砷中毒可出现四肢疼痛性痉挛、意识模糊、谵妄、昏迷、血压下降及呼吸困难等中枢神经麻痹症状，严重者可在数小时内因毒物抑制中枢神经而死亡，患者可伴有肝脏及心肌损害。地方性砷中毒的临床表现主要以皮肤病变为主，表现为手、脚掌面角化，胸背部皮肤色素沉着和色素脱失（图6-1-1）。长期慢性砷中毒，于人体各器官均可能发生严重病变，以呼吸、消化系统发病率最高；以及癌症，尤其是皮肤癌和肝癌。

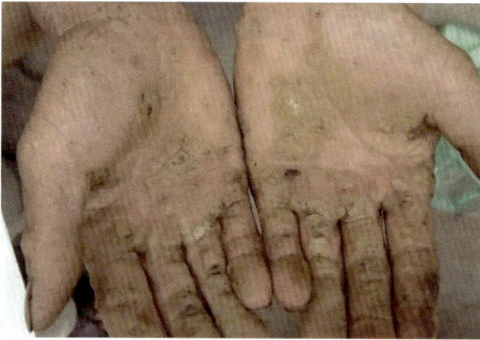

图6-1-1　慢性砷中毒

手掌皮肤过度角化，表现为棕褐色

🎓 **知识拓展**

水俣病

1953年，日本熊本县水俣市发现一例怪病，病人表现为口齿不清、面部痴呆、步态不稳；进而眼瞎耳聋、周身麻木；最后精神失常，身体弯弓，高叫而死。接下来陆续发现多起类似病例，引起了政府和专家的广泛重视。经调查研究发现，当地工厂将未经处理的含有甲基汞的工业废水排到了水俣湾，通过食物链和生物浓缩后使生物（如鱼和介壳类动物）中毒，人食用有毒生物后，摄入甲基汞而引起发病，这就是历史上著名的"水俣病"，因最早发现于水俣湾而命名。

（四）非金属元素

1. **氟（fluoride）**　是一种非金属化学元素，化学性质活泼，氧化性最强。氟摄入过多可引起氟中毒，分为工业性氟中毒和地方性氟中毒。工业性氟中毒是由于在工业生产中产生过多氟引起氟中毒。地方性氟中毒是指某些地区环境中含氟量过高，导致该地区人群长期摄入过多氟引起氟中毒。氟是人体所必需的微量元素，其主要生理功能是预防龋齿以及参与骨骼的矿化。但长期慢性氟摄入过多容易发生慢性氟中毒，典型表现为氟斑牙和氟骨症。氟斑牙是指牙齿在发育时期摄入过量的氟导致牙釉质发育不良和矿化不全，易于吸附外来色素而产生氟斑牙（图6-1-2）。氟骨症是指摄入过量氟导致骨质异常，表现为骨硬化、骨软化、骨质疏松等，可能与钙代谢紊乱有关。氟中毒还可导致神经、内分泌系统损伤，引起贫血。有学者认为氟中毒与儿童智力下降有一定的相关性。

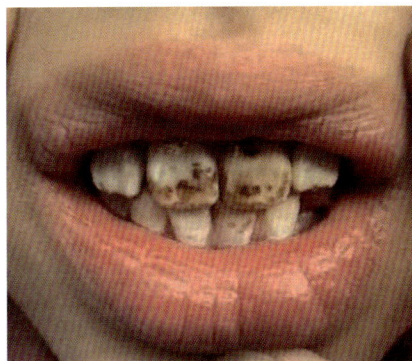

图6-1-2　氟斑牙

牙齿釉面呈粉笔样白条纹，釉面出现黄棕色至棕黑色染色

2. **碘（iodine）**　是人体合成甲状腺激素的必需元素。碘摄入不足，可导致机体发育不良、脑发育障碍、地方性甲状腺肿等。由于食盐加碘政策，我国的碘缺乏状态已得到改善。但是，碘摄入过量亦可引起甲状腺肿，高碘性甲状腺肿的主要原因是水源性高碘。在我国，高水碘地区有渤海湾地区、江苏省、河北省等。

（五）农药污染

有机磷农药可通过抑制乙酰胆碱酯酶的活性，使组织中乙酰胆碱积聚，引起神经过度兴奋，严重者可因呼吸衰竭死亡。百草枯中毒可促进氧化还原反应，使机体处于氧化应激状态，引起一系列氧化损伤，造成多个系统的损害。

第二节　个人暴露

一、吸烟

吸烟对健康的危害已为人们所熟知，烟草燃烧过程中产生的烟雾含有多种有害物质。尼古丁是烟草中含量最多的生物碱，是主要的致瘾成分，其通过与大脑中的烟碱型乙酰胆碱受体结合，刺激多巴胺和其他神经递质的释放来建立和维持成瘾。

（一）吸烟与癌症

烟草燃烧产生的烟雾中含有4000多种化学物质，其中有60%余种物质对人类有强烈的致癌性。烟草中含有的苯并芘可通过与DNA形成DNA加合物引起支气管肺泡上皮细胞内基因改变，导致肺癌的发生。在我国，肺癌已位居各种癌症死亡首位，其中吸烟是引发肺癌的首要危险因素。

（二）吸烟与心血管疾病

吸烟是心血管系统疾病的重要危险因素。吸烟引起心血管疾病的机制可能有：导致血管内皮功能紊乱、促进血栓形成、引起心肌能量代谢障碍及炎症反应增强等。

（三）吸烟与其他疾病

吸烟可导致慢性阻塞性肺疾病；吸烟可增加糖尿病的发病风险，可能与吸烟导致胰岛素清除率降低有关；吸烟可增加年龄相关性黄斑的发病风险；女性孕期吸烟可影响胎儿的发育，还可能会出现胎盘早剥、羊膜早破等。

二、酒精中毒

酒精中毒是指摄入大量酒精或者含有酒精的饮料引起机体功能异常。饮入的酒精80%在小肠吸收，进入机体后，绝大多数酒精在肝脏代谢，在乙醇脱氢酶的作用下转化成乙醛，后在乙醛脱氢酶和P450的作用下氧化成二氧化碳和水。只有极少量的酒精不经过氧化分解，而是通过肾脏、呼吸道、皮肤等排出体外。

（一）酒精中毒的类型

1. 急性酒精中毒　急性酒精中毒（acute alcoholism）是指短时间摄入大量酒精引起中枢神经系统功能紊乱，常表现为意识和行为异常，严重者可引起呼吸循环衰竭，进而危及生命。

2. 慢性酒精中毒　慢性酒精中毒（chronic alcoholism）是指长期过量饮酒引起中枢神经系统严重中毒，常表现为性格改变、智能衰退和心理障碍。慢性酒精中毒还可引起肝功能损害、营养不良及神经系统损害等。

（二）酒精对器官和组织的作用

1. 消化系统　酒精对肝脏的损害非常严重。慢性酒精中毒者初期表现为单纯性的脂肪肝，进而发展成肝纤维化、肝硬化。由于酒精主要在肝脏进行代谢，长期过量饮酒，可引起多种酶活性异常，加速肝损伤的发生。

大量饮酒引起交感神经兴奋，血中儿茶酚胺释放增多，胃黏膜下血管痉挛引起黏膜缺血。还可直接刺激胃黏膜上皮细胞，导致胃黏膜屏障破坏，引起急性损伤，甚至大出血。

酗酒引起急性胰腺炎，其机制主要与酒精刺激过量的胰液分泌有关。长期过量饮酒刺激胃酸分泌，促进胰腺分泌增强，导致胰液排出受阻，引起胰腺组织自身消化、出血甚至坏死。

2. 神经系统　中等程度饮酒即可引起大脑受损，过量饮酒可造成大脑广泛受损甚至出现脑萎缩。慢性酒精中毒可引起Wernicke综合征和Korsakoff综合征，前者常伴有维生素B_1的缺乏，表现为眼肌麻痹、共济失调、精神异常；后者常出现严重的记忆障碍。以上两种综合征可单独发生也可同时发生。

3. 心血管系统　长期过量饮酒可引起非缺血性扩张性心肌病，称为酒精性心肌病。该病特点是心脏扩张、心律失常、心功能不全。病人早期可无症状，晚期心肌损害严重时，可出现乏力、心悸、心力衰竭。

4. 其他系统　慢性酒精中毒可引起铁粒幼细胞性贫血，主要与酒精抑制吡哆醇转变为有活性的辅酶有关。慢性酒精中毒引起消化道黏膜受损，导致叶酸和维生素B_{12}吸收不良，引起巨幼红细胞性贫血，以及脊髓亚急性联合变性，病人表现为双下肢深感觉缺失、周围神经病变等。慢性酒精中毒导致肝功能障碍，使肝脏对雌激素灭活能力下降，可引起性欲下降、男性乳腺发育等症状。酒精中毒引起血小板数量和功能出现异常，引起出血。

三、治疗性药物损伤

治疗性药物损伤或药物不良反应（adverse drug reaction）是指使用某种药物治疗疾病时产生的与治疗无关，并对患者健康不利的作用。

（一）激素替代疗法

激素替代疗法是一种医学治疗方法，由于患者体内缺少某种激素，用此法进行激素替代。临床上常用于治疗更年期综合征、卵巢早衰、骨质疏松等症状。近年来，激素替代疗法也常用于癌症的辅助治疗。

（二）口服避孕药

口服避孕药是含有雌激素和孕激素的短效避孕药，口服避孕药可以降低子宫内膜癌和卵巢癌的发病率，增加罹患宫颈癌的风险，增加血栓形成的发生率。

四、药物滥用

药物滥用（drug abuse）是指违背了公认的医疗用途和社会规范而使用的任何一种药物。这类药物可使人产生欣快感，但常常引起精神上、生理上的损害。重点介绍以下几种常见的滥用药物。

（一）阿片类物质

阿片类物质包括吗啡、海洛因、可待因等。在临床上，吗啡多作为止痛剂，应用于各种中重度疼痛，若长期大剂量使用，可引起吗啡耐受或呼吸抑制等。海洛因可产生欣快感、困意，依赖成瘾后，戒断症状十分剧烈，难以忍受。使用者往往因使用剂量过大导致呼吸抑制、心跳暂停等。

（二）可卡因

可卡因（cocaine），又称古柯碱，天然的中枢兴奋剂，小剂量应用可兴奋大脑皮层，使用者表现为高亢、欣快，甚至有攻击倾向。因其麻醉效果较好，临床上常用作麻醉药。

可卡因对心血管系统、免疫系统、神经系统都有损伤作用，尤其是心血管系统。可卡因可通过阻滞钠通道与强化失活状态，引起心肌抑制、心律失常甚至猝死；可阻止神经末梢肾上腺素和去甲肾上腺素的重摄取，导致心动过速、心肌缺血、血压增高，长期使用可引起致死性扩张型心肌病。大剂量使用可导致中枢性呼吸抑制、心力衰竭或猝死。

（三）苯丙胺类

1. **甲基苯丙胺（methamphetamine）** 又称冰毒或安非他明。早期因其有减少疲劳感和减少食欲的作用，在全球被广泛滥用甚至达到依赖程度。甲基苯丙胺具有中枢兴奋作用，可通过促进多巴胺的释放而产生强烈的欣快感，随后出现严重抑郁、疲劳和激怒。最严重的并发症为惊厥、心律不齐和体温升高。长期使用可引起激烈行动、精神异常，如妄想狂和幻觉。依赖者戒断症状较严重，主要表现为失落、失眠、倦怠感等。

2. **亚甲基二氧甲基苯丙胺（methylenedioxymethamphetamine，MDMA）** 俗称摇头丸，作用与甲基苯丙胺相似，并且具有迷幻作用。服用摇头丸后，可持续摇头4~5小时，且不觉疲累。轻者表现为头晕、口干、舒适感，重者出现心律不齐、惊厥、昏迷甚至死亡，有使用者出现精神失常，经常处于幻觉妄想状态，相似于偏执型精神分裂症。

（四）致幻剂

1. 大麻（marijuana） 主要成分四氢大麻酚，临床常被用作晚期癌症患者的辅助治疗，可减轻疼痛，增进食欲。过量使用会导致精神与行为障碍、心率增快、血压升高、心绞痛、咽喉炎、气管炎和哮喘等。长期使用可出现免疫力下降、幻觉、成瘾性等。

2. 苯环己哌啶（phencyclidine） 俗称天使粉，具有麻醉、止痛、致幻等作用；长期使用可具有成瘾性，出现幻觉、偏执狂、敌对心理，甚至暴力行为等。

第三节　营养性疾病

营养性疾病（nutritional disease）是指机体因营养素供给过多、不足或比例失调而引起的一系列疾病的总称。可能与饮食结构不合理、遗传或其他疾病引起代谢异常有关。

一、肥胖症

肥胖症（obesity）是指人体脂肪过度储存，与其他组织失去正常比例的一种状态，是临床上最常见的过营养性疾病。通常情况下，超过正常体重的20%，即为肥胖。根据WHO制定的亚洲成年人标准体重指数（body mass index，BMI）计算肥胖程度和相关疾病的危险度（表6-3-1），即BMI=体重（kg）÷身高（m）^{2}，正常BMI值为18.5~24.9。

表6-3-1　亚太地区肥胖诊断标准

肥胖程度	BMI	相关疾病危险性
体重不足	<18.5	增加
正常	18.5~24.9	正常
超重	25.0~29.9	增加
肥胖 I	30.0~34.9	高
肥胖 II	35.0~39.0	非常高
肥胖 III	≥40.0	极度高

（一）肥胖的病因和发病机制

肥胖的物质基础是机体摄入的热量超过消耗的热量，导致多余的热量以脂肪的形式储存起来；其次，运动时间短，运动量不足，导致热量消耗少也是肥胖的常见原因。精神压力大、环境影响、作息不规律、遗传因素等在肥胖的发病中也起到重要作用。肥胖一般可分为单纯性肥胖和继发性肥胖。单纯性肥胖是指肥胖本身不是因为某些疾病引起的，往往没有明显的内分泌性或代谢性病因，属于非病理性肥胖。继发性肥胖是由于某些疾病导致的肥胖，往往有明显的病因，比如女性的多囊卵巢综合征、继发性肾上腺皮质功能亢进（Cushing综合征）、甲状腺功能减退症、下丘脑垂体病变等。

影响体内能量平衡调节的因素有很多，有瘦素（leptin）、胃促生长激素（ghrelin）、胰岛素、神经肽Y、内脂素、胰高血糖素等。

瘦素、胃促生长激素、胰岛素及其受体通过机体能量平衡调节的正负反馈作用来调节体重，由三个部分组成：①传入系统，胰腺产生的胰岛素、脂肪细胞产生的瘦素和胃产生的胃促生长激素随着血液循环通过血脑屏障进入能量平衡调节中枢；②受体结合，胰岛素、瘦素、胃促生长激素与其受体结合，兴奋处于下丘脑的神经细胞，整合传入信号，发出次级调节信号；③效应系统，执行下丘脑命令，调节进食量，增加或减少能量消耗。

（二）肥胖的危害

肥胖不仅影响美观，更会带来一系列健康问题。与肥胖相关的疾病有高血压、高血脂、高血糖（2型糖尿病）、脂肪肝、动脉粥样硬化等，某些类型的癌症如结直肠癌、乳腺癌等。肥胖者术后切口恢复慢，且并发症较多。

（三）肥胖的治疗

肥胖的治疗非常困难。目前来说最有效的减肥方法是限制热量的摄入和适量增加运动量。饮食方面要注意平衡膳食，采用低脂饮食、多摄入优质蛋白、瓜果蔬菜等。增加运动时间，丰富运动种类，减少静坐的时间，纠正不良的生活习惯，防止减重后的反弹。谨慎使用减肥药物，避免药物不良反应带来损伤，特别是含有麻黄碱成分的减肥药使用不当可引起猝死，而利尿类减肥药只会减少机体的水分不会减少脂肪。对于极度肥胖者可实行手术治疗。

病例分析 7

患者，男，35岁。几年前开始出现肥胖体型，自述食欲极好，喜食甜食、肉类食品。近期出现走路关节痛、气急。曾经试图通过控制饮食、加强运动、中医治疗等方法进行减肥，但效果均不佳。否认其他病史。

查体：T 36.6℃，P 70次/分，R 20次/分，BP 130/80mmHg。神志清楚，自主体位。体型肥胖，腹部隆突且腹肌软，无压痛，肝脾肋下未触及。身高185 cm，体重143.2kg，腹围135cm，臀围133cm，胸围120cm。全身皮肤黏膜无黄染，心界不大，心率65次/分，律齐，未闻及杂音。两肺清音，未闻及干湿啰音。

诊断：肥胖症。

问题与思考

（1）简述肥胖症的发病机制。

（2）肥胖症的危害及治疗方法。

答案解析

二、营养不良

营养不良（malnutrition）指由于营养物质摄入过量、不足或摄入比例异常引起的疾病，包括营养过剩和营养不足。营养过剩表现为超重，进而肥胖。本章表达的营养不良是指由于摄入不足、吸收不良、过度损耗或膳食不平衡所造成的营养要素不足。营养不足表现为蛋白质-能量缺乏（protein energy malnutrition，PEM）或维生素缺乏。

（一）蛋白质-能量营养不良

蛋白质-能量营养不良是由于食物供应不足或疾病导致的一种营养缺乏症。临床上表现为消瘦和恶性营养不良。消瘦是由于在膳食中长期缺乏蛋白质、热量和其他营养物质，或是机体对食物的消化、吸收、利用出现障碍引起。恶性营养不良则主要表现为蛋白质缺乏突出，热能供应充足，如婴幼儿断乳后给予米糊类谷物喂养，导致蛋白质摄入严重不足，由于碳水化合物充足，患儿皮下脂肪厚度正常，体重不减，但会出现营养不良性水肿，肠道黏膜上皮细胞萎缩、皮肤色素沉着、肝脾肿大、贫血等。此型营养不良容易被忽视，会导致患儿身体发育停滞，易感染，精神和智力发育也受到影响。

（二）维生素缺乏症

维生素（vitamin）是维持人体健康必需的一类物质，在体内不能合成或者合成量甚微，必须由食物供给。如果摄入不足或者吸收不足时则容易引起维生素缺乏症。维持人体健康所需的维生素有13种，其中脂溶性维生素有A、D、E、K，其余为水溶性。脂溶性维生素易溶于脂质或有机溶剂，常随脂质被机体吸收，当出现消化系统疾病时，容易引起脂质的吸收不良而导致脂溶性维生素缺乏。

维生素缺乏症可分为原发性和继发性。原发性维生素缺乏症是由于维生素的摄入不足引起；继发性维生素缺乏症是由于肠道吸收、血液转运或是组织储存等过程出现问题引起。临床上维生素缺乏症单独发生不常见，往往伴随着蛋白质-能量营养不良出现。

目标检测

答案解析

一、单项选择题

1. 下列元素与水俣病有关的是（　　）

　　A. 汞　　　　　　B. 砷　　　　　　C. 铁　　　　　　D. 氟　　　　　　E. 铅

2. 一般来说，体重超过正常体重的多少即可称为肥胖（　　）

　　A. 15%　　　　　B. 20%　　　　　C. 25%　　　　　D. 30%　　　　　E. 40%

3. 恶性营养不良表现为（　　）

　　A. 蛋白质缺乏　　　　　　　　B. 热能缺乏　　　　　　　　　C. 蛋白质充足

　　D. 蛋白质缺乏，但热能充足　　E. 蛋白质充足，但热能缺乏

4. 一氧化碳中毒时，皮肤黏膜呈现的颜色为（　　）

　　A. 暗紫色　　　　B. 樱桃红色　　　C. 玫瑰红色　　　D. 青石板色　　　E. 紫色

5. 下列选项中，不属于常见的室内空气污染物的是（　　）

　　A. 木材烟雾　　　B. 酸性气溶胶　　C. 甲苯　　　　　D. 甲醛　　　　　E. 氡

6. 导致吸烟成瘾的化学成分是（　　）

　　A. 苯并芘　　　　　　　　　　B. 苯酚　　　　　　　　　　　C. 尼古丁

　　D. 亚硝胺　　　　　　　　　　E. 单胺氧化酶抑制剂

7. 体重BMI≥40.0提示（　　）

　　A. 超重　　　　　B. Ⅰ度肥胖　　　C. Ⅱ度肥胖　　　D. Ⅲ度肥胖　　　E. 体重正常

8. 被世界卫生组织确定为一类致癌物的是（　　）

　　A. 微粒　　　　　B. 甲醛　　　　　C. 一氧化碳　　　D. 二氧化碳　　　E. 臭氧

9. 下列选项中，不属于脂溶性维生素的是（　　）

　　A. 维生素A　　　B. 维生素B　　　C. 维生素K　　　D. 维生素D　　　E. 维生素E

10. 对机体有害的非金属元素为（　　）

　　A．铅　　　　　B．汞　　　　　C．砷　　　　　D．镉　　　　　E．氟

二、简答题

1. 简述吸烟对机体的危害。
2. 简述酒精中毒对机体的影响。

（李圆圆）

书网融合……

知识回顾　　习题

第七章 水、电解质代谢紊乱

学习目标

知识要求：

1. 掌握脱水及各型脱水的概念、常见原因及对机体的影响；低钾血症、高钾血症的概念、常见原因及对机体的影响。

2. 熟悉水中毒和水肿的概念、原因和机制、对机体的影响，常见水肿的类型。

3. 了解各类型水、电解质代谢紊乱的机制、防治原则。

技能要求：

1. 能根据水、电解质代谢紊乱的表现推理分析其可能的原因及类型。

2. 能结合水、电解质代谢紊乱的原因及发生机制提出相应的防治原则。

体内的水及溶解在其中的物质（主要指电解质和蛋白质）称为体液。体液广泛分布于细胞内外，是机体新陈代谢活动的场所。正常成人体液总量约占体重的60%，其中细胞内液约占40%、细胞外液约占20%。在细胞外液中，血浆约占5%，组织液约占15%。体液中的主要电解质有 Na^+、K^+、Ca^{2+}、Mg^{2+}、Cl^-、HCO_3^-、HPO_4^{2-} 等，其中细胞外液的主要离子为 Na^+、Cl^-、HCO_3^-，而细胞内液的主要离子为 K^+、HPO_4^{2-}。细胞膜上的 $Na^+–K^+–ATP$ 酶维持细胞膜两侧 Na^+ 与 K^+ 浓度差和电荷梯度，这在神经及肌肉静息电位和动作电位的产生中起重要作用。血清 Na^+ 浓度的正常范围是135~145mmol/L。

正常状态时，细胞内外、血管内外的体液交换主要受渗透压调节。渗透压是由溶液中溶质的微粒所产生的渗透效应形成的，取决于溶质的微粒数目，与微粒大小无关。由血浆蛋白所产生的渗透压称为胶体渗透压，胶体渗透压在维持血管内外体液交换和血容量方面起重要作用。血浆中晶体物质（主要是电解质离子）产生的渗透压称为晶体渗透压，占血浆渗透压的绝大部分，晶体渗透压在维持细胞内外液体平衡中起决定性作用。血浆渗透压的正常范围是290~310mmol/L。

水、电解质代谢紊乱是临床十分常见的病理过程，主要表现为体液的容量、分布，电解质浓度及渗透压的异常，如果得不到及时纠正，可导致组织细胞代谢紊乱和全身各器官系统的功能障碍，严重时可危及生命。

第一节　脱　水

PPT

脱水（dehydration）是指人体由于饮水不足或病变消耗大量水分，不能及时补充，导致细胞外液减少而引起的新陈代谢障碍的一组临床症候群。脱水常伴有血钠和渗透压的变化，根据其伴有的血钠或渗透压的变化，脱水可分为高渗性脱水、低渗性脱水和等渗性脱水。

一、高渗性脱水

高渗性脱水（hypertonic dehydration）的特点是失水多于失钠，血清 Na^+ 浓度 >150mmol/L，血浆渗透压 >310mmol/L。

（一）原因和机制

1. **饮水不足**　多见于水源断绝、进食或饮水困难等情况；某些中枢神经系统损害的患者、严重疾病或年老体弱的患者因无口渴感而造成摄水减少。一日不饮水，丢失水约1200mL（约为体重的2%）。婴儿一日不饮水，失水可达体重的10%，对水丢失更为敏感，故临床上更应特别注意。

2. **失水过多**

（1）经呼吸道失水　任何原因引起的过度通气（如癔症和代谢性酸中毒等）都会使呼吸道黏膜水分蒸发加强。

（2）经皮肤失水　高热、大量出汗和甲状腺功能亢进时，均可通过皮肤丢失大量低渗液体，如发热时，体温每升高1.5℃，皮肤的水分蒸发每日约增加500mL。

（3）经肾失水　中枢性尿崩症时因抗利尿激素（ADH）产生和释放不足，肾性尿崩症时肾远曲小管和集合管对ADH反应缺乏及肾浓缩功能不良，肾排出大量低渗性尿液；使用大量脱水剂如甘露醇、葡萄糖等高渗溶液，以及昏迷的患者鼻饲浓缩的高蛋白饮食，均可产生溶质性利尿而导致失水。

（4）经胃肠道丢失　呕吐、腹泻及消化道引流等可导致等渗或含钠量低的消化液丢失。

（二）对机体的影响

1. **口渴**　由于细胞外液高渗，通过渗透压感受器刺激口渴中枢，引起口渴感。循环血量减少及因唾液分泌减少引起的口干舌燥，也是引起口渴感的原因。这是重要的保护机制，但在衰弱的患者和老年人，口渴反应可不明显。

2. **少尿**　细胞外液量减少，细胞外液渗透压升高刺激渗透压感受器，ADH分泌增多，促进肾小管对水的重吸收，因而尿量减少而尿比重增高。

3. **细胞内液向细胞外液转移**　由于细胞外液高渗，可使渗透压相对较低的细胞内液向细胞外转移，这有助于循环血量的恢复，但同时也引起细胞脱水致使细胞皱缩。

4. **脱水热**　脱水严重时，由于皮肤蒸发的水分减少，机体散热受到影响，从而导致体温升高，称为脱水热，多见于婴幼儿。因为婴幼儿体温调节功能尚不完善。

5. **中枢神经系统功能障碍**　由于细胞外液高渗使脑细胞严重脱水时，可引起一系列中枢神经系统功能障碍，包括嗜睡、肌肉抽搐、昏迷，甚至死亡。脑体积因脱水而显著缩小时，颅骨与脑皮质之间的血管张力增大，因而可导致静脉破裂而出现局部脑出血和蛛网膜下腔出血。

6. **尿 Na^+ 变化**　早期或轻度脱水，由于血容量变化不明显，醛固酮分泌可不增多，故尿中仍有 Na^+ 排出，其浓度可因肾小管重吸收水分增加而增高。重度脱水引起血容量减少时，醛固酮分泌增加，促进肾小管对 Na^+ 的重吸收，导致尿 Na^+ 浓度降低。

（三）防治原则

1. **防治原发病**　及时解除病因。

2. **适当补水**　补给体内缺少的水分，不能经口进食者可由静脉滴入5%~10%葡萄糖溶液，但要注意，输入不含电解质的葡萄糖溶液过多反而有引起水中毒的危险，输入过快则又加重心脏负担。

3. **适当补 Na^+**　补给适当的 Na^+。虽然患者血 Na^+ 升高，但体内总钠量是减少的，只不过是由于失水多于失 Na^+ 而已。故在治疗过程中，待缺水情况得到一定程度纠正后，应适当补 Na^+，可给予生理盐水与5%~10%葡萄糖混合液。

4. **适当补 K^+**　由于细胞内脱水，K^+ 也同时从细胞内释出，引起血 K^+ 升高，尿中排 K^+ 也多。尤其当患者醛固酮增加时，补液若只补给盐水和葡萄糖溶液，则由于增加了 K^+ 的转运至细胞内，易出现低钾血症，所以应适当补 K^+。

二、低渗性脱水

低渗性脱水（hypotonic dehydration）特点是失钠多于失水，血清 Na^+ 浓度<135mmol/L，血浆渗透压<290mmol/L，伴有细胞外液量的减少。

（一）原因和机制

1. **经肾丢失**

（1）利尿剂　长期连续使用呋塞米、依他尼酸、噻嗪类等利尿剂，这些利尿剂能抑制肾小管对 Na^+ 的重吸收，使 Na^+ 从尿中大量排出。

（2）肾上腺皮质功能不全　醛固酮具有保钠、保水、排钾的功能，由于分泌不足，肾小管对钠的重吸收减少，导致钠排出增加。

（3）肾实质性疾病　如慢性间质性肾疾病可使髓质正常间质结构破坏，可引起肾髓质高渗梯度形成障碍和髓袢升支功能受损等，导致尿液浓缩功能下降，使 Na^+ 随尿液排出增加。

（4）肾小管性酸中毒　肾小管性酸中毒是一种以肾小管排酸障碍为主的疾病。主要病变是集合管分泌 H^+ 功能降低，H^+-Na^+ 交换减少，导致 Na^+ 随尿排出增加。

2. **肾外丢失**

（1）经消化道失液　当呕吐、腹泻等导致大量含 Na^+ 的消化液丢失，或因胃、肠吸引术丢失体液时，只补充水分或输入葡萄糖溶液而未补充钠盐。

（2）经皮肤失液　当大量出汗（每小时可丢失30~40mmol/L的钠）或大面积烧伤，可导致体液和 Na^+ 的大量丢失。

（3）液体积聚　如胸膜炎形成大量胸水，腹膜炎、胰腺炎形成大量腹水等。

（二）对机体的影响

1. **易发生休克**　低渗性脱水的主要特点是细胞外液量减少。由于丢失的主要是细胞外液，同时由于低渗状态，水分可从细胞外液向渗透压相对较高的细胞内转移，从而使细胞外液量进一步减少，致使血容量进一步减少，故容易发生低血容量性休克。外周循环衰竭症状出现较早，患者有直立性眩晕、血压下降、四肢厥冷、脉搏细速等症状。

2. **血浆渗透压降低**　由于血浆渗透压降低，抑制渗透压感受器，使ADH分泌减少，远曲小管和集合管对水的重吸收也相应减少，导致低比重尿和尿量无明显减少。但在晚期血容量显著降低时，ADH释放增多，肾小管对水的重吸收增加，可出现少尿。

3. **脱水体征明显**　由于血容量减少，血浆胶体渗透压升高，组织间液向血管内转移，组织间液明显减少，主要表现为皮肤弹性减退、眼窝和婴幼儿囟门凹陷。

4. **尿Na^+变化**　由肾外因素引起的低渗性脱水，在病程早期或轻度时，细胞外液低渗使ADH分泌减少，患者尿量不减少，而血清低Na^+引起醛固酮分泌增加，最终导致尿Na^+浓度降低；在病程晚期或重度时，低血容量使肾血浆流量减少，加上血清低Na^+，二者可激活肾素-血管紧张素-醛固酮系统，使肾小管对Na^+重吸收增加，但血容量明显减少，刺激ADH分泌增加，最终使尿量减少，尿Na^+浓度降低程度有所减轻。如果低渗性脱水是由肾失Na^+引起，患者尿Na^+浓度则升高。

5. **中枢神经系统紊乱**　由于细胞外液低渗，水分从细胞外液向渗透压相对较高的细胞内液转移，可引起脑细胞水肿。患者可出现疲乏无力、恶心、呕吐、精神淡漠、嗜睡、昏迷等中枢神经系统功能紊乱的症状。

（三）防治原则

1. **防治原发病**　解除病因。
2. **适当的补液**　原则上给予等渗液以恢复细胞外液容量，如出现休克，要按休克的处理方式积极抢救。

三、等渗性脱水

等渗性脱水（isotonic dehydration）的特点是水钠呈比例丢失，血容量减少，但血清Na^+浓度和血浆渗透压仍在正常范围。

（一）原因和机制

任何等渗体液大量丢失所造成的脱水，在短期内均属等渗性脱水。

1. **血浆丢失**　大面积烧伤、创伤等丢失大量血浆。
2. **消化液丢失**　严重呕吐、腹泻、新生儿消化道先天畸形（幽门狭窄、胎粪梗阻或胃肠瘘管等）可引起消化液大量丢失。
3. **胸腔积液、腹腔积液丢失**　大量或反复抽放胸腔积液、腹腔积液等。

（二）对机体的影响

等渗性脱水时主要丢失的是细胞外液，血浆容量和组织间液量均减少，细胞内液略向外移，细胞内液容量变化不明显或轻度减少。血浆容量减少，血液浓缩；同时，机体借助调节系统使ADH和醛固酮分泌增加，肾小管对Na^+、水重吸收增加，可使细胞外液容量得到部分补充。患者症状较轻，主要表现为口渴、少尿、口腔黏膜干燥、眼窝凹陷、皮肤弹性减退等。若细胞外液容量明显减少，则可发生血压下降、休克，甚至肾功能衰竭等。

（三）防治原则

1. **防治原发病**　解除病因。
2. **补充血容量**　细胞外液容量减少时，一般可输入低渗氯化钠溶液，尽快补充血容量。低渗氯化钠溶液渗透压为等渗氯化钠溶液渗透压的1/2~2/3较适宜。

三种常见脱水的特点如表7-1-1所示。

表7-1-1   三种类型脱水比较

项目	高渗性脱水	低渗性脱水	等渗性脱水
发病原因	水摄入不足或丢失过多	体液丢失而单纯补水	水和钠等比例丢失
发病机制	细胞外液高渗，以细胞内液丢失为主	细胞外液低渗，以细胞外液丢失为主	细胞外液等渗，以细胞外液丢失为主
临床特点	口渴、尿少、脱水、脑出血	脱水、休克、脑细胞水肿	口渴、尿少、脱水、休克
血清钠	>150mmol/L	<135mmol/L	135~150mmol/L
细胞内液	明显减少	增加	正常
细胞外液	减少	明显减少	减少
血浆渗透压	升高	降低	正常
治疗	补充水分为主	补充高渗盐水	补充低渗氯化钠溶液

第二节   水中毒

PPT

水中毒（water intoxication）的特点是患者水潴留使体液量明显增多，血钠下降，血清Na^+浓度<135mmol/L，血浆渗透压<290mmol/L，但体钠总量正常或增多，故又称为高容量性低钠血症。

一、原因和机制

1. **水摄入过多**　如用无盐水灌肠，肠道吸收水分过多、精神性饮水过量和持续性大量饮水等。另外，静脉输入含盐少或不含盐的液体过多过快，超过肾脏的排水能力。因婴幼儿对水、电解质调节能力差，更易发生水中毒。

2. **肾排水功能不足**　见于急性肾功能衰竭少尿期、慢性肾功能衰竭晚期、心力衰竭和肝硬化等，因肾脏排水功能急剧降低或有效循环血量和肾血流量减少，肾脏排水明显减少，引起水潴留。

3. **ADH分泌过多**　可见于急性应激状态如创伤、大手术、疼痛、恐惧、休克等，因交感神经兴奋解除了副交感神经对ADH分泌的抑制作用，ADH分泌过多，使肾小管对水的重吸收增强，肾排水量减少。

二、对机体的影响

细胞外液因水过多而被稀释，故血钠浓度降低，血浆渗透压下降，加之肾脏排水功能不足，水分向渗透压相对较高的细胞内转移而引起细胞水肿，导致细胞内、外液容量增加和渗透压降低，并出现一系列的症状和体征。

1. **稀释性低钠血症**　由于水潴留引起稀释性低钠血症，血清Na^+<110mmol/L时，患者可出现恶心、呕吐、腹泻、软弱无力及肌肉痉挛等症状。

2. **尿量减少、尿Na^+增多**　由于血容量增多，醛固酮分泌减少，ADH分泌增多，肾小管对Na^+重吸收减少，最终导致尿量减少，尿Na^+排出增多。

3. 细胞内水肿 由于细胞内液的容量大于细胞外液，过多的水分大部分积聚在细胞内，因此轻度水中毒患者或病变早期，组织间隙中水潴留的程度尚不足以引起明显的凹陷性水肿；在晚期或重度水中毒患者，可引起凹陷性水肿。

4. 中枢神经系统症状 因中枢神经系统被限制在一定体积的颅腔和椎管中，由于细胞内、外液容量增大，脑细胞肿胀和脑组织水肿使颅内压增高，脑脊液压力也增加，可引起各种中枢神经系统受压症状。轻度或慢性水中毒患者，发病缓慢，症状常不明显，主要表现为低钠血症症状；急性水中毒时，由于脑细胞水肿和颅内压升高，可出现各种神经精神症状，如凝视、失语、精神错乱、定向失常、嗜睡、烦躁等，并可有视神经乳头水肿，严重病例可发生枕骨大孔疝或小脑幕裂孔疝而导致呼吸心跳停止。

三、防治原则

1. 防治原发病 急性肾衰竭、术后及心力衰竭的患者，应严格限制水的摄入，预防水中毒的发生。

2. 轻症患者 只要停止或限制水分摄入，水的负平衡即可自行恢复。

3. 重症或急症患者 除严格进水外，尚应给予高渗盐水，以迅速纠正脑细胞水肿，或静脉给予甘露醇等渗透性利尿剂，或呋塞米等强利尿剂以促进体内水分的排出。

> 🩺 **病例分析 8**
>
> 患儿，男，1岁，发热、呕吐、腹泻3天。患儿3天前开始发热，体温39℃，起病半天，即开始吐泻，每日呕吐3~5次，均为胃内容物，非喷射性，无黏液及脓血，无特殊臭味，偶有轻咳。发病后食欲差，2天来尿少，10小时来无尿，曾用新霉素治疗好转。既往常有夜惊。个人史：第2胎，第2产，足月顺产，牛乳喂养。
>
> 查体：T 38.3℃，P 138次/分，R 40次/分，BP 80/50mmHg，体重9kg，身长75cm。急症病容，面色发灰，精神萎靡、烦躁，全身皮肤无黄染，未见皮疹，皮肤弹性差，右颈部可触及黄豆大小淋巴结1个，轻度方颅，前囟1cm×1cm，明显凹陷，肋串珠（+），心率138次/分，律齐，心音低钝，肺（－），腹稍胀，肝肋下1cm，肠鸣音存在。眼窝明显凹陷，哭无泪。肢端凉，皮肤略发花，呼吸深、急促，口唇樱桃红，牙3枚，神经系统检查无异常。
>
> 实验室检查：血红蛋白110g/L，白细胞8.6×10⁹/L，血小板250×10⁹/L；大便常规偶见白细胞。
>
> 诊断：婴儿腹泻、重度等张性脱水、代谢性酸中毒、佝偻病活动期。
>
> **问题与思考**
>
> （1）试分析该患儿脱水的机制？
>
> （2）该患儿脱水的主要临床表现有哪些？
>
> 答案解析

第三节 水 肿

PPT

过多的液体在组织间隙或体腔内积聚称为水肿（edema）。水肿不是独立的疾病，而是多种疾病的一种重要病理过程。如水肿发生于体腔内，则称之为积水，如心包积水、胸腔积水、腹腔积水、脑积水等。根据水肿波及的范围，可分为全身性水肿和局部性水肿；根据发病原因，可分为肾性水肿、肝性水肿、心性水肿、营养不良性水肿、淋巴性水肿、炎性水肿等。

一、水肿的发病机制

正常人体液容量和组织液容量是相对恒定的，这种恒定依赖于机体对体内外液体交换平衡和血管内外液体交换平衡的调节。当平衡失调时，就为水肿的发生奠定了基础。

（一）血管内外液体交换平衡失调

正常情况下组织间液和血浆之间不断进行液体交换，使组织液的生成和回流保持动态平衡（图7-3-1）。当各种因素引起组织液生成增多或（和）回流减少时，则组织液在组织间隙过多积聚引起水肿。

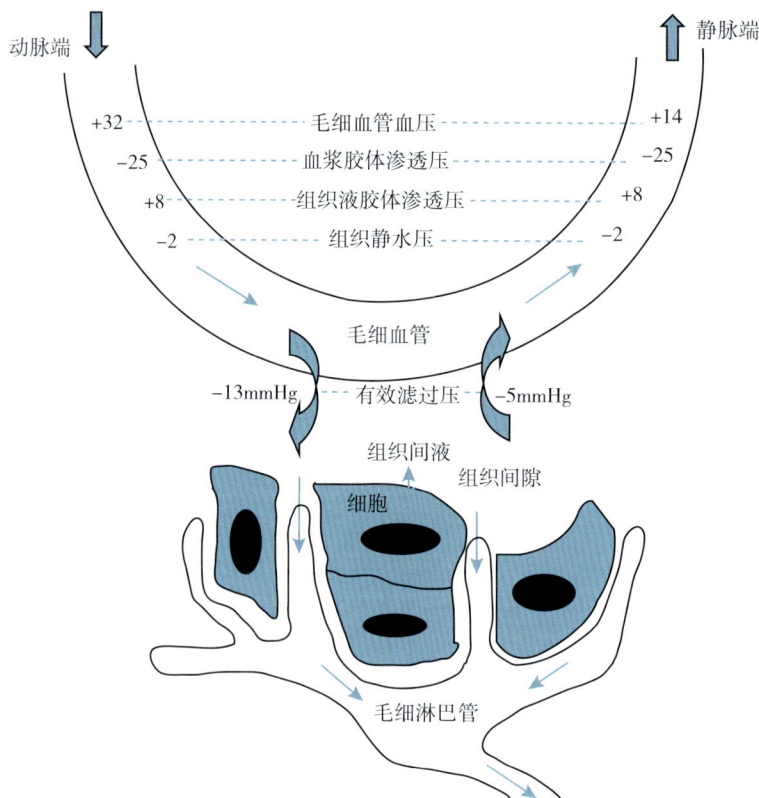

图7-3-1 血管内外液体交换示意图

1. **毛细血管流体静压增高** 毛细血管流体静压增高可导致有效流体静压增高，平均有效滤过压增大，组织液生成增多，当超过淋巴回流的代偿能力时，便可引起水肿。毛细血管流体静压增高的常见原因是淤血，充血也可引起毛细血管流体静压增高，是炎性水肿发生的重要原因之一。

2. **血浆胶体渗透压降低** 血浆胶体渗透压的高低主要取决于血浆白蛋白的含量。当血浆白蛋白含量减少时，血浆胶体渗透压下降，而平均有效滤过压增大，组织液生成增加，超过淋巴代偿能力时，可发生水肿。引起血浆白蛋白含量下降的原因主要有蛋白质合成障碍（见于肝硬化和严重的营养不良）、蛋白质丧失过多（见于肾病综合征时大量的蛋白质从尿中丧失）、蛋白质分解代谢增强（见于慢性消耗性疾病，如慢性感染、恶性肿瘤等）。

3. **微血管壁通透性增加** 正常情况下，毛细血管只允许微量蛋白质滤出，因而在毛细血管内外存在很大的胶体渗透压梯度。当微血管壁通透性增高时，血浆蛋白从毛细血管和微静脉壁滤出，造成毛细血管静脉端和微静脉内的胶体渗透压下降，组织间液的胶体渗透压上升，促使溶质及水分滤出。见于各种炎症，如感染、烧伤、冻伤、化学伤以及昆虫咬伤等。这类水肿液的特点是所含蛋白量较高，可达30~60g/L。

4. **淋巴回流受阻**　正常情况下，淋巴回流不仅能把组织液及其所含蛋白回收到血液循环，而且在组织液生成增多时还能代偿回流，具有重要的抗水肿作用。在某些病理条件下，当淋巴干道被堵塞，淋巴回流受阻或不能代偿性加强回流时，含蛋白的水肿液在组织间隙中积聚，形成淋巴性水肿。常见的原因有：恶性肿瘤侵入并堵塞淋巴管，乳腺癌根治术等摘除主干通过的淋巴结，可致相应部位水肿；丝虫病时，主要的淋巴管道被成虫堵塞，可引起下肢和阴囊的慢性水肿。这类水肿液的特点是蛋白含量较高，可达40~50g/L，其原因是水和晶体物质通过血管壁回吸收到血管内，导致蛋白浓缩。

（二）体内外液体交换平衡失调——钠、水潴留

正常人钠、水的摄入量和排出量处于动态平衡状态，从而保持体液量的相对恒定。肾是钠、水排出的主要器官，所以钠、水潴留基本机制是肾脏调节功能障碍。平时经肾小球滤过的钠、水总量，只有0.5%~1%排出体外，99%~99.5%被肾小管重吸收。当各种因素引起肾小球滤过率降低或肾小管重吸收功能增强时，便可导致钠、水潴留，成为水肿发生的重要原因。

1. **肾小球滤过率下降**　当肾小球滤过率降低，而肾小管重吸收未相应减少时，就会导致钠、水的潴留。引起肾小球滤过率下降的常见原因有：①广泛的肾小球病变，如急性或慢性肾小球肾炎，大量肾小球病变，肾小球滤过膜面积明显减少，肾小球滤过率下降；②有效循环血量明显减少，如充血性心力衰竭、肾病综合征等使有效循环血量减少，肾血流量下降，以及继发于此的交感-肾上腺髓质系统、肾素-血管紧张素系统兴奋，使入球小动脉收缩，肾血流量进一步减少，肾小球滤过率下降，导致钠、水潴留。

2. **近曲小管重吸收钠水增多**　当有效循环血量减少时，近曲小管对钠水的重吸收增加使肾排水减少，成为某些全身性水肿发病的重要原因。

（1）心房钠尿肽（ANP）分泌减少　ANP是心房肌细胞分泌的一种多肽激素。当有效循环血量明显减少时，心房的牵张感受器兴奋性降低，ANP分泌减少，近曲小管对钠、水的重吸收增加，从而导致或促进水肿的发生。

（2）肾小球滤过分数（filtration fraction）增加　肾小球滤过分数=肾小球滤过率÷肾血浆流量，其正常值约为20%，即正常时约有20%的肾血浆流量经肾小球滤过。充血性心力衰竭或肾病综合征时，肾血浆流量随有效循环血量的减少而下降，儿茶酚胺和肾素-血管紧张素系统活性增强，由于出球小动脉比入球小动脉收缩明显，肾小球滤过率相对增高，因而肾小球滤过分数增加。此时流入近曲小管无蛋白滤液相对增多，流入肾小管周围毛细血管的血液其胶体渗透压相应增高；同时由于血流量的减少，流体静压下降。因此，近曲小管重吸收钠和水增加，导致钠、水潴留。

3. **远曲小管和集合管重吸收钠水增加**　远曲小管和集合管重吸收钠、水受激素调节。

（1）醛固酮增多　醛固酮可促进远曲小管重吸收钠，进而引起钠、水潴留。常见原因有：①分泌增多，如充血性心力衰竭、肾病综合征及肝硬化腹水等使肾血流量减少或血钠浓度下降，均可激活肾素-血管紧张素-醛固酮系统，使醛固酮分泌增多；②灭活减少，肝硬化时，肝细胞灭活醛固酮的功能减退，使醛固酮增多。

（2）抗利尿激素分泌增加　ADH可使肾远曲小管和集合管对水的通透性增加，促进水的重吸收，

引起水潴留。引起 ADH 释放增多的主要原因是有效循环血量减少或血浆晶体渗透压增高。

二、水肿的类型及特点

1. 心源性水肿　心力衰竭时常出现水肿，左心衰竭引起肺水肿，右心衰竭引起全身性水肿。通常将右心衰竭引起的水肿称为心源性水肿（cardiac edema）。典型表现是皮下水肿，以身体低垂部位最为明显。其发生机制主要有以下两个方面。

（1）心输出量减少　心力衰竭导致心输出量减少，肾血流量也相应减少，肾小球滤过率降低使原尿生成减少；同时，肾血流量减少，可激活肾素–血管紧张素–醛固酮系统，使醛固酮和 ADH 分泌增加，最终使肾小管对钠、水重吸收增加。

（2）静脉回流受阻　心力衰竭时，心肌收缩力减弱导致心输出量减少，静脉回流减少；加之水、钠潴留使血容量增加，静脉压升高，后者引起毛细血管流体静压升高和淋巴回流受阻，二者均可引起组织水肿。心力衰竭患者由于胃肠道淤血和肝淤血，使蛋白质摄入减少、消化吸收障碍、血浆蛋白合成减少，导致血浆胶体渗透压降低，进一步加重水肿。

2. 肾源性水肿　由肾功能不全导致的水肿称为肾源性水肿（renal edema），常见于肾病综合征、急性肾小球肾炎和慢性肾小球肾炎晚期。肾源性水肿首先发生在组织疏松部位，特征性表现是晨起眼睑或颜面部水肿，严重时可扩散至全身。发病机制主要有以下两个方面。

（1）血浆胶体渗透压下降　当各种肾脏疾病引起肾小球滤过膜通透性增加时，大量蛋白质随尿液排出，引起低蛋白血症和血浆胶体渗透压下降，组织液生成增加，产生水肿；慢性肾小球肾炎晚期，大量蛋白质被消耗，使血浆胶体渗透压降低而产生水肿。

（2）水、钠潴留　急性肾小球肾炎时，肾小球毛细血管内皮细胞和系膜细胞增生、肿胀，加之炎性渗出物挤压，使肾小球毛细血管管腔受压闭塞，导致肾小球滤过率降低，引起水钠潴留；慢性肾小球肾炎晚期肾单位纤维化，肾小球滤过面积极度减少，肾小球滤过率降低，引起水、钠潴留。此外，水肿后大量液体积聚在组织间隙，血容量减少，肾血流量也相应减少，肾素–血管紧张素–醛固酮系统被激活，以及 ADH 分泌增加，促进肾小管对钠、水的重吸收，进一步加重水肿。

3. 肝源性水肿　严重肝脏疾病引起的水肿称为肝源性水肿（hepatic edema），本型水肿的特点是出现腹腔积液。发病机制主要有以下三种。

（1）静脉回流受阻　肝硬化时，大量结缔组织增生和肝细胞结节状再生，压迫小叶下静脉，使小叶中央静脉和肝血窦回流受阻，肝血窦的窦内压升高，血液自窦壁漏入腹腔，形成腹腔积液；同时，门静脉回流受阻，出现门静脉淤血和高压，肠系膜区的毛细血管流体静压相应增高，漏入腹腔形成腹腔积液。

（2）血浆胶体渗透压降低　严重肝病时，血浆蛋白合成减少，加之消化吸收障碍引起蛋白质吸收减少，使血浆胶体渗透压减低，促进腹腔积液的形成。

（3）水、钠潴留　当肝性腹腔积液形成后，有效循环血量减少，肾血流量减少及肾小球滤过率降低，激活肾素–血管紧张素–醛固酮系统，醛固酮和 ADH 分泌增加，促进肾小管对钠、水的重吸收，引起水、钠潴留。此外，肝功能严重受损时，肝细胞对醛固酮、ADH 的灭活作用减弱，加重水肿的形成。

4. 肺水肿　肺间质有过多液体积聚和（或）溢入肺泡腔内称为肺水肿（pulmonary edema）。肺水肿一般始发于肺间质，形成间质性肺水肿，继之发展为肺泡水肿。过多的液体积聚在肺泡内，可降低肺泡的顺应性，减少肺泡的有效容积。肺间质水肿可影响肺内血氧交换，导致动脉血氧分压下降。临床表现为进行性呼吸困难和咳粉红色泡沫样痰。其发生机制主要与以下因素有关。

（1）肺毛细血管流体静压升高　当左心衰竭时，肺静脉淤血，肺毛细血管流体静压升高，引起肺水肿。

（2）肺泡壁毛细血管通透性增加　中毒、缺氧、炎症、休克、DIC等会引起毛细血管内皮细胞损伤，加之一些血管活性物质的释放，均可引起毛细血管壁通透性增加，血管内大量液体渗出并伴有血浆蛋白滤出增多，使血浆胶体渗透压下降，引起肺水肿。

（3）淋巴回流受阻　正常情况下，肺组织有丰富的淋巴管道，对于维持肺组织间液的平衡起着重要的作用。肺部肿瘤、硅沉着病等可使肺淋巴管阻塞或受压，淋巴回流受阻，引起肺水肿。

5. **脑水肿**　脑组织内水分增多，引起脑的体积增大及重量增加，称为脑水肿（brain edema）。脑水肿对机体的影响与其发生的速度和程度有关。轻者可无明显的症状与体征，重者可出现剧烈头痛、呕吐和视神经乳头水肿等颅内压增高的表现，甚至可发生脑疝而危及生命。其发病机制主要有以下三个方面。

（1）血管源性脑水肿　临床上此型最常见。严重脑缺血、脑缺氧、脑肿瘤、脑外伤、颅内感染等使脑毛细血管壁通透性增加，大量液体渗出及血浆蛋白滤出增加，血浆胶体渗透压下降，引起脑水肿。主要发生于脑白质区域，特点为脑白质的细胞间隙及血管周围有大量液体积聚。

（2）细胞中毒性脑水肿　由于脑严重缺氧、中毒、感染及水中毒等，脑细胞能量代谢障碍，ATP生成减少，细胞膜钠泵功能降低，Na^+不能从细胞内泵出而在细胞内堆积，细胞内渗透压升高，细胞外液水分进入细胞内，导致脑细胞水肿。特点是以脑细胞水肿为主，细胞外间隙由于脑细胞肿胀挤压而缩小。

（3）间质性脑水肿　又称为脑积水，是指脑脊液循环障碍，使脑脊液在脑室中积聚而出现脑室扩张，形成脑积水。脑积水导致脑室内压升高，使脑脊液渗入周围的脑白质中，发生间质性脑水肿。常见于肿瘤压迫和一些脑部炎症性疾病导致的增生粘连，堵塞脑导水管，使脑脊液循环通路受阻或蛛网膜下腔的回吸收受阻。

三、水肿的特点及对机体的影响

1. 水肿的特点

（1）水肿液的性状　水肿液含血浆的全部晶体成分，根据蛋白含量的不同分为漏出液和渗出液。①漏出液的特点：比重低于1.015，蛋白质的含量低于25g/L，细胞数少于500/100mL；②渗出液的特点：比重高于1.018，蛋白质含量可达30~50g/L，可见较多的白细胞。

（2）水肿的皮肤特点　皮下水肿是全身或躯体局部水肿的重要体征。当皮下组织有过多的液体积聚时，皮肤肿胀、弹性差、皱纹变浅，用手指按压时可能有凹陷，称为凹陷性水肿，又称为显性水肿。实际上，全身性水肿患者在出现凹陷之前已有组织液的增多，并可达原体重的10%，称为隐性水肿。其原因是分布在组织间隙中的胶体网状物（化学成分是透明质酸、胶原及黏多糖等）对液体有强大的吸附能力和膨胀性。只有当液体的积聚超过胶体网状物的吸附能力时，才游离出来形成游离的液体，当液体积聚到一定量时，用手指按压该部位皮肤，游离的液体从按压点向周围散开，形成凹陷，数秒钟后凹陷自然平复。

（3）全身性水肿的分布特点　最常见的全身性水肿是心性水肿、肾性水肿和肝性水肿。水肿出现的部位各不相同。心性水肿首先出现在低垂部位；肾性水肿先表现为眼睑或面部水肿；肝性水肿则以腹水为多见。

2. 水肿对机体的影响　除炎性水肿具有稀释毒素、运送抗体等抗损伤作用外，其他水肿对机体都

有不同程度的不利影响。其影响的大小取决于水肿的部位、程度、发生速度及持续时间。

（1）细胞营养障碍　过量的液体在组织间隙中积聚，增加了细胞与毛细血管间的距离，导致营养物质在细胞间弥散的距离增加。对于皮质有坚实包膜限制的器官和组织，急速发生的重度水肿可压迫微血管使营养血流减少，致使细胞发生严重的营养障碍。

（2）器官组织功能活动障碍　水肿对器官组织功能活动的影响取决于水肿发生的速度及程度。急速发展的重度水肿因来不及适应及代偿，可能引起比慢性水肿更严重的功能障碍。若为生命活动的重要器官，则可造成更为严重的后果，如喉头水肿可引起气道阻塞，严重者窒息死亡；脑水肿引起颅内压升高，甚至脑疝致死。

四、防治原则

1. 治疗原发病　防治原发病，改善心功能，保护肝、肾功能。

2. 针对发病机制治疗　有水、钠潴留者，治疗时可限制钠、水摄入，促进钠、水排出，从而减轻水、钠潴留；对于微血管壁通透性增高导致的水肿，可采用糖皮质激素等药物降低血管通透性；对于血浆胶体渗透压降低引起的水肿，可输入人体白蛋白，提高血浆胶体渗透压。

第四节　钾代谢紊乱

PPT

钾离子是体内重要的无机阳离子之一，也是细胞内液中主要的阳离子，具有重要的生理功能。钾代谢紊乱是临床上常见的电解质代谢异常。摄入、排出和细胞内外钾离子交换异常是引起钾代谢紊乱的基本原因，钾代谢紊乱时对神经、肌肉和心脏的影响比较明显。

一、正常钾代谢

（一）钾的分布与正常代谢

正常人体内的含钾量为每千克体重50~55mmol。其中约90%存在于细胞内，骨钾约占7.6%，跨细胞液约占1%，仅约1.4%的钾存在于细胞外液中。正常血清K^+浓度为3.5~5.5mmol/L。钾的摄入和排出处于动态平衡，且保持血浆钾浓度在正常范围内。

天然食物含钾比较丰富，成人每日随饮食摄入钾50~120mmol。摄入钾的90%经肾随尿排出，排钾特点是多吃多排，少吃少排，不吃也排；摄入钾的10%随粪便和汗液排出。机体每天的最低排钾量（尿、粪）在10mmol以上，达细胞外液总钾量的25%左右，因此，钾摄入停止或过少会很快导致缺钾和低钾血症。

（二）钾的主要生理功能

1. 维持细胞膜静息电位　静息电位的产生与细胞膜对K^+的通透性和膜内外K^+浓度差有关。静息电位是影响神经肌肉组织兴奋性的重要因素。

2. 参与多种新陈代谢　钾与体内糖原和蛋白质合成有密切关系。细胞内一些与糖代谢有关的酶类（磷酸化酶和含巯基酶等）必须有高浓度K^+存在时才具有活性。

3. 调节细胞内外液的渗透压和酸碱平衡　由于大量钾位于细胞内，对于维持细胞内液的渗透压、酸碱平衡以及细胞外液的渗透压和酸碱平衡有重要作用。

（三）钾平衡的调节

1. **K^+的跨细胞转移** 调节K^+跨膜转运的基本方式被称为泵–漏机制。泵指Na^+–K^+泵，也叫Na^+–K^+–ATP酶，将K^+逆浓度差摄入细胞内；漏指K^+顺浓度差转运到细胞外。

2. **肾脏对K^+平衡的调节** 肾远曲小管和集合管可通过对K^+分泌和重吸收作用调节K^+平衡。影响肾排钾功能的因素有醛固酮、血清K^+浓度、远端小管原尿流速和酸碱平衡状态等。

（1）远端小管、集合管对K^+的分泌 远端小管、集合管上皮主细胞基膜面的Na^+–K^+泵可排钠摄钾，细胞内K^+浓度逐渐升高，增加细胞内和小管液之间的K^+浓度梯度，从而促进K^+分泌。上皮主细胞的管腔面细胞膜对K^+具有高度通透性，随细胞内K^+浓度升高而促进其分泌。

（2）集合管对K^+的重吸收 集合管闰细胞的管腔面细胞膜上有H^+–K^+–ATP酶，也称质子泵，该泵向集合管腔中分泌H^+而重吸收K^+。

3. **结肠排钾** 正常情况下，摄入钾的90%由肾脏排出，约10%由肠道排出。结肠泌钾量受醛固酮的调控。在肾功能衰竭时，肾小球滤过率明显下降，结肠泌钾量平均可达摄入钾量的33%，是一个重要的排钾途径。

二、低钾血症

血清钾浓度低于3.5mmol/L称为低钾血症（hypokalemia）。通常情况下，血钾浓度能反映体内总钾含量，但在异常情况下，两者之间并不一定呈平行关系。而且低钾血症患者的体内钾总量也不一定减少，但多数情况下，低钾血症常伴有缺钾。

（一）原因和机制

1. **钾摄入不足** 在正常饮食情况下，一般不会发生低钾血症。只有在消化道梗阻、昏迷、神经性厌食及手术后较长时间禁食的患者，在静脉补液中未同时补钾或补钾不足，才可发生低钾血症。

2. **钾丢失过多** 是低钾血症最常见的原因，常见于下列情况。

（1）经消化道失钾 主要见于严重呕吐、腹泻、胃肠减压及肠瘘等。发生机制：一是消化液含钾量较血浆高，故消化液丧失必然丢失大量钾；二是消化液大量丢失伴血容量减少，可引起醛固酮分泌增加使肾排钾增多。

（2）经肾失钾 ①长期大量使用髓袢或噻嗪类利尿剂，利尿剂抑制水、钠、氯的重吸收，小管液到达远端肾小管钾分泌部位的流速增加，促进钾分泌。②醛固酮分泌增多，见于原发性和继发性醛固酮增多症。库欣综合征或长期大量使用糖皮质激素，也可出现低钾血症。③肾脏疾病尤其是肾间质性疾病，如肾盂肾炎和急性肾衰竭多尿期，使肾排钾增多。④肾小管性酸中毒，由于肾远曲小管泌H^+障碍，导致H^+–Na^+交换减少，K^+–Na^+交换增加，尿钾排出增多；近曲小管重吸收障碍，导致HCO_3^-、K^+和磷丢失而出现代谢性酸中毒、低钾血症和低磷血症。⑤镁缺失，可使肾小管上皮细胞Na^+–K^+–ATP酶失活，钾重吸收障碍，导致钾丢失过多。

（3）经皮肤失钾 汗液含钾较少，为5~10mmol/L，一般出汗不易引起低钾血症。但当大量出汗丢失较多的钾又没有及时补充时，可引起低钾血症。

3. **细胞外钾转入细胞内** 当细胞外液的钾较多地转入细胞内时，可引起低钾血症，但机体的总钾量并不减少。主要见于以下情况。

（1）碱中毒　碱中毒时细胞外液H^+减少，细胞内H^+移出，细胞外K^+进入细胞内，以维持体液的离子平衡；肾小管上皮细胞H^+-Na^+交换减弱，而K^+-Na^+交换增强，尿钾排出增多。

（2）过量使用胰岛素　胰岛素一方面可增强细胞膜上Na^+-K^+-ATP酶的活性，促进细胞外K^+转入细胞内；另一方面可促进细胞糖原合成，使细胞外K^+随同葡萄糖转入细胞内。

（3）β-肾上腺素能受体活性增强　如β-受体激动剂肾上腺素、沙丁胺醇等可通过cAMP机制激活Na^+-K^+泵，促进细胞外K^+内移。

（4）某些毒物中毒　如钡中毒、粗制棉籽油中毒（主要毒素为棉酚），由于钾通道被阻滞，使K^+外流减少。

（5）低钾性周期性麻痹　是一种少见的遗传病，发作时细胞外液K^+进入细胞内，血浆K^+急剧减少，出现低钾血症和肌肉麻痹症状，但发生机制目前尚不清楚。

（二）对机体的影响

低钾血症对机体影响的程度取决于血K^+降低的速度和程度。一般情况下，血钾浓度越低对机体的影响越大，但慢性失钾者，对机体影响不明显。

1. 低钾血症对神经-肌肉的影响　主要有骨骼肌和胃肠道平滑肌，其中以下肢肌肉最为常见，严重时可累及躯干、上肢肌肉及呼吸肌。

（1）急性低钾血症　轻症可无症状或仅觉倦怠和全身软弱无力；重症可发生弛缓性麻痹。其机制是当细胞外液K^+浓度急剧降低时，细胞内、外液K^+浓度差增大，细胞内K^+外流增加，使静息电位（Em）负值增大，与阈电位（Et）之间的距离（Em-Et）增大，细胞处于超极化阻滞状态。因此细胞的兴奋性降低，严重时甚至不能兴奋。

（2）慢性低钾血症　由于病程缓慢，细胞内液K^+逐渐转移至细胞外，使细胞内、外K^+浓度差别不大，静息电位基本正常，细胞兴奋性无明显变化，故临床表现不明显。

2. 低钾血症对心肌的影响　主要表现为心肌生理特性的改变及引发的心电图变化和心肌功能的损害（图7-4-1）。

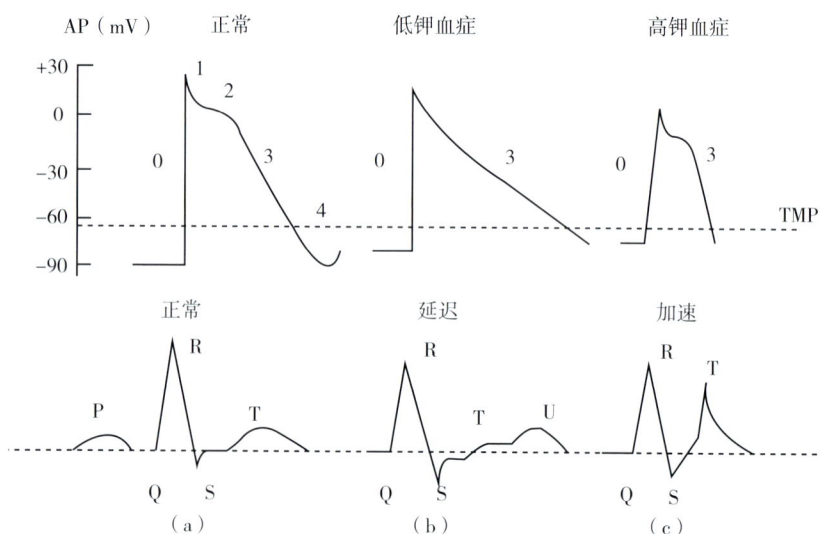

图7-4-1　细胞外钾浓度对心肌细胞膜电位及心电图的影响

（a）钾浓度正常时心肌细胞的膜电位及心电图；（b）低钾血症时膜电位及心电图，心电图表现为T波低平、U波明显，ST段压低；（c）高钾血症时的膜电位及心电图，心电图表现为T波高耸，Q-T间期缩短

（1）心肌生理特性的改变

1）心肌兴奋性增高：心肌兴奋性大小主要与 Em–Et 间距长短有关。低钾血症时，心肌细胞膜对 K^+ 通透性降低，K^+ 外流减少，Em 绝对值减小，Em–Et 间距离缩短，心肌兴奋性增高。

2）心肌自律性增高：心肌自律性的产生依赖于动作电位复极化 4 期的自动去极化。低钾血症时，心肌细胞膜对 K^+ 的通透性下降，因此复极化 4 期 K^+ 外流减慢，而 Na^+ 内流相对加速，导致 4 期自动去极化加速，心肌自律性增高。

3）心肌传导性降低：心肌传导性快慢主要与动作电位 0 期去极化的速度和幅度有关。低钾血症时，心肌细胞膜 Em 绝对值减小，去极化时 Na^+ 内流速度减慢，动作电位 0 期去极化速度减慢和幅度降低，兴奋的扩布因而减慢，心肌传导性降低。

4）心肌收缩性改变：轻度低钾血症时，K^+ 对 Ca^{2+} 内流的抑制作用减弱，因而复极化 2 期时 Ca^{2+} 内流增加，心肌收缩性增强；但严重或慢性低钾血症时，可因细胞内缺钾，使心肌细胞代谢障碍而发生变性坏死，心肌收缩性因而减弱。

（2）心电图的典型变化　　ST 段压低，因钙内流加速，复极化 2 期（平台期）缩短所致；T 波压低和增宽，出现明显的 U 波，Q–T 间期延长，主要是膜对 K^+ 的通透性降低，心肌复极化 3 期延长的结果；传导性降低引起 P–R 间期延长，QRS 波增宽。

（3）心肌功能的损害　　表现为心律失常和心肌对洋地黄类强心药物的敏感性增强。

3. **骨骼肌损害**　钾对骨骼肌的血流量有调节作用。局部钾浓度增加引起血管扩张，致使血流量增加。严重缺钾患者，肌肉运动时不能释放足够的钾，以致发生缺血缺氧而引起肌痉挛、坏死和横纹肌溶解。

4. **肾脏损害**　形态上主要表现为髓质集合管上皮细胞肿胀、增生等，重者可波及各段肾小管，甚至肾小球，出现间质性肾炎样表现。功能上主要表现为尿浓缩功能障碍而出现多尿，其原因与肾小管上皮细胞受损，妨碍了肾脏对水的重吸收有关。

5. **对酸碱平衡的影响**　低钾血症可引起代谢性碱中毒，同时发生反常性酸性尿。其发生机制是：①细胞外液 K^+ 浓度减少，细胞内液 K^+ 外流，而细胞外液 H^+ 内流，引起细胞外液碱中毒；②肾小管上皮细胞内 K^+ 浓度降低，H^+ 浓度增高，造成肾小管 K^+–Na^+ 交换减弱而 H^+–Na^+ 交换加强，尿排 K^+ 减少，排 H^+ 增多，加重代谢性碱中毒，且尿液呈酸性。

（三）防治原则

1. 防治原发病，尽快恢复饮食和肾功能。

2. **补钾**　对严重低钾血症或出现明显的并发症，如心律失常或肌肉瘫痪等，应及时补钾。最好口服，不能口服者或病情严重时，才考虑静脉滴注补钾。补钾时应观察心率、心律，定时测定血钾浓度。细胞内缺钾恢复较慢，因此，治疗缺钾勿操之过急。

3. **纠正水和其他电解质代谢紊乱**　引起低钾血症的原因常常同时引起水和其他电解质代谢紊乱，应及时检查并加以纠正。

三、高钾血症

血清钾浓度高于 5.5mmol/L 称为高钾血症（hyperkalemia）。高钾血症时极少伴有细胞内钾含量的增高，且未必总是伴有体内钾过多。

（一）原因和机制

1. **钾摄入过多** 主要见于处理不当，如经静脉输入过多钾盐或输入大量血库血。

2. **钾排出减少** 主要是肾脏排钾减少，这是高钾血症最主要的原因。常见于以下情况。

（1）肾衰竭 急性肾衰竭少尿期、慢性肾衰竭晚期，因肾小球滤过率减少或肾小管排钾功能障碍而导致血钾升高。

（2）盐皮质激素缺乏 肾上腺皮质功能减退，醛固酮分泌减少，使肾排钾减少，血钾升高；某些肾小管疾病如间质性肾炎、狼疮肾、移植肾等，使肾小管对醛固酮的反应性降低而发生高钾血症。

（3）长期应用保钾利尿剂 螺内酯和三氨蝶呤等具有对抗醛固酮保钠排钾的作用，故长期大量应用可引起高钾血症。

3. **细胞内钾转到细胞外** 细胞内钾迅速转到细胞外，当超过了肾的排钾能力时，血钾浓度升高。主要见于以下几种情况。

（1）酸中毒 酸中毒时细胞外液 H^+ 浓度升高，H^+ 进入细胞内被缓冲，而细胞内 K^+ 转移到细胞外以维持电荷平衡；肾小管上皮细胞 H^+-Na^+ 交换加强，而 K^+-Na^+ 交换减弱，尿钾排出减少。

（2）高血糖合并胰岛素不足 糖尿病时胰岛素缺乏妨碍了钾进入细胞内；高血糖形成的血浆高渗透压引起细胞内脱水，同时细胞内钾浓度相对增高，为钾通过细胞膜钾通道的被动外移提供了浓度梯度。

（3）某些药物的使用 β 受体阻断剂、洋地黄类药物中毒等通过干扰 Na^+-K^+-ATP 酶活性而妨碍细胞摄钾。肌肉松弛剂氯化琥珀碱可增大骨骼肌膜对 K^+ 通透性，使细胞内钾外溢，导致血钾升高。

（4）缺氧 缺氧时细胞 ATP 生成不足，细胞膜上 Na^+-K^+ 泵运转障碍，使 Na^+ 在细胞内潴留，而细胞外 K^+ 不易进入细胞内。

（5）组织分解 如溶血、挤压综合征时，细胞内钾大量释出而引起高钾血症。

（6）高钾性周期性麻痹 是一种常染色体显性遗传性疾病，发作时细胞内钾外移而引起血钾升高。

（二）对机体的影响

1. **对神经-肌肉的影响**

（1）急性高钾血症 急性轻度高钾血症（血清钾 5.5~7.0mmol/L）时，细胞外液 K^+ 浓度增高，细胞内、外 K^+ 浓度差减小，静息期 K^+ 外流减少，使 Em 绝对值减小，与 Et 间距离缩短而兴奋性增高，主要表现为感觉异常、刺痛等症状，但常被原发病症状所掩盖；急性重度高钾血症（血清钾 7~9mmol/L）时，细胞外液钾浓度急剧升高，细胞内、外 K^+ 浓度差更小，使 Em 值下降或几乎接近于 Et 水平。Em 值过小，肌肉细胞膜上的快钠通道失活，细胞处于去极化阻滞状态而不能兴奋，表现为肌肉软弱无力乃至弛缓性麻痹。

（2）慢性高钾血症 很少出现神经-肌肉方面的症状，主要是细胞内外钾浓度梯度变化不大，细胞内、外 K^+ 变化不明显之故。

2. **对心肌的影响** 高钾血症对心肌的毒性作用极强，严重者可发生致命性心室纤颤和心搏骤停。

（1）心肌生理特性的改变

1）兴奋性改变：急性轻度高钾血症时，心肌的兴奋性增高；急性重度高钾血症时，心肌的兴奋性降低；慢性高钾血症时，心肌兴奋性变化不甚明显。

2）自律性降低：高钾血症时，细胞膜对 K^+ 的通透性增高，复极化4期 K^+ 外流增加而 Na^+ 内流相对缓慢，4期自动去极化减慢，心肌自律性降低。

3）传导性降低：由于心肌细胞Em绝对值变小，与Et接近，则0期钠通道不易开放，使去极化的速度减慢，幅度变小，心肌兴奋传导的速度也减慢。严重高钾血症时，可因严重传导阻滞和心肌兴奋性消失而发生心搏骤停。

4）收缩性减弱：高钾血症时，细胞外液K^+浓度增高抑制了复极化2期时Ca^{2+}的内流，使心肌细胞内Ca^{2+}浓度降低，心肌收缩性减弱。

（2）心电图的变化　T波狭窄高耸、Q-T间期轻度缩短、P波压低、增宽或消失、P-R间期延长、R波降低、QRS综合波增宽。

（3）心肌功能的损害　高钾血症时心肌传导性降低可引起传导延缓和单向阻滞，同时有效不应期缩短，故易形成兴奋折返，引起严重心律失常。

3. 对酸碱平衡的影响　高钾血症可引起代谢性酸中毒，并出现反常性碱性尿。其发生机制：①高钾血症时，细胞外液K^+升高，此时细胞外液K^+内移，而细胞内液H^+外流，引起细胞外液酸中毒；②肾小管上皮细胞内K^+浓度增高，H^+浓度减低，造成肾小管H^+-Na^+交换减弱，而K^+-Na^+交换增强，尿排K^+增加，排H^+减少，加重代谢性酸中毒，且尿液呈碱性。

（三）防治原则

1. 防治原发病　去除引起高钾血症的原因。

2. 降低体内总钾量　减少钾的摄入，用透析疗法和其他方法（口服或灌肠阳离子交换树脂），增加肾脏和肠道的排钾量。

3. 使细胞外钾转入细胞内　应用葡萄糖和胰岛素静脉输入，促进糖原合成，或输入碳酸氢钠提高血液pH，促使钾向细胞内转移。

4. 应用钙剂和钠盐拮抗高钾血症的心肌毒性作用　Ca^{2+}既能促使Et上移，使Em-Et间距离增加甚至恢复正常，恢复心肌的兴奋性，又能使复极化2期Ca^{2+}竞争性地内流增加，提高心肌的收缩性。应用钠盐后，细胞外液钠浓度升高，使0期去极化时Na^+内流增加，0期上升的速度加快、幅度增大，心肌传导性得以改善。

目标检测

答案解析

一、单项选择题

1. 细胞内液中最主要的阳离子是（　　）

    A. Na^+　　　　　　B. K^+　　　　　　C. Ca^{2+}　　　　　　D. Mg^{2+}　　　　　　E. Fe^{2+}

2. 下列选项可使机体ADH分泌增多的是（　　）

    A. 饮水过多　　　　　　B. 低渗性脱水早期　　　　　　C. 摄入NaCl过少

    D. 严重呕吐腹泻所致休克早期　　E. 以上都不可能

3. 低渗性脱水时减少最明显的体液是（　　）

    A. 血浆　　　　　　B. 细胞内液　　　　　　C. 组织间液

    D. 细胞内、外液都明显减少　　E. 细胞外液

4. 下述选项中易引起高渗性脱水的是（　　）

    A. 小儿消化不良、腹泻尚能饮水　　　　　　B. 用速尿大量利尿时

    C．输注甘露醇利尿时　　　　　　　　　　　D．沙漠迷路，水源断绝时

    E．以上都不对

5．高渗性脱水时，减少最明显的体液是（　　）

    A．细胞内液　　　　　　　　　　B．细胞间液　　　　　　　　　　C．血浆

    D．各部体液都明显减少　　　　　E．细胞外液

6．高钠血症时，血清钠浓度最低不能小于（　　）

    A．130mmol/L　　　　B．135mmol/L　　　　C．140mmol/L　　　　D．150mmol/L　　　　E．160mmol/L

7．低容量性低钠血症也称为（　　）

    A．高渗性脱水　　　B．等渗性脱水　　　C．低渗性脱水　　　D．原发性脱水　　　E．水中毒

8．低渗性脱水的特点不包括（　　）

    A．失 Na^+ 大于失水　　　　　　　　B．血清 Na^+ 浓度<130mmol/L　　　　C．血浆渗透压<280mmol/L

    D．细胞外液量减少　　　　　　　　E．细胞内液量增加

9．低渗性脱水的婴儿皮肤弹性降低、眼窝凹陷、囟门下陷主要是由于（　　）

    A．血容量减少　　　　　　　　　B．细胞内液量减少　　　　　　　C．细胞外液量减少

    D．组织间液量减少　　　　　　　E．淋巴液减少

10．昏迷患者最易出现的脱水类型是（　　）

    A．高渗性脱水　　　　　　　　　B．等容量性低钠血症　　　　　　C．低渗性脱水

    D．等渗性脱水　　　　　　　　　E．等容量性高钠血症

二、简答题

1．简述等渗性脱水的原因。

2．简述水肿时水钠潴留的基本机制。

3．微血管壁受损引起水肿的主要机制是什么？

4．低钾血症和高钾血症都可引起肌麻痹，其机制有何不同？

（付海荣）

书网融合……

知识回顾　　　习题

第八章 | 发 热

PPT

学习目标

知识要求：

1. 掌握发热的概念；发热的时相。

2. 熟悉发热激活物、内生致热原的种类和作用；发热时体温调节机制；发热时机体功能代谢的变化；发热的防治原则。

3. 了解内生致热原的产生和释放过程。

技能要求：

1. 具备对发热患者进行初步处理的能力。

2. 能够对患者及家属讲解发热相关的知识及危害，并指导配合治疗。

人类和高等动物具有相对恒定的体温，这对机体内环境稳态的维持和正常的生命活动非常重要。在各种条件下引起的发热不是独立的疾病，而是多种疾病的重要病理过程及临床表现。在整个病程中体温变化往往可反映病情的变化。通过了解发热的特点，对判断病情、评价疗效和估计预后，均有重要参考价值。

第一节 病因和发病机制

发热（fever）是在致热原的作用下使体温调节中枢的调定点（set point，SP）上移而引起调节性的体温升高，一般超过正常体温0.5℃即为发热。发热时体温调节功能正常，只是由于调节中枢的调定点上移，从而将体温调节到较高水平。

正常成人的体温维持在37℃左右，具有周期性波动，一昼夜波动幅度不超过1℃。临床上体温测量部位不同，体温有所差距，腋下温度：36.0~37.4℃；口腔温度：36.7~37.7℃；直肠温度：36.9~37.9℃。发热时体温会升高，但并不是所有的体温升高都属于发热。人体体温升高可以分为生理性体温升高和病理性体温升高（图8-1-1）：①生理性体温升高见于女性月经前期、妊娠期、剧烈运动及心理应激等，此时体温升高无需治疗。②病理性体温升高包括调节性体温升高和非调节性体温升高，前者发热占多数。而非调节性体温升高，调定点并未改变，而是由于体温调节障碍（如外伤时体温调节中枢损伤），或散热障碍（环境高温所致的中暑和皮肤鱼鳞病）及产热器官功能异常（甲状腺功能亢进）导致，体温调节中枢无法将体温控制在与调定点相适应的水平，出现被动性体温升高，这类体温升高称为过热（hyperthermia）。

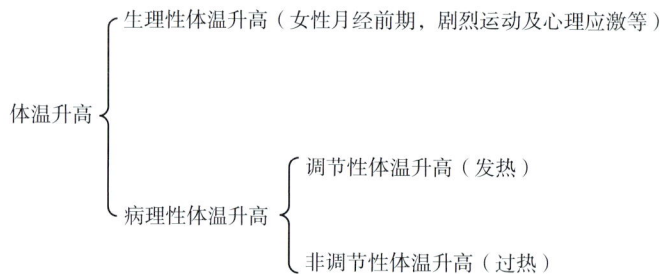

图8-1-1 体温升高的分类

一、发热激活物

发热激活物是指作用于机体，能直接或间接激活使产内生致热原细胞产生和释放内生致热原（endogenous pyrogen，EP）的物质。发热激活物又称为EP诱导物，包括外致热原和体内产物。

（一）外致热原

来自体外的致热物质称为外致热原，主要是各种病原微生物及其代谢产物。

1. **细菌及其毒素**　主要有：①革兰阳性细菌：是最常见的外致热原。主要有葡萄球菌、肺炎球菌、白喉杆菌和枯草杆菌等。②革兰阴性细菌：主要有大肠杆菌、伤寒杆菌、淋病奈瑟菌、脑膜炎球菌和志贺菌等。③分枝杆菌：典型菌群为结核杆菌。

2. **病毒**　常见的病毒有鼻病毒、流感病毒、麻疹病毒及柯萨奇病毒等。

3. **其他微生物**　比如真菌、螺旋体、疟原虫等。

（二）体内产物

体内产生的发热激活物主要包括：①抗原-抗体复合物；②类固醇；③致炎刺激物；④体内组织的大量破坏。

二、内生致热原

在发热激活物的作用下，使产内生致热原细胞产生和释放的能引起体温升高的物质，称为内生致热原。

（一）内生致热原的种类

1. **白细胞介素-1（interleukin，IL-1）**　由单核细胞、巨噬细胞、星状细胞、内皮细胞、角质细胞及肿瘤细胞等多种细胞在发热激活物的作用下产生的。

2. **肿瘤坏死因子（tumor necrosis factor，TNF）**　由外致热原如葡萄球菌、链球菌、内毒素等诱导巨噬细胞、淋巴细胞产生和释放。

3. **干扰素（interferon，IFN）**　一种低分子量的具有抗病毒、抗肿瘤作用的蛋白质，主要由单核细胞、淋巴细胞所产生。

4. **白细胞介素-6（interleukin-6，IL-6）**　由单核细胞、成纤维细胞和内皮细胞等分泌的蛋白质，其致热活性弱于 IL-1、IFN，布洛芬可阻断其致热作用。

5. 巨噬细胞炎症蛋白-1（macrophage inflammatory protein-1，MIP-1） 是内毒素作用于巨噬细胞所诱生的肝素结合蛋白质。已证明用纯化 MIP-1 给家兔静脉注射可引起剂量依赖性单相热。

此外，白细胞介素-2（IL-2）、白细胞介素-8（IL-8）以及内皮素（endothelin）等也认为与发热有一定的关系，有待进一步的研究和证实。

（二）内生致热原的产生和释放

内生致热原的产生和释放是细胞信息传递和基因表达的调控过程。主要包括产 EP 细胞的激活、EP 的产生和释放。能够产生和释放 EP 的所有细胞称为产 EP 细胞，包括单核细胞、巨噬细胞、淋巴细胞、内皮细胞、星状细胞以及肿瘤细胞等。当这些细胞与发热激活物如脂多糖结合之后，即被激活，从而开启 EP 的合成。

三、发热时的体温调节机制

体温调节主要以"调定点（setpoint，SP）"学说来解释，该学说认为体温调节类似于恒温器的调节，体温调节中枢内有一个调定点，体温调节围绕着调定点来调控体温。当体温偏离调定点时，体温控制系统可通过对效应器（产热和散热）的调控将温度维持在与调定点相适应的水平。

（一）体温调节中枢

体温调节中枢位于视前区下丘脑前部（POAH），该区含有温度敏感神经元，主导体温正向调节，使体温升高，称为正调节中枢。而中杏仁核（MAN）、腹中隔（VSA）和弓状核则对发热时的体温产生负向影响，限制体温过度升高，称为负调节中枢。正、负调节中枢相互作用的结果决定调定点上移的水平及发热的幅度和时程。所以，发热体温调节中枢是由正、负调节中枢构成的复杂功能系统。

（二）致热信号传入中枢的途径

血液循环中的内生致热原进入脑内到达体温调节中枢引起发热的途径可能存在以下几种。

1. EP 通过血脑屏障转运入脑 这是一种较直接的信号传递方式。

2. EP 通过终板血管器作用于体温调节中枢 终板血管器（OVLT）位于视上隐窝上方，与 POAH 紧靠，是血脑屏障的薄弱部位。该处有孔毛细血管对大分子物质具有较高的通透性，EP 可能由此入脑。

3. 通过迷走神经 研究发现，细胞因子可刺激肝巨噬细胞周围的迷走神经将信息传入中枢，如果切除迷走神经肝支，在腹腔内注射小剂量白细胞介素-1（IL-1）或革兰阴性杆菌活性成分脂多糖（LPS）后，不再引起发热。

（三）发热中枢调节介质

进入脑内的 EP 并不是引起调定点上移的最终物质，EP 可能首先作用于体温调节中枢，引起发热中枢释放调节介质，继而使调定点发生改变。发热中枢体温调节介质可分为两类：正调节介质和负调节介质。

1. 正调节介质 是一类引起体温调定点上移的物质。主要有前列腺素 E（prostaglandin E，PGE）、环磷酸腺苷（cAMP）、Na^+/Ca^{2+} 比值、促肾上腺皮质激素释放激素（corticotrophin releasing hormone，CRH）、一氧化氮（NO）等。

2. 负调节介质 是一类对抗体温升高的物质。主要包括黑素细胞刺激素、精氨酸加压素、膜联蛋白 A1 及白细胞介素 10（IL-10）等。也正是由于这些介质的存在，各种感染性疾病引起的发热很少超过 41℃。这种发热时体温上升的幅度被限制在一定范围内的现象，称为热限（febrile ceiling），意味着体内存在自我限制发热的因素，这是机体的自我保护功能和自稳调节机制，具有极其重要的生物学意义。

（四）发热时体温调节的方式

发热时，体内外的发热激活物作用于产 EP 细胞，产生和释放 EP，血液循环中的 EP 进入脑内，进入脑内的 EP 并不是引起调定点上移的最终物质，EP 可能首先作用于体温调节中枢，引起发热中枢释放调节介质，继而使调定点发生上移。一旦调定点高于体温，体温调节中枢可通过对产热和散热进行调整，将体温升高到与调定点相适应的水平（图 8-1-2）。在体温上升的同时，负调节中枢也被激活，释放负调节介质，限制调定点的上移和体温的过度升高。

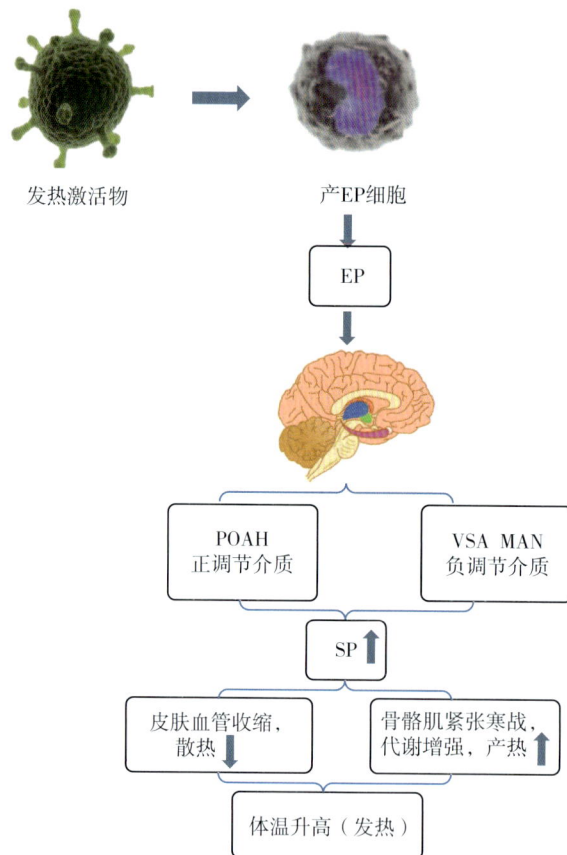

图 8-1-2　发热时体温调节的方式

⚙ **知识拓展**

机体在不同环境中可通过姿势和行为的改变，特别是采取人为保温和降温的措施，使体温保持相对稳定，称为行为性体温调节。行为性体温调节即动物通过其行为活动进行体温调节的过程。例如，低等动物蜥蜴从阴凉处至阳光下来回爬动以减小体温变动的幅度；人在严寒中通过原地踏步、跑动以取暖，均属此种调节。人类能根据环境温度不同而增减衣物，创设人工气候环境以祛暑御寒，这些可视为更复杂的行为调节。

第二节 发热的时相和热代谢特点

发热持续一段时间后，发热激活物逐渐被控制或消失，内生致热原及增多的介质被清除或降解，调定点逐渐恢复到正常水平，体温也在相应的调控下降至正常。这就是典型的发热过程，大致分为三个时相。

一、体温上升期

发热的开始阶段，调定点上移，此时原来的正常体温变成了"冷刺激"，体温调节中枢对"冷"信息产生反应，发出指令经交感神经到达散热器官，使皮肤血管收缩及血流量减少，导致皮肤温度降低，散热随之减少。患者主要表现为自感发冷或恶寒，皮肤苍白；交感神经使竖毛肌收缩，皮肤出现"鸡皮疙瘩"。同时指令到达产热器官，引起物质代谢加强和骨骼肌不随意的节律性收缩，使产热增多。患者主要表现为寒战。本期的热代谢特点是散热减少，产热增加，产热大于散热，体温升高。

二、高温持续期

当体温升高到与调定点相适应的水平，不再继续上升而处于较高水平时，称高温持续期，也称高峰期。此时，产热与散热在高水平上保持相对平衡，寒战停止并开始出现散热反应，表现为皮肤血管扩张，血流量增加，皮肤温度升高。临床上，患者不再感到寒冷，反而皮肤潮红，有酷热感，皮肤的"鸡皮疙瘩"也消失。由于皮肤温度升高，水分蒸发增多，因而皮肤和口唇比较干燥。本期热代谢特点是体温升高到与调定点相适应的水平，产热与散热在高水平上保持相对平衡。

三、体温下降期

由于激活物、EP及发热介质被消除，上升的体温调定点返回到正常水平。由于体温高于调定点，体温调节中枢的热敏神经元兴奋，通过调节作用使交感神经的紧张性活动减弱，皮肤血管进一步扩张，散热增强，体温开始下降。由于高血温及皮肤温度感受器传来的热信息刺激发汗中枢，汗腺分泌增加，患者大量出汗。出汗是一种快速的散热反应，严重者可致脱水，甚至循环衰竭。本期热代谢特点是散热增加，产热减少，散热大于产热，体温开始下降，逐渐恢复到与正常调定点相适应的水平。

第三节 发热时机体的代谢和功能变化

除了各原发病所引起的各种改变外，发热时的体温升高、EP及体温调节效应可引起一系列代谢和功能变化。

一、物质代谢变化

体温升高时物质代谢加快。体温每升高1℃，基础代谢率增加13%，故发热患者的物质消耗明显增多。如果发热持续时间久，营养物质补充不足，患者就会消耗自身物质而出现消瘦和体重下降。

1. 蛋白质代谢 发热时，在高体温和EP的作用下，患者体内蛋白质分解加强，尿素氮明显升高，如果此时未能及时补充足够的蛋白质，将出现负氮平衡，不利于急性期反应蛋白的合成及组织修复。

2. **糖与脂肪代谢**   发热时，由于产热的需要，能量消耗增加，糖分解代谢加强，糖原贮备减少。尤其在寒战期，寒战时肌肉活动量加大，糖的消耗量增加，对氧的需求大幅度增加，超过机体的供氧能力，导致糖无氧酵解增强，乳酸产量增加，患者可出现肌肉酸痛，严重者可发生代谢性酸中毒。发热时因能量消耗的需要，脂肪分解也明显加强。由于糖原贮备不足，再加上发热患者食欲较差，营养摄入不足，机体动员脂肪贮备导致。

3. **水、电解质代谢**   在发热的体温上升期，由于血管收缩，肾血流量的减少，尿量也明显下降，可致水、Na^+、Cl^-潴留。在体温下降期，因尿量的恢复及大量出汗，Na^+、Cl^-排出增加。在高温持续期，由于皮肤和呼吸道水分蒸发的增加及退热期的大量出汗，可导致水分的大量丢失，严重者可引起脱水，甚至循环衰竭。因此，对高热患者退热期应及时补充水分和适量电解质。

此外，对于长期发热患者，由于糖、脂肪和蛋白质分解代谢加强，各种维生素的消耗也增加，也应注意及时补充。

二、器官系统的功能变化

1. **循环系统功能改变**   发热时，患者心率加快，体温每升高1℃，心率约增加18次/分，儿童可增加得更快，这是血液温度升高刺激窦房结及交感-肾上腺髓质系统所致。一定程度心率增加（150次/分）可增加心输出量，从而增加组织细胞的血液供应，满足机体高代谢程度的需要。但是对心肌劳损或有心脏潜在病变的患者，会加重心脏负荷甚至诱发心力衰竭。如果心率过快（超过150次/分），不仅进一步增加心脏负担，且心输出量反而下降。因此，发热患者应安静休息，尽量减少体力活动和情绪波动。

2. **呼吸系统功能改变**   发热时，由于血温升高及酸性代谢产物的刺激，呼吸中枢对CO_2的敏感性增高，呼吸加深加快，有利于更多的热量从呼吸道散发。但CO_2过度排出可导致呼吸性碱中毒。

3. **消化系统功能改变**   发热时由于交感神经兴奋、副交感神经抑制及水分蒸发较多，使消化液分泌减少，各种消化酶的活性降低，胃肠蠕动减弱，胃排空减慢，患者常出现食欲不振、口腔黏膜干燥、腹胀、便秘等临床表现。

4. **中枢神经系统功能改变**   发热时，神经系统兴奋性增高，特别是高热（40~41℃）时，患者可出现烦躁、谵妄、幻觉。有些高热患者神经系统可处于抑制状态，出现淡漠、嗜睡等，可能与IL-1的作用有关。在小儿（3个月~5岁），高热比较容易引起全身或局部肌肉抽搐，称为热性惊厥，这可能与小儿中枢神经系统发育尚未成熟有关。

5. **防御功能改变**   发热对机体防御功能的影响是双面的，既有有利的一面，也有不利的一面。

（1）抗感染能力的改变   有些病原微生物对热比较敏感，一定程度的高温可以将其灭活，如梅毒螺旋体和淋病奈瑟菌，就可被人工发热所灭活。一定程度的高温也可抑制肺炎球菌。发热不但能提高动物的抗感染能力，还能使机体某些免疫细胞功能加强。但是持续高热可造成免疫系统功能下降，巨噬细胞和淋巴细胞的功能降低，杀菌和抗病毒能力减弱。

（2）对肿瘤细胞的影响   发热时产EP细胞产生的大量EP（如IL-1、TNF、IFN等）除了引起发热外，还具有一定程度的抑制或杀灭肿瘤细胞的作用。另外，肿瘤细胞长期处于相对缺氧的状态，对高温比正常细胞要敏感，故当体温升高到41℃左右时，正常细胞尚可耐受，而肿瘤细胞则难以耐受，其生长受到限制并可被灭活。

（3）急性期反应   急性期反应（acute phase response）是机体在细菌感染和组织损伤时所出现的一系列急性时相的反应。EP不仅诱导发热，也引起急性期反应。主要表现为急性期蛋白的合成增多、血浆微量元素浓度的改变及白细胞计数的改变，是机体防御反应的一个组成部分。

　　总之，发热对机体防御功能的影响是利弊并存的，这可能与发热程度有关。中等程度的发热有利于提高宿主的防御功能，但高热有可能产生不利的影响。所以，发热对防御功能的影响不能一概而论，应全面分析，具体对待。

第四节　发热的防治原则

　　大多数发热与自限性感染有关，最常见的是病毒、细菌感染，因此，需要针对原发病进行治疗。

　　对于不过高的发热（体温<38.5℃）且不伴有其他严重疾病者，可不急于解热。这是由于发热除了可以增强机体的某些防御功能以外，还是疾病的信号，特别是某些具有潜在病灶的病例，如结核病早期，除了发热外，其他临床征象不明显。若体温不太高，过早予以解热，便会掩盖病情，延误原发病的诊断与治疗。因此，对于一般性发热的病例，主要应针对物质代谢的加强和大汗脱水等情况，给予补充足够的营养物质、维生素和水。

　　若发热可使病情加重或促进疾病的发生发展甚至威胁患者生命，应及时解热，如：①高热（>40℃）病例，尤其是达到41℃以上者，心脏和中枢神经系统可能受到较大的影响，容易出现心力衰竭、昏迷、谵妄症状。所以，对于高热病例，无论有无明显的原发病，都应尽早解热。尤其是小儿高热，容易诱发热性惊厥，应特别注意，及早预防。②心脏病患者发热时，心率加快和心肌收缩力加强会增加心脏负担，容易诱发心力衰竭，所以对心脏病患者及具有潜在的心肌损害者须及早解热。③妊娠期妇女发热应及时解热，妊娠早期高热有致胎儿畸形的危险，而妊娠中、晚期，由于循环血量增多，心脏负担加重，发热会进一步增加心脏负担，容易诱发心力衰竭。④肿瘤患者持续发热会加重机体消耗，也应及时解热。

　　解热的措施包括药物解热和物理降温。药物解热包括一些化学药物，代表是水杨酸盐类，还有类固醇解热药，以糖皮质激素为代表；另外一些清热解毒中草药也具有很好的解热作用，可适当选用。在高热或病情危急时，可采用物理方法降温。如用冰帽或冰袋冷敷头部；将患者置较低的环境温度中，加强空气流通，以增加对流散热等。

🩺 病例分析9

　　患儿，男，3岁。因发热、咽痛2天伴惊厥半小时入院。2天前的上午，患儿诉怕冷，出现寒战，皮肤苍白，手脚冰凉，尿量减少表现。当晚发热，烦躁，哭诉头痛、咽痛。次日，患儿精神欠佳，偶伴有恶心、呕吐。入院前半小时突发惊厥而急送医院。

　　体格检查：T 40℃，P 118次/分，R 24次/分。疲乏、嗜睡、重病容、面红、口唇干燥，咽部明显充血，双侧扁桃体肿大（++），听诊：双肺呼吸音粗。

　　实验室检查：白细胞$18.4×10^9$/L，中性粒细胞90%。

　　入院后降温解热、应用抗生素等治疗。1小时后大量出汗，体温降至38.1℃。住院5天痊愈出院。

　　问题与思考

　　（1）该患儿的体温变化表现为哪几个时相？各期有何临床症状？

　　（2）应采取怎样的解热措施？

答案解析

目标检测

答案解析

一、单项选择题

1. 下列不属于发热激活物的是（　　）
   - A. 金黄色葡萄球菌
   - B. 分歧杆菌
   - C. 新冠病毒
   - D. 肿瘤坏死因子
   - E. 内毒素

2. 内生致热原的作用部位是（　　）
   - A. 中性粒细胞
   - B. 下丘脑体温调节中枢
   - C. 骨骼肌
   - D. 皮肤血管
   - E. 延髓

3. 下述体温升高的情况中，属于发热的是（　　）
   - A. 妇女月经前期
   - B. 妇女妊娠期
   - C. 剧烈运动后
   - D. 流行性感冒
   - E. 甲亢

4. 体温上升期热代谢特点是（　　）
   - A. 散热减少，产热增加，体温升高
   - B. 产热减少，散热增加，体温降低
   - C. 散热减少，产热增加，体温保持高水平
   - D. 产热与散热在高水平上相对平衡，体温保持高水平
   - E. 体温升高，体温高于调定点

5. 下列关于热限说法正确的是（　　）
   - A. 热限指限制体温升高
   - B. 由于存在热限现象，各种感染性疾病引起的发热很少超过41℃
   - C. 一些正调节介质能够对抗体温升高，引起热限
   - D. 增加致热原的剂量，热限现象就不会存在
   - E. 热限可随正调节介质的增加而升高

6. 以下关于发热时物质代谢改变的描述不恰当的是（　　）
   - A. 体温升高1℃，基础代谢率增加13%
   - B. 蛋白质的分解代谢增强
   - C. 葡萄糖的无氧酵解减弱
   - D. 在高热后期和体温下降期容易发生脱水
   - E. 维生素消耗增多

7. 以下关于发热时器官系统功能改变的描述不恰当的是
   - A. 体温升高1℃，心率增加18次/分
   - B. 高热有利于提高宿主的防御功能
   - C. 发热时，神经系统兴奋性增高
   - D. 发热时，会产生食欲减退、口腔黏膜干燥、腹胀、便秘等临床表现
   - E. 发热时，呼吸加深加快

二、简答题

1. 发热和过热的区别？

2. 简述发热时的体温调节机制。

3. 阐述发热时相及每一时相的特点。

4. 概述哪些情况出现的发热需要及时解热。

（吕　娇）

书网融合……

知识回顾　　习题

PPT

学习目标

知识要求：

1. 掌握缺氧的概念及各类型缺氧的原因、发病机制。

2. 熟悉不同类型缺氧的血氧指标变化及皮肤、黏膜的变化特征，缺氧对机体的影响。

3. 了解氧疗及氧中毒的病理生理基础。

技能要求：

1. 具有根据血氧指标对患者缺氧类型进行初步判断的能力。

2. 能够解释氧疗的原则和注意事项。

3. 具备运用所学病理生理学知识分析和解决实际问题的临床思维能力。

氧是生命活动的必需物质，正常成人在静息状态下需氧量约为250mL/min，剧烈运动时耗氧量可增加数倍，而体内储存的氧约有1500mL。因此，一旦呼吸、心跳停止，在无抢救措施的情况下，数分钟内就可因氧缺乏而出现死亡。

由于机体组织供氧不足或用氧障碍，并引起功能、代谢或结构异常的病理过程称为缺氧（hypoxia）。缺氧是临床上常见的病理过程，是导致患者死亡的重要原因之一。

第一节　常用的血氧指标

一、血氧分压

血氧分压（PO_2）是指物理溶解于血液中的氧所产生的张力。正常人动脉氧分压（PaO_2）约为100mmHg，其数值的大小主要取决于吸入气体的氧分压和外呼吸的功能状态；静脉血氧分压（PvO_2）正常约为40mmHg，其数值的大小反应组织、细胞对氧的摄取和利用状态。

二、血氧容量

血氧容量（CO_{2max}）是指在标准条件下（PO_2为150mmHg、PCO_2为40mmHg、温度为38℃），在体外

100mL血液中血红蛋白所能携带氧的最大量。正常值为20mL/dL，其值取决于血红蛋白的数量和结合氧的能力。

三、血氧含量

血氧含量（CO_2）是指100mL血液中实际含有的氧量，包括血红蛋白结合氧量和物理溶解氧量。溶解的氧量仅有0.3mL/dL，可忽略不计，主要是与Hb结合的氧量。其值取决于血氧分压和血氧容量。正常动脉血氧含量约为19mL/dL；静脉血氧含量约为14mL/dL。

四、血红蛋白氧饱和度

血红蛋白氧饱和度（SO_2）指血液中氧合Hb占总Hb的百分数，约等于血氧含量与血氧容量的比值。正常动脉血氧饱和度为95%~98%，静脉血氧饱和度为70%~75%。血氧饱和度取决于氧分压。

五、动-静脉血氧含量差

动-静脉血氧含量差（$A-VdO_2$）是动脉血氧含量与静脉血氧含量之差值。动-静脉氧差反映了动脉血液经过组织时被摄取的氧量或被消耗的氧量。

第二节　缺氧的类型和血氧变化的特点

根据缺氧的原因和血氧变化的特点，将缺氧分为四型。

一、低张性缺氧

低张性缺氧（hypotonic hypoxia）以动脉血氧分压降低，血氧含量减少为基本特征的缺氧，又称乏氧性缺氧（hypoxic hypoxia）。

（一）原因

1. **吸入气氧分压过低**　见于海拔3000m以上的高原、高空，或通风不良的坑道矿井等。
2. **外呼吸功能障碍**　见于呼吸道狭窄或阻塞、肺部疾病、呼吸中枢抑制及神经、肌肉的麻痹等。
3. **静脉血分流入动脉**　见于右向左分流的先天性心脏病如房间隔缺损、室间隔缺损、动脉导管未闭等，当右心压力超过左心压力时，未经氧合的静脉血经缺损处与动脉血混合，导致血氧分压降低、血氧含量降低。

（二）血氧变化特点

本型缺氧的关键环节是PaO_2下降。低张性缺氧发生的关键是进入血液中的氧量减少或者静脉血掺杂进入动脉血。血氧变化特点：PaO_2下降、血氧容量正常、血氧含量下降、血氧饱和度下降、动-静脉氧差减小。但慢性缺氧时，由于组织利用氧的能力代偿性增加，动-静脉血氧含量差变化可不明显，血氧容量也因血红蛋白的代偿性增加而增加。低张性缺氧时，血液中脱氧血红蛋白增多。当毛细血管内脱氧血红蛋白的浓度超过5g/dL，可使皮肤、黏膜呈紫蓝色称为发绀（cyanosis）。

二、血液性缺氧

血液性缺氧（hemic hypoxia）是由于血红蛋白含量减少或血红蛋白性质改变，使血液携带氧量减少，血氧含量降低，或血红蛋白结合的氧不易释放出来所引起的缺氧。血液性缺氧时，血液中物理溶解的氧量不变，动脉氧分压正常，故又称等张性缺氧（isotonic hypoxia）。

（一）原因

1. **贫血**　严重贫血时由于血液中Hb数量过少，血液携带氧的能力下降。

2. **一氧化碳（CO）**　CO与Hb的亲和力是O_2的210倍，当吸入气中含0.1%的CO时，血液中约50%的Hb即可与CO结合形成HbCO而自身失去携带氧的能力。当CO与Hb分子中的某个血红蛋白结合后，其余3个血红蛋白对氧的亲和力增强，使Hb结合的氧不易释放。同时CO抑制红细胞内糖酵解，使生成2,3-DPG的量减少，从而导致氧释放障碍而使组织发生缺氧。

3. **高铁血红蛋白血症**　正常Hb能携带氧并顺利释放，必须要保持所含铁为二价。当亚硝酸盐等氧化剂中毒时，Hb中部分二价铁被氧化为三价铁形成高铁血红蛋白血症，高铁血红蛋白中的三价铁与羟基牢固结合而失去结合氧的能力，其余三个二价铁虽然能正常结合氧但不易释放出来，从而使组织发生缺氧。当误食含硝酸盐的食品、过多食用变质蔬菜等情况时，硝酸盐在肠道被细菌还原为亚硝酸盐，亚硝酸盐进入血液使大量Hb被氧化形成高铁血红蛋白血症，皮肤、黏膜可出现咖啡色称为"肠源性发绀"。

4. **血红蛋白与氧的亲和力异常增高**　如大量输入库存血、血液pH升高等，可使血红蛋白与氧的亲和力增强，氧不易解离释放，引起组织缺氧。

（二）血氧变化特点

本型缺氧的关键环节是血氧容量下降。

血氧变化特点：PaO_2正常、血氧容量下降、血氧含量下降、血氧饱和度下降或正常、动-静脉氧差减小。严重贫血患者的皮肤、黏膜呈苍白色，血液中脱氧Hb浓度难以达到5g/dL，故无发绀表现；一氧化碳中毒患者因HbCO颜色鲜艳，皮肤、黏膜呈现樱桃红色；高铁血红蛋白血症患者因高铁血红蛋白呈棕色，皮肤、黏膜呈现咖啡色；Hb与O_2的亲和力异常增高时，因血液中氧合血红蛋白含量增高，颜色鲜艳而使皮肤、黏膜呈玫瑰红色或鲜红色。

三、循环性缺氧

循环性缺氧（circulatory hypoxia）因循环障碍使组织、器官血液灌流量减少引起的缺氧。由于动脉血灌流量降低引起者称为缺血性缺氧，而因静脉回流受阻引起者称为淤血性缺氧。

（一）原因

1. **全身性血液循环障碍**　如心力衰竭、休克患者因心输出量减少可出现全身组织供血不足等。

2. **局部血液循环障碍**　如血栓形成、栓塞、动脉粥样硬化或血管痉挛等使局部组织供血不足。

（二）血氧变化特点

本型缺氧的关键环节是组织、器官的血液流量下降。

血氧变化特点：PaO_2、血氧容量、血氧含量、血氧饱和度均正常。动-静脉氧差增大的原因是循环障碍使血液流经组织毛细血管的时间延长，细胞从单位容量血液中摄取的氧量增多，造成静脉血氧含量降低，动−静脉氧差增大。但由于供应给组织的血液总量降低，弥散到组织细胞的总氧量仍不能满足细胞的需要而发生缺氧。

淤血性缺氧患者，因血液中脱氧血红蛋白含量增多，皮肤可出现发绀；缺血性缺氧患者因供血不足皮肤可呈苍白色。

四、组织性缺氧

组织性缺氧（histogenous hypoxia）是各种原因引起的生物氧化障碍，使组织细胞不能充分利用氧而造成的缺氧。

（一）原因

1. **组织中毒** 氰化物、砷制剂或硫化物等毒物中毒时，使生物氧化酶功能障碍，生物氧化无法完成。

2. **呼吸酶合成减少** 很多生物氧化酶的辅酶为维生素，当维生素缺乏时，可使相应的生物氧化酶功能障碍，生物氧化无法完成。主要见于 B 族维生素缺乏。

3. **线粒体损伤** 线粒体是生物氧化的场所，各种原因使组织细胞损伤或线粒体损伤，生物氧化无法完成。

（二）血氧变化特点

本型缺氧的关键环节是生物氧化障碍。

血氧变化特点：PaO_2、血氧容量、血氧含量、血氧饱和度均正常。由于细胞生物氧化过程受损，不能充分利用氧，故静脉血氧分压和氧含量均高于正常，动−静脉氧差减小。由于患者氧利用障碍，血液中氧合血红蛋白浓度高于正常，故患者皮肤、黏膜多呈玫瑰红色或鲜红色。

现将各型缺氧的血氧变化特点见表9-2-1。

表9-2-1 各型缺氧的血氧变化及皮肤、黏膜的变化特点

缺氧类型	氧分压	氧含量	氧容量	氧饱和度	动 − 静脉氧含量差	皮肤、黏膜颜色
乏氧性缺氧	降低	降低	正常或升高	降低	降低或正常	发绀
血液性缺氧	正常	降低或正常	降低或正常	正常	降低	贫血：苍白 CO中毒：樱桃红色 高铁Hb血症：咖啡色
循环性缺氧	正常	正常	正常	正常	增高	苍白或发绀
组织性缺氧	正常	正常	正常	正常	降低	玫瑰红色或鲜红色

📋 病例分析 10

患者，男，50岁。当日清晨5时在养鸡温室为火炉添煤时，昏倒在温室台阶上，2小时后被发现送医院急诊。患者以往身体健康。

体格检查：T 37.6℃，R 24次/分，P 120次/分，BP 110/70mmHg，神志不清，口唇呈樱桃红色，其他无异常发现。实验室检查：PaO_2 95mmHg，HbCO 35%，血浆 HCO_3^- 13.5mmol/L。

入院后立即给予吸氧，于不久后逐渐醒来；同时给予纠酸、补液等处理后，患者迅速好转。

问题与思考

（1）该患者发生了何种类型的缺氧？有哪些依据？

（2）该患者的缺氧具体是怎样发生的？

答案解析

第三节　缺氧时机体的功能和代谢变化

不同类型的缺氧，可引起机体程度不同的功能和代谢变化，这种变化既有代偿性反应，也有损伤性反应，其结果主要取决于缺氧的原因，发生的速度、程度，持续时间以及机体对缺氧的耐受性。其中低张性缺氧时机体功能变化表现最为全面和明显。故本节以低张性缺氧为例讨论缺氧时机体功能和代谢变化。

一、呼吸系统的变化

1. 代偿反应　早期动脉氧分压低于60mmHg时，可刺激颈动脉体或主动脉体等外周化学感受器，交感神经兴奋，引起呼吸加深加快。其代偿意义是通过呼吸加强，增加了机体对氧的摄取量，同时呼吸加强，胸膜腔负压增大，也使静脉血液回流速度加快，回心血量增多，使肺血流量和心输出量增加，从而增加了供给组织的氧量而改善缺氧。

2. 失代偿反应　急性缺氧，如短时间内从平原快速登上2500m以上的高原后，患者可出现头痛、胸闷、咳嗽、呼吸困难、咳粉红色泡沫痰等为临床表现的高原性肺水肿。这可能与缺氧引起一系列改变有关：①肺血管收缩，肺动脉压增高使肺毛细血管内压增高，血管内成分通过血管壁漏出至肺泡腔或间质。②肺血管内皮细胞通透性增高，液体渗出增多。③缺氧时外周血管收缩，回心血量增多，因而肺血流量增多，肺血管内流体静压增大而外渗。严重缺氧时，如血氧分压低于30mmHg，呼吸中枢抑制，表现为呼吸减弱、呼吸节律异常甚至呼吸麻痹而出现呼吸停止。慢性缺氧时，如久居高原者，机体化学感受器对缺氧的敏感性下降则呼吸加强不明显。

二、循环系统的变化

1. 代偿反应　急性缺氧可刺激颈动脉体或主动脉体等外周化学感受器，交感神经兴奋，对机体的代偿意义为：①心肌收缩力增强，使每搏输出量增加，同时心率加快，使心输出量增加，促进了血液流动，增加了机体内器官的血液供应量等；②由于内脏和皮肤血管收缩，使回心血量增加，从而保证心脏、大脑等重要生命器官的血液供应（血液重分布）。

2. 失代偿反应　严重缺氧可直接损伤心血管中枢和心肌细胞，表现为心肌收缩力减弱、心率减慢、心律失常，甚至心力衰竭等。

三、血液系统的变化

1. 代偿反应　慢性缺氧时，肾脏产生促红细胞生成素增多，刺激骨髓造血功能增强，血液中红细胞数量增多，从而增强血液携带氧的能力。缺氧时，红细胞中的2,3-DPG含量增多，有利于红细胞释放出更多氧供组织、细胞利用。

2. **失代偿反应**　血液中红细胞增加过多，使血液黏稠度增加，一方面增加了血栓形成机会，另一方面血流阻力增加，使血流速度减慢，反而会加重缺氧。

四、中枢神经系统的变化

脑组织耗氧量大，对缺氧较为敏感，尤以灰质更甚。故缺氧时易出现中枢神经系统功能障碍，主要改变为脑细胞水肿、坏死，脑间质水肿及颅内压升高。患者表现为头昏头痛、失眠、烦躁不安、注意力不能集中、记忆力下降甚至出现嗜睡、昏睡，严重者出现抽搐、昏迷，甚至死亡。

五、组织细胞的变化

1. **代偿反应**　缺氧时，机体在细胞层面也发生了改变：①细胞线粒体数量增多，表面积增大，有利于氧的弥散和利用；②糖酵解通过底物磷酸化，在不消耗氧的情况下生成ATP，不断补偿能量；③多种携氧蛋白如肌红蛋白、脑红蛋白和胞红蛋白增多，组织、细胞对氧的摄取和储存能量增强；④机体通过一系列调整，使细胞的耗能过程减弱。

2. **失代偿反应**　缺氧可引起细胞损伤。①细胞膜损伤：缺氧时生成ATP减少，细胞膜上钠泵功能障碍，使细胞膜通透性升高，细胞水、钠增多，导致细胞水肿；细胞内钠增多和钾减少，可使细胞膜电位负值减小而影响细胞功能。严重缺氧时，细胞膜对钙的通透性增高，钙内流增多；同时ATP减少使钙转运出细胞及肌浆网摄取钙均减少，导致胞质钙浓度增加。②线粒体肿胀：缺氧时产生大量氧自由基诱发脂质过氧化反应，破坏线粒体膜的结构和功能。③溶酶体损伤：酸中毒和钙超载引起磷脂酶活性增加而分解细胞膜磷脂，使溶酶体膜的稳定性下降，通透性增高，严重时溶酶体破裂。溶酶体内蛋白水解酶逸出，可引起细胞及其周围组织溶解、坏死；溶酶体酶进入血液循环可破坏多种组织，造成广泛的细胞损伤。

第四节　影响机体对缺氧耐受性的因素

一、机体的代谢耗氧率

机体的代谢耗氧率与环境温度、能量代谢有关。当环境温度升高，机体的能量代谢加强时，代谢耗氧率也明显增加，总耗氧量明显增多，机体对缺氧的耐受性下降。如甲状腺功能亢进、发热、过度的兴奋、超量的体力活动等使耗氧过多，使之对缺氧的耐受性下降；反之，降低体温，如进行低温麻醉或中枢抑制时，机体耗氧量减少，机体对缺氧的耐受性也会有所提高。

二、机体的代偿能力

机体的代偿能力与器官的功能状态有关。缺氧时，机体器官功能状态良好者其代偿能力较强，对缺氧的耐受性相对较高。反之，机体器官功能状态差者其代偿能力较弱，对缺氧的耐受性较低。

第五节　氧疗与氧中毒

缺氧的主要治疗原则是病因治疗和纠正缺氧。目前纠正缺氧的首要措施是氧疗。

一、氧疗

通过吸入氧分压较高的空气或纯氧治疗疾病的方法称为氧疗（oxygen therapy）。氧疗对不同类型的缺氧效果不同。

低张性缺氧进行氧疗的效果最好。值得注意的是，如果患者缺氧伴有CO_2潴留时，缺氧是刺激呼吸中枢兴奋的唯一因素，此时，必须要保证低浓度（<30%）、低流量（<2L/min）给氧；如果给氧浓度过高、流量过大，缺氧快速纠正，则呼吸中枢不兴奋，可导致患者死亡。

CO中毒引起的血液性缺氧，可吸入纯氧或高压氧，使PaO_2升高，有利于氧与CO竞争与Hb的结合，从而加速HbCO的解离，促进CO排出，故氧疗效果较好。亚硝酸盐中毒患者进行氧疗，必须同时给予还原剂如亚甲蓝，可达到较好治疗效果。

对循环性缺氧也可进行氧疗，但同时要改善血液循环状态。组织性缺氧的主要问题是细胞用氧障碍，解除呼吸链酶的抑制是治疗的关键。

上述氧疗措施，达到治疗目的后，应适时终止吸氧，避免引起不良后果。

二、氧中毒

长时间吸入氧分压过高的气体，可引起组织、细胞损伤，称为氧中毒（oxygen intoxication）。氧中毒主要取决于吸入气氧分压。吸入气氧分压与吸入气体的压力和氧浓度呈正比。氧中毒的发生与活性氧的毒性作用有关。因此，在高压环境下（高压舱、潜水）吸氧或长时间、高流量吸入纯氧时容易发生氧中毒。氧中毒时，活性氧的产生增多，超过了机体的清除能力，引起组织、细胞损伤。

◉ 知识拓展

缺氧可使机体产生一系列损伤，但人体吸入过多的氧也将产生一系列生理功能紊乱和病理变化，甚至导致死亡，称之为氧中毒。临床上吸纯氧、高压氧治疗、潜水作业、高气压作业、宇宙飞行等吸氧情况下均有可能发生氧中毒。临床上根据主要累及器官不同，将氧中毒分为肺型氧中毒、脑型氧中毒、眼型氧中毒。其中肺型氧中毒早期症状为吸氧过程中出现胸骨后不适疼痛，吸氧时加重，频繁咳嗽，后期可出现进行性呼吸困难，甚至急性呼吸窘迫综合征。脑型氧中毒主要表现为恶心、眩晕、烦躁不安、幻听、心悸不适，出现癫痫大发作甚至出现昏迷。眼型氧中毒，典型改变为视网膜萎缩及晶状体后纤维组织增生等病变。

（ **目标检测** ）

答案解析

一、单项选择题

1. 严重贫血可引起的缺氧类型是（　　）

A. 循环性缺氧　　　　　B. 乏氧性缺氧　　　　　C. 血液性缺氧

D. 组织中毒性　　　　　E. 低动力性缺氧

2. 缺氧的主要原因是（　　）

A. 组织供氧不足或利用氧障碍　　B. 血液中氧含量降低　　C. 血液中氧分压降低

D. 吸入气中氧含量减少　　　　E. 血液中氧容量降低

3. 血氧容量正常，动脉血氧分压和氧含量正常，而动-静脉血氧含量差变小，见于（　　）

A. 心力衰竭　　　　B. 氰化物中毒　　　C. 室间隔缺损　　　D. 呼吸衰竭　　　E. 慢性贫血

4. 循环性缺氧时血氧指标最具特征的变化是（　　）

A. 动脉血氧分压正常　　　　　B. 动脉血氧容量正常　　　　C. 动脉血氧含量正常

D. 动脉血氧饱和度正常　　　　E. 动-静脉氧差增大

5. 引起"肠源性发绀"的原因是（　　）

A. 氰化物中毒　　　　　　　　B. 肠道黏膜水肿　　　　　　C. 亚硝酸盐中毒

D. 肠系膜血管痉挛　　　　　　E. 一氧化碳中毒

6. 健康者进入高原地区或通风不良的矿井可发生缺氧的主要原因在于（　　）

A. 血液携氧能力低　　　　　　B. 肺部气体交换面积减少　　C. 肺循环血流量少

D. 吸入气的氧分压低　　　　　E. 组织血流量少

7. 慢性阻塞性肺病患者缺氧的始动因素是（　　）

A. 动脉血氧容量降低　　　　　B. 动脉血氧分压降低　　　　C. 肺泡气的氧分压降低

D. 动脉血氧饱和度降低　　　　E. 吸入气的氧分压过低

8. 对缺氧最为敏感的组织细胞是（　　）

A. 神经元　　　　B. 心肌细胞　　　　C. 肝细胞　　　　D. 骨骼肌细胞　　　　E. 腺上皮细胞

9. 血氧容量取决于（　　）

A. 血氧分压　　　　B. 血氧含量　　　　C. 血氧饱和度　　　　D. Hb的质与量　　　　E. 2,3-DPG

10. 下列原因引起的缺氧，属于循环性缺氧的是（　　）

A. 休克　　　　　　　　　　　B. CO中毒　　　　　　　　　C. 室间隔缺损伴肺动脉高压

D. 氰化物中毒　　　　　　　　E. 贫血

二、简答题

1. 试述CO中毒引起缺氧的机制。

2. 简述不同原因引起血液性缺氧皮肤、黏膜的颜色变化。

（吕洪臻）

书网融合……

知识回顾　　　习题

学习目标

知识要求：

1. 掌握酸碱平衡紊乱的概念；酸、碱物质的来源；机体对酸碱平衡的调节方式；各类单纯型酸碱平衡紊乱的概念、原因及对机体的影响；判断单纯型酸碱平衡紊乱类型的方法。

2. 熟悉酸碱平衡的常用指标及意义；各类单纯型酸碱平衡紊乱机体的代偿调节。

3. 了解各类单纯型酸碱平衡紊乱的防治原则；混合型酸碱平衡紊乱。

技能要求：

具备运用所学病理学知识分析和解决实际问题的临床思维能力。

机体的代谢活动必须在具有适宜酸碱度的体液内环境中进行。体液酸碱度的相对恒定是维持内环境稳态的重要组成部分之一。正常情况下，机体会摄入一些酸性或碱性食物，在代谢过程中亦可不断生成酸性或碱性物质，但体液的酸碱度依靠体内的缓冲和调节功能仍能维持在正常范围内。正常人体适宜的酸碱度在范围很窄的弱碱性环境内变动，用动脉血 pH 表示是 7.35~7.45，平均值为 7.40，这种维持体液酸碱度相对稳定的过程，称为酸碱平衡（acid-base balance）。

病理状态下，由于酸碱负荷过重、严重不足或调节机制障碍，导致体液内环境酸碱度稳定性破坏，称为酸碱平衡紊乱（acid-base disturbance）。临床上酸碱平衡紊乱并不少见。很多情况下，酸碱平衡紊乱是某些疾病或病理过程的继发性变化，一旦发生，会使病情加重和复杂化，对生命造成严重威胁。因此，及时发现和正确处理酸碱平衡紊乱十分重要。

第一节 酸碱物质的来源和调节

PPT

一、体液中酸碱物质的来源

体液中的酸性或碱性物质可来自体内的分解代谢过程，也可从体外摄入。酸性物质主要通过体内代谢产生，碱性物质则主要来自食物。正常人体在普通膳食条件下，酸性物质的生成量远远超过碱性物质。

（一）酸性物质的来源

1. **挥发酸** 即碳酸（H_2CO_3），由糖、脂肪和蛋白质氧化分解的最终产物CO_2与H_2O结合生成。安静状态下，正常成人每天可生成CO_2 300~400L，若全部与水生成H_2CO_3，则可释放出约15mol的H^+，是体内代谢过程中产生最多的酸性物质。H_2CO_3可释出H^+，也可转变成气体CO_2，经肺排出体外，故称为挥发酸。挥发酸可通过肺进行调节，称为酸碱的呼吸性调节。

$$CO_2 + H_2O \underset{}{\overset{CA}{\rightleftharpoons}} H_2CO_3 \rightleftharpoons H^+ + HCO_3^-$$

CO_2和H_2O结合为碳酸的可逆反应可自发进行，但主要在碳酸酐酶（carbonic anhydrase，CA）的作用下进行。碳酸酐酶主要存在于红细胞、肾小管上皮细胞、肺泡上皮细胞及胃黏膜细胞中。

2. **固定酸** 是体内除碳酸外所有酸性物质的总称，不能变成气体从肺呼出，只能通过肾由尿排出，故称为固定酸，又称非挥发酸。固定酸可以通过肾进行调节，称为酸碱平衡的肾性调节。

固定酸主要来源于糖、蛋白质和脂肪分解代谢的中间代谢产物，如蛋白质分解代谢过程中产生的磷酸、硫酸和尿酸；糖酵解生成的甘油酸、丙酮酸及乳酸；脂肪代谢产生的 β-羟丁酸、乙酰乙酸等。一般情况下，固定酸主要来源于蛋白质的分解产物。因此，体内固定酸的生成量与食物中蛋白质的摄入量呈正比。

此外，固定酸还可来自机体摄入的一些酸性食物或酸性药物，如水杨酸、氯化铵等。

（二）碱性物质的来源

碱性物质主要来源于食物，尤其是蔬菜、水果中的有机酸盐，如柠檬酸盐、苹果酸盐和草酸盐，与H^+发生反应，分别转化为柠檬酸、苹果酸和草酸，K^+或Na^+则可与HCO_3^-结合形成碳酸氢盐。此外，体内代谢过程中亦可产生碱性物质，如氨基酸脱氨基所生成的NH_3，主要在肝脏转变成尿素，对体液酸碱度影响不大。

二、酸碱平衡的调节

尽管机体不断生成和摄取酸碱性物质，但血液的pH却保持相对稳定，这是由于机体对酸碱负荷有强大的调节能力，从而保持了酸碱的稳态。

（一）血液的缓冲作用

血液的缓冲作用是通过血液的缓冲系统来完成的。缓冲系统由弱酸（缓冲酸）及其相对应的共轭碱（缓冲碱）组成。血液中的缓冲系统主要有碳酸氢盐缓冲系统、磷酸盐缓冲系统、血浆蛋白缓冲系统、血红蛋白与氧合血红蛋白缓冲系统五种（表10-1-1）。

表10-1-1 全血的五种缓冲系统

缓冲酸		缓冲碱			缓冲酸		缓冲碱		
H_2CO_3	$\rightleftharpoons$	HCO_3^-	+	H^+	HHb	$\rightleftharpoons$	Hb^-	+	H^+
$H_2PO_4^-$	$\rightleftharpoons$	HPO_4^{2-}	+	H^+	$HHbO_2$	$\rightleftharpoons$	HbO_2^-	+	H^+
HPr	$\rightleftharpoons$	Pr^-	+	H^+					

当血液中H^+过多时，反应向左移动，避免H^+浓度大幅度增高，同时由于中和作用，缓冲碱的浓度会降低；当H^+减少时，反应则向右移动，使H^+浓度得到部分恢复，同时缓冲碱的浓度会增加。

血液缓冲系统中以碳酸氢盐缓冲系统最重要，缓冲能力最强。碳酸氢盐缓冲系统含量最多，占血液缓冲总量的1/2以上（表10-1-2），直接影响血液的pH，只有HCO_3^-/H_2CO_3比值维持在20∶1，pH才能稳定在正常范围。但碳酸氢盐缓冲系统只能缓冲固定酸，不能缓冲挥发酸。挥发酸的缓冲主要靠非碳酸氢盐缓冲系统，特别是Hb及HbO_2缓冲系统。

表10-1-2   全血中各缓冲体系的含量与分布

缓冲体系	占全血缓冲系统（%）	缓冲体系	占全血缓冲系统（%）
血浆HCO_3^-	35	血浆蛋白	7
红细胞HCO_3^-	18	磷酸盐	5
HbO_2及Hb	35		

磷酸盐缓冲系统存在于细胞内外液中，主要在细胞内液中发挥缓冲作用；蛋白质缓冲系统存在于血浆及细胞内，只有当其他缓冲系统都被调动后，其作用才显示出来；血红蛋白与氧合血红蛋白缓冲系统主要缓冲挥发酸。

（二）肺在酸碱平衡中的调节作用

肺通过改变肺泡通气量改变CO_2的排出量，以调节血浆H_2CO_3浓度，使血浆中HCO_3^-与H_2CO_3的比值接近正常，以维持血浆pH相对恒定。

当$PaCO_2$升高或血浆pH降低时，通过刺激中枢或外周化学感受器，反射性地引起呼吸加深加快，CO_2排出增多，血浆H_2CO_3含量降低；当$PaCO_2$降低或血浆pH升高时，呼吸则变浅变慢，CO_2排出减少，血浆H_2CO_3含量增加。

（三）肾在酸碱平衡中的调节作用

肾主要通过肾小球过滤排泄固定酸和肾小管重吸收、新生成$NaHCO_3$来维持血浆HCO_3^-的浓度，以保持血浆pH正常。其调节方式主要有以下三种。

1. **近端小管泌H^+和$NaHCO_3$的重吸收**　生理状态下，肾小球滤过的$NaHCO_3$有80%~85%被近曲小管重吸收，主要是由近端小管上皮细胞主动分泌H^+，并通过H^+-Na^+交换实现的。肾小球滤过的$NaHCO_3$在小管液中解离为Na^+和HCO_3^-，其中的Na^+与近端小管上皮细胞内H^+进行转运交换，Na^+进入细胞后即与近端小管上皮细胞内的HCO_3^-一同转运至血液（图10-1-1）。小管液中的HCO_3^-先与近端小管上皮细胞分泌的H^+结合，生成H_2CO_3，然后H_2CO_3分解生成H_2O和CO_2。高度脂溶性的CO_2通过单纯扩散进入近端小管上皮细胞，并在细胞内碳酸酐酶的催化下与H_2O结合生成H_2CO_3。H_2CO_3解离为HCO_3^-和H^+，H^+与小管液中的Na^+进行交换；HCO_3^-与Na^+一起被转运到血液内，从而完成$NaHCO_3$的重吸收。其结果是小管细胞向管腔每分泌1mol H^+，则在血浆内同时增加1mol HCO_3^-。一般H^+-Na^+交换的泌H^+量最大，约占近端肾小管总泌H^+量的2/3。

2. **远曲小管和集合管泌H^+和HCO_3^-的重吸收**　远曲小管和集合管的闰细胞（又称泌氢细胞）可通过H^+-ATP酶分泌H^+进入小管腔，同时在基侧膜以Cl^--HCO_3^-交换的方式重吸收HCO_3^-（图10-1-1）。此细胞分泌的H^+与尿液中碱性的Na_2HPO_4结合，转变为酸性的NaH_2PO_4，使尿液酸化。但这种缓冲作用有限，当尿液pH降至4.8左右时，尿液中大多数磷酸盐都被酸化而失去缓冲作用。远曲小管和集合管这种泌H^+和重吸收HCO_3^-的方式，又称为远端酸化作用。

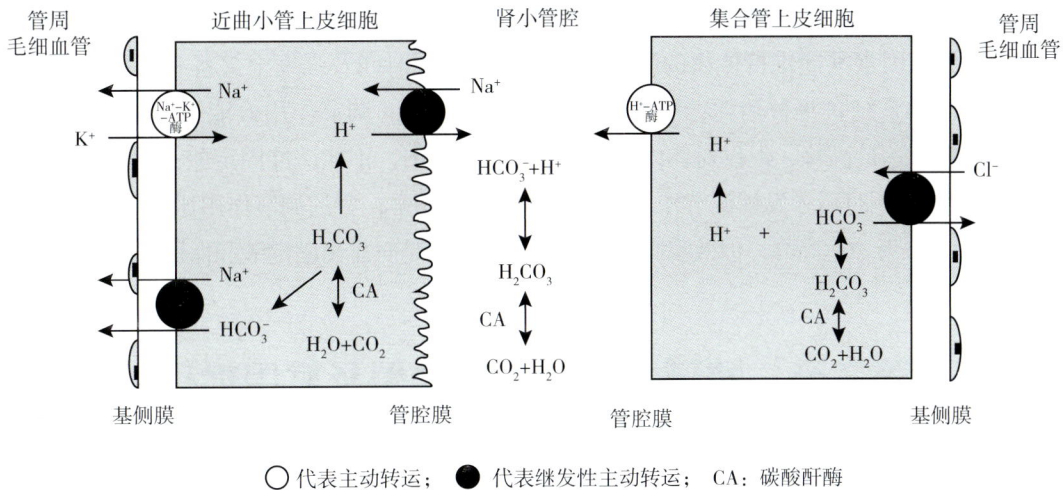

○代表主动转运；　●代表继发性主动转运；　CA：碳酸酐酶

图 10-1-1　近曲小管和集合管泌 H^+、重吸收 HCO_3^- 过程示意图

3. NH_4^+ 的排出　NH_4^+ 的生成和排出是 pH 依赖性的，即酸中毒越严重，尿排 NH_4^+ 量就越多。近曲小管上皮细胞是产 NH_4^+ 的主要场所，主要由谷氨酰胺酶水解谷氨酰胺生成 NH_3 和 α-酮戊二酸。α-酮戊二酸可进一步生成 HCO_3^-，经基侧膜的 Na^+-HCO_3^- 同向转运体同向转运入血，而 NH_3 与细胞内 H_2CO_3 解离的 H^+ 结合形成 NH_4^+，通过管腔膜的 NH_4^+-Na^+ 载体与 Na^+ 交换进入小管腔，由尿中排出（图 10-1-2）。远曲小管和集合管上皮细胞内也有谷氨酰胺酶，其分解产生的 NH_3 被扩散泌入小管液中，与小管液中的 H^+ 结合生成 NH_4^+，然后与 Cl^- 结合生成 NH_4Cl 从尿中排出。酸中毒时，谷氨酰胺酶活性增加，近曲小管的 NH_4^+-Na^+ 交换与远曲小管泌 NH_3 作用加强，从而加速了 H^+ 的排出和 HCO_3^- 的重吸收。

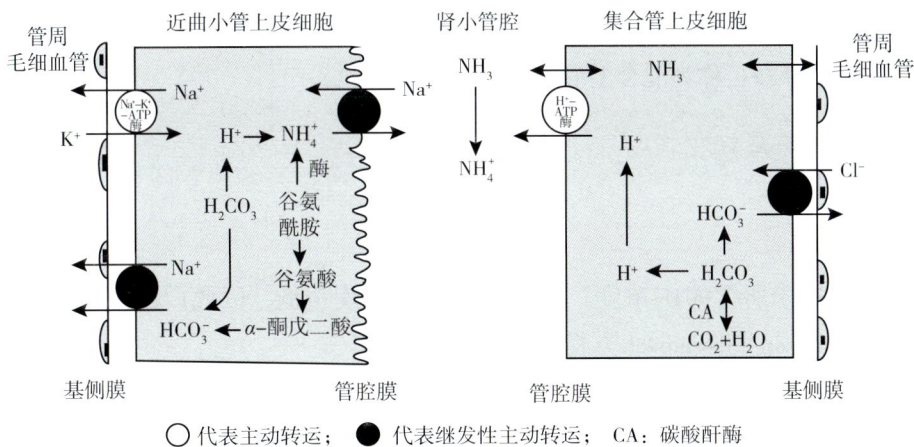

○代表主动转运；　●代表继发性主动转运；　CA：碳酸酐酶

图 10-1-2　近曲小管和集合管泌 NH_4^+、重吸收 HCO_3^- 过程示意图

（四）组织细胞的调节作用

组织细胞调节酸碱平衡主要是以离子交换的方式（如 H^+-Na^+，K^+-Na^+，H^+-K^+ 等）进行。当细胞外液 H^+ 增加时，H^+ 弥散入细胞内，而细胞内 K^+ 则移出细胞外，因此，酸中毒时往往伴有高血钾。当细胞外液 H^+ 降低时，H^+ 则由细胞内移出，而 K^+ 则移入细胞内，故碱中毒时可伴有低血钾。细胞内外 Cl^--HCO_3^- 的交换也很重要，主要是调节血浆 HCO_3^- 浓度，当血浆 HCO_3^- 升高时，它的排出只能由 Cl^--HCO_3^- 交换来完成。

此外，肝可以通过尿素的合成清除NH_3调节酸碱平衡，骨骼的钙盐分解有利于对H^+的缓冲。

上述四方面调节因素共同维持体内的酸碱平衡，但在作用时间及强度上又各有特点。血液缓冲系统反应迅速，但因缓冲系统自身被消耗，缓冲作用不能持久；肺的调节作用效能最大，在几分钟内启动，缓冲作用于30分钟时达最高峰，但仅对体内的H_2CO_3有调节作用，不能缓冲固定酸；细胞内液的缓冲作用强于细胞外液，但3~4小时后才发挥调节作用，并常导致血钾异常；肾的调节作用比较缓慢，常在12~24小时后才发挥作用，3~5天才达高峰，但效率高，作用较久，特别是对排出固定酸和保留$NaHCO_3$有重要作用。

第二节　酸碱平衡紊乱的类型及常用指标

PPT

一、酸碱平衡紊乱的分类

血液pH主要取决于HCO_3^-与H_2CO_3的浓度之比，只有其比值维持在20∶1，pH才能稳定在正常范围。根据血液pH的高低可将酸碱平衡紊乱分为两大类，即pH降低称为酸中毒，pH升高称为碱中毒。体液HCO_3^-浓度主要受代谢因素的影响，由其浓度原发性升高或降低引起的酸碱平衡紊乱，称为代谢性碱中毒或代谢性酸中毒；H_2CO_3浓度主要受呼吸性因素的影响，由其浓度原发性升高或降低引起的酸碱平衡紊乱，称为呼吸性酸中毒或呼吸性碱中毒。

在单纯性酸中毒或碱中毒时，由于机体的调节，虽然体内酸性或碱性物质的含量已发生改变，但是血液的pH尚在正常范围之内，称为代偿性酸中毒或碱中毒。如果血液pH低于或高于正常范围，则称为失代偿性酸中毒或碱中毒，可以反映机体酸碱平衡紊乱的代偿情况和严重程度。

在临床工作中患者的情况往往是复杂的，在同一患者不但可以发生一种酸碱平衡紊乱，还可以同时发生两种或两种以上的酸碱平衡紊乱。若是单一的紊乱，称为单纯型酸碱平衡紊乱；若是两种或两种以上的酸碱平衡紊乱同时存在，称为混合型酸碱平衡紊乱。

二、常用检测指标及意义

（一）pH和H^+浓度

溶液的酸碱度取决于所含的H^+浓度。由于血液中H^+浓度很低，因此广泛采用H^+浓度的负对数即pH来表示。根据Henderson-Hassalbach方程式。

$$pH = pKa + Lg \frac{\left[HCO_3^- \right]}{\left[H_2CO_3 \right]}$$

其中pKa为碳酸电离常数的负对数，在38℃条件下，其值为6.1。由以上公式可得出pH主要取决于HCO_3^-/H_2CO_3比值。只有HCO_3^-/H_2CO_3比值维持在20∶1左右时，血浆pH值才能维持在7.40左右。

正常人动脉血pH为7.35~7.45，平均7.40。pH的变化反映了酸碱平衡紊乱的性质及严重程度，pH<7.35为酸中毒；pH>7.45为碱中毒。但动脉血pH本身并不能区分酸碱平衡紊乱的类型，不能判定是代谢性的还是呼吸性的。pH在正常范围内，可表示酸碱平衡正常，亦可表示代偿性酸碱平衡紊乱或酸碱中毒相互抵消的混合型酸碱平衡紊乱。

（二）动脉血CO_2分压

动脉血CO_2分压（$PaCO_2$）是指物理溶解于动脉血浆中的CO_2分子所产生的张力。$PaCO_2$是反映呼吸性酸碱平衡紊乱的重要指标。正常值33~46mmHg（4.39~6.25kpa），平均40mmHg（5.32kpa）。如 $PaCO_2$>46mmHg，表示肺通气不足，有 CO_2 潴留，见于呼吸性酸中毒或代偿后代谢性碱中毒；如 $PaCO_2$<30mmHg，表示肺通气过度， CO_2 排出过多，见于呼吸性碱中毒或代偿后代谢性酸中毒。

（三）标准碳酸氢盐和实际碳酸氢盐

1. **标准碳酸氢盐（standard bicarbonate，SB）** 是全血在标准条件下（即血液温度38℃、血红蛋白氧饱和度100%、 $PaCO_2$ 40mmHg）测得的血浆 HCO_3^- 的含量。由于标准化后的 HCO_3^- 已排除了呼吸因素的影响，所以SB是判断代谢性因素的指标。正常值22~27mmol/L，平均24mmol/L。SB降低，见于代谢性酸中毒或代偿后的呼吸性碱中毒；SB增高，见于代谢性碱中毒或代偿后的呼吸性酸中毒。

2. **实际碳酸氢盐（actual bicarbonate，AB）** 是指隔绝空气的血液标本，在实际温度、实际 $PaCO_2$ 和血氧饱和度条件下所测得的血浆 HCO_3^- 浓度。AB受呼吸和代谢两方面因素的影响。正常人 AB=SB。如果AB>SB，表明 $PaCO_2$>40mmHg， CO_2 有潴留，见于呼吸性酸中毒或代偿后的代谢性碱中毒；反之，AB<SB则表明 $PaCO_2$<40mmHg， CO_2 排出过多，见于呼吸性碱中毒或代偿后的代谢性酸中毒。

（四）缓冲碱

缓冲碱（buffer base，BB）是指血液中一切具有缓冲作用的负离子碱的总和。包括血浆和红细胞中的 HCO_3^-、 Hb^-、 HbO_2^-、 Pr^- 和 HPO_4^{2-}。通常以全血在标准条件下测定，正常值45~52mmol/L，平均值48mmol/L。缓冲碱不受呼吸因素的影响，是反映代谢因素的指标。代谢性酸中毒时BB减少，代谢性碱中毒时BB增加。

（五）碱剩余

碱剩余（base excess，BE）是指标准条件下，用酸或碱滴定全血标本至pH 7.40时所需的酸或碱的量（mmol/L）。若用酸滴定，使血液pH达7.40，则表示被测血液的碱过多，BE用正值表示；若需用碱滴定，说明被测血液的碱缺失，BE用负值表示。BE不受呼吸因素的影响，是反映代谢因素的指标，反映血液缓冲碱的量。BE正常范围为0±3.0mmol/L。代谢性酸中毒时BE负值增加，代谢性碱中毒时BE正值增加。

（六）阴离子间隙

阴离子间隙（anion gap，AG）是指血浆中未测定的阴离子（UA）与未测定的阳离子（UC）的差值，即AG=UA−UC。 Na^+ 占血浆阳离子总量的90%，称为可测定阳离子，血浆中未测定阳离子包括 K^+、 Ca^{2+}、 Mg^{2+}。 Cl^-、 HCO_3^- 占血浆阴离子总量的85%，称为可测定阴离子，血浆中未测定的阴离子包括 Pr^-、 HPO_4^{2-}、 SO_4^{2-} 和有机酸阴离子。正常机体血浆中的阳离子与阴离子总量相等，以维持电荷平衡，故可表示为：

$$Na^+ + UC = HCO_3^- + Cl^- + UA$$

$$AG = UA - UC = Na^+ - (HCO_3^- + Cl^-) = 140 - (24 + 104) = 12mmol/L$$

AG正常值是12±2mmol/L。AG主要是反映血浆固定酸含量的指标，可帮助区分代谢性酸中毒的类型和诊断混合型酸碱平衡紊乱。目前多以AG>16mmol/L，作为判断是否有AG增高性代谢性酸中毒的界限，常见于固定酸增多的情况，如磷酸盐和硫酸盐潴留、乳酸堆积、酮体过多、水杨酸中毒、甲醇中毒等。AG降低在诊断酸碱平衡紊乱方面意义不大。

> **⊘ 知识拓展**
>
> 血气分析（blood gas analysis，BG）是应用血气分析仪，通过测定人体血液的 H^+ 浓度和溶解在血液中的气体（主要是 CO_2、O_2），了解人体呼吸功能与酸碱平衡状态。采用标本常为动脉血，采血部位首选桡动脉，其次为肱动脉或足背动脉，小儿可选头皮动脉，股动脉为最后的选择。采血后应在 10 分钟内测定，否则应将标本立即放入冰水或冰箱中，使其温度在 15 分钟内降至 0~14℃，以免有核细胞耗氧代谢，使 PO_2 及 pH 下降、PCO_2 上升。

第三节　单纯型酸碱平衡紊乱

PPT

一、代谢性酸中毒

代谢性酸中毒（metabolic acidosis）是指细胞外液 H^+ 增加和（或）HCO_3^- 丢失而引起的血浆 HCO_3^- 原发性减少、pH 降低为特征的酸碱平衡紊乱。通常根据 AG 值的变化，将其分为两类：AG 增高型代谢性酸中毒和 AG 正常型代谢性酸中毒。

（一）原因与机制

1. AG 增高型代谢性酸中毒　其特点是血中固定酸增多，AG 增高，血氯含量正常，又称正常血氯代谢性酸中毒。常见原因如下。

（1）固定酸摄入过多　大量服用阿司匹林，经缓冲 HCO_3^- 浓度降低，引起酸中毒。

（2）固定酸生成过多　①乳酸性酸中毒，如休克、心力衰竭、低氧血症、严重贫血、肺水肿等，组织缺氧，无氧糖酵解增强，产生大量乳酸，造成乳酸性酸中毒。②酮症酸中毒，常见于糖尿病、严重饥饿、酒精中毒等体内脂肪被大量动员的情况下。因糖利用障碍或储备不足，导致体内大量贮脂被动用，产生过多的酮体（如 β-羟丁酸、乙酰乙酸），超过了外周组织的氧化利用能力及肾的排泄能力时，可发生酮症酸中毒。

（3）固定酸排出减少　严重肾衰竭少尿、无尿时，体内固定酸如硫酸、磷酸等不能被充分排出而在体内积聚，H^+ 浓度增加导致 HCO_3^- 浓度降低，引起代谢性酸中毒。

2. AG 正常型代谢性酸中毒　其特点是血中 HCO_3^- 浓度原发性降低，血氯含量增高，AG 正常，故又称高血氯代谢性酸中毒。

（1）经消化道丢失 HCO_3^- 过多　严重腹泻、小肠和胆道瘘管、肠道引流等均可引起含大量 HCO_3^- 的碱性肠液、胰液和胆汁丢失，使血浆 HCO_3^- 浓度降低，肾小管 H^+-Na^+ 交换减少，Na^+ 与 Cl^- 一起被重吸收，导致血氯浓度增高。

（2）肾脏丢失 HCO_3^- 过多　①轻、中度肾衰竭，肾小球滤过率无明显降低，体内固定酸尚不致发生潴留，而肾小管泌 H^+ 和重吸收 HCO_3^- 减少。②肾小管性酸中毒，因遗传、重金属（汞、铅）及药物（磺胺类）的影响，肾小管泌 H^+、泌 NH_3 和重吸收 HCO_3^- 减少，而肾小球滤过率一般正常。③应用碳酸酐酶抑制剂，如乙酰唑胺能抑制肾小管上皮细胞内的碳酸酐酶活性，使肾小管上皮细胞重吸收 HCO_3^- 减少。

（3）摄入含氯酸性药物过多　长期或大量服用氯化铵、盐酸精氨酸等药物，在体内代谢过程中生成

HCl，可消耗血浆中 HCO_3^-，导致 AG 正常型代谢性酸中毒。

（4）高钾血症　高血钾时，K^+ 与细胞内 H^+ 交换，引起细胞外 H^+ 增加，使 HCO_3^- 减少，导致代谢性酸中毒。肾脏远曲小管由于小管上皮细胞泌 H^+ 减少，尿液呈碱性，引起反常性碱性尿。

（二）机体的代偿调节

1. **血液的缓冲作用与细胞内外离子交换**　代谢性酸中毒时，血液中增多的 H^+ 首先被血液的缓冲系统所缓冲，HCO_3^- 及其他缓冲碱不断被消耗。同时 H^+ 通过离子交换的方式进入细胞内，2~4 小时后，约有 1/2 的 H^+ 进入细胞内被缓冲，K^+ 则从细胞内逸出，引起高钾血症。

2. **肺的代偿调节作用**　血液 H^+ 浓度升高或 pH 降低，刺激颈动脉体和主动脉体化学感受器，反射性地兴奋呼吸中枢，使呼吸加深加快，肺泡通气量增加，CO_2 排出增多。呼吸加深加快是代谢性酸中毒的主要临床表现，其代偿意义是使血液中 H_2CO_3 浓度（或 $PaCO_2$）继发性降低，以维持 HCO_3^-/H_2CO_3 比值接近正常，使血液 pH 趋于正常。

3. **肾的代偿调节作用**　酸中毒时，肾小管上皮细胞内的碳酸酐酶和谷氨酰胺酶活性增高，肾泌 H^+、泌 NH_3 作用增强，重吸收 HCO_3^- 增多，使血浆 HCO_3^- 浓度有所恢复。尿液因小管泌 H^+ 增多而呈酸性。在肾功能障碍引起的代谢性酸中毒时，肾的纠酸作用几乎不能发挥作用。

（三）动脉血气变化

HCO_3^- 原发性降低，所以 AB、SB、BB 均降低，AB<SB，BE 负值增大，pH 下降，$PaCO_2$ 继发性降低。

（四）对机体的影响

1. **心血管系统**

（1）心肌收缩力减弱　血浆 H^+ 浓度升高可减少心肌 Ca^{2+} 内流、抑制肌浆网释放 Ca^{2+} 并竞争性抑制 Ca^{2+} 与肌钙蛋白结合，影响心肌兴奋-收缩耦联，使心肌收缩力减弱。

（2）心律失常　酸中毒引起的心律失常与血钾升高密切相关。高血钾可使心肌的自律性、传导性、收缩性降低，表现为心动过缓、传导阻滞，严重时出现心室纤颤甚至心搏骤停。

（3）血管对儿茶酚胺的反应性降低　受血液 H^+ 增高的影响，毛细血管前括约肌及微动脉平滑肌对儿茶酚胺的反应性降低，致血管扩张，血管容量扩大，回心血量减少，血压下降。

2. **中枢神经系统**　主要表现为抑制，如意识障碍、乏力、反应迟钝，甚至嗜睡或昏迷等。其发生机制：①H^+ 浓度升高使谷氨酸脱羧酶活性增强，导致抑制性神经递质 γ-氨基丁酸（GABA）生成增多。②H^+ 浓度升高抑制生物氧化酶类的活性，使氧化磷酸化过程减弱，ATP 生成减少，脑组织能量供应不足。

3. **骨骼系统**　慢性代谢性酸中毒时，由于 H^+ 不断进入骨细胞，骨骼不断释放碳酸钙或磷酸钙，从而影响骨骼的生长发育，延迟小儿的生长，甚至引起纤维性骨炎或佝偻病。在成人则可导致骨软化症。

（五）防治原则

1. **积极治疗原发病**　及时去除发病原因，如纠正水、电解质紊乱，恢复有效循环血量和改善肾功能等。

2. **合理应用碱性药物**　首选碳酸氢钠。应根据酸中毒的程度，在血气监护下分次补碱，补碱量宜小不宜大。此外，也可选用作用较慢的乳酸钠，但其通过肝可转化为 HCO_3^-，因此乳酸性酸中毒及肝病患者应当慎用或不用。

二、呼吸性酸中毒

呼吸性酸中毒（respiratory acidosis）是指CO_2排出障碍或吸入过多引起的以血浆H_2CO_3浓度升高、pH降低为特征的酸碱平衡紊乱。

（一）原因与机制

引起呼吸性酸中毒的原因多数情况下都是由于肺通气功能不足而致的CO_2排出受阻，也可由CO_2吸入过多所致。

1. CO_2排出减少　以外呼吸通气障碍所致的CO_2排出受阻最为常见。

（1）呼吸中枢抑制　见于颅脑损伤、脑炎、脑血管意外、呼吸中枢抑制剂（吗啡、巴比妥类）应用过量、酒精中毒等，可抑制呼吸中枢，造成体内急性CO_2潴留。

（2）呼吸肌麻痹　如脊髓灰质炎、脊神经根炎、重症肌无力、有机磷中毒及重度低钾血症等，呼吸运动动力不足，肺泡扩张受限，以致CO_2排出障碍。

（3）呼吸道阻塞　喉头痉挛、水肿，溺水，异物堵塞气管等可导致急性CO_2潴留，常引起急性呼吸性酸中毒；而支气管哮喘、慢性阻塞性肺疾病常引起慢性呼吸性酸中毒。

（4）胸廓病变　如胸部创伤、严重气胸或大量胸腔积液、胸廓畸形等，可使胸廓活动受限，肺泡通气障碍，CO_2排出减少。

（5）肺部疾患　如呼吸窘迫综合征、急性心源性肺水肿、重度肺气肿、肺组织广泛纤维化等，均可因严重通气障碍和肺泡通气锐减而引起CO_2排出减少。

（6）呼吸机使用不当　人工呼吸机使用不当，通气量设定过小，使CO_2排出减少。

2. CO_2吸入过多　较少见。多因坑道、矿井等作业，由于通风不良吸入过多的CO_2。

（二）机体的代偿调节

呼吸性酸中毒最主要的发病环节是肺通气功能障碍或吸入气CO_2浓度过高，因此肺难以发挥代偿调节作用。故呼吸性酸中毒时，机体的主要代偿调节方式为：

1. 细胞内外离子交换和细胞内缓冲　是急性呼吸性酸中毒的主要代偿方式。当血浆CO_2浓度不断升高时：①CO_2在血浆中生成H_2CO_3，H_2CO_3解离成H^+和HCO_3^-，H^+与细胞内K^+交换，进入细胞内的H^+可被蛋白质缓冲，HCO_3^-则留在血浆中，发挥一定的代偿作用。②CO_2弥散入红细胞内，在碳酸酐酶的催化下CO_2与水生成H_2CO_3，H_2CO_3解离出H^+和HCO_3^-，HCO_3^-与细胞外的Cl^-交换进入血浆，使血浆HCO_3^-有所恢复。H^+在细胞内被血红蛋白缓冲。但这种离子交换和缓冲十分有限，不足以维持HCO_3^-/H_2CO_3的正常比值，因此急性呼吸性酸中毒时pH往往低于正常值，呈失代偿状态。

2. 肾的调节作用　是慢性呼吸性酸中毒的主要代偿方式。慢性呼吸性酸中毒一般是指持续24小时以上的CO_2潴留。$PaCO_2$升高和H^+浓度增加可增强肾小管上皮细胞碳酸酐酶和谷氨酰胺酶活性，使肾小管泌H^+、泌NH_3作用增强，重吸收HCO_3^-增多，使血浆HCO_3^-代偿性增加。由于肾的保碱作用较强大，故轻度和中度慢性呼吸性酸中毒时有可能代偿。

（三）动脉血气变化

$PaCO_2$原发性升高；pH降低；AB、SB、BB均继发性升高，BE正值增加，AB>SB。

（四）对机体的影响

呼吸性酸中毒时，对机体的影响基本上与代谢性酸中毒时相似，但中枢神经系统的功能紊乱更为明显。患者表现为头痛、视物模糊、疲乏无力等，严重时出现震颤、精神错乱、嗜睡、昏迷等，即"CO_2麻醉"，临床上称为肺性脑病。其机制为：①中枢酸中毒更明显，CO_2为脂溶性，呼吸性酸中毒尤其是急性呼吸性酸中毒时，血液中积聚的大量CO_2可迅速通过血脑屏障，使脑内H_2CO_3含量明显升高，而HCO_3^-为水溶性，不易透过血脑屏障进入脑组织，因此，脑脊液pH的降低较血液更为明显。②脑血管扩张，CO_2潴留可使脑血管明显扩张，脑血流量增加，引起颅内压增高。而且CO_2潴留往往伴有明显的缺氧，故患者中枢神经系统功能紊乱的表现更为突出。

（五）防治原则

1. 改善肺泡通气功能 积极治疗原发病，保持呼吸道畅通。如慢性阻塞性肺疾病患者，及时控制感染、强心、解痉和祛痰；呼吸道梗阻者，尽早排出气道异物或解除支气管平滑肌痉挛；呼吸中枢抑制者，须果断应用呼吸中枢兴奋剂或人工呼吸机。但使用呼吸机时，应避免过度通气，以免并发呼吸性碱中毒。

2. 正确使用碱性药物 呼吸性酸中毒时应慎用碱性药物，尤其是在通气尚未改善前要严加控制，以免并发代谢性碱中毒的同时又加重呼吸性酸中毒的病情。

三、代谢性碱中毒

代谢性碱中毒（metabolic alkalosis）是指细胞外液碱增多或H^+丢失而引起的以血浆HCO_3^-增多、pH升高为特征的酸碱平衡紊乱。根据给予生理盐水后的疗效分为盐水反应性碱中毒和盐水抵抗性碱中毒两类。

（一）原因与机制

1. H^+丢失过多

（1）经消化道丢失 剧烈呕吐或胃液引流时，大量HCl随胃液丢失，来自胃腺壁细胞和肠液的HCO_3^-得不到足够的H^+中和而被吸收入血，导致血浆HCO_3^-浓度升高。

（2）经肾丢失 ①应用速尿、噻嗪类利尿剂，抑制髓袢升支粗段对Cl^-、Na^+的主动重吸收，使小管液NaCl含量增高，因而刺激远曲小管、集合管泌H^+、泌K^+增加，重吸收Na^+和HCO_3^-增多，引起低氯性代谢性碱中毒。②盐皮质激素分泌过多，常见于肾上腺皮质增生或肿瘤引起的原发性醛固酮增多及有效循环血量不足引起继发性醛固酮增多。醛固酮可增强肾远曲小管和集合管对Na^+和HCO_3^-的重吸收，并促进K^+和H^+的排出，导致H^+经肾丢失和HCO_3^-重吸收增加，引起代谢性碱中毒及低钾血症。

2. 碱性物质摄入过多 口服或输入过量的$NaHCO_3$；摄入大量乳酸钠、乙酸钠或输入大量含枸橼酸钠抗凝剂的库存血液，这些有机酸盐在体内代谢可产生$NaHCO_3$。

3. 低钾血症 细胞外液K^+浓度降低，细胞内K^+向细胞外转移，而细胞外液中的H^+向细胞内移动。同时，低血钾可导致肾小管上皮细胞K^+－Na^+交换减弱，H^+－Na^+交换增强，H^+排出增加，HCO_3^-的重吸收增加，发生缺钾性碱中毒。

（二）机体的代偿调节

1. 血液的缓冲作用和细胞内外离子交换 血浆中HCO_3^-升高，可被缓冲系统中弱酸（$HHbO_2$、HHb、HPr、$H_2PO_4^-$）所缓冲，如$HCO_3^- + H_2PO_4^- \rightarrow H_2CO_3 + HPO_4^{2-}$，结果血浆中$H_2CO_3$升高，$HCO_3^-$浓度下降。同时，细胞外$H^+$浓度降低，细胞内$H^+$逸出，细胞外$K^+$进入细胞内，使血浆$H^+$升高而$K^+$的浓度

下降。

2. **肺的代偿调节**　血中H⁺浓度降低和pH升高，可反射性抑制呼吸中枢，使呼吸变浅变慢，CO_2排出减少，血中H_2CO_3代偿性升高，以使HCO_3^-/H_2CO_3浓度比接近正常。这种代偿调节迅速但有限。

3. **肾的代偿调节**　血中H⁺浓度降低和pH升高，使肾小管上皮细胞内的碳酸酐酶和谷氨酰胺酶活性降低，故肾小管上皮细胞泌H⁺、泌NH_3和重吸收HCO_3^-减少，使血中HCO_3^-浓度降低，而尿液呈碱性。但在缺钾、缺氯和醛固酮分泌增多所致的代谢性碱中毒时，因肾小管上皮细胞H⁺-Na⁺交换增强，H⁺排出增多，尿液呈酸性，称反常性酸性尿。

（三）动脉血气变化

血pH升高；AB、SB、BB均原发性升高，BE正值加大，AB>SB；$PaCO_2$继发性升高。

（四）对机体的影响

轻度代谢性碱中毒患者通常无症状，严重的代谢性碱中毒则可引起一系列功能代谢的改变。

1. **中枢神经系统**　患者表现为烦躁不安、精神错乱、谵妄、意识障碍等中枢神经系统兴奋症状。产生机制为：血中pH升高时，脑组织内γ-氨基丁酸转氨酶活性增高而谷氨酸脱羧酶活性降低，因此抑制性递质γ-氨基丁酸分解增强而生成减少。

2. **神经肌肉**　碱中毒时，pH升高可引起血浆中游离钙浓度降低，使神经肌肉的应激性增高，患者表现为面部和肢体肌肉的抽动、腱反射亢进、手足搐搦等症状。若患者伴有明显的低钾血症以致引起肌肉无力或麻痹时，可暂不出现抽搐，但一旦低钾血症纠正后，抽搐症状即可发生。

3. **血红蛋白氧离曲线左移**　血液pH升高可使血红蛋白氧离曲线左移，血红蛋白与O_2的亲和力增强，不易将结合的O_2释放出来，造成组织供氧不足。

4. **低钾血症**　碱中毒时，细胞外液H⁺浓度降低，细胞内H⁺逸出，细胞外K⁺内移；同时，肾小管上皮细胞H⁺-Na⁺交换减少，而K⁺-Na⁺交换增加，肾排K⁺增多，二者均可导致低血钾。

（五）防治原则

1. **积极治疗原发病**　去除代谢性碱中毒的病因与维持因素。

2. **盐水反应性碱中毒**　轻者输入生理盐水或葡萄糖盐溶液即可纠正。对低氯、低钾者，需补充氯化钾。严重者可用弱酸性药物纠正。

3. **盐水抵抗性碱中毒**　可用碳酸酐酶抑制剂（如乙酰唑胺），抑制肾小管上皮细胞内碳酸酐酶的活性，增加Na⁺和HCO_3^-的排出。肾上腺皮质激素分泌过多者，需用抗醛固酮药物（如螺内酯），同时适当补钾。

四、呼吸性碱中毒

呼吸性碱中毒（respiratory alkalosis）是指肺通气过度引起的以血浆H_2CO_3浓度原发性降低、pH升高为特征的酸碱平衡紊乱。

（一）原因与机制

肺通气过度是各种原因引起呼吸性碱中毒的基本发病环节。

1. **低氧血症**　见于初入高原地区，由于吸入气体O_2过低或心肺疾患、胸廓病变的患者，由于机体缺氧，使PaO_2降低，反射性引起呼吸加深、加快，CO_2排出增多，血浆H_2CO_3浓度降低。

2. 呼吸中枢受到直接刺激或精神性过度通气 常见于：①中枢神经系统疾病，如脑炎、脑外伤、脑肿瘤等；②精神障碍，如癔症发作；③某些药物，如水杨酸类、氨等；④机体代谢旺盛，如甲状腺功能亢进、高热等。

3. 人工呼吸机使用不当 因通气量过大导致机械性通气过度，使CO_2排出过多，引起医源性呼吸性碱中毒。

（二）机体的代偿调节

呼吸性碱中毒是由肺通气过度所致，因此肺不能有效发挥其代偿作用。

1. 细胞内外离子交换和细胞内缓冲作用 是急性呼吸性碱中毒的主要代偿方式。呼吸性碱中毒时，血浆H_2CO_3浓度迅速降低，HCO_3^-浓度相对增高，H^+从细胞内移至细胞外，与血浆HCO_3^-结合形成H_2CO_3，因而血浆HCO_3^-浓度下降，H_2CO_3浓度有所回升。同时，细胞外的K^+进入细胞内，引起低血钾。血浆中部分HCO_3^-与Cl^-交换进入红细胞内，并在碳酸酐酶作用下形成H_2CO_3，H_2CO_3进一步解离成CO_2和H_2O，CO_2弥散入血浆，使血浆$PaCO_2$有所回升。但上述代偿调节作用是极有限的，因此急性呼吸性碱中毒时pH往往高于正常值，呈失代偿状态。

2. 肾的代偿调节 是慢性呼吸性碱中毒的主要代偿调节方式。主要表现为肾小管上皮细胞泌H^+、泌NH_3和重吸收HCO_3^-减少，使HCO_3^-随尿排出增多，血浆HCO_3^-浓度代偿性降低。

（三）动脉血气变化

血pH升高；$PaCO_2$原发性降低；SB、AB、BB继发性减少，BE负值增加，AB<SB。

（四）对机体的影响

呼吸性碱中毒对机体的影响与代谢性碱中毒相似。但手足搐搦较为多见，严重者可发生肌肉震颤、抽搐。由于$PaCO_2$降低，脑血管收缩，脑血流量降低，故患者常有头痛、头晕。

（五）防治原则

以防治原发病和去除导致通气过度的原因为主要措施。急性呼吸性碱中毒者可采用吸入含$5\%CO_2$的混合气体或纸袋罩口、鼻反复吸入呼出气体等措施，以逐渐恢复其血浆H_2CO_3浓度。精神性通气过度患者可酌情使用镇静剂。有手足搐搦者可静脉注射葡萄糖酸钙。

第四节 混合型酸碱平衡紊乱

PPT

混合型酸碱平衡紊乱是指同一患者同时发生两种或两种以上单纯型酸碱平衡紊乱的病理过程，可分为双重性酸碱平衡紊乱和三重性酸碱平衡紊乱。

一、双重性酸碱平衡紊乱

双重性酸碱平衡紊乱是指同一患者同时发生两种单纯型酸碱平衡紊乱。根据其pH效应分以下两种：

（一）酸碱一致性双重性酸碱平衡紊乱

1. 呼吸性酸中毒合并代谢性酸中毒 常见于：①慢性阻塞性肺疾病合并心力衰竭或休克；②心脏、

呼吸骤停。肺通气障碍引起呼吸性酸中毒，组织缺氧引起代谢性酸中毒。

动脉血气变化：pH显著降低；AB、SB、BB均降低、BE负值增大；血K^+升高；$PaCO_2$升高。

2. 呼吸性碱中毒合并代谢性碱中毒　见于高热合并呕吐、肝硬化腹水应用利尿剂治疗。高热、肝硬化引起血氨升高，兴奋呼吸中枢，通气过度，引起呼吸性碱中毒；呕吐或因治疗腹水而长期应用利尿剂，又可引起代谢性碱中毒。

动脉血气变化：pH显著升高；AB、SB、BB均升高；AB<SB；BE正值增大；$PaCO_2$下降。

（二）酸碱混合性双重性酸碱平衡紊乱

1. 呼吸性酸中毒合并代谢性碱中毒　见于慢性阻塞性肺疾病患者，因肺通气障碍引起呼吸性酸中毒，又因严重呕吐或心力衰竭应用排K^+利尿剂，使Cl^-、K^+丢失引起代谢性碱中毒。

动脉血气变化：pH变化不大，甚至正常；AB、SB、BB均升高，AB>SB；BE正值增大；$PaCO_2$升高。

2. 呼吸性碱中毒合并代谢性酸中毒　见于：①糖尿病酮症酸中毒、肾衰竭、中毒性休克等合并高热，前一种因素引起代谢性酸中毒，而高热则引起呼吸性碱中毒。②水杨酸中毒：血中大量水杨酸可使有机酸增加，消耗大量HCO_3^-引起代谢性酸中毒。水杨酸又可直接刺激呼吸中枢，使肺通气过度导致呼吸性碱中毒。③慢性肝病，高血氨并发肾衰竭。

动脉血气变化：pH变化不大，甚至可正常；AB<SB，SB、AB、BB均降低；BE负值增大；$PaCO_2$降低。

3. 代谢性酸中毒合并代谢性碱中毒　见于：①肾衰竭或糖尿病病人因频繁呕吐使胃液大量丢失。②剧烈呕吐伴严重腹泻。

动脉血气变化：血浆HCO_3^-和pH正常；$PaCO_2$正常或略高、略低。

应该指出，在同一个患者身上不可能同时发生CO_2既过多又过少，故呼吸性酸中毒和呼吸性碱中毒不可能同时发生。

📋 **病例分析 11**

患者，女，60岁，糖尿病病史12年，近日因呼吸深快入院。血气检测结果如下：血pH 7.30，$PaCO_2$ 2.13kPa（16mmHg），AB 10mmol/L。

问题与思考

（1）目前患者有无酸碱平衡紊乱？

（2）如果有，是哪一型？分析判断的依据是什么？

答案解析

二、三重性酸碱平衡紊乱

较少见，病理生理变化更复杂，有以下两种类型。

1. 呼吸性酸中毒合并代谢性酸中毒和代谢性碱中毒　其特点是$PaCO_2$明显升高，AG>16mmol/L；HCO_3^-浓度一般也升高，血Cl^-浓度下降十分明显。

2. 呼吸性碱中毒合并代谢性酸中毒和代谢性碱中毒　其特点是$PaCO_2$降低，AG>16mmol/L，HCO_3^-浓度可高可低；血Cl^-一般低于正常。

临床上，酸碱平衡紊乱比较复杂，亦并非一成不变。因此，在诊断和治疗酸碱平衡紊乱时，一定要密切结合病史，通过血气检测结果的动态变化，综合分析病情，才能及时作出正确的诊断和治疗。

第五节　分析判断单纯型酸碱平衡紊乱的方法

PPT

患者的病史和临床表现为判断酸碱平衡紊乱提供了重要线索，血气检测结果是判断酸碱平衡紊乱类型的决定性依据，血清电解质检测也是有价值的参考资料，计算AG值有助于区别单纯型代谢性酸中毒的类型以及诊断混合型酸碱平衡紊乱。

单纯型酸碱平衡紊乱主要靠血气分析诊断，其规律如下：

1. **根据pH或H^+的变化，可判断是酸中毒还是碱中毒**　pH <7.35，则为酸中毒；pH >7.45，则为碱中毒。

2. **根据病史和原发性平衡紊乱可判断是呼吸性还是代谢性酸碱平衡紊乱**

如原发$PaCO_2$升高，引起pH降低，称为呼吸性酸中毒。

如原发$PaCO_2$降低，引起pH升高，称为呼吸性碱中毒。

如原发HCO_3^-降低，引起pH降低，称为代谢性酸中毒。

如原发HCO_3^-升高，引起pH升高，称为代谢性碱中毒。

各种单纯型酸碱平衡紊乱的发病环节及检测指标的变化见表10-5-1。

表10-5-1　各型酸碱平衡紊乱发病环节及检测指标变化的比较

项目	代谢性酸中毒	呼吸性酸中毒	代谢性碱中毒	呼吸性碱中毒
原因	酸潴留或碱丢失	通气不足	碱潴留或酸丢失	通气不足
原发环节	$H^+\uparrow$/$NaHCO_3\downarrow$	$H_2CO_3\uparrow$	$H^+\downarrow$/$NaHCO_3\uparrow$	$H_2CO_3\downarrow$
血浆pH	正常或↓	正常或↓	正常或↑	正常或↑
$PaCO_2$	↓	↑↑	↑	↓↓
HCO_3^-	↓↓	↑（慢性）	↑↑	↓（慢性）
尿液pH	↓或↑	↓或↑	↑或↓	↑或↓

3. **根据代偿情况可判断是单一性酸碱平衡紊乱还是混合性酸碱平衡紊乱**　代偿的规律是代谢性酸碱平衡紊乱主要靠肺代偿，而呼吸性酸碱平衡紊乱主要靠肾代偿；单一性酸碱平衡紊乱继发性代偿变化与原发性平衡紊乱同向，但继发性代偿变化一定小于原发性平衡紊乱，其代偿公式见表10-5-2。

表10-5-2　常用单纯型酸碱平衡紊乱的预计代偿公式

原发失衡	原发性变化	继发性变化	预计代偿公式	代偿时限
代谢性酸中毒	〔HCO_3^-〕↓	$PaCO_2\downarrow$	$\triangle PaCO_2\downarrow=1.2\triangle$〔$HCO_3^-$〕± 2	12~24 小时
代谢性碱中毒	〔HCO_3^-〕↑	$PaCO_2\uparrow$	$\triangle PaCO_2\uparrow=0.7\triangle$〔$HCO_3^-$〕± 5	12~24 小时
呼吸性酸中毒	$PaCO_2\uparrow$	〔HCO_3^-〕↑		
急性			$\triangle$〔HCO_3^-〕↑$=0.1\triangle PaCO_2$± 1.5	几分钟
慢性			$\triangle$〔HCO_3^-〕↑$=0.35\triangle PaCO_2$± 3	3~5 天

续表

原发失衡	原发性变化	继发性变化	预计代偿公式	代偿时限
呼吸性碱中毒	$PaCO_2\downarrow$	$[HCO_3^-]\downarrow$		
急性			$\triangle[HCO_3^-]\downarrow=0.2\triangle PaCO_2\pm2.5$	几分钟
慢性			$\triangle[HCO_3^-]\downarrow=0.5\triangle PaCO_2\pm2.5$	3~5天

注：有"△"者为变化值，无"△"者表示绝对值；代偿时限是指体内达到最大代偿反应所需的时间

　　酸碱平衡紊乱时，机体代偿调节有一定的规律性，即有一定的方向性、一定的代偿范围（代偿预计值）和代偿的最大限度。符合规律者为单纯型酸碱平衡紊乱，不符合规律者为混合型酸碱平衡紊乱。混合型酸碱平衡紊乱时，$PaCO_2$ 与 HCO_3^- 变化方向相反者为酸碱一致性酸碱平衡紊乱；若 $PaCO_2$ 与 HCO_3^- 变化方向一致者为酸碱混合型酸碱平衡紊乱。

目标检测

答案解析

一、单项选择题

1. 机体的正常代谢必须处于（　　）
   A. 弱酸性的体液环境中　　　　B. 弱碱性的体液环境中　　　　C. 较强的酸性体液环境中
   D. 较强的碱性体液环境中　　　E. 中性的体液环境中

2. 正常体液中 H^+ 主要来自（　　）
   A. 食物中摄入的 H^+　　　　　B. 碳酸中释出的 H^+　　　　　C. 乳酸中释出的 H^+
   D. 糖酵解过程中生成的 H^+　　E. 脂肪代谢过程中释出的 H^+

3. 碱性物质的来源有（　　）
   A. 氨基酸脱氨基产生的氨　　　B. 肾小管细胞分泌的氨　　　　C. 蔬菜中含有的有机酸盐
   D. 水果中含有的有机酸盐　　　E. 以上都是

4. 下列属挥发性酸的是（　　）
   A. 乳酸　　　　B. 磷酸　　　　C. 碳酸　　　　D. 丙酮酸　　　　E. 乙酰乙酸

5. 下列指标中，反映酸碱平衡呼吸因素的最佳指标是（　　）
   A. pH　　　　B. SB　　　　C. AB　　　　D. $PaCO_2$　　　　E. BB

6. 血液 pH 主要取决于血浆中（　　）
   A. $[Pr^-]/[HPr]$　　　　　　B. $[Hb^-]/[HHb]$　　　　　　C. $[HCO_3^-]/[H_2CO_3]$
   D. $[HbO_2^-]/[HHbO_2]$　　　E. $[HPO_4^{2-}]/[H_2PO_4^-]$

7. 下列哪项因素不易引起 AG 正常型代谢性酸中毒（　　）
   A. 消化道丢失 HCO_3^-　　　　B. 肾小管性酸中毒　　　　　C. 水杨酸中毒
   D. 应用碳酸酐酶抑制剂　　　　E. 服用含氯药物过量

8. 代谢性碱中毒时，神经肌肉的应激性增高，出现手足抽搐的主要原因是由于血浆中游离（　　）
   A. 钠降低　　　B. 钾降低　　　C. 钙降低　　　D. 镁降低　　　E. 磷降低

9. 低钾血症可引起（　　）
   A. 代谢性酸中毒　　　　　　　B. 代谢性碱中毒　　　　　　　C. 呼吸性酸中毒

  D．呼吸碱中毒　　　　　　　　　　E．混合性酸中毒

10．急性呼吸性酸中毒时机体的主要代偿方式是（　　）

  A．肺的调节作用　　　　　　　　　　B．细胞内外离子交换

  C．呼吸性代偿　　　　　　　　　　　D．CO_2经肺毛细血管的扩散速率

  E．肾代偿作用

11．下列哪项混合型酸碱平衡紊乱不可能出现（　　）

  A．代谢性酸中毒合并代谢性碱中毒　　　B．呼吸性酸中毒合并呼吸性碱中毒

  C．代谢性酸中毒合并呼吸性碱中毒　　　D．代谢性酸中毒合并呼吸性酸中毒

  E．代谢性碱中毒合并呼吸性碱中毒

12．反映血液具有缓冲作用的阴离子总量的指标是（　　）

  A．血 pH　　　　　B．$PaCO_2$　　　　C．BB　　　　　D．SB　　　　　E．AG

13．肺通气过度可引起（　　）

  A．代谢性酸中毒　　　　　　B．代谢性碱中毒　　　　　C．呼吸性酸中毒

  D．呼吸性碱中毒　　　　　　E．混合性酸中毒

二、简答题

1．简述酸碱平衡紊乱的概念。

2．简述机体内酸碱物质的来源。

3．简述机体对酸碱平衡的调节方式。

4．简述代谢性酸中毒对心血管系统的影响。

（曲晓媛）

书网融合……

知识回顾　　　习题

第十一章

缺血－再灌注损伤

PPT

学习目标

知识要求：

1. 掌握缺血－再灌注损伤的概念；缺血－再灌注导致自由基生成增多、钙超载及炎症反应过度激活的机制；自由基生成增多、钙超载引起缺血再灌注损伤的机制。

2. 熟悉炎症反应过度激活引起缺血－再灌注损伤的机制；缺血－再灌注损伤时心脑功能代谢的变化。

3. 了解缺血－再灌注损伤时其他器官缺血－再灌注损伤的变化；缺血－再灌注损伤的原因及条件；缺血-再灌注损伤的防治原则。

技能要求：

具备运用所学知识分析和解决实际问题的临床思维能力。

局部组织器官缺血将会导致实质器官的损害，称为缺血性损伤。临床对缺血性疾病，如心肌梗死、脑血栓等的处理原则是尽快恢复血液再灌注，使缺血组织和器官重新得到氧的供应。然而，近年来大量的实验研究及临床证据表明，在某些情况下组织器官重新恢复血流后，其功能不仅没有随着血液的重新灌入而改善，反而使原缺血器官功能障碍和结构损伤更加严重。这种恢复某些缺血组织器官的血液灌注及氧供反而会加重组织损伤，此现象称为缺血－再灌注损伤（ischemia-reperfusion injury）。

第一节　缺血－再灌注损伤的原因及条件

一、原因

凡是在组织器官缺血基础上的血液再灌注都可能成为缺血－再灌注损伤的发病原因。常见原因如下。

1. 组织器官缺血后恢复血液供应，如休克时微循环的疏通、冠状动脉痉挛的缓解、心脏骤停后的心脑肺复苏等。

2. 动脉搭桥术、冠脉血管成形术、心脏外科手术体外循环、溶栓疗法等血管再通术后、断肢再植及器官移植等术后。

二、条件

应当指出的是并非所有缺血的组织器官在血流恢复后都会发生缺血－再灌注损伤，再灌注损伤是否出现及其损伤的严重程度，取决于缺血时间的长短、侧支循环的形成情况、对氧的需求程度以及再灌注条件等多种因素。

1. **缺血时间**　缺血时间过短或过长都不易发生再灌注损伤。缺血时间短，恢复血供后可无明显的再灌注损伤；缺血时间长，恢复血供则易导致再灌注损伤；缺血时间过长，缺血器官已发生不可逆性损伤，则观察不到再灌注损伤。例如阻断大鼠左冠状动脉5~10分钟，恢复血供后心律失常的发生率很高，但短于2分钟或超过20分钟的缺血，心律失常较少发生。不同动物、不同器官发生再灌注损伤所需的缺血时间不同，小型动物相对较短，大型动物和人类相对较长。

2. **侧支循环**　缺血区侧支循环的形成多少也是引起再灌注损伤发生的一个重要因素，侧支循环容易形成者，则不易发生再灌注损伤。

3. **对氧需求程度**　对氧需求量高的组织器官，如心、脑等易发生再灌注损伤。

4. **再灌注条件**　再灌注压力越高，造成的再灌注损伤越重。适当的低温（25℃）、低压、低pH、低钠、低钙灌流液灌注，可减轻再灌注损伤；适当增加灌注液钾、镁含量，亦可减轻再灌注损伤。

第二节　缺血－再灌注损伤的发生机制

缺血－再灌注损伤发生的机制尚未彻底阐明，目前研究认为再灌注损伤是由持续缺血性损伤的延续和再灌注诱发的新损伤共同构成的，自由基生成增多、细胞内钙超载和炎症反应过度激活是缺血－再灌注损伤的重要发病机制。

一、自由基的作用

（一）自由基的概念和分类

自由基是外层轨道上单个不配对电子的原子、原子团和分子的总称。自由基的种类很多，主要包括以下几种。

1. **氧自由基**　由氧诱发的自由基称为氧自由基，如超氧阴离子（O_2^-）、羟自由基（OH·）。在生理情况下，氧通常是通过细胞色素氧化酶系统接受4个电子还原成水，同时释放能量，但也有1%~2%的氧接受一个电子生成过氧化氢（H_2O_2）。H_2O_2本身不是自由基，但其氧化能力很强，易生成羟自由基。氧自由基和H_2O_2均属活性氧。活性氧生成的反应式为：

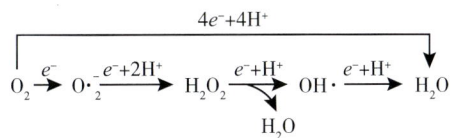

$$O_2 \xrightarrow{e^-} O_2^- \cdot \xrightarrow{e^-+2H^+} H_2O_2 \xrightarrow{e^-+H^+} OH \cdot \xrightarrow{e^-+H^+} H_2O$$

（其中 $4e^-+4H^+$ 总反应，H_2O_2 下方分支生成 H_2O）

2. **脂性自由基**　是氧自由基与多价不饱和脂肪酸作用后生成的中间代谢产物，如烷自由基（L·）、烷氧自由基（LO·）、烷过氧自由基（LOO·）等。

3. **其他自由基**　如氯自由基（Cl·）、甲基自由基（CH_3·）等。

氧自由基和脂性自由基的性质极为活泼，易失去电子（氧化）或夺取电子（还原），特别是其氧化作用强，故具有强烈的引发脂质过氧化的作用。但由于细胞内存有超氧化物歧化酶和谷胱甘肽过氧化物酶等抗氧化酶类可以及时清除它们，所以生理状态对机体并无有害影响。在病理条件下由于活性氧产生过多或（和）抗氧化酶类活性下降，则可引发链式脂质过氧化反应损伤细胞膜，并进而使细胞死亡。

> **◉ 知识拓展**
>
> 自由基化学性质活泼，可引起脂类过氧化、破坏蛋白质和核酸结构与功能，引起机体损伤。为防御自由基对机体的损害，体内存在两类抗氧化防御系统，可及时清除自由基而维护机体正常生理功能。①非酶性抗氧化剂：辅酶Q、维生素E、β胡萝卜素、维生素C、谷胱甘肽等，这些物质能提供电子使自由基还原而清除自由基。②酶性抗氧化剂：包括超氧化物歧化酶、过氧化氢酶、谷胱甘肽过氧化物酶。

（二）氧自由基增多的机制

1. **黄嘌呤氧化酶的形成增多** 黄嘌呤氧化酶（xanthine oxidase，XO）及其前身黄嘌呤脱氢酶（xanthine dehydrogenase，XD）主要存在于毛细血管内皮细胞内。黄嘌呤氧化酶（XO）的前身是黄嘌呤脱氢酶（XD），正常时只有10%以XO的形式存在，90%为XD的形式。当组织缺血、缺氧时，由于ATP减少，膜泵功能失灵，Ca^{2+}进入细胞膜激活Ca^{2+}依赖性蛋白水解酶，使XD大量转变为XO；同时ATP依次降解为ADP、AMP和次黄嘌呤，故缺血组织内次黄嘌呤大量堆积。再灌注时，大量O_2随血液进入缺血组织，黄嘌呤氧化酶在催化次黄嘌呤转变为黄嘌呤并进而催化黄嘌呤转变为尿酸的两步反应中，释放大量电子并以分子氧为接受体，从而产生O_2^-和H_2O_2。H_2O_2在金属离子的参与下形成更为活跃的$OH \cdot$，因此再灌注时，组织内O_2^-、$OH \cdot$等氧自由基会大量增加。

2. **中性粒细胞的大量聚集与激活** 组织缺血可激活补体系统，或经过细胞膜分解产生多种具有趋化活性的物质，如C_3片段、白三烯等，吸引并激活中性粒细胞。中性粒细胞在吞噬活动时耗氧量显著增加，所摄取的O_2绝大部分经细胞内的NADPH氧化酶和NADH氧化酶催化，接受电子形成氧自由基，用以杀灭病原微生物。如氧自由基产生过多或机体清除氧自由基的酶系统活性不足或抗氧化剂不够，中性粒细胞形成的氧自由基就可损伤组织。

3. **线粒体功能受损** 由于缺血缺氧使ATP减少，Ca^{2+}进入线粒体增多而使线粒体受损，细胞色素氧化酶系统功能失调，以致进入细胞内的氧经单电子还原形成的氧自由基增多，而经4价还原形成的水减少。

4. **儿茶酚胺的自身氧化** 各种应激性刺激，包括缺血缺氧，均可使交感-肾上腺髓质系统兴奋产生大量的儿茶酚胺。儿茶酚胺一方面具有重要的代偿调节作用，另一方面过量的儿茶酚胺尤其是其氧化产物可产生具有细胞毒性的氧自由基。

（三）自由基的损伤作用

自由基具有极为活泼的反应性，在缺血-再灌注组织中生成的自由基能和各种细胞成分（膜磷脂、蛋白、核酸）发生反应，造成细胞结构损伤和功能代谢障碍。

1. **膜脂质过氧化损伤** 自由基与细胞膜结构中的不饱和脂肪酸作用引发脂质过氧化反应。脂质过氧化物的形成使膜受体、膜蛋白酶和离子通道的脂质微环境改变。生物膜不饱和脂肪酸/蛋白质比例失常，膜的液态性、流动性降低而通透性增高。膜的基本特性如变构、离子传递、酶活性等发生改变。膜脂质过氧化可激活磷脂酶C和磷脂酶D，进一步分解膜磷脂，促进花生四烯酸的代谢，在增加自由基产生及脂质过氧化的同时形成多种生物活性物质，如前列腺素、血栓素、白三烯等，导致再灌注损伤。

2. 蛋白质功能抑制 在自由基的作用下，胞质及膜蛋白及某些酶可交联（脂质－脂质交联、蛋白－蛋白交联、脂质－蛋白交联、蛋白－胶原交联）成二聚体或更大的聚合物。蛋白质的交联将使其结构改变，失去活性。

3. 核酸及染色体破坏 自由基可使核酸碱基羟化或DNA断裂，导致染色体畸变或细胞死亡。

二、钙超载的作用

由各种原因引起的细胞内Ca^{2+}含量异常增多并导致细胞结构损伤和功能代谢障碍的现象称为钙超载（calcium overload）。发生再灌注损伤时，再灌注区细胞内Ca^{2+}过量积聚，使细胞功能严重受损，甚至造成细胞死亡。有研究表明，细胞内Ca^{2+}的增加与细胞受损程度呈正相关。

（一）细胞内钙超载的机制

正常情况下，细胞外Ca^{2+}浓度高出细胞内约万倍，这种细胞内外Ca^{2+}浓度差由以下5点来维持：①细胞膜对Ca^{2+}的通透性低；②钙与特殊配基形成可逆性复合物；③细胞膜钙泵（$Ca^{2+}-Mg^{2+}-ATP$酶）逆电化学梯度将Ca^{2+}主动转运到细胞外；④通过肌浆网和线粒体膜上的Ca^{2+}泵和Na^+-Ca^{2+}交换将胞质Ca^{2+}存到细胞器内；⑤通过细胞膜Na^+-Ca^{2+}转运到细胞外等。

1. Na^+/Ca^{2+}交换异常 研究证明，细胞Na^+/Ca^{2+}交换蛋白是缺血－再灌注时Ca^{2+}进入细胞的主要途径。Na^+/Ca^{2+}交换蛋白对细胞内外Na^+/Ca^{2+}进行双相转运，其活性受跨膜Na^+浓度梯度和细胞内浓度影响。在生理条件下，主要是将Ca^{2+}运出细胞，与肌浆网和细胞膜钙泵共同维持静息时细胞内的低钙水平。在缺血缺氧时，由于ATP减少、细胞酸中毒，导致细胞内Na^+增加，激活Na^+/Ca^{2+}交换蛋白，在加速Na^+向细胞外转运的同时将大量Ca^{2+}运入细胞，造成细胞内钙超载。此外，缺血－再灌注时，内源性儿茶酚胺的释放增加可通过蛋白激酶活化间接激活Na^+/Ca^{2+}交换蛋白，促使胞质Ca^{2+}浓度的升高。

2. 生物膜损伤 组织缺血缺氧造成细胞膜外板与糖被表面分离以及再灌注时生成的大量氧自由基使膜脂质过氧化反应均可使细胞膜通透性增高，细胞外Ca^{2+}顺浓度梯度大量内流，而细胞内Ca^{2+}增加可激活磷脂酶，使膜磷脂降解，细胞膜通透性进一步增高。自由基损伤和膜磷脂降解也可造成肌浆网膜和线粒体膜受损，肌浆网膜钙泵功能抑制使肌浆网摄Ca^{2+}减少，胞质Ca^{2+}浓度升高。线粒体膜损伤抑制氧化磷酸化，ATP生成减少，细胞膜和肌浆网膜钙泵能量供应不足，促进钙超载的发生。

（二）钙超载引起缺血－再灌注损伤的机制

1. 线粒体功能障碍 进入细胞的大量Ca^{2+}在被肌浆网、线粒体摄取的过程中消耗大量ATP，同时进入线粒体的Ca^{2+}与磷酸根化合物结合，成不溶性磷酸钙，使线粒体功能和结构严重受损，从而加重细胞能量代谢障碍，使ATP生减少。

2. 激活磷脂酶 细胞内Ca^{2+}增加可激活多种磷脂酶，促进膜磷脂分解，使细胞膜和细胞器膜结构损伤。

3. 促进氧自由基生成 细胞内Ca^{2+}增加可通过增加Ca^{2+}依赖性蛋白酶活性，加速黄嘌呤脱氢酶转化为黄嘌呤氧化酶，从而促进氧自由基生成增多，造成组织、细胞的损伤。

4. 心律失常 通过Na^+/Ca^{2+}交换形成一过性内向离子流，在心肌动作电位后形成延迟后除极，成为引起心律失常的原因之一。

5. **肌原纤维过度收缩**　再灌注使缺血细胞重新获得能量供应，在细胞质内存在高浓度的 Ca^{2+} 条件下，肌原纤维过度收缩，严重时可导致心肌纤维断裂。

三、白细胞的作用

近年来的研究表明，微血管损伤也是缺血 – 再灌注损伤的重要发病机制之一，血管内皮细胞和白细胞激活及其相互作用在微血管损伤中起到了主要作用。

（一）再灌注时血管内皮细胞和白细胞激活

缺血损伤可刺激血管内皮细胞表面多种黏附分子表达增强，引起中性粒细胞边集、黏附、聚集在血管内皮细胞上。再灌注时，血管内皮细胞和中性粒细胞激活进行性增加，大量合成细胞黏附因子，导致中性粒细胞和血管内皮细胞之间的广泛黏附、聚集。细胞黏附因子是指由细胞合成的、可促进细胞与细胞之间、细胞与细胞外基质之间黏附的一大类分子的总称，在维持细胞结构完整和细胞信号转导中起重要作用。

再灌注损伤可使细胞膜磷脂降解，花生四烯酸代谢产物如白三烯具有很强的趋化作用，能吸引大量中性粒细胞黏附于血管内皮或进入组织，中性粒细胞与血管内皮细胞黏附后进一步激活，自身合成释放多种具有趋化作用的炎症介质，使白细胞浸润进一步加重。

（二）血管内皮细胞与中性粒细胞介导的损伤

1. **微血管损伤**　缺血 – 再灌注时，血管内皮细胞和中性粒细胞的激活可导致毛细血管嵌顿、堵塞，有助于形成无复流现象。无复流现象是指恢复血液灌注后，缺血区依然得不到充分的血液灌注的现象。因此再灌注损伤实际上是缺血性损伤的延续和叠加，缺血细胞并未能得到血液灌注，而是继续缺血，因而损伤加重。出现无复流现象的病理生理基础：中性粒细胞黏附、血小板沉积以及红细胞叠连聚集，造成毛细血管阻塞；血管内皮细胞肿胀，向管腔伸出突起造成管腔狭窄；激活的血管内皮细胞和中性粒细胞可释放大量缩血管物质，如内皮素、血管紧张素Ⅱ、血栓素等，导致微血管口径狭窄；中性粒细胞黏附和自由基损伤可使微血管通透性增高，从而使细胞间质水肿压迫微血管。

2. **细胞损伤**　激活的血管内皮细胞和中性粒细胞释放大量生物活性物质，如自由基、蛋白酶、细胞因子等，不但可改变自身的结构和功能，而且造成周围组织细胞损伤。

总之，缺血 – 再灌注损伤的发生是上述多种因素共同作用的结果。缺血 – 再灌注时生成的自由基可促进钙超载，细胞内游离钙增加又加速自由基的产生，共同导致再灌注损伤。中性粒细胞作为再灌注时自由基、细胞黏附分子及其致炎因子的重要来源，在再灌注损伤的发生发展中亦起重要作用。此外，细胞代谢紊乱也参与再灌注损伤的发生。如再灌注导致的细胞内液迅速碱化，可激活多种酶，加速细胞的分解；线粒体损伤造成的能量生成不足；血管内皮细胞损伤的大量生物活性物质释放和血管舒缩功能紊乱，亦是引发缺血 – 再灌注损伤的重要因素。

第三节　缺血 – 再灌注损伤时器官的功能、代谢变化

缺血 – 再灌注损伤是机体缺血后恢复血流时发生的，主要表现为再灌注组织器官的功能代谢障碍及

结构损伤。损伤的程度会因缺血程度、再灌注时的条件和组织器官的不同而异。研究发现，多种组织器官都能发生再灌注损伤，其中心脏和脑对氧需求高，较易发生缺血－再灌注损伤。

一、心肌缺血－再灌注损伤的变化

（一）再灌注性心律失常

缺血心肌再灌注过程中出现的心律失常，称为再灌注性心律失常。其发生率高，以室性心律失常最为多见，如室性心动过速和心室颤动等。其发生的有关因素：①再灌区存在功能上可以恢复的心肌细胞越多，心律失常的发生率越高；②缺血心肌数量多、缺血程度重、再灌注恢复速度快，心律失常的发生率高。再灌注性心律失常的发生可能是由于自由基和钙超载造成的心肌损伤及ATP减少改变了心肌电生理特性，如心肌传导性与不应期的暂时不均一性，为兴奋折返提供了电生理基础；再灌注时增多的儿茶酚胺刺激 α 受体，提高了心肌细胞的自律性；再灌注时纤颤阈降低，均可导致心律失常的发生。

（二）心肌舒缩功能障碍

缺血－再灌注导致的心肌可逆性或不可逆性损伤均可造成心肌舒缩功能降低，表现为心输出量减少，心室内压最大变化速率降低，心室舒张末期压力升高等。当心肌短暂缺血未出现不可逆损伤时，恢复血流再灌注后的一定时间内出现可逆性的心肌收缩功能降低，甚至处于无功能状态的现象称为心肌顿抑。目前认为，心肌顿抑是缺血－再灌注损伤的表现形式之一，自由基爆发性生成和钙超载是其主要的发病机制。

（三）心肌结构变化

缺血－再灌注损伤时，心肌结构的变化较单纯心肌缺血时进一步加重，表现为细胞破坏、线粒体肿胀、嵴断裂、溶解、空泡形成。由于 Ca^{2+} 蓄积，基质内致密颗粒增多、肌原纤维断裂、节段性溶解和出现收缩带。缺血－再灌注还可造成不可逆损伤，出现心肌出血、坏死。

📖 病例分析 12

患者张某，男，57岁。因胸部剧烈疼痛入院。患者描述疼痛为一种非常严重的、胸骨后压榨性疼痛，放射至左肩，伴恶心、呕吐。

体格检查：BP 150/100mmHg，P 110次/分，R 24次/分，血氧饱和度96%。焦虑面容、出汗。无颈静脉怒张。胸部听诊：心、肺无异常。心电图显示：$V_2 \sim V_4$ 导联ST段抬高。既往高脂血症病史。立即给予心电监护、吸氧、口服硝酸甘油及阿司匹林，行经皮冠脉介入治疗，患者症状缓解。10分钟后，心电监护显示室上性心动过速，给予利多卡因治疗后，心电图恢复正常。

问题与思考

（1）为何患者在介入治疗后会出现室上性心动过速？

（2）试述缺血－再灌注损伤引起心肌收缩功能障碍的发生机制。

答案解析

二、脑缺血 – 再灌注损伤的变化

脑是对缺氧最敏感的器官，它的活动主要依靠葡萄糖有氧氧化提供的能量，一旦缺血时间较长即可引起严重的不可逆损伤。脑缺血时生物电发生改变，出现病理性慢波，缺血一定时间后再灌注，慢波持续并加重，说明脑功能受损严重。

（一）脑缺血 – 再灌注损伤时细胞代谢变化

脑缺血后短时间内 ATP、CP、葡萄糖、糖原等均减少，而乳酸、cAMP 明显增加。再灌注使缺血时脑组织中已升高的 cAMP 含量进一步增加，而 cGMP 含量则进一步减少，这一情况提示缺血及再灌注时过氧化反应增强。脑是一个富有磷脂的器官，因 cAMP 上升导致磷脂酶激活，使膜磷脂降解，游离脂肪酸增多，以花生四烯酸和硬脂酸为著。自由基和游离脂肪酸作用而使过氧化脂质生成增多，引起细胞和组织的损伤。

（二）脑缺血 – 再灌注损伤时组织学变化

脑缺血 – 再灌注损伤最明显的组织学变化是脑水肿及脑细胞坏死，脑水肿的产生是由于细胞膜脂质过氧化使膜结构破坏和钠泵功能障碍的结果。

三、其他器官缺血 – 再灌注损伤变化

除了心肌梗死和缺血性卒中，缺血 – 再灌注损伤还可继发于一系列病理过程中，如创伤、急性肾损伤、循环骤停等。缺血 – 再灌注损伤也是器官移植、心肺复苏、血管外科手术治疗的挑战之一。

（一）肺缺血 – 再灌注损伤的变化

肺缺血 – 再灌注期间，光镜下可见：肺不张伴不同程度肺气肿，肺间质增宽、水肿、炎症细胞浸润，肺泡内较多红细胞渗出。肺缺血 – 再灌注损伤主要表现为肺动脉高压、肺出血、肺水肿和急性呼吸衰竭。

（二）肠缺血 – 再灌注损伤的变化

肠缺血时，液体通过毛细血管滤出而形成间质水肿。缺血后再灌注，肠管毛细血管通透性进一步升高。严重肠管缺血 – 再灌注损伤的特征为黏膜病变，表现为广泛的上皮与绒毛分离，上皮坏死，固有层破坏，出血及溃疡形成，由此导致广泛的功能（如吸收）障碍及黏膜屏障的通透性增高，使大分子得以通过。此外，损伤的肠道还可成为多种有害性生物活性物质的来源。

（三）肝缺血 – 再灌注损伤的变化

肝移植和阻断血管的肝脏切除术等，可导致肝缺血 – 再灌注损伤。此时，血清丙氨酸氨基转移酶、天门冬氨酸氨基转移酶及乳酸脱氢酶活性明显增高，肝功能受损。再灌注时肝组织损伤较单纯缺血明显加重，主要表现为：光镜下，肝细胞肿胀、脂肪变性、空泡变性及点状坏死。

（四）肾缺血 – 再灌注损伤的变化

肾缺血 – 再灌注时血清肌酐明显增高，表明肾功能严重受损，再灌注时肾组织损伤较单纯缺血明显加重，线粒体高度肿胀、变形、嵴减少、排列紊乱，甚至线粒体崩解、空泡形成等，以急性肾小管坏死最为严重，可造成急性肾功能衰竭或导致肾移植失败。

第四节　缺血－再灌注损伤的防治原则

一、减轻缺血性损伤，控制再灌注条件

减轻缺血性损伤是防治再灌注损伤的基础，应尽早恢复组织血流，缩短缺血时间。多次短暂缺血预处理可以增强细胞对缺血的耐受性，是调动机体内源性保护机制的有效措施。控制再灌注条件，采用低流、低压、低温、低pH、低钠以及低钙灌注液可减轻再灌注损伤。低流、低压的意义在于使灌注氧的供应不至于突然增加而引起大量氧自由基的形成；低温则是使缺血器官代谢降低，代谢产物聚积减少；低pH可减轻细胞内碱化，抑制磷脂酶和蛋白酶对细胞的分解；低钙可减轻因钙超载所致的细胞损伤；低钠有助于减少心肌内钠积聚，减轻细胞肿胀。

二、改善缺血组织的代谢

缺血组织在有氧代谢低下，酵解过程增强，因而补充糖酵解底物如磷酸己糖有保护缺血组织的作用；外源性ATP作用于细胞表面受体，可使细胞膜蛋白磷酸化，有利于细胞膜功能恢复，并可穿过细胞膜进入细胞直接供能；针对缺血时线粒体损伤所致的氧化磷酸化受阻，可以应用氢醌、细胞色素C等进行治疗，以加强NAD–黄素蛋白–细胞色素链的功能，延长缺血组织的可逆性改变期限。实验证明，细胞色素C能增加线粒体的ADP磷酸化；醌类化合物则能加速电子传递或将电子直接传递给氢。

三、清除自由基

机体对抗自由基损伤的防护系统主要有两大类：低分子自由基清除剂和酶性清除剂。

1. **低分子清除剂**　存在于细胞脂质部分的清除剂，如维生素E、维生素A等；存在于细胞内外水相中的清除剂，如半胱氨酸、维生素C、还原性谷胱甘肽等。低分子自由基清除剂能提供电子使自由基还原。

2. **酶性清除剂**　过氧化氢酶和过氧化物酶可以清除H_2O_2，避免$OH\cdot$的产生。超氧化物歧化酶（SOD）可以清除$O_2^-\cdot$，从而保护细胞不受毒性氧自由基的损伤。

四、减轻钙超载

在再灌注前或再灌注即刻应用钙拮抗剂，可抑制细胞内钙超载，减轻再灌注损伤。近年来的研究表明，应用Na^+/Ca^{2+}交换、Na^+/H^+交换抑制剂可以有效防止钙超载的发生。

实训实练五　家兔肠缺血－再灌注损伤

（一）目的要求

1. 掌握缺血－再灌注损伤模型的复制，比较缺血损伤和缺血－再灌注损伤的区别。
2. 观察缺血–再灌注损伤的表现，理解缺血–再灌注损伤发生的机制。

（二）实验用品

【实验动物】家兔。

【实验器材】兔手术台、BL-420生物信息采集系统、Y型气管插管、动脉夹、动脉插管、静脉插管、注射器、纱布、棉线、实验动物常用手术器械一套、橡皮管、三通管、1%肝素、25%乌拉坦、生理盐水。

（三）实验原理

通过肠系膜上动脉结扎，即SMAO（superior mesentery artery occlusion）来阻断部分肠的血液供应一段时间后再恢复血流灌注，以复制肠缺血–再灌注损伤的动物模型，探讨缺血–再灌注损伤的发生机制。

（四）实验分组

Ⅰ组，即持续缺血组：夹闭肠系膜上动脉1小时。

Ⅱ组，即再灌损伤组：夹闭肠系膜上动脉30分钟，再恢复血流30分钟。

（五）实验步骤

1. 称重。

2. 全麻（耳缘静脉注射25%乌拉坦4mL/kg）。

3. 仰卧固定（背部交叉）、备皮。

颈部正中（甲状软骨下缘→胸骨上切迹）。

腹部正中（剑突下1.5cm起向下5cm）。

4. 颈部正中切口行动脉插管。切口范围：颈部正中，甲状软骨下缘→胸骨上切迹，长约5cm。

5. 腹部正中切口。腹正中线自剑突下1.5cm起向下做5cm切口。

6. 寻找肠系膜上动脉。将家兔腹腔内脏左移，找到齐右肾门对侧垂直向腹主动脉分出的肠系膜上动脉，穿双线备用，注意避免损伤其他血管（缺血–再灌注夹闭时注意垫橡皮管）。

7. 记录一段正常血压曲线。

8. 复制肠缺血–再灌注模型，轻轻提起肠系膜上动脉的穿线，用动脉夹夹闭，同时观察各项生理指标变化。

9. 分组进行实验并记录各项指标（Ⅰ组：夹闭肠系膜上动脉1小时；Ⅱ组：夹闭肠系膜上动脉30分钟，再恢复血流30分钟）。

10. 结果分析。

目标检测

答案解析

一、单项选择题

1. 缺血–再灌注最常损伤的器官是（　　）

　　A. 心肌　　　　　B. 脑　　　　　C. 肝　　　　　D. 肾　　　　　E. 肠

2. 最活泼有力的氧自由基是（　　）

　　A. $O_2^-\cdot$　　　　B. H_2O_2　　　　C. $OH\cdot$　　　　D. $LO\cdot$　　　　E. $LOO\cdot$

3．再灌注性心律失常最常见的类型是（　　）

    A．房性心律失常　　　　　　　　B．室性心律失常　　　　　　　　C．房室交界阻滞

    D．房室传导阻滞　　　　　　　　E．房颤

4．钙反常时细胞内钙超载的重要原因是（　　）

    A．ATP减少使钙泵功能障碍

    B．Na^+–Ca^{2+}交换增加

    C．电压依赖性钙通道开放增加

    D．线粒体膜流动性降低

    E．无钙灌流期出现的细胞膜外板与糖被表面的分离

5．心肌顿抑的最基本特征是缺血－再灌注后（　　）

    A．心肌细胞坏死　　　　　　　B．代谢延迟恢复　　　　　　　C．结构改变延迟恢复

    D．收缩功能延迟恢复　　　　　E．心功能立即恢复

6．下述不是自由基清除剂的酶是（　　）

    A．过氧化氢酶　　B．过氧化物酶　　C．SOD　　　　D．GSH–PX　　　　E．NADH氧化酶

7．下述关于缺血－再灌注的描述，不恰当的是（　　）

    A．缺血－再灌注必然引起组织损伤

    B．缺血－再灌注损伤具有种属和器官普遍性

    C．自由基和钙超载是缺血－再灌注损伤的主要发生机制

    D．预适应可减轻或预防缺血－再灌注损伤

    E．缺血－再灌注可引起细胞凋亡

8．下述心肌无复流现象的发生机制中，错误的是（　　）

    A．心肌细胞肿胀　　　　　　　B．血管内皮细胞肿胀　　　　　　C．微血管通透性增高

    D．心肌细胞松弛　　　　　　　E．微血管痉挛和堵塞

9．机体缺血－再灌注时的内源性保护机制是（　　）

    A．钙超载　　　　　　　　　　B．无复流现象　　　　　　　　　C．预适应

    D．心肌顿抑　　　　　　　　　E．自由基产生过多

10．缺血－再灌注性心律失常发生的基本条件是（　　）

    A．再灌注区存在功能可恢复的心肌细胞　　　　B．缺血时间长

    C．缺血心肌数量多　　　　　　　　　　　　　D．缺血程度重

    E．再灌注恢复速度快

二、简答题

1．缺血－再灌注损伤时氧自由基生成增多的机制。

2．心肌缺血－再灌注损伤的主要表现及其机制。

（任　敏）

书网融合……

知识回顾　　　习题

PPT

学习目标

知识要求：

1. 掌握休克的概念、始动环节、休克各期微循环的变化特点及对机体的影响。

2. 熟悉休克的病因、分类及发生机制；休克时各器官功能代谢的变化。

3. 了解休克的防治原则。

技能要求：

1. 能够运用所学知识分析休克的症状和体征，初步具有判断休克分期及预后的能力。

2. 具备运用所学休克知识分析和解决实际问题的临床思维能力。

　　休克（shock）是指机体在强烈致病因子的作用下，有效循环血量急剧减少，组织血液灌流量严重不足，引起细胞缺血缺氧，以致各重要生命器官的功能、代谢障碍或结构损害的全身性危重病理过程。休克是临床工作中常见的急性危重症之一。

第一节　病因及分类

一、病因

　　引起休克的病因多而复杂，常见原因如下。

　　1. **失血和失液**　失血后休克是否发生不仅取决于失血量，还取决于失血速度。在短时间内，当失血量超过机体总血量的20%左右，即可发生失血性休克。常见原因有外伤大出血、上消化道大出血、肝脾破裂致腹腔内出血及产后大出血等。失液见于剧烈呕吐、腹泻、大量出汗、糖尿病时的多尿等，可导致大量体液丢失。

　　2. **创伤**　严重的创伤可因失血和疼痛等引起创伤性休克。

　　3. **烧伤**　大面积烧伤时，可因血浆大量丢失及疼痛引起烧伤性休克，若合并感染可发展为败血症性休克。

4. **严重感染**　细菌、病毒和立克次体等病原微生物感染均可引起感染性休克，以革兰阴性细菌感染引起的休克较为常见，细菌内毒素在此型休克中具有重要作用，又称为内毒素性休克。重症感染性休克常伴有败血症，故又称为败血症性休克。

5. **心脏和大血管病变**　急性心肌炎、大面积急性心肌梗死、严重心律失常等心脏病变和肺栓塞、心包填塞等影响静脉回流和心脏射血的病变均可引起心输出量急剧减少而发生休克。

6. **过敏**　给过敏体质的人注射某些药物（如青霉素）、血清制剂或疫苗后可引起过敏性休克，属于Ⅰ型超敏反应。其发生与IgE和抗原在肥大细胞表面结合，引起组胺和缓激肽大量释放入血，使小血管扩张和毛细血管壁通透性增加有关。

7. **神经刺激**　剧烈的疼痛刺激、高位脊髓损伤和中枢镇静药物过量等可引起神经源性休克（neurogenic shock）。

二、分类

1. **按病因分类**　根据病因可将休克分为低血容量性休克（包括失血性和失液性休克）、创伤性休克、烧伤性休克、感染性休克、心源性休克、过敏性休克和神经源性休克等。这是临床常用的分类方法。

2. **按休克发生的始动环节分类**　尽管休克的病因各异，但大多数休克的共同发病环节是有效循环血量锐减，组织微循环灌流量不足。机体有效循环血量的维持主要由足够的血容量、正常的血管舒缩功能和心泵功能三个因素决定。其中任何一个环节发生异常，均可导致休克发生。因此，将血容量减少、血管床容量增加、心泵功能障碍这三个因素称为休克的三个始动环节。

（1）低血容量性休克　是指机体血容量减少引起的休克。常见原因有失血、失液、烧伤、创伤等，由于有效循环血量减少，导致血压下降，使重要器官和外周组织微循环的灌流压降低，灌流量减少。临床可见中心静脉压、心输出量和动脉血压降低，总外周阻力增高。

（2）心源性休克　是指急性心脏泵血功能障碍，引起心输出量急剧减少，使有效循环血量不足而导致的休克。常见原因有心肌源性病因，如心肌梗死、心肌病和心律失常等；也可为非心肌源性病因，如急性心包填塞、气胸和肺动脉高压等。

（3）血管源性休克　是指由于血管活性物质的作用，小血管扩张，血管床容积扩大，导致血液分布异常，大量血液淤滞在舒张的小血管内，使有效循环血量减少引起的休克，如过敏性休克、神经源性休克和某些感染性休克。

将休克的病因与其始动环节结合起来进行分类将更有利于临床对休克的诊断和治疗。

✒ **知识拓展**

"休克"原意为震荡或打击，用来描述因创伤引起的危重临床状态。医学界对休克的认识和研究已有200多年的历史，其间经历了四个主要发展阶段。症状描述阶段，由Warren和Crile于1895年详尽地描述了休克患者的临床征象，至今对休克的诊断仍有重要意义；急性循环衰竭认识阶段，当时认为休克的关键是血管运动中枢麻痹和动脉扩张引起的低血压；微循环学说的创立阶段，20世纪60年代，通过大量动物实验研究发现，休克的共同发病环节是有效循环血量减少，组织器官血液灌流不足，应用改善微循环的药物后，休克的治愈率明显提高；细胞分子水平研究阶段，20世纪80年代，研究者发现休克除与微循环障碍有关外，还与细胞及分子的变化有关。

第二节　发病机制

休克的发病机制尚未完全阐明，目前公认的是微循环机制和细胞分子机制。

微循环障碍是休克发生的主要机制。微循环是指微动脉与微静脉之间微血管内的血液循环，是血液与组织进行物质交换的基本单位。这些微血管由微动脉、后微动脉、毛细血管前括约肌、真毛细血管、直捷通路、动-静脉短路和微静脉构成（图12-2-1A）。微动脉、后微动脉和毛细血管前括约肌属于前阻力血管，决定微循环的灌入血量；真毛细血管又称交换血管，是血管内外物质交换的主要场所；直捷通路、动-静脉短路可使血液快速回流到静脉；微静脉为后阻力血管，决定微循环的流出血量。

根据微循环变化特点，以失血性休克为例，休克发展过程可分为三期：微循环缺血期、微循环淤血期、微循环衰竭期（图12-2-1）。

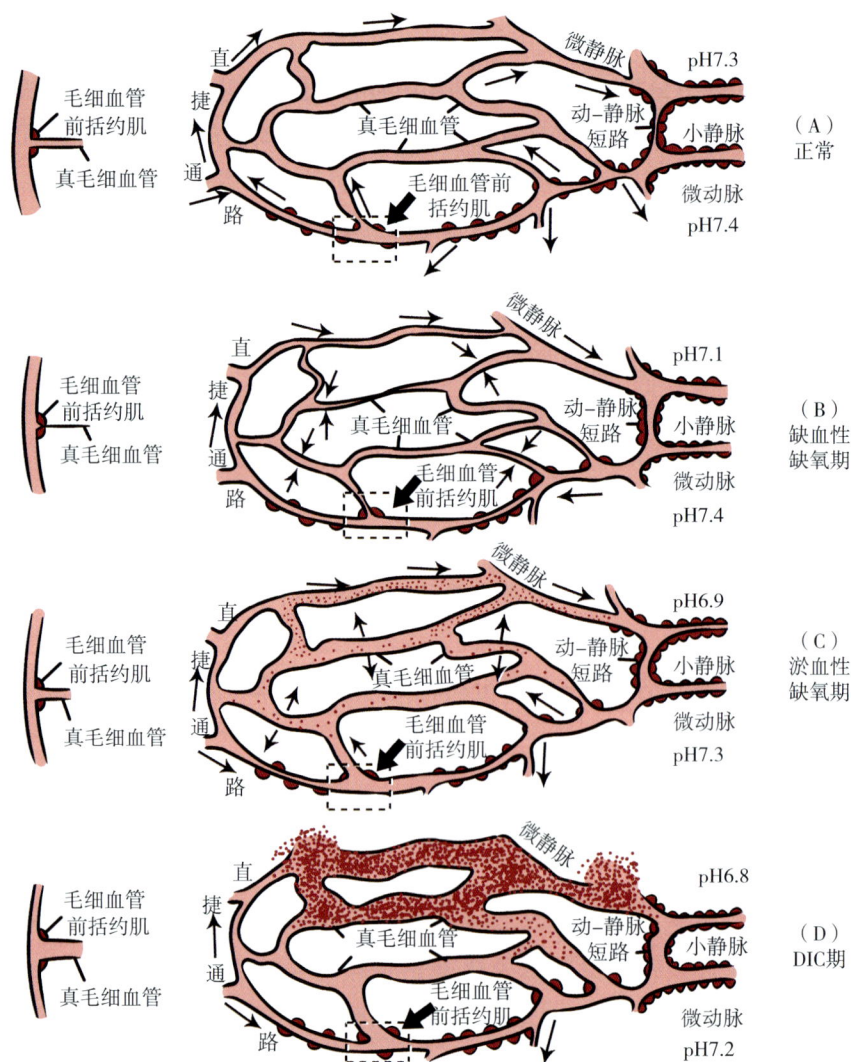

图12-2-1　休克各期微循环变化示意图

一、微循环机制

（一）微循环缺血期

微循环缺血期为休克早期，在临床上属于休克代偿期；此期微循环血液灌流减少，组织缺血缺氧，故又称为缺血性缺氧期。

1. **微循环变化特点与机制**　在各种病因作用下，机体交感-肾上腺髓质系统兴奋，儿茶酚胺大量释放入血，使全身小血管收缩，尤其是微循环前阻力血管收缩更加明显，大量真毛细血管网关闭；血流主要经直捷通路或开放的动-静脉短路快速回流入微静脉。两方面共同作用致使微循环少灌少流、灌少于流，组织发生缺血性缺氧。

除儿茶酚胺外，休克时体内还可产生其他缩血管物质，如血管紧张素Ⅱ、血管升压素和血栓素A_2等。

2. **微循环变化的代偿意义**　休克早期，交感神经兴奋及缩血管物质的释放，虽然可引起皮肤、内脏小血管收缩，使许多组织器官处于缺血缺氧状态，但也具有积极的代偿作用。

（1）有利于心脑血液供应　由于不同器官对儿茶酚胺的反应性不同，皮肤、骨骼肌、腹腔内脏和肾脏的血管α受体密度高，对儿茶酚胺的敏感性高，因而明显收缩；而冠状动脉和脑动脉无明显变化，使有限的血液资源得到重新分布，优先保证重要生命器官心、脑的血液供应。

（2）有助于维持动脉血压　主要通过以下三方面调节：①增加回心血量，在缩血管物质作用下，微静脉、小静脉及肝脾等储血器官的收缩，迅速而短暂地增加回心血量，起到了"自身输血"的作用；由于前阻力血管比微静脉收缩强度大，使毛细血管流体静压降低，促进组织液进入血管，起到"自身输液"的作用。②心输出量增加，交感-肾上腺髓质系统兴奋，心率加快，心肌收缩力增强，心输出量增多。③外周阻力增高，全身小血管痉挛收缩，外周循环阻力加大，有利于升高血压（图12-2-2）。

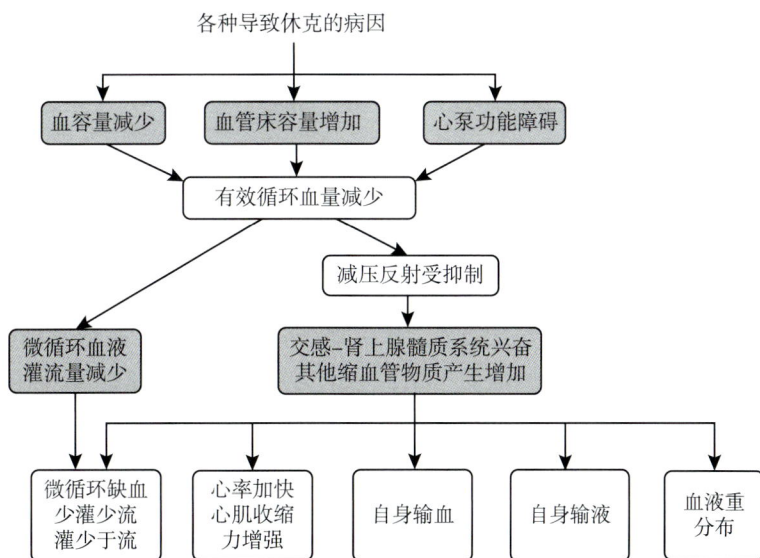

图12-2-2　微循环缺血期的主要机制及其代偿意义

3. **临床表现**　患者表现为面色苍白，四肢湿冷，脉搏细速和尿量减少；由于脑血流正常，患者神志清楚，由于应激可出现烦躁不安（图12-2-3）；血压可骤降（如大出血），也可略降，甚至因代偿作用而正常；但是脉压会明显减小。此期即便血压没有下降，结合临床表现与脉压缩小也应考虑早期休克。

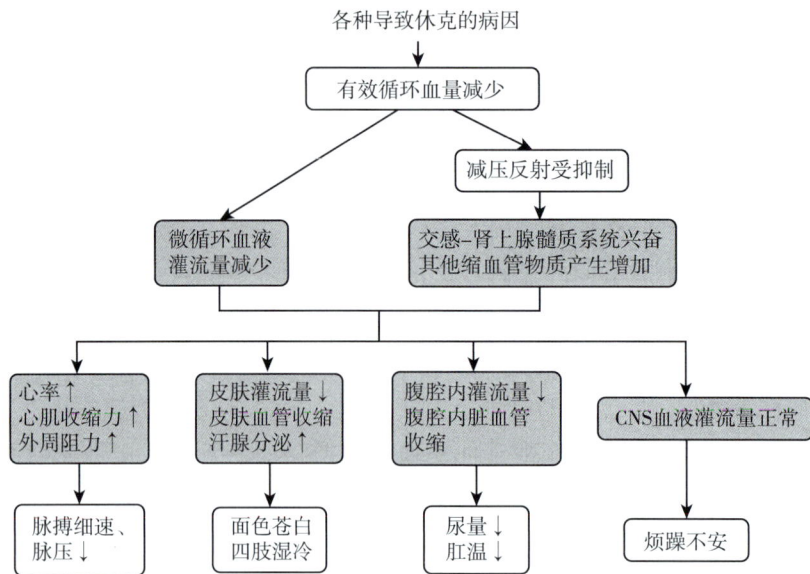

图12-2-3 微循环缺血期的主要临床表现

休克早期是临床上实施抢救的最佳时期，如能及时消除病因，积极治疗，恢复有效循环血量，休克会很快扭转，否则病情可发展至微循环淤血期。

病例分析 13

患者，女性，36岁。因车祸造成脾破裂，腹腔引流出1200mL血液，该患者出现脉搏加快，面色苍白，出冷汗，血压70/45mmHg，尿量减少，神志淡漠。

问题与思考

（1）该患者发生了哪种类型的休克？

（2）该患者处于休克的哪个时期？该期微循环的变化特点？

答案解析

（二）微循环淤血期

微循环淤血期为临床休克进展期，是休克的可逆性失代偿期；此期微循环淤血，组织缺氧更加严重，也称淤血性缺氧期。

1. **微循环变化特点** 随着休克进一步发展，微动脉、后微动脉、毛细血管前括约肌等前阻力血管对儿茶酚胺的反应性明显降低，收缩性减弱而扩张，大量血液涌入真毛细血管网；微静脉虽也扩张，但因血流缓慢，白细胞黏附于微静脉，使微循环流出道阻力增加，毛细血管后阻力大于前阻力，血液淤滞于微循环。此期微循环多灌少流、灌大于流，组织细胞严重淤血性缺氧。

2. **微循环变化机制** 长时间缺血缺氧引起的酸中毒和多种扩血管活性物质的释放是导致休克失代偿的重要原因。

（1）酸中毒 缺氧导致细胞无氧酵解增强，乳酸堆积引起代谢性酸中毒，从而导致血管平滑肌对儿茶酚胺的反应性降低而扩张。

（2）扩血管物质增多 长时间缺血缺氧、酸中毒刺激肥大细胞释放组胺增多；ATP分解增强，其产物腺苷堆积；激肽系统激活，使缓激肽生成增多；细胞破坏后释放出大量K^+；内毒素性休克时，机体可产生大量TNF-α、IL-1、一氧化氮等扩血管物质。

（3）内毒素的作用　革兰阴性菌感染引起感染性休克，直接使血液中内毒素增多；出血创伤等引起的非感染性休克，由于腹腔内脏长时间缺血缺氧，继而淤血缺氧，引起胃肠道功能紊乱、肠道细菌繁殖引起菌群失调，肠壁通透性增高，肠源性毒素被吸收入血，引起肠源性内毒素血症。

（4）血流的改变　在组胺、激肽等物质作用下，毛细血管通透性增高，大量血浆外渗，血液黏滞性升高，造成血流缓慢、淤滞；同时，白细胞贴壁、嵌塞，使毛细血管后阻力增加，进一步加重微循环障碍。

3. 失代偿改变

（1）"自身输液"停止　由于内脏毛细血管血流淤滞，毛细血管流体静压升高以及组胺、激肽和前列腺素等的作用引起毛细血管通透性增高，不仅组织液进入毛细血管的"自身输液"停止，而且促使血浆渗出到组织间隙。

（2）回心血量减少　由于前阻力血管扩张，真毛细血管网大量开放、血管床容量增加，以及静脉回流受阻，血液大量淤积于内脏器官内，回心血量急剧减少。

（3）心脑血供减少　回心血量与有效循环血量明显减少，动脉血压持续降低，最终导致冠状动脉与脑血管的血液灌流量严重减少。

4. 临床表现
患者血压进行性下降，心搏无力、脉搏细速，神志淡漠以致昏迷，少尿甚至无尿，皮肤黏膜发绀，可出现花斑（图12-2-4）。

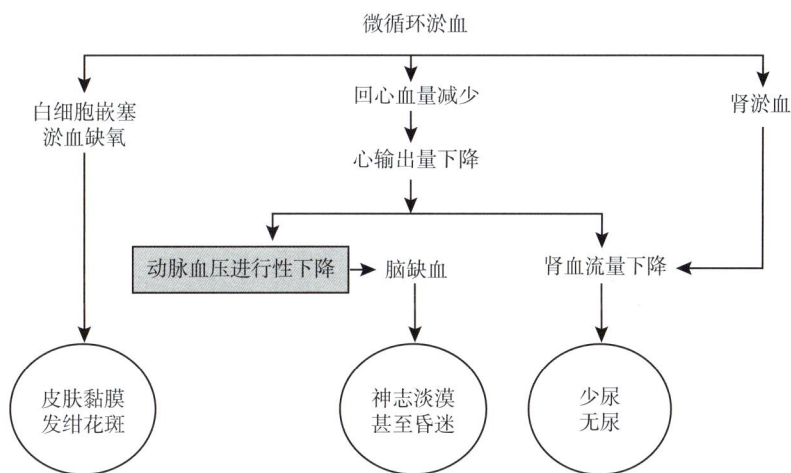

图12-2-4　微循环淤血期的临床表现

此期仍处于休克"可逆性"阶段，只要得到及时正确的救治，患者可康复，否则病情持续恶化进入微循环衰竭期。

（三）微循环衰竭期

微循环衰竭期为临床休克晚期，亦称难治期、DIC期；此期微循环衰竭，易继发DIC。

1. 微循环变化特点
微循环淤滞进一步加重，微血管对血管活性物质失去反应，呈麻痹性扩张状态，毛细血管大量开放，可有微血栓形成。微循环血流停止，处于不灌不流状态，组织严重缺氧。

2. 微循环变化机制
微循环衰竭期易发生DIC，主要有以下因素：①由于血液浓缩、血细胞聚集，使血液处于高凝状态。②缺氧、酸中毒与内毒素损伤血管内皮以及烧伤、创伤时的组织损伤，可激活血液的凝血系统。③血管内皮损伤后，内皮下胶原纤维暴露，可激活血小板并释放TXA_2，促进血小板聚集，加速DIC形成。

3. **临床表现**　患者血压进行性下降，采用升压药难以恢复。脉搏细速，中心静脉压降低，浅表静脉塌陷，静脉输液十分困难。本期常可并发DIC，出现出血、贫血、皮下瘀斑等典型临床表现。由于组织严重淤血和并发DIC，导致细胞变性、死亡，甚至引起重要器官发生功能障碍。

休克的发展过程及其特点总结见表12-2-1。

表12-2-1　休克的发展过程及其特点

发展过程	发病机制	灌流特点	临床表现
微循环缺血期	各种强烈病因→交感-肾上腺髓质系统，使其兴奋→儿茶酚胺产生增多→微血管收缩	少灌少流，灌＜流	血压下降 脉压下降 面色苍白 四肢湿冷 脉搏细速 尿量减少 烦躁不安 神志清楚
微循环淤血期	缺氧→酸性代谢产物生成增多→[H⁺]↑→前"开"后"关"	多灌少流，灌＞流	血压下降 面色发绀 脉搏细数 少尿无尿 神志淡漠
微循环衰竭期	缺氧、酸中毒→血管内膜受损、血流缓慢、血液浓缩→血栓形成	不灌不流，血流停止	广泛出血 多器官衰竭

由于引起休克的病因和始动环节不同，休克各期的出现并不完全遵循循序渐进的发展规律。如过敏性休克的微循环障碍可能始于淤血性缺氧；严重感染或烧伤引起的休克，可能直接进入微循环衰竭期。

二、细胞分子机制

休克的原始病因及微循环紊乱发生后均可损伤细胞，引起细胞的结构及代谢功能障碍。因机制复杂，仅从细胞损伤方面进行阐述。

1. **细胞膜损伤**　细胞膜是休克时最早发生损伤的部位。缺氧、ATP减少、高钾、酸中毒和溶酶体释放、自由基引起膜的脂质过氧化、炎症介质和细胞因子等都会导致细胞膜的损伤，出现离子泵功能障碍，水、Na^+和Ca^{2+}内流，细胞内水肿和跨膜电位明显下降。

2. **线粒体损伤**　休克初期，线粒体ATP合成减少，细胞能量生成不足，以致功能障碍。休克后期，线粒体发生肿胀、致密结构和嵴消失等形态改变，钙盐沉积，最后崩解破坏。线粒体损伤后，能量物质进一步减少，导致细胞死亡。

3. **溶酶体损伤**　休克时缺血缺氧和酸中毒导致溶酶体肿胀、空泡形成并释放溶酶体酶。溶酶体酶的主要危害是水解蛋白质引起细胞自溶，溶酶体酶进入血液循环后损伤血管内皮细胞、消化基底膜，并可激活激肽系统与纤溶系统，促进组胺等炎症介质的释放，从而加重休克时的微循环障碍，在休克发生发展中起着重要作用（图12-2-5）。

4. **细胞死亡**　休克时细胞死亡是细胞损伤的最终结果，包括凋亡与坏死两种形式。休克原发致病因素导致的直接损伤或休克发展过程中出现的缺血缺氧、酸中毒、代谢障碍及能量生成减少等均可导致细胞凋亡或坏死。细胞凋亡和坏死是休克时器官功能发生变化的病理基础。

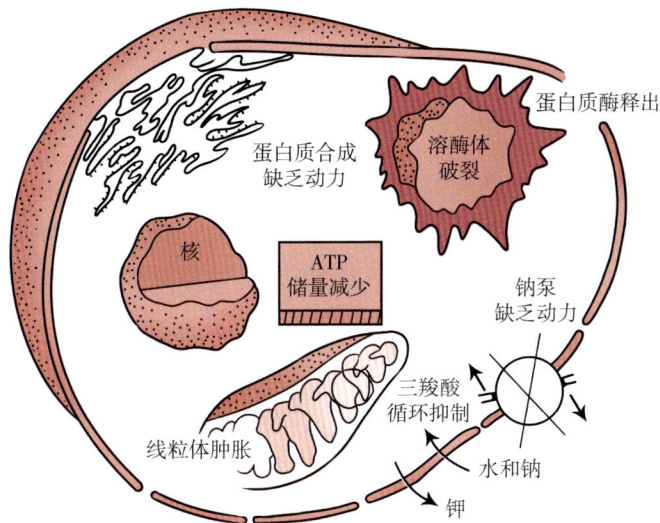

图 12-2-5　休克时细胞损伤的示意图

第三节　机体代谢与功能变化

一、物质代谢紊乱

休克时，细胞内最早发生的代谢变化是从优先利用脂肪酸转向利用葡萄糖供能，代谢变化总的趋势为耗氧减少、糖酵解加强、脂肪和蛋白分解增加和合成减少。表现为一过性的高血糖和尿糖，血中游离脂肪酸和酮体增多，蛋白质分解增加，出现负氮平衡。休克时，由于ATP产生减少使细胞膜Na^+-K^+泵转运失灵，Na^+进入细胞内，K^+则外逸，导致细胞水肿，血钾升高。

休克过程中机体因高代谢状态，能量消耗增高，所需氧耗量增大而导致组织氧债增大。氧债（oxygen debt）指机体所需的氧耗量与实测氧耗量之差。氧债增大说明组织缺氧，主要原因有：①组织利用氧障碍，微循环内微血栓形成使血流中断，组织水肿导致氧弥散到细胞的距离增大，使细胞摄取氧受限。②能量生成减少，休克时由于线粒体的结构和功能受损，使氧化磷酸化发生障碍，ATP生成减少。

二、电解质与酸碱平衡紊乱

1. **代谢性酸中毒**　休克时的微循环障碍及组织缺氧，使线粒体氧化磷酸化受抑，葡萄糖无氧酵解增强及乳酸生成增多。同时，由于肝功能受损不能将乳酸转化为葡萄糖，肾功能受损不能将乳酸排除，结果导致高乳酸血症及代谢性酸中毒。

2. **呼吸性碱中毒**　在休克早期，创伤、出血、感染等刺激可引起呼吸加深加快，通气量增加，$PaCO_2$下降，导致呼吸性碱中毒。呼吸性碱中毒一般发生在血压下降和血中乳酸增高之前，可作为早期休克的诊断指标之一。但应注意，休克后期由于休克肺的发生，患者因通气、换气功能障碍，又可出现呼吸性酸中毒，使机体处于混合性酸碱失衡状态。

3. **高钾血症**　休克时的缺血缺氧使ATP生成明显减少，进而使细胞膜上的钠泵运转失灵，细胞内Na^+泵出减少，导致细胞内水钠潴留，细胞外K^+增多，引起高钾血症。酸中毒还可经细胞内外H^+-K^+离子交换而加重高钾血症。

三、器官功能障碍

休克过程中由于微循环功能紊乱等常常引起肺、肾、心、脑、消化器官等重要器官受损，甚至导致多器官功能障碍。

1. **肺功能的变化**　休克早期，休克病因兴奋呼吸中枢，使呼吸增强，甚至通气过度，可引起低碳酸血症和呼吸性碱中毒。如果休克持续时间久，肺功能可出现障碍，轻者发生急性肺损伤，重者可导致呼吸膜损伤，肺组织出现淤血、水肿、出血、局限性肺不张、血栓形成以及肺泡内透明膜形成等病理变化，称为急性呼吸窘迫综合征（acute respiratory distress syndrome，ARDS）。上述病理变化可导致严重的肺泡通气与血流比例失调和弥散障碍，临床上出现进行性低氧血症和呼吸困难，进而导致急性呼吸衰竭甚至死亡。

2. **肾功能的变化**　各种类型休克均可引起急性肾衰竭。休克早期，交感-肾上腺髓质系统强烈兴奋，导致肾血管收缩，肾灌流量不足，GFR降低，发生功能性急性肾衰竭。如能及时恢复有效循环血量，肾血流得以恢复，肾功能即可恢复。但若肾小管持续缺血缺氧或由于毒素的作用而发生坏死，则会发生器质性急性肾衰竭，除严重少尿外，有明显的氮质血症、高钾血症和酸中毒。由于肾小管上皮细胞坏死，重吸收功能障碍，尿液不能浓缩，尿渗透压和比重都较低。此时，即使肾血流恢复，也不能在较短时间内恢复肾功能。肾功能的严重障碍加重了内环境紊乱，使休克进一步恶化，甚至可因严重的急性肾衰竭而死亡。

3. **心功能的变化**　除心源性休克外，在其他类型休克的早期，由于机体的代偿能够维持冠状动脉血流量，心泵功能一般无明显变化。随着休克过程的发展，将会出现不同程度的心泵功能障碍，甚至发生心力衰竭。其主要机制有：①动脉血压降低和心率加快导致心室舒张期缩短，使冠状动脉血流量减少，心肌供血不足；心率加快和心肌收缩力加强，使心肌耗氧量增加，进一步加重了心肌缺氧。②休克时伴发的酸中毒和高钾血症，可抑制心肌收缩功能。③心肌抑制因子使心肌收缩力减弱。④心肌内DIC导致心内膜下出血和局灶性坏死。⑤细菌毒素如内毒素通过内源性介质抑制心肌收缩。

4. **脑功能的变化**　在休克早期，由于血液重新分布和自身调节，保证了脑的血液供应，患者仅有应激引起的烦躁不安。随着休克的进展，伴随血压进行性下降和DIC，脑组织出现严重的缺血、缺氧，患者表现为神志淡漠甚至昏迷。严重者可出现脑水肿和颅内压升高，甚至形成脑疝，导致死亡。

5. **消化器官功能的变化**　休克早期胃肠道因血管痉挛而缺血、缺氧，继之发生淤血、微血栓形成和出血，使肠黏膜水肿，消化腺分泌减少，胃肠运动减弱，甚至黏膜糜烂形成应激性溃疡（stress ulcer）。应激性溃疡可发生在胃、十二指肠的任何部位。

在微循环血流量锐减、大量炎细胞炎症介质释放入血、细胞内钙超载和氧自由基的损伤等因素作用下，导致胃肠黏膜屏障功能减弱，引起肠道中的细菌和内毒素通过损伤的肠道屏障进入门静脉系统，从而大量吸收入血，发生肠源性内毒素血症。

休克时肝缺血、淤血及肝内微血栓形成等因素引起肝功能障碍，血中大量乳酸不能被转化为葡萄糖或糖原，加重酸中毒；凝血因子合成减少可出现凝血功能障碍；肝脏单核-巨噬细胞系统功能降低，不能清除体内毒素，也成为休克时肠源性内毒素血症的另一个重要原因。

第四节　多器官功能障碍综合征和全身炎症反应综合征

一、多器官功能障碍综合征

多器官功能障碍综合征（multiple organ dysfunction syndrome，MODS）是指在严重创伤、感染和休克时，原本无器官功能障碍的患者同时或在短时间内相继出现两个或两个以上器官系统的功能障碍，以致机体内环境的稳定必须靠临床干预才能维持的综合征。MODS是休克难治和致死的重要原因，在各类休克中，感染性休克时多器官功能衰竭发生率最高。MODS的发病机制比较复杂，可能与多种病理因素有关，如全身炎症反应失控、促炎-抗炎介质平衡紊乱、器官微循环灌注障碍、高代谢状态和缺血-再灌注损伤等。

低血容量性休克引起多个组织器官的微循环血液灌流不足，或休克晚期微循环中形成大量微血栓，导致或加重组织缺血、缺氧，引起各器官的功能障碍。临床上有些休克患者进行心肺复苏后，容易发生MODS，主要与缺血-再灌注损伤有关。

二、全身炎症反应综合征

全身炎症反应综合征（systemic inflammatory response syndrome，SIRS）是指严重的感染或非感染因素作用于机体，刺激炎细胞的活化，导致各种炎症介质的大量产生而引起一种难以控制的全身性瀑布式炎症反应。休克发生时，局部组织细胞释放大量炎症介质，诱导炎细胞激活并向损伤部位聚集，出现局部炎症反应，利于清除病原微生物和组织修复。但是，当炎细胞大量激活以及炎症介质过量释放进入血液循环后，可导致难以控制的全身瀑布式炎症反应，造成自身组织细胞的严重损伤和器官功能障碍。

第五节　休克的防治原则

在实际临床工作过程中，对于休克的防治应针对病因学和发病学环节，以恢复重要器官的微循环灌流和减轻器官功能障碍为原则，采取综合措施。

一、病因学防治

积极处理引起休克的原始病因，针对引起休克的病因采取积极措施，终止其作用，对防治休克具有十分重要的意义，如及时止血、输血、输液可防止低血容量性休克的发生；及早控制感染可防止感染性休克的发生。

二、发病学防治

休克发病过程中最重要的问题是有效循环血量相对或绝对减少，微血管的收缩或扩张及组织缺氧。因此，改善微循环，提高组织灌流量是发病学治疗的中心环节。

1. 纠正酸中毒　休克时由于组织灌流量严重不足，缺血、缺氧必然导致乳酸性酸中毒。而酸中毒对休克的发生、发展起着非常重要的作用，如酸中毒不纠正，不仅使微循环障碍加重和影响血管活性药物的疗效，同时也能通过H^+与Ca^{2+}的竞争作用，直接影响心肌收缩力。酸中毒还可导致高钾血症，对机体危害甚大，临床上应根据酸中毒的程度及时补碱纠酸。

2. 扩充血容量　各类休克都存在有效循环血量绝对或相对不足，最终导致组织灌流量减少。除心源性休克外，及时补充血容量是增加心输出量和改善组织灌流的根本措施。在休克淤血缺氧期补液应遵循"需多少，补多少"的原则。补液量一定要充分，但又不能过量，否则可增加心脏负荷和产生肺水肿。动态观察静脉充盈程度、尿量、血压和脉搏等指标，可作为监测补液量多少的参考。有条件时应动态地监测中心静脉压（CVP）和肺动脉楔压（PAWP）。CVP或PAWP超过正常表明补液过多，若低于正常则表明补液不足。此外也应参考血细胞压积的变化决定输血与输液的比例，使血细胞压积维持在35%~40%较为合适。

3. 合理使用扩血管药物　血管活性药物分扩血管药物和缩血管药物。在纠正酸中毒的基础上，合理使用这两类药物对改善微循环和增加组织灌流量具有重要作用。对于低排高阻型休克，或应用缩血管药物后血管高度痉挛者，可使用血管扩张剂。相反，在下述三种情况下可选用缩血管药物：①过敏性休克和神经源性休克患者使用缩血管药物是最佳的选择；②早期轻型休克或高排低阻型休克，在综合治疗基础上也可使用缩血管药物；③患者血压过低，又不能迅速扩容时可先用缩血管药物升压，以保证心脑血液供应。

4. 防治细胞损伤和器官功能衰竭　通过上述纠酸、扩容等措施改善微循环和增加组织灌流量是防治细胞损伤和器官功能衰竭的重要措施之一。此外，还可应用溶酶体稳定剂（如糖皮质激素）、能量合剂、吸氧等措施防止细胞损伤。同时，应针对不同器官功能障碍采取相应的防治措施，如出现肺功能障碍时，应保持气道通畅，采用正压给氧，改善呼吸功能；如出现肾功能障碍时应尽早采取改善肾灌流量、利尿和透析等措施；如出现急性心功能障碍时应采取严格控制补液量、强心利尿、降低前后负荷等措施，以防止多器官功能障碍综合征的发生。

三、器官支持疗法

密切观察各器官的变化，及时采取相应的支持疗法。如发生休克肺时，应保持呼吸道通畅，并正压给氧；发生休克肾时，应尽早利尿和透析；发生心力衰竭时，应减少或停止输液，强心利尿，适当降低心脏的前负荷及后负荷。

四、营养与代谢支持

保持正氮平衡是对严重创伤、感染等患者进行代谢支持的基本原则。在摄入的营养物质中，提高蛋白质和氨基酸的量，如提高支链氨基酸的比例。在条件允许的情况下，鼓励经口摄食，尽可能缩短禁食时间，以促进胃肠蠕动，维持肠黏膜屏障功能。

目标检测

答案解析

一、单项选择题

1. 休克的本质是（　　）
   A. 动脉血压下降　　　　　B. 中心静脉血压下降　　　　　C. 微循环灌流障碍
   D. 心肌收缩力减弱　　　　E. 血管外周阻力减弱

2. 休克早期的临床表现是（　　）
   A. 烦躁不安，皮肤淤斑　　　　　　B. 血压下降，面色苍白
   C. 面色苍白，脉压缩小　　　　　　D. 嗜睡，血压下降
   E. 嗜睡，少尿，血压下降

3. 自身输血的作用主要是指（　　）
   A. 抗利尿激素增多，水重吸收增加　　　　B. 容量血管收缩，回心血量增加
   C. 醛固酮增多，钠水重吸收增加　　　　　D. 组织液回流增多

E．动－静脉吻合支开放，回心血量增加

4．自身输液的作用主要是指（　　）

A．容量血管收缩，回心血量增加　　　　B．组织液回流多于生成

C．醛固酮增多，钠水重吸收增加　　　　D．抗利尿激素增多，水重吸收增加

E．动－静脉吻合支开放，回心血量增加

5．微循环缺血缺氧期时动脉血压变化的特点是（　　）

A．升高　　　　　　　　B．降低　　　　　　　　C．正常或略降

D．先降后升　　　　　　E．先升后降

6．休克代偿期血流量基本不变的器官是（　　）

A．脾　　　　　　　　　B．肝　　　　　　　　　C．肾

D．肺　　　　　　　　　E．心

7．休克进展期微循环的特点是（　　）

A．少灌少流，灌多于流　　　B．少灌少流，灌少于流　　　C．多灌少流，灌少于流

D．多灌少流，灌多于流　　　E．多灌多流，灌少于流

8．休克早期发生的肾衰竭常为（　　）

A．功能性急性肾衰竭　　　B．慢性肾衰竭　　　　C．器质性急性肾衰竭

D．肾后性肾衰竭　　　　　E．肾前性和肾性衰竭

9．高位脊髓麻醉可发生的休克类型是（　　）

A．感染性休克　　　　　B．低血容量性休克　　　C．神经源性休克

D．过敏性休克　　　　　E．心源性休克

10．患者，男，因车祸大出血急诊入院。查体：面色苍白，血压下降。经手术治疗并输血，病情好转。此休克的始动环节是（　　）

A．血容量减少　　　　　B．骨折　　　　　　　　C．心力衰竭

D．心输出量减少　　　　E．血管容量增加

11．患者，女性，36岁。因"急性化脓性梗阻性胆管炎"急诊入院，寒战，体温骤然升至40℃，脉率120次/分，血压80/60mmHg，其休克类型为（　　）

A．感染性休克　　　　　B．创伤性休克　　　　　C．血管源性休克

D．神经源性休克　　　　E．失血性休克

二、简答题

1．说出休克的概念及常见病因。

2．简述休克淤血缺氧期的微循环变化特点及机制。

3．试述休克的防治原则。

（钱　程）

书网融合……

知识回顾　　　习题

第十三章　糖代谢紊乱

PPT

学习目标

知识要求：

1. 掌握高血糖症和低血糖症的概念、常见原因及对机体的影响。
2. 熟悉高血糖症发病机制。
3. 了解糖代谢紊乱的机制及防治原则。

技能要求：

1. 具有判断高血糖症和低血糖血症的能力。
2. 能够熟练描述高血糖症和低血糖症对机体的危害。
3. 能根据糖代谢紊乱的原因和机制针对患病个体提出合理化的预防措施。

　　糖是人体主要的能量来源，也是重要结构物质之一。正常情况下，机体内的糖代谢处于动态平衡中（图13-1），血糖浓度的变化保持在3.89~6.11mmol/L范围内。机体内多种内分泌激素参与糖代谢的调节，如胰高血糖素、肾上腺素、糖皮质激素和生长激素等均可升高血糖，而胰岛B细胞分泌的胰岛素（insulin，Ins）是体内唯一的降血糖激素。临床上常见的糖代谢紊乱主要是血糖浓度过高（高血糖症）和过低（低血糖症）。

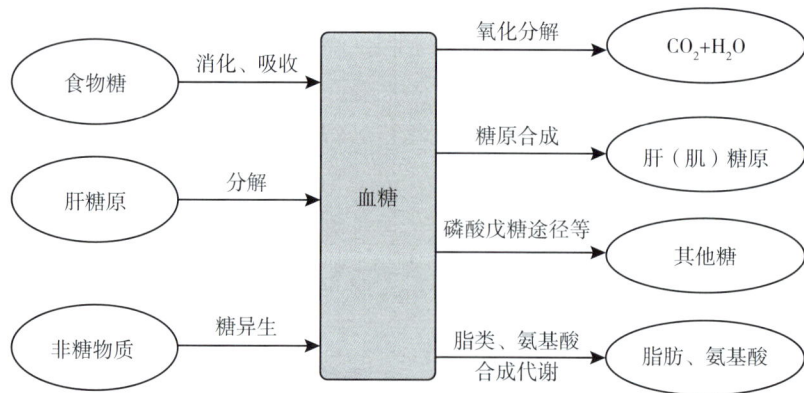

图13-1　血糖的来源和去路

第一节　高血糖症

高血糖包括生理性高血糖和病理性高血糖两类。生理情况下，机体在情绪激动或一次性摄入大量糖等情况下，可发生暂时性的血糖升高和尿糖，但此时空腹血糖正常，对机体不会造成明显的损害。高血糖症（hyperglycemia）是指血液中葡萄糖的浓度长期高于正常水平，患者空腹血糖水平高于6.9mmol/L，餐后2小时血糖高于11.1mmol/L。当血糖超过肾糖阈（9.0mmol/L）时，则出现尿糖。高血糖症临床上常见于糖尿病。糖尿病（diabetes mellitus，DM）是一种慢性代谢性疾病，以糖、脂肪、蛋白质代谢紊乱为主要特征，造成眼、肾脏、神经、心血管等组织器官的慢性病变，脏器功能进行性减退，甚至衰竭。

一、病因和发病机制

（一）胰岛素绝对不足

胰岛素绝对不足是指胰岛素生成或（和）分泌障碍，导致血液中胰岛素含量降低的情况。任何引起胰岛 B 细胞结构和功能破坏的因素，均可导致胰岛素分泌障碍，常见原因包括免疫因素、遗传因素、环境因素和胰岛 B 细胞凋亡等。

1. **免疫因素**　细胞免疫和体液免疫的异常是胰岛 B 细胞进行性损害的主要原因。

（1）细胞免疫异常　由 T 淋巴细胞、B 淋巴细胞、NK 细胞、巨噬细胞和粒细胞参与的胰岛的炎症损伤反应，一般认为经历三个阶段：①免疫系统的激活；②激活的 T 淋巴细胞、巨噬细胞、粒细胞释放多种细胞因子；③胰岛 B 细胞自身免疫损伤。白细胞介素、肿瘤坏死因子和干扰素共同作用，诱导胰岛 B 细胞表面的 Ⅱ 类抗原表达导致胰岛 B 细胞损伤，并放大破坏性的炎症反应，进一步恶化胰岛 B 细胞自身免疫性损伤，胰岛素分泌逐渐降低，葡萄糖的摄取利用减少，发生高血糖。

（2）体液免疫异常　胰岛细胞自身抗体的产生与 B 细胞的损伤有关，90% 新诊断的 1 型糖尿病患者血清中存在针对 B 细胞的自身抗体。其中包括抗胰岛细胞抗体（ICA）、胰岛素自身抗体（IAA）、抗谷氨酸脱羧酶抗体（GADA）和抗酪氨酸磷酸酶抗体（IA-2）等，这些抗体可作为胰岛 B 细胞自身免疫损伤的标志物。

2. **遗传因素**　遗传易感性在胰岛素分泌障碍发生中起重要作用，某些相关的基因突变可促发或加重胰岛 B 细胞自身免疫性损伤过程。包括：组织相容性抗原基因、细胞毒性 T 淋巴细胞相关性抗原 4 基因（CTLA-4）、Fox 基因等。已知位于 6 号染色体上的组织相容性抗原（HLA）基因为主效基因，可以引起胰岛素分泌障碍。其他为次效基因。胰岛 B 细胞免疫耐受性选择性丧失，可使其易于受到环境因素与特殊细胞膜抗原的相互作用的影响，进而发生自身免疫性损伤。其中，最高危性的基因型是 DR3/4DQB1*0302/DQB1*0201。1 型糖尿病的患者中大约有 65% 的患者有 DR3/DR4 的表达，而 DQ 基因作为 DR 基因的等位基因表达频率亦有增加。细胞毒性 T 淋巴细胞相关性抗原 4 基因负责编码 T 细胞表面的一个受体，参与控制 T 细胞增生和调节 T 细胞凋亡。CTLA-4 49/A 的多态性表达，可以激活各种 T 淋巴细胞，导致胰岛 B 细胞自身免疫反应性破坏。Fox 基因参与机体免疫调节，影响 CD4$^+$CD25$^+$T 细胞的发育和功能。Fox P3 表达异常，CD4$^+$CD25$^+$Treg 细胞减少，不足以维持自身免疫耐受，经由 T 细胞介导可引起胰岛 B 细胞选择性破坏。

3. **环境因素**　引起胰岛 B 细胞破坏的有关环境因素主要有病毒、化学因素、饮食因素等，以病毒感染最为重要。

（1）病毒感染　一方面病毒可以直接感染胰岛 B 细胞；另一方面病毒感染触发胰岛组织的自身免疫，从而导致胰岛 B 细胞功能受损，后者更多见。柯萨奇 B4 病毒、巨细胞病毒、腮腺炎病毒、肝炎病毒、风疹病毒等均与胰岛 B 细胞损伤有关。

（2）化学损伤　四氧嘧啶、链脲霉素、喷他脒等化学物质或药物可直接损伤胰岛 B 细胞。

（3）饮食因素　常见于携带 HLA *DQ/DR* 易感基因的敏感个体。比如，牛奶蛋白与胰岛 B 细胞表面的某些抗原相似，可诱发交叉免疫反应，出现胰岛 B 细胞的自身免疫性损害，婴幼儿过早接触牛奶与糖尿病发病机会增加有关。

4. **胰岛 B 细胞凋亡**　除自身免疫性损害造成的胰岛 B 细胞坏死外，各种细胞因子或其他介质的直接或间接作用引起 B 细胞凋亡也占有重要地位。

（二）胰岛素相对不足

胰岛素相对不足主要与胰岛素抵抗有关。胰岛素抵抗（insulin resistance，IR）指的是胰岛素作用的靶组织和靶器官对胰岛素生物作用的敏感性降低所引起的高血糖症，此时血液中胰岛素含量可正常甚至高于正常。胰岛素抵抗的发生机制错综复杂，其中，胰岛素信号转导障碍是产生胰岛素抵抗和高血糖症的主要发生机制。此外，胰岛素生物活性下降，或靶细胞膜上的胰岛素受体功能下降，或者数量减少，胰岛素不能与其受体正常结合，也与胰岛素抵抗的发病高度相关。但许多机制尚未完全明确，有待进一步研究。

（三）胰高血糖素分泌失调

胰高血糖素（glucagon）是胰岛素拮抗激素，由胰岛 A 细胞分泌，在维持血糖稳态中发挥重要作用。胰岛素可通过降低血糖而间接促进胰高血糖素分泌，也可通过旁分泌方式，直接作用于胰岛 A 细胞，抑制其分泌。胰岛素缺乏造成其通过 IRS-1/PI3K 途径对胰高血糖素分泌的抑制作用减弱；长时间的高血糖可降低 A 细胞对血糖的敏感性，导致葡萄糖反馈抑制胰高血糖素分泌的能力下降或丧失。

（四）其他因素

1. **肝源性高血糖**　肝硬化、急性肝炎、慢性肝炎、脂肪肝等肝脏疾病患者糖耐量减退，血糖升高。其主要机制：①继发性胰岛功能不全；②胰高血糖素灭活减弱；③胰岛素抵抗；④肝病治疗中过多的高糖饮食、皮质激素和利尿剂的应用等。

2. **肾源性高血糖**　尿毒症、肾小球硬化等肾功能严重障碍时，由于对胰岛素有不同程度的抵抗，肝糖原分解增强，引起高血糖。同时，肾糖阈的改变，也可引起高血糖。

3. **应激性高血糖**　外科大手术、严重感染、大面积创伤、烧伤、大出血、休克等应激状态下，体内儿茶酚胺、皮质激素及胰高血糖素分泌增高，引起高血糖。

4. **内分泌性高血糖**　在肢端肥大症、嗜铬细胞瘤、甲亢、库欣综合征等疾病发生时，患者体内肾上腺素、糖皮质激素、生长激素等胰岛素拮抗性激素水平升高，可明显提高机体的能量代谢水平，从而引起高血糖。

5. **妊娠性高血糖**　妊娠时胎盘可产生雌激素、黄体酮、催乳素和胎盘生长激素等多种拮抗胰岛素的激素，还能分泌胰岛素酶，加速胰岛素的分解。

6. **其他因素引起的高血糖**　某些药物、肥胖、高脂血症、遗传病、有机磷中毒等，均可引起高血糖。

二、高血糖症对机体的影响

（一）代谢紊乱

高血糖症患者胰岛素绝对或相对不足，可引起一系列代谢紊乱（图13-1-1）。

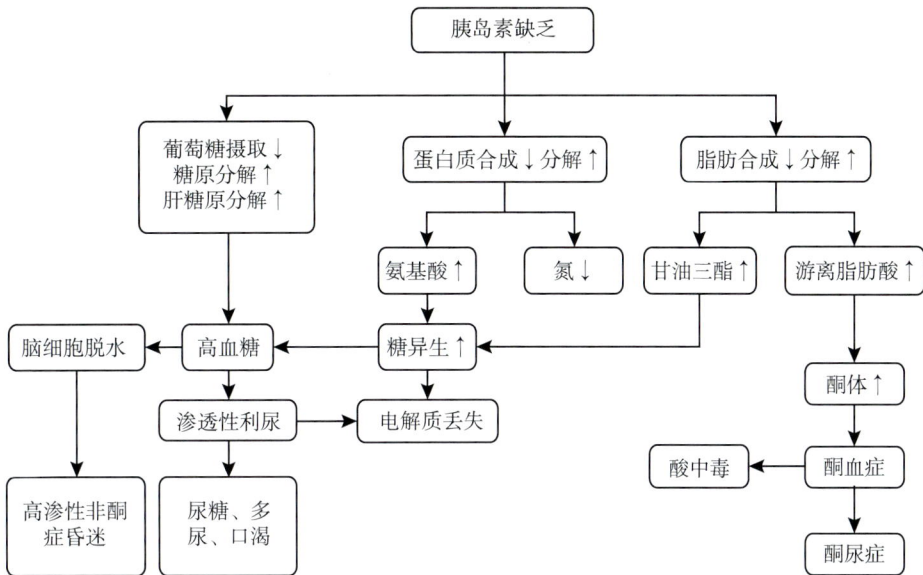

图13-1-1　胰岛素缺乏引起机体代谢紊乱

1. **渗透性脱水和糖尿**　血糖急剧升高引起细胞外液渗透压升高，水从细胞内转移至细胞外，细胞内液减少、细胞脱水。脑细胞脱水可引起高渗性非酮症糖尿病昏迷。

血糖浓度高于肾糖阈时，葡萄糖在肾小管液中的浓度升高，使小管液的渗透压明显增高，导致渗透性利尿和脱水，临床表现为糖尿、多尿和口渴。

2. **物质代谢紊乱**　肝脏、骨骼肌、脂肪组织等，对葡萄糖的摄取、利用减少，肝糖原分解加强，引起高血糖；脂肪组织从血液摄取甘油三酯减少，脂肪合成减少，同时，脂蛋白酯酶活性降低，血游离脂肪酸和甘油三酯浓度升高，出现高脂血症；蛋白质合成减少，分解加速，出现负氮平衡，故而患者体重减轻，儿童生长发育减缓。

3. **酮症酸中毒**　糖尿病酮症酸中毒以高血糖、酮症和酸中毒为主要表现，是胰岛素不足和胰高血糖素等脂解激素分泌过多共同作用所致的严重代谢紊乱综合征。由于机体不能很好地利用葡萄糖，导致脂肪动员加强，血中游离脂肪酸浓度升高而使肝摄取脂肪酸增多，脂肪酸在肝脏经 β - 氧化生成大量的乙酰辅酶 A 和酮体，大量酮体堆积在体内形成酮症，发展为酮症酸中毒和高钾血症。

（二）多系统器官损害

高血糖时，葡萄糖可与蛋白质化合生成不可逆的糖化蛋白。血红蛋白发生糖化，自由基生成增多，引起血管内皮细胞损伤，细胞间基质增加；组织蛋白发生非酶糖化，可使蛋白质如胶原蛋白、晶体蛋白、髓鞘蛋白和弹性硬蛋白等变性，引起血管基底膜增厚、晶体混浊变性和神经病变等病理变化，导致相应的组织结构损伤，是多系统脏器损害的病理基础。

高血糖对机体的损伤涉及全身多系统、多器官（图13-1-2）。

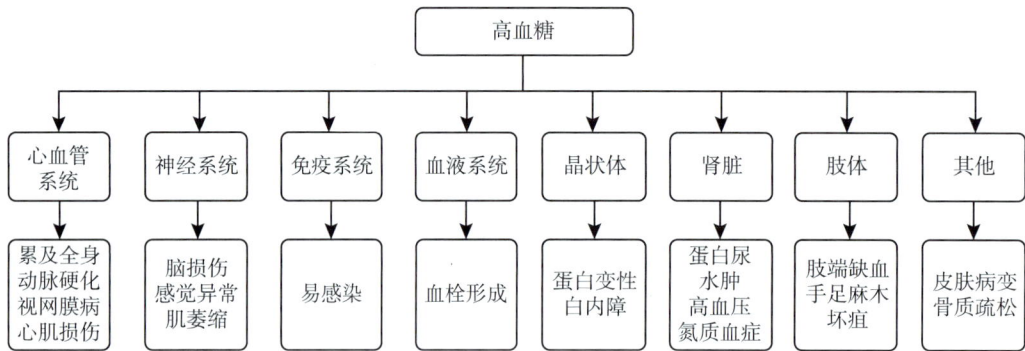

图13-1-2 高血糖引起多系统器官损害

1. 心血管系统病变 高血糖对微血管的损害,其典型改变是微血管基底膜增厚和微循环障碍。病变主要累及视网膜、肾脏、神经和心肌组织,尤其是高血糖肾病和视网膜病。高血糖引起的大血管病变表现为动脉粥样硬化,主要侵犯主动脉、冠状动脉、脑动脉、肾动脉和肢体外周动脉等,引起相应组织器官缺血性损伤。

2. 神经系统病变 高血糖可损伤神经系统的任何一部分,是急性脑损伤的促发因素之一,可导致脑缺血、继发神经元损伤,增加脑血管意外的概率。高血糖导致脑缺血损伤的机制复杂,可能涉及以下几个方面:①缺血缺氧时,无氧代谢活动增强,血液中乳酸浓度明显升高,可能损伤神经元、星形胶质细胞及内皮细胞等;②高血糖可使细胞外谷氨酸盐在大脑皮层聚集,继发神经元的损害;③高血糖损伤脑血管内皮细胞、减少脑部血流、破坏血脑屏障。

3. 免疫系统病变 高血糖可使吞噬细胞的功能降低。其发生机制主要与高血糖减弱中性粒细胞和单核细胞的黏附、趋化、吞噬和杀菌等作用有关。此外,高血糖可升高血中超氧化物浓度及硝基酪氨酸水平。血中升高的硝基酪氨酸可诱导心肌细胞、内皮细胞、神经元的凋亡。长期尿糖阳性的女性易发生阴道炎,血糖增高的患者易发生念珠菌感染等,均是免疫系统功能降低的表现。

4. 血液系统病变 高血糖可引起血液凝固性增高,导致血栓形成。其发生机制与高血糖引起的纤溶酶原激活物抑制剂活性增加、促凝血因子激活、全血黏度和血浆黏度升高、血液高渗状态、血流速度减慢等有关。

5. 晶状体病变 长期高血糖,可引起晶状体肿胀,出现空泡,某些透明蛋白变性、聚合、沉淀,导致白内障。患者视物模糊,视力进行性减退。

6. 肾脏病变 长期高血糖,肾小球基底膜增厚,细胞外基质增加,肾小球毛细血管通透性升高,临床主要表现为蛋白尿、水肿、电解质代谢紊乱、高血压和氮质血症。

7. 肢端坏疽 主要表现为进行性肢端缺血、手足麻木及干性坏疽。主要原因是血管及神经系统病变引起的肢端缺血,营养物质匮乏,代谢产物堆积,容易引起腐败菌感染,进而发生干性坏疽。

8. 高血糖对其他器官、系统的影响 长期血糖增高所引起的代谢紊乱、血管病变,可损伤骨和关节,引起关节活动障碍、骨质疏松等。由于组织蛋白糖基化作用增加以及血管病变,皮肤出现萎缩性棕色斑,皮疹样黄瘤。

三、高血糖症的防治原则

(一)饮食治疗

对饮食治疗的依从性决定了患者能否达到理想代谢控制的状态。合理的饮食有利于控制血糖,减轻体重，改善代谢紊乱；同时可以减轻胰岛 B 细胞的负担，使胰岛组织结构和功能得到适当恢复；并可减少降糖药物剂量。饮食治疗的原则是确定总能量摄入，合理、均衡地分配各种营养物质，恢复并维持理想体重。

（二）运动疗法

运动可提高骨骼肌等组织对胰岛素的敏感性和对葡萄糖的利用能力，帮助患者控制血糖。同时，运动可以上调外周组织的脂蛋白酶活性，提高肌肉利用脂肪酸的能力，改善脂质代谢紊乱，降低血脂，帮助患者控制体重。根据年龄、性别、病情以及既往运动状态等，制定合理的运动计划，循序渐进，长期坚持，将有利于纠正高血糖。但应注意运动前后对血糖的检测，以防止低血糖的发生。血糖高于 16mmol/L 或有严重心、脑、肾等并发症的患者暂不适宜运动。

（三）药物治疗

1. **降糖药物**　当饮食治疗和运动不能使血糖控制达标时，应及时使用降糖药物。口服降糖药物主要有磺酰脲类促泌剂、二甲双胍类、α-葡萄糖苷酶抑制剂等。

2. **胰岛素治疗**　注射外源性的胰岛素可快速有效地降低血糖，控制高血糖症；作为体内胰岛素绝对缺乏者的终生替代治疗，可延缓自身免疫对 B 细胞的损害。

需要注意的是，在使用降糖药物尤其是胰岛素时，应密切监测患者血糖水平，防止因剂量过大而导致低血糖。由胰岛素用量过大引起的低血糖，严重时可因中枢神经系统的代谢被抑制引起昏迷和休克，即胰岛素休克。

3. **其他治疗**　可进行胰腺移植、胰岛细胞移植、干细胞治疗等，以替代受损的胰岛 B 细胞分泌胰岛素。

> **病例分析 14**
>
> 患者，王某，女，66 岁。患者十年前出现口渴、多饮、多食、多尿、夜尿。体重由原来的 63kg 下降到 50kg。经治疗，口渴症状减轻，体重在 50~55kg 之间，半年前开始视物模糊，3 天前出现头晕，流涎，走路不稳，遂来院就诊。
>
> 体格检查：T 37.2℃，P 86 次/分，R 23 次/分，BP 135/85mmHg。辅助检查：空腹血糖 15.6mmol/L，糖化血红蛋白 8.7%，尿常规：尿糖（++++）。
>
> **问题与思考**
>
> （1）患者十年前出现口渴、多饮、多食、多尿、夜尿、体重减轻的原因是什么？
>
> （2）患者半年前视物模糊可能的原因是什么？3 天前出现头晕、流涎、走路不稳的原因是什么？
>
> 答案解析

第二节　低血糖症

低血糖症（hypoglycemia）指空腹时血糖水平低于 2.8mmol/L，以血糖浓度过低、交感神经兴奋和脑细胞缺氧为主要表现的临床综合征，可由多种原因引起。临床主要表现为头晕、倦怠乏力、心悸等症状，严重时出现昏迷，给予葡萄糖后，症状可立即缓解。

一、病因和发病机制

（一）血糖来源减少

血糖来源减少包括机体的葡萄糖摄入减少、肝糖原分解和糖异生减少。

1. **营养不良**　消耗性疾病、长期饥饿、剧烈运动、厌食、严重的呕吐或腹泻等引起机体营养物质缺乏，易发生低血糖。其机制包括：①机体脂肪大量消耗后，肝糖原储备减少，易发生低血糖症；②严重肌肉萎缩，肌肉蛋白含量减低，不能为肝脏的糖异生提供足够的原料，难以维持正常血糖浓度；③神经性厌食症，病情发展至严重肝功能损害时，引起自发性低血糖。

2. **肝功能衰竭**　严重肝病患者，如重症肝炎、肝硬化、肝癌等，因肝细胞弥漫性破坏，可引起肝糖原储备匮乏，糖异生减弱；肝细胞对胰岛素的分解灭活减少，使血浆胰岛素水平增高；肝癌或肝硬化时对葡萄糖消耗增多，癌组织产生胰岛素样物质；肝内雌激素灭活减弱，血中含量增高，拮抗胰高血糖素的作用等，均可导致低血糖。

3. **肾功能不全**　肾衰竭时，肾糖异生减少，易发生低血糖。慢性肾衰竭时糖代谢紊乱机制是多方面的，包括：①血丙氨酸水平降低，致糖原异生底物不足；②肝葡萄糖输出增加；③胰岛素分泌异常；④肾脏对胰岛素清除率下降；⑤肾性糖尿病患者由尿路失糖过多。

4. **升高血糖激素缺乏**　包括胰高血糖素、糖皮质激素、肾上腺素的缺乏等。比如，特发性反应性低血糖，可能与胰高血糖素受体的降解和受体敏感性下降及分泌障碍有关；肾上腺皮质功能减退症，糖皮质激素分泌减少，引起低血糖症；肾上腺素在应激状态下发挥血糖调节作用，可以加速糖原分解，升高血糖水平，肾上腺素减少易引发应激性低血糖症。

（二）血糖去路增加

1. **血液中胰岛素升高**　加速葡萄糖分解代谢，常见因素有：①胰岛素自身抗体和抗胰岛素受体自身抗体形成，如胰岛素自身免疫综合征；②植物神经功能紊乱，如特发性功能性低血糖，主要见于情绪不稳定和神经质的中年女性，精神刺激、焦虑常可诱发；③与饮食相关的反应性低血糖，如胃切除术后，食物从胃排至小肠速度加快，葡萄糖吸收过快。

2. **胰岛素-葡萄糖耦联机制缺陷**　B细胞磺脲类药物受体或谷氨酸脱氢酶缺乏，可引起B细胞内的胰岛素-葡萄糖耦联机制缺陷，诱发胰岛素持续分泌，导致低血糖发生。

3. **药物性低血糖**　口服降血糖药、注射胰岛素，如果药物不能及时降解、代谢，容易引起低血糖，多见于老年人和肝肾功能不全者。水杨酸类、抗组胺制剂、单胺氧化酶抑制剂、普萘洛尔等药物，通过促进胰岛素释放，抑制胰高血糖素的释放，或是延长加强降糖药的作用、减少糖异生引起低血糖。

4. **葡萄糖消耗过多**　常见于哺乳期妇女、剧烈运动或长时间重体力劳动后，尤其是植物神经不稳定或糖原储备不足者。临床还见于重度腹泻、高热和重症甲状腺功能亢进者。

二、低血糖症对机体的影响

低血糖呈发作性，时间及频率随病因不同而异，其对机体的影响以神经系统为主，尤其是交感神经和中枢神经系统。

（一）交感神经过度兴奋

低血糖发作时由于刺激交感神经受体后，儿茶酚胺分泌增多，进一步引起胰高血糖素的分泌，导致血糖水平增高；儿茶酚胺又可作用于 β 肾上腺素受体而影响心血管系统。临床表现为烦躁不安、紧张颤抖、大汗淋漓、面色苍白、心动过速和血压升高等交感神经过度兴奋的症状，伴冠心病者常因低血糖发作而诱发心绞痛甚至心肌梗死。

（二）对中枢神经系统的影响

中枢神经系统对低血糖最为敏感。其主要原因是：①神经细胞本身缺乏能量贮备，其所需能量几乎完全依赖于血糖供给；②脑细胞对葡萄糖的利用无须外周胰岛素参与。低血糖症时脑细胞能量来源减少，很快出现神经症状，称为神经低血糖症。初期为精神不集中，思维和语言迟钝，头晕、嗜睡、视物不清、步态不稳，可有幻觉、躁动、易怒、行为怪异等精神症状。随后皮质下中枢和脑干相继受累，最终将累及延髓而致呼吸系统、循环系统功能障碍。低血糖时临床表现的严重程度取决于低血糖的程度、发生速度、持续时间、机体的反应性和年龄等。如果低血糖持续未及时纠正，常不易逆转，甚至导致死亡。

（三）低血糖发作的警觉症状不敏感

长期慢性低血糖者多有一定的适应能力，临床表现不显著。糖尿病患者由于血糖快速下降，即使血糖不低于2.8mmol/L，也可出现交感神经过度兴奋症状，称为低血糖反应。反复发作的低血糖可减少低血糖发作的警觉症状，促发无察觉性低血糖产生，极易进展为严重低血糖症，患者陷于昏迷或惊觉。低血糖昏迷时，分泌物或异物误吸入气管可引发窒息或肺部感染，甚至诱发急性呼吸窘迫综合征。

低血糖症对大脑的早期发育有害，5岁以下儿童反复发生低血糖症会对大脑产生永久性损伤，影响智力发育。年老体弱的患者及肝、肾、心、脑等多器官功能障碍的患者，应注意防治低血糖。

三、低血糖症的防治原则

（一）病因学防治

1. 积极查找致病原因 因药物引起的低血糖应及时停药或调整用药，尤其应注意胰岛素和半衰期较长的口服降糖药的用药剂量。确诊的胰岛素瘤或胰外肿瘤可行肿瘤切除术。营养不良、肝肾疾病等所致的低血糖应在对症处理的同时，积极治疗原发病。

2. 摄入足够碳水化合物 合理饮食，保证每餐摄入足量的复合碳水化合物，防止血糖出现剧烈的波动。

3. 避免过度疲劳 当机体能量消耗过高时，应及时加餐，补充营养，同时注意适当减少降糖药物的用量。

（二）低血糖发作时的处理原则

低血糖发作时，迅速补充葡萄糖，恢复正常血糖水平，维护重要脏器功能是决定预后的关键。因此，在低血糖发作的当时，应立即摄入含糖较高的食物，如糖水、糖果、饼干、果汁等。情况严重或不能进食者，应及时适量静脉推注50%葡萄糖，以迅速升高血糖。

目标检测

答案解析

一、单项选择题

1. 下列选项中，属于血糖来源的是（　　）

    A. 糖原合成　　　　　　　　B. 葡萄糖氧化分解　　　　　　C. 葡萄糖转化成肝糖原

    D. 肝糖原分解　　　　　　　E. 葡萄糖转化成非糖物质

2. 下列关于高血糖的描述，不恰当的是（　　）

    A. 生理性高血糖，其空腹血糖正常

    B. 临床上常见的病理性高血糖症是糖尿病

    C. 情绪激动致交感神经系统兴奋，可致血糖升高

    D. 一次性食入大量糖，血糖迅速升高

    E. 情感性尿糖有明显的临床症状

3. 高血糖症的判断标准是（　　）

    A. 空腹血糖水平高于6.9mmol/L　　　　　　B. 餐后血糖水平高于6.9mmol/L

    C. 血糖水平高于6.9mmol/L　　　　　　　　D. 血糖水平等于肾糖阈9.0mmol/L

    E. 尿糖水平高于9.0mmol/L

4. 胰岛素分泌不足的关键环节是（　　）

    A. 胰岛素抵抗　　　　　　　B. 胰岛素受体功能障碍　　　　C. 胰岛素信号转导障碍

    D. 胰岛B细胞代偿性肥大　　E. 胰岛B细胞进行性损伤

5. 下列原因引起的高血糖，适用于胰岛素治疗的是（　　）

    A. 葡萄糖转运蛋白异常　　　　　　　　　　B. 胰岛素受体抗体形成

    C. 胰岛素受体底物磷酸化异常　　　　　　　D. 胰岛B细胞免疫损伤

    E. 胰岛素受体异常

6. 低血糖症对机体影响的主要部位是（　　）

    A. 神经系统　　　　　　　　B. 心血管系统　　　　　　　　C. 生殖系统

    D. 消化系统　　　　　　　　E. 泌尿系统

二、简答题

1. 什么是胰岛素抵抗？

2. 简述胰高血糖素分泌失调如何引起高血糖症？

3. 请说出严重肝脏疾患引起高血糖的机制。

4. 低血糖发作的处理原则是什么？

（魏　严）

书网融合……

知识回顾　　　　习题

第十四章　脂代谢紊乱

PPT

学习目标

知识要求：

1. 掌握脂蛋白的组成、脂代谢紊乱的分类及各类的主要病因及对机体的影响。

2. 熟悉脂蛋白的分类和功能。

3. 了解脂蛋白的正常代谢。

技能要求：

具备运用所学病理学知识分析和解决实际问题的临床思维能力。

脂代谢异常与动脉粥样硬化的发生和发展有密切关系，而且对冠心病急性事件（不稳定型心绞痛、急性心肌梗死和冠脉猝死）的发生有重要作用。血脂与动脉粥样硬化发生机制的研究已有80余年的历史，早在1916年就已证明给兔喂饲高胆固醇食物可在短期内引起兔动脉粥样硬化，但从临床角度开展血脂与心血管疾病的研究则始于20世纪50年代初。近20年来有关脂蛋白在体内的代谢研究取得了很大进展，最突出的例子是美国Goldstein和Brown由于发现低密度脂蛋白受体（low density lipoprotein receptor，LDL受体），并阐明了低密度脂蛋白在体内代谢的机制，并于1985年荣获诺贝尔生理学或医学奖。一系列大规模的临床试验已肯定，降低血浆胆固醇水平是冠心病一级和二级预防的有效措施。大量前瞻性的研究证实，富含甘油三酯（triglyceride，TG）的脂蛋白是冠心病（coronary heart disease，CHD）的独立危险因子，甘油三酯增加表明患者存在代谢异常综合征，需进行治疗。血脂、血浆脂蛋白及载脂蛋白检验已成为动脉粥样硬化和心、脑血管疾病诊断、治疗和预防的重要实验室指标，对高脂蛋白血症与异常脂蛋白的诊断，亦具有非常重要的价值。

第一节　概　述

血脂是血浆所含脂类的总称，包括脂肪（甘油三酯）和类脂（胆固醇及其酯、磷脂、糖脂等）。血脂中的主要成分是甘油三酯和胆固醇（cholesterol，CH），其中甘油三酯参与人体内的能量代谢，而胆固醇则主要用于合成细胞膜性物质、类固醇激素、维生素D_3和胆汁酸。脂类难溶于水，正常血浆脂类物质与蛋白质结合成脂蛋白的形式存在。

一、脂蛋白的组成、分类和功能

血浆脂蛋白主要由蛋白质、甘油三酯、磷脂、游离胆固醇（free cholesterol，FC）及胆固醇酯（cholesterol ester，ChE）等成分组成。各类脂蛋白因所含脂类及蛋白质的不同，其密度、颗粒大小、分子量、表面电荷均有所不同。应用超速离心法可将血浆脂蛋白分为四类：乳糜微粒（chylomicron，CM）、极低密度脂蛋白（very low density lipoprotein，VLDL）、低密度脂蛋白（low density lipoprotein，LDL）和高密度脂蛋白（high density lipoprotein，HDL）。这四类脂蛋白的密度依次增加，而颗粒直径则依次变小。此外，还有中密度脂蛋白（intermediate density lipoprotein，IDL），它是VLDL在血浆中的代谢产物，其组成和密度介于VLDL和LDL之间。脂肪动员释放入血的游离脂酸，常与血浆中的清蛋白结合而运输，不列入血浆脂蛋白内（表14-1-1）。

CM颗粒最大，TG含量最多，达90%~95%，蛋白质含量最少，一般为1%~2%，密度最小，小于0.95，血浆（清）静置即可漂浮；VLDL含TG较CM少，占50%~65%，但其蛋白含量较CM多，占5%~10%，密度比CM大；LDL含FC及CE最多，占45%~50%；HDL含蛋白量最高，约占50%，密度最高，颗粒最小。

表14-1-1　血浆脂蛋白的分类、性质、组成和功能

分类	密度法 电泳法	乳糜微粒	极低密度脂蛋白前 β-脂蛋白	低密度脂蛋白 β-脂蛋白	高密度脂蛋白 α-脂蛋白
性质	密度	<0.95	0.95~1.006	1.006~1.063	1.063~1.210
	电泳位置	原点	α_2-球蛋白	β-球蛋白	α_1-球蛋白
	颗粒直径（nm）	80~500	25~80	20~25	5~17
组成（%）	蛋白质	0.5~2	5~10	20~25	50
	脂质	98~99	90~95	75~80	50
	甘油三酯	80~95	50~70	10	5
	磷脂	5~7	15	20	25
	胆固醇	1~4	15	45~50	20
载脂蛋白		ApoC、ApoA、ApoB$_{48}$	ApoC、ApoE、ApoB$_{100}$	ApoB$_{100}$	ApoA Ⅰ、ApoA Ⅱ、ApoC、ApoE
主要合成部位		小肠黏膜细胞	肝细胞	血浆	肝、肠、血浆
功能		转运外源性甘油三酯和胆固醇	转运内源性甘油三酯和胆固醇	转运内源性胆固醇	逆向转运胆固醇

二、脂蛋白的正常代谢

人体血浆脂蛋白代谢可分为外源性代谢途径、内源性代谢途径和胆固醇的逆向转运途径。外源性代谢途径是指食物中摄入的胆固醇和甘油三酯在小肠中合成CM及CM代谢的过程；内源性代谢途径则是指肝脏合成VLDL，然后转变为IDL和LDL，以及LDL被肝脏或其他器官代谢的过程；HDL参与将脂质从外周组织运输到肝脏进行分解代谢的过程，称为胆固醇的逆向转运（图14-1-1）。

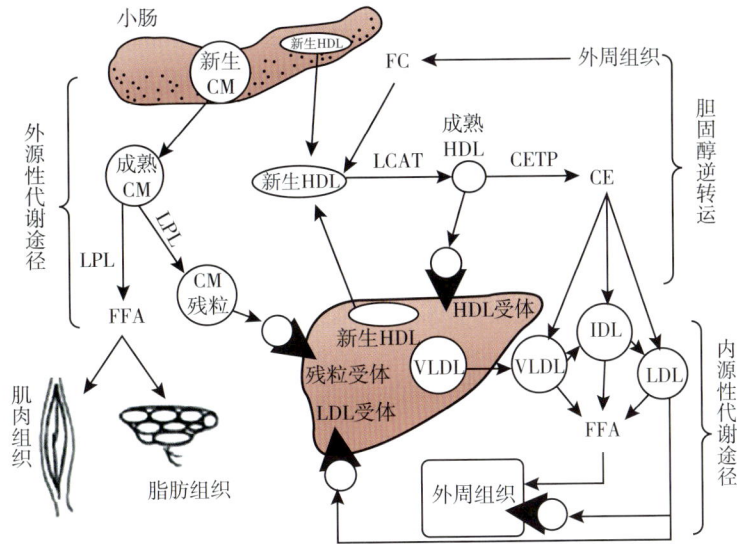

图 14-1-1　正常脂蛋白代谢过程示意图

CETP：胆固醇酯转运蛋白；FFA：脂肪酸；LPL：脂蛋白脂酶；LCAT：卵磷脂胆固醇酰基转移酶

（一）外源性代谢途径

CM 是运输外源性甘油三酯的主要形式。食物中的甘油三酯在肠道中经酶水解后被小肠上皮细胞吸收并合成 CM。CM 经小肠淋巴管及胸导管进入血液循环，在经过肌肉、心脏及脂肪组织时，CM 在毛细血管内皮细胞表面脂蛋白脂酶（lipoprotein lipase，LPL）的作用下，其内核 TG 逐步被分解，释放出游离脂肪酸。游离脂肪酸可用作能量物质，但大部分被组织细胞摄取并重新酯化合成甘油三酯贮藏起来。在代谢过程中，CM 内核逐渐变小，表面的 ApoA I 、ApoA II 、ApoA V 、磷脂及胆固醇转移给 HDL。同时，CM 接受来自 HDL 和 VLDL 的 ApoC 和 ApoE，形成富含胆固醇的 CM 残粒。CM 残粒通过其表面的 ApoE 与肝细胞表面的 ApoE 受体结合，被肝细胞迅速摄取。在肝细胞内，溶酶体酶水解 CM 残粒成游离脂肪酸、胆固醇和氨基酸。大部分胆固醇被转变成胆汁酸，并与游离胆固醇一起被分泌入胆道，再进入肠道。分泌到肠道的胆固醇约 50% 被重吸收，并返回肝脏。另有约 50% 的胆固醇以类固醇的形式从粪便中排出。另一方面，分泌到肠道的 95%~97% 的胆汁酸也在回肠重吸收入血，剩余部分随粪便排出。

（二）内源性代谢途径

VLDL 是运输内源性甘油三酯的主要形式。肝脏可利用葡萄糖和脂肪酸合成甘油三酯，也可合成胆固醇，然后装配成 VLDL。小肠黏膜细胞亦可合成少量的 VLDL。在血液中 VLDL 经历与 CM 类似的分解代谢过程，即在 LPL 及 ApoC II 的作用下，VLDL 内核的 TG 被水解，释放出游离脂肪酸，其表面 Apo C 和 ApoE 转移到 HDL 颗粒中，而 ApoB$_{100}$ 则保留在 VLDL 残粒中。VLDL 残粒逐步转变成 IDL，进一步转变为 LDL。但近来的研究结果表明，只有一半的 VLDL 转变成 LDL，另一半的 VLDL 被肝 LDL 受体或残粒受体摄取并代谢。

LDL 是运输胆固醇的主要脂蛋白，其主要功能是将胆固醇转运到外周组织。LDL 颗粒与细胞膜上的 LDL 受体结合后，被细胞内吞，进入溶酶体并被水解释放出 FC，FC 可被细胞膜利用，成为细胞膜的重要构成成分或重新酯化贮藏。在肾上腺和其他合成胆固醇的组织，胆固醇被利用合成皮质类固醇激素——雄激素、雌激素、醛固酮等。

（三）胆固醇的逆向转运途径

HDL将胆固醇从外周组织运输到肝脏并进行分解代谢的过程，称胆固醇的逆向转运。在外周组织，当胆固醇供大于需的时候，胆固醇会堆积在组织中。胆固醇在肝脏只能以游离胆固醇或合成胆汁酸从体内排出，HDL的作用是将胆固醇从外周组织运回肝脏。由肝脏和小肠合成的新生HDL可从外周组织（甚至从巨噬细胞）摄取游离的胆固醇，在卵磷脂胆固醇酰基转移酶的作用下胆固醇转化成胆固醇酯并贮存在HDL内核。HDL运输胆固醇酯到肝脏的途径有数条：①通过结合ApoA的特殊受体直接摄取HDL；②含ApoE的HDL通过ApoE与肝细胞表面的ApoE受体或残粒结合进入肝脏；③在胆固醇酯转移蛋白（cholesteryl ester transfer protein，CETP）的作用下，HDL中的胆固醇酯转移到富含TG的脂蛋白（如CM和VLDL）中，将胆固醇间接运至肝脏。

三、脂代谢紊乱的分类

血浆脂类以脂蛋白形式存在，脂代谢紊乱的表现形式主要有高脂血症和低脂血症。血脂水平高于正常范围上限即为高脂血症。我国高脂血症的标准：成人空腹血总胆固醇（total cholesterol，TC）≥6.22mmol/L（240mg/dL）和（或）甘油三酯≥2.26mmol/L（200mg/dL）。由于血脂在血中以脂蛋白的形式存在和运输，因此，高脂血症也表现为高脂蛋白血症。低脂血症表现为低脂蛋白血症。目前低脂血症没有统一的标准，一般认为血浆总胆固醇<3.10mmol/L（120mg/dL）有临床意义。

（一）高脂蛋白血症

1. **表型分类**　该分类法不包括病因学，故称表型分类。按此分类法将高脂蛋白血症分为六型。

（1）Ⅰ型高脂蛋白血症　又称家族性高乳糜微粒血症，主要生化特征是血浆中CM浓度增加，甘油三酯水平升高，胆固醇水平可正常或轻度增加。血浆外观混浊，4℃冰箱中静置过夜，其表面呈奶油状，下层澄清。在临床上较为罕见，属于常染色体隐性遗传病，从婴儿期即可出现。其发病原因是LPL遗传性缺陷或缺乏LPL的激活剂。

（2）Ⅱa型高脂白血症　临床上常见。血浆中LDL水平升高，血浆外观澄清。血脂测定只有TC水平升高，TG水平则正常。

（3）Ⅱb型高脂蛋白血症　临床上很常见。血浆中VLDL和LDL水平均有增加，血浆外观澄清或轻混。血脂测定TC和TG水平均有增加。

（4）Ⅲ型高脂蛋白血症　临床上很少见。又称为异常β-脂蛋白血症，主要是由于血浆中CM残粒和VLDL残粒水平增加。血浆外观混浊，常可见一模糊的奶油样表层。血浆中TC和TG浓度均明显升高，血清脂蛋白电泳图谱上β-脂蛋白与前β-脂蛋白带融合，呈一宽而浓染的色带，称为"宽β带"。

（5）Ⅳ型高脂蛋白血症　血浆中VLDL水平增加，血浆外观可澄清也可混浊。4℃冰箱中过夜，其表面无奶油状。血浆TG水平明显升高，TC水平正常或偏高。

（6）Ⅴ型高脂蛋白血症　血浆中CM和VLDL水平均升高。4℃冰箱中过夜，其表面呈奶油状，下层混浊。血浆TC和TG水平均升高，以TG升高为主。

表型分类法有助于高脂血症的诊断和治疗，但较烦琐。

2. **病因分类**　分为原发性和继发性两大类。①原发性高脂蛋白血症：大部分是脂蛋白代谢相关基因突变与环境因素相互作用引起。一部分是由于先天性基因缺陷所致，如*LDLR*基因缺陷引起家族性高胆固醇血症。②继发性高脂蛋白血症：是全身系统性疾病所致，包括甲状腺功能减退症、糖尿病、肾病综合征、肝胆系统疾病、肾功能衰竭、系统性红斑狼疮、糖原贮积症、脂肪萎缩症、骨髓瘤、多囊卵巢综合征等。此外，长期较大剂量使用某些药物如口服避孕药、利尿药、降压药、性激素、糖皮质激素、免疫抑制剂等，也可能引起继发性高脂蛋白血症。

3. **基因分类**　由于高脂血症的表型分类只注重血浆中脂蛋白的异常，而忽略了引起高脂血症的原因，即没有考虑病因，因而具有很大的局限性。近年来，随着分子生物学的迅速发展，人们对高脂血症的认识已逐步深入到基因水平。目前已发现有相当一部分高脂血症患者存在单一或多个遗传基因的缺陷，多具有明显的家族聚集性，有明显的遗传倾向，临床上称之为家族性高脂血症。如家族性高胆固醇血症、家族性高甘油三酯血症、家族性异常 β-脂蛋白血症和家族性混合型高脂血症。

> 🧬 **病例分析 15**
>
> 　　患者，男性，48岁。体检：身高175cm，体重82kg，血压123/79mmHg，心率79次/分。血生化检查结果：血糖4.5mmol/L（参考值3.11~6.11mmol/L），血清总胆固醇（TC）6.64mmol/L（参考值2.9~6.22mmol/L），甘油三酯（TG）1.65mmol/L（参考值0.56~2.26mmol/L），低密度脂蛋白胆固醇（LDL-C）4.94mmol/L（参考值0~4.11mmol/L），高密度脂蛋白胆固醇（HDL-C）1.12mmol/L（参考值1.15~1.42mmol/L）。
>
> **问题与思考**
>
> （1）该男士的检查结果哪些是异常？属于哪种类型的脂代谢紊乱？
>
> （2）脂蛋白有哪几类？它们在脂代谢中发挥怎样的作用？
>
> 答案解析

（二）低脂蛋白血症

1. **家族性低 β-脂蛋白血症**　这是一种常染色体显性遗传病，主要特征是血浆LDL减少、血浆总胆固醇显著降低。该病的主要缺陷可能是肝脏LDL受体上调，伴胆汁酸过度合成，使血浆中VLDL在转化为LDL前已被肝脏分解代谢。家族性低 β-脂蛋白血症患者的ApoB基因存在，且无主要缺陷，但现已发现20多种ApoB基因变异。杂合子仅表现为低LDL水平和轻微的症状，而纯合子则在临床上无法与纯合子 β-脂蛋白缺乏血症相区别。临床表现为脂类吸收不良、棘形红细胞、视网膜色素沉着和神经性肌肉退变。

2. **β-脂蛋白缺乏血症**　这是一种罕见的常染色体隐性遗传病，其特征是ApoB合成分泌缺陷，使含ApoB的脂蛋白如CM、VLDL和LDL合成代谢障碍，伴随脂肪吸收和代谢紊乱，血浆胆固醇也非常低。

3. **家族性低 α-脂蛋白血症**　该病系常染色体显性遗传，其主要特征为血浆HDL-C水平低于同年龄、同性别对照者。由于 α-脂蛋白合成障碍（即ApoA Ⅰ和ApoA Ⅰ/ApoC Ⅲ缺乏）所致的低水平HDL-C者常伴随早期发生的动脉粥样硬化。

> 🩺 **知识拓展**
>
> 　　丹吉尔（Tangier）病（ApoA缺乏，Tangier是地名），即家族性 α-脂蛋白缺乏症，属于一种罕见的常染色体隐性遗传病，纯合子患者几乎测不到高密度脂蛋白胆固醇（HDL-C）、ApoA Ⅰ和ApoA Ⅱ。血浆TC和LDL-C也常降低，TG正常或增高。临床表现为扁桃体肿大，呈橙色，肝脾肿大，角膜浑浊，有的出现间歇性周围神经炎。病理特点是胆固醇酯在网状内皮系统和其他组织中堆积，杂合子患者HDL-C、ApoA Ⅰ和ApoA Ⅱ约为正常人的1/2，无症状。此病可能为前ApoA Ⅰ不能转化为成熟的ApoA Ⅰ，而前ApoA Ⅰ迅速降解，导致ApoA Ⅰ与HDL缺乏，未发现ApoA Ⅰ基因缺乏，与动脉粥样硬化发生的关系不明。

第二节　高脂蛋白血症

一、病因和发病机制

高脂蛋白血症的病因主要有营养、代谢性疾病、遗传和其他疾病。此外，年龄、不健康的生活方式如酗酒、缺乏运动等也可引起高脂蛋白血症。高脂蛋白血症小部分是继发性的，大部分是原发性的。

（一）营养性因素

影响血脂水平最重要的环境因素是营养。

1. **饮食糖的比例过高**　饮食中糖的比例过高使血糖升高，刺激胰岛素分泌增加，引起内源性脂质合成增加，机制主要有：①胰岛素增多时，可以促进肝脏合成 TG 和 VLDL 增加；②高糖饮食后，肝脏胆固醇合成限速酶 HMGCoAR 活性增加，TC 和 TG 合成增加；③高糖饮食还可诱发 ApocⅢ基因的表达，使血浆 ApocⅢ浓度升高，而 ApoCⅢ可抑制 LPL 的活性，影响 VLDL 和 CM 中 TG 的水解，引起高甘油三酯血症。

2. **饮食脂质含量高**　食物源性胆固醇占机体胆固醇来源的三分之一。脂质在饮食中含量增高时，机体可通过调节内源性胆固醇合成减少以平衡外源性胆固醇摄取增加。长期的高脂饮食导致血脂增高，主要表现在三方面：①小肠经外源性途径合成 CM 大量增加；②促使肝脏胆固醇含量增加，促使 LDL 受体合成减少，脂质代谢减少；③促使肝脏经内源性途径合成 VLDL 增加。

3. **饮食饱和脂肪酸含量高**　一般认为饱和脂肪酸摄入量增加，可增加血液总胆固醇含量，其中主要为 LDL。在饱和脂肪酸中，升高胆固醇效果最明显的是月桂酸，其次是肉豆蔻和棕榈酸，长链硬脂酸几乎没有效果。饱和脂肪酸摄入增加导致胆固醇增高的主要机制：①增加含 ApoB 脂蛋白的产生；②降低细胞表面 LDL 受体活性；③增加肝脏胆固醇合成限速酶 HMGCoAR 活性，使胆固醇合成增加。高胆固醇饮食有助于饱和脂肪酸的升胆固醇效果。

此外，肠黏膜上皮细胞脂质摄取相关蛋白基因突变，植物胆固醇在肠腔的吸收成倍增加伴胆固醇吸收增多，均可增加血液 LDL 的含量。

（二）疾病性因素

1. **肾疾病**　肾病综合征时，由于脂蛋白合成增加和降解障碍，导致血浆 VLDL 和 LDL 升高，呈Ⅱb 或Ⅳ型高脂蛋白血症；而肾衰竭、肾移植术后的患者常出现血浆 TG 升高、HDL 降低。

2. **甲状腺功能减退症**　周围末梢血中的甲状腺激素水平直接影响脂质代谢的各个环节，甲状腺功能减退时，主要引起高胆固醇血症、高甘油三酯血症、高 VLDL、高 LDL、低 LDLR 活性、低 LPL 活性等。

3. **糖尿病**　胰岛素是 LPL 活性的重要调节因素，可激活脂肪组织 LPL 的活性，而对骨骼肌 LPL 的活性有抑制作用。1 型糖尿病由于胰岛素缺乏，LPL 活性受到抑制，CM 和 VLDL 降解减少，血浆甘油三酯水平升高。2 型糖尿病常有胰岛素抵抗，内源性胰岛素分泌过多，引起高胰岛素血症，反而减弱胰岛素对 LPL 的激活作用，引起甘油三酯水平升高。

血脂异常还可见于多发性骨髓瘤、胆道阻塞、胆汁性肝硬化、系统性红斑狼疮、胰腺炎、糖原贮积症等。

（三）遗传因素

脂代谢紊乱最重要的内在影响因素是遗传因素。其中包括由遗传异质性引起的血脂异常和单基因突变导致的严重血脂异常。参与血液脂蛋白代谢过程的载脂蛋白、脂酶和脂蛋白受体等的遗传缺陷均能干扰脂蛋白代谢，导致高脂蛋白血症。

1. **LPL、ApoCⅡ基因异常** LPL是分解血浆脂蛋白中甘油三酯的限速酶，也是血液中主要的脂解酶。LPL异常可引起VLDL和CM代谢障碍，可导致Ⅰ型或Ⅴ型高脂蛋白血症。ApoCⅡ是LPL发挥活性所必需的辅因子，ApoCⅡ缺陷与LPL缺陷一样，都可引发高甘油三酯血症，二者都是因为甘油三酯分解受阻。

2. **LDLR基因异常** LDLR是细胞表面的一种糖蛋白，能识别和结合含$ApoB_{100}$和ApoE的脂蛋白残粒（如CM残粒、VLDL残粒）及LDL，摄取胆固醇进入细胞内进行代谢。LDLR基因突变引起受体功能障碍或数量不足，导致LDL代谢障碍，使血浆胆固醇水平明显增加，是家族性高胆固醇血症发生的主要原因。

3. **ApoE基因异常** 在CM和VLDL残粒清除的过程中，ApoE起关键作用。ApoE基因缺陷引起ApoE分子的结构和功能异常，导致ApoE与受体结合力降低，使得含ApoE的脂蛋白VLDL和CM分解代谢障碍。

4. **$ApoB_{100}$基因异常** ApoB是LDLR的配体，也是LDL颗粒上的主要载脂蛋白，其主要功能是结合和转运脂质，介导血浆LDL的降解与清除，在体内胆固醇代谢平衡中起重要作用。ApoB基因突变，使$ApoB_{100}$结构异常，与LDL受体的结合能力显著下降，LDL受体途径降解减少。

（四）其他因素

1. **缺乏运动** 体育锻炼可增加LPL的活性，促进外源性甘油三酯降解，升高HDL水平，并降低肝脂酶活性。所以，习惯于久坐不动的人血浆甘油三酯水平比坚持体育锻炼者要高。

2. **年龄** 随着年龄增加，LPL活性减退、肝细胞表面LDLR的活性和数量均降低，使LDL分解代谢率降低。老化的肝细胞合成ApoB降低，导致血浆甘油三酯水平升高。

3. **酗酒** 酒精可增加体内脂质合成，降低LPL活性，导致高甘油三酯血症。酗酒还会引起LDL和ApoB显著升高，而HDL和ApoAⅠ则显著降低，导致胆固醇代谢紊乱。此外，酗酒还会引起LDL过氧化，导致循环中氧化型低密度脂蛋白（OX-LDL）浓度升高。

此外，吸烟、长期精神紧张、药物以及体重增加等均可引起血脂异常。

二、对机体的影响

（一）对大脑的影响

大量的流行病学资料发现，高脂蛋白血症是神经退行性疾病（如阿尔茨海默病）的一个重要危险因素，降脂治疗可以降低神经退行性疾病发生的危险。高脂蛋白血症时，表现为：①血脑屏障受损，通透性增加，使本来不能通过血脑屏障的血脂进入脑组织异常沉积；②脑组织中脂质合成增加。

（二）对肾脏的影响

高脂蛋白血症可引起肾小球损伤，其机制较为复杂：①脂质蓄积于肾小球细胞内，或沉积于系膜基质中，并发生氧化修饰；脂质尤其是氧化脂质可导致肾小球上皮细胞和基底膜损伤，通透性增加，导致蛋白尿发生；②脂质还可引起系膜细胞弥漫性增生，系膜基质合成增加，系膜增宽，炎细胞浸润，引发一系列炎症反应，最终造成小管间质纤维化和肾小球硬化。

（三）动脉粥样硬化

高脂蛋白血症是动脉粥样硬化发生的最基本的危险因素。动脉粥样硬化（atherosclerosis，AS）是指在病因的作用下，以血管内皮细胞结构或功能受损，通透性增加，血脂异常沉积到血管壁为主要特征的渐进性病理过程，伴有炎细胞浸润，中膜平滑肌细胞迁移增殖，泡沫细胞形成和细胞外基质合成增加，最终形成AS斑块。

AS的发病率与血浆VLDL、LDL水平的升高往往呈正相关。LDL颗粒密度大、直径小，进入内膜的脂质主要是LDL。研究表明，血浆LDL质与量的变化均可导致AS的发生。LDL在动脉壁经氧化修饰形成OX-LDL，它具有多方面的致AS作用：①OX-LDL被巨噬细胞和平滑肌细胞表面的清道夫受体识别而吞噬，衍变成泡沫细胞，促进脂质在血管壁的蓄积；②诱导血管中膜的平滑肌细胞向内膜迁移增殖，并分泌大量的细胞外基质成为斑块纤维帽的主要组成成分；③成为抗原激活机体免疫炎症反应，致使血管壁炎细胞浸润持续增加，白细胞介素、肿瘤坏死因子、C反应蛋白等炎症因子大量分泌，病变中LDL沉积增加，使得免疫炎症反应成为AS发生发展以及AS斑块破裂的重要机制；④诱导病变中细胞的凋亡，内皮细胞凋亡导致血管壁通透性进一步增加，巨噬细胞凋亡导致血管壁脂质沉积由细胞内转向细胞外，平滑肌细胞凋亡导致细胞外基质合成减少，斑块纤维帽变薄而容易发生破裂。

AS的发生与血浆HDL浓度呈负相关。HDL可通过胆固醇逆转运机制将动脉壁、巨噬细胞等组织的胆固醇转运到肝，降低动脉壁胆固醇的含量，同时还可抑制LDL氧化。因此，HDL具有抗AS作用。但被氧化的HDL失去上述功能，抗AS的作用明显降低。

随着沉积脂质作用的持续存在，AS病变最终发展为粥样斑块，使动脉管壁增厚、管腔狭窄甚至闭塞，导致供血组织缺血性损伤。

（四）非酒精性脂肪性肝病

非酒精性脂肪性肝病（non-alcoholic fatty liver disease，NAFLD）是指明确排除酒精和其他肝损伤因素外发生的以肝细胞内脂质过度沉积为主要特征的临床病理综合征，主要包括非酒精性脂肪肝、非酒精性脂肪性肝炎、非酒精性脂肪性肝炎相关的肝硬化。肝脏中沉积的脂质主要是甘油三酯。脂代谢紊乱是NAFLD的主要危险因素之一，与NAFLD互为因果关系。NAFLD的发生机制尚未清楚。目前认为各种致病因素导致肝脏脂代谢紊乱，引起肝细胞甘油三酯堆积，肝细胞脂肪变性，变性的肝细胞对内、外源性损害因子的敏感性增强，反应性氧化代谢产物增多，导致脂质过氧化，进而引起变性的肝细胞发生炎症、坏死甚至纤维化。

（五）肥胖

肥胖是指由于食物能量摄入过多、机体代谢异常或消耗过少而导致体内脂质沉积过多，造成以体重过度增长为主要特征，并可能引起人体一系列病理、生理改变的一种状态。肥胖分为单纯性肥胖和继发性肥胖。单纯性肥胖主要与遗传因素和饮食营养过剩有关，除有脂质沉积之外，还有脂肪细胞的增生与肥大。继发性肥胖主要为神经内分泌疾病所致，通常认为只有脂肪细胞的肥大而没有增生。高脂蛋白血症时，脂肪组织中脂质贮存增加而动员分解降低，脂质在脂肪组织中大量沉积，诱发肥胖的发生。

三、防治原则

高脂血症导致组织器官损伤的发生发展过程非常漫长。因此，早期干预高脂血症的可控危险因素，可消除或延缓相应疾病的发生。

1. **防治原发病**　积极治疗引起高脂蛋白血症的原发疾病，如糖尿病等，消除病因，合理应用药物和改变生活方式，控制原发病临床表现，可极大降低脂代谢紊乱性疾病的发病风险。

2. **改变生活方式**　改变饮食结构和饮食顺序是高脂蛋白血症防治的基础，应适当增加优质蛋白质的摄入，控制糖和脂肪这些能量物质的摄入量，促进体内的脂肪代谢，避免肥胖的发生；每天适量运动或参加体力劳动，避免长时间久坐；戒烟、限酒，改变熬夜等不良生活方式。

第三节　低脂蛋白血症

一、病因和发病机制

（一）脂质代谢增强

1. **脂质利用增加**　常见于贫血。贫血引起红细胞增殖增加，使得作为细胞膜主要组成成分的胆固醇利用增加，导致血脂降低，而血脂不足又使得红细胞膜脆性增加，红细胞容易破碎，贫血进一步加重，形成恶性循环。

2. **脂质分解增强**　常见于恶性肿瘤、甲状腺功能亢进等。甲状腺功能亢进时高甲状腺激素导致血脂降低的机制：①LPL和肝脂酶（HL）活性增加，使得血中甘油三酯清除率增加；②LDL受体表达增加和活性增强，LDL经受体途径清除增加；③促使胆固醇转化为胆汁酸排泄增加。

（二）脂质摄入不足

脂质摄入不足常见于长期素食、食物短缺、长期营养不良等各种原因引起的脂质消化与吸收不良，如：①胆道梗阻、胰腺疾病等引起胰酶或胆盐缺乏造成脂质消化不良；②小肠疾病造成吸收能力下降，吸收面积不足，如短肠综合征、小肠炎症、寄生虫病等；③小肠黏膜上皮细胞原发性缺陷或异常，影响脂质吸收转运，造成乳糜泻；④淋巴回流障碍，如淋巴管梗阻、淋巴发育不良等，使得乳糜微粒经淋巴进入血液循环受阻。

（三）脂质合成减少

肝脏是内源性脂质合成的主要部位，占机体三分之二的甘油三酯、胆固醇、大部分载脂蛋白如ApoA、ApoC、$ApoB_{100}$和ApoE等都在肝脏合成。严重的肝脏疾病以及脂质合成原料不足皆可造成脂质合成障碍。

（四）脂蛋白相关基因缺陷

遗传性低脂蛋白血症分为低β-脂蛋白血症和低α-脂蛋白血症。①低β-脂蛋白血症，ApoB基因突变引起ApoB结构缺陷或表达降低，缺陷的ApoB与LDLR的结合力增强，促进了LDL经受体途径的清除；ApoB分泌速度降低，导致LDL和VLDL合成减少；②低α-脂蛋白血症，包括家族性α-脂蛋白缺乏症（丹吉尔病）和卵磷脂胆固醇酰基转移酶（LCAT）缺乏症。丹吉尔病是一种常染色体隐性遗传病，是由于*ABCA1*基因突变，细胞内胆固醇流出障碍，胆固醇逆转运受阻。LCAT是参与脂质代谢的重要酶之一，主要作用是促进胆固醇酯生成。LCAT缺乏时，游离胆固醇不能转变为胆固醇酯，HDL的成熟过程受阻，胆固醇逆转运出现障碍，导致α–脂蛋白降低，游离胆固醇和总胆固醇水平增加。

二、对机体的影响

1. 消化系统　患者出生后出现脂肪泻、小肠肠壁细胞脂肪变性，少数有转氨酶升高和肝大。

2. 神经系统　患者出生早期即出现精神运动发育迟缓，如出现腱反射减弱，步态不稳和语言障碍、定位感觉丧失等。中枢和周围神经系统发生慢性退行性脱髓鞘，多数个体出现小脑性震颤、共济失调、智力障碍、肌肉软弱无力、视野缩小、视力减退，甚至全盲。

3. 血液系统　磷脂是构成生物膜的重要成分。低脂血症时，细胞膜鞘磷脂、卵磷脂等含量降低，导致细胞膜结构异常，红细胞表面出现针尖样突起成为棘形红细胞；细胞膜脂质降低导致红细胞的渗透脆性显著增加，红细胞出现自溶；血小板活力下降，可伴有贫血和凝血机制异常。

此外，低脂蛋白血症与子宫内膜癌、肝癌和结肠癌等肿瘤的发生呈明显相关性。低脂蛋白血症还可导致各种原因造成的患者死亡率明显增加。

三、防治原则

低脂蛋白血症在临床上较少见，其主要防治措施是消除病因学因素、补充脂溶性维生素和保护靶器官。

目标检测

答案解析

一、选择题

1. LDL的合成场所是（　　）

　　A. 骨　　　　　　　B. 肝脏　　　　　　C. 血浆　　　　　　D. 肌肉　　　　　　E. 心肌

2. 下列具有抗动脉粥样硬化作用的脂蛋白是（　　）

　　A. LDL　　　　　　B. VLDL　　　　　　C. HDL　　　　　　D. CM　　　　　　E. FFA

3. 合成HDL的部位是（　　）

　　A. 小肠和肺　　　　B. 肝和小肠　　　　C. 肝和心肌　　　　D. 肺和肾　　　　　E. 心肌和胰腺

4. 下列选项中，颗粒直径最小、密度最高的脂蛋白是（　　）

　　A. HDL　　　　　　　　　　　B. VLDL　　　　　　　　　　C. CM

　　D. LDL　　　　　　　　　　　E. 脂肪酸–清蛋白

5. 下列选项中，甘油三酯含量最多的脂蛋白是（　　）

　　A. LDL　　　　　　B. CM　　　　　　　C. HDL　　　　　　D. VLDL　　　　　　E. IDL

6. VLDL的主要生理功能是（　　）

　　A. 转运外源性甘油三酯　　　　B. 转运内源性甘油三酯　　　　C. 转运磷脂

　　D. 胆固醇逆向转运　　　　　　E. 转运胆固醇给肝外组织

7. 下列选项中，含胆固醇最多的脂蛋白是（　　）

　　A. CM　　　　　　　　　　　　B. HDL　　　　　　　　　　　C. VLDL

　　D．清蛋白–脂肪酸复合物　　　　E．LDL

　8．在血液中，降解 CM 和 VLDL 的主要酶是（　　）

　　A．脂蛋白脂酶　　　　　　B．胰脂酶　　　　　　　　C．裂解酶

　　D．蛋白酶　　　　　　　　E．磷脂酶

二、简答题

　1．简述高脂蛋白血症对机体的影响。

　2．简述低脂蛋白血症对机体的影响。

（王军利）

书网融合……

知识回顾　　习题

第十五章　弥散性血管内凝血

PPT

学习目标

知识要求：

1. 掌握弥散性血管内凝血的概念、病因、分期与分型及影响其发生发展的因素。

2. 熟悉弥散性血管内凝血的发病机制和机体的功能代谢变化。

3. 了解弥散性血管内凝血的防治原则。

技能要求：

1. 具备病理生理与临床的横向联系能力。

2. 能够运用所学知识分析和解决实际问题的临床思维能力。

弥散性血管内凝血（disseminated intravascular coagulation，DIC）是临床常见的以止血、凝血功能严重障碍为特征的复杂的病理生理过程。目前认为，DIC是指在某些致病因子的作用下，大量促凝物质入血，凝血因子和血小板被激活，凝血酶增多，在微循环内形成了广泛的微血栓，伴有或继发性引起纤维蛋白溶解系统功能亢进，导致患者出现出血、休克、器官功能障碍和微血管病性溶血性贫血等临床表现的全身性病理过程。

第一节　DIC 的病因和发病机制

一、病因

DIC并非独立的疾病，临床上多种疾病都可引起DIC的发生。常见的有感染性疾病、恶性肿瘤、产科意外以及广泛组织损伤等（表15-1-1）。如果患者存在能够引起DIC的基础疾病，且出现不明原因的出血、多发性微血管栓塞等症状或体征，应考虑DIC的可能。

表15-1-1　DIC 的常见病因

类型	比例	主要疾病
感染性疾病	31%~43%	败血症、内毒素血症、病毒性肝炎、流行性出血热、病毒性心肌炎等
恶性肿瘤	24%~34%	消化系统、泌尿生殖系统恶性肿瘤、血液/淋巴系统肿瘤

续表

类型	比例	主要疾病
产科意外	4%~12%	流产、胎盘早剥、子痫及先兆子痫、羊水栓塞、宫内死胎等
广泛组织损伤	1%~5%	大手术、多发性创伤、大面积烧伤、挤压综合征等

二、发病机制

DIC的发病机制十分复杂。除受到基础疾病的影响外，主要存在以下改变及相应机制。

（一）组织因子介导为主的凝血系统异常激活

严重创伤、烧伤、外科手术、产科意外造成的组织损伤；恶性肿瘤或实质脏器坏死；白血病放、化疗后所致的白血病细胞大量破坏等情况，均可促使大量组织因子（tissue factor，TF）释放入血，激活外源性凝血系统，启动凝血过程。凝血酶的大量生成是发生凝血的中心环节，同时，受到凝血酶的反馈激活，使得凝血反应扩大及血小板活化、聚集，又促进DIC的发生。

（二）血管内皮损伤，凝血、抗凝系统功能失调

细菌、病毒、内毒素、缺氧、酸中毒、抗原-抗体复合物等，都可以损伤血管内皮细胞。①损伤的血管内皮细胞释放TF，启动外源性凝血系统；②内皮损伤，胶原纤维暴露后，一方面可通过激活FⅫ，启动内源性凝血系统，另一方面由于激肽和补体系统的激活，也可促进DIC的发生；③血管内皮细胞的抗凝作用降低；④血管内皮细胞产生组织型纤溶酶原激活物（tissue-type plasminogen activator，t-PA）减少，而纤溶酶原激活物抑制物-1（plasminogen activator inhibitor-1，PAI-1）增多，使纤溶活性降低。

（三）血细胞大量破坏，血小板被激活

1. **红细胞大量破坏**　当异型输血、恶性疟疾、输入过量库存血等因素使血液中红细胞大量破坏时，可释放大量ADP等促凝物质，促进血小板黏附、聚集，导致凝血；同时红细胞膜磷脂浓缩，也有促凝血作用。

2. **白细胞破坏或激活**　白细胞破坏释放TF样物质或者白细胞受刺激表达TF，均可启动凝血反应。例如急性早幼粒细胞白血病患者，由于其白血病细胞中含有大量TF样物质，患者放、化疗后，这些促凝物质可随着细胞崩解大量释放入血，从而启动凝血过程，导致DIC的发生。

3. **血小板被激活**　免疫复合物、内毒素、凝血酶等均可促使血小板活化。血小板激活、黏附、聚集，形成血小板血栓。激活的血小板能释放ADP、5-HT、TXA_2等多种血管活性物质，这些血管活性物质又进一步激活血小板，释放PF_3、PF_4等多种血小板因子，促进DIC的发生和发展。

（四）促凝物质入血

急性坏死性胰腺炎时，胰蛋白酶大量入血，可以直接激活凝血酶原，导致大量微血栓形成；不少肿瘤细胞能生成、释放TF样物质，激活凝血系统；羊水栓塞时，羊水成分中有大量TF样物质能够激活凝血系统；某些蜂毒、蛇毒等外源性促凝物质能直接激活FX、凝血酶原或直接使纤维蛋白原（fibrinogen，Fbg）转变为纤维蛋白单体（fibrin monomer，FM）。

上述因素在DIC发生过程中先后或同时存在，推动病情的进展。

第二节　影响 DIC 发生发展的因素

一、单核 – 吞噬细胞系统功能受损

单核–吞噬细胞系统可吞噬、清除血液中的各种促凝物质、凝血酶、纤维蛋白降解产物、补体成分以及血细胞碎片等。当其吞噬功能严重障碍（如感染性休克、创伤、长期大量使用糖皮质激素、严重肝脏疾病），或由于过量吞噬细菌、内毒素、坏死组织等而使细胞功能"封闭"时，可促进DIC的发生与发展。

二、肝功能严重障碍

肝脏在凝血、抗凝和纤溶过程中发挥着重要作用。严重肝功能障碍时，容易诱发DIC，其机制有以下几个方面：①引起肝脏疾病的某些因素如病毒、免疫复合物、某些药物等可激活凝血系统。②肝脏合成抗凝物质减少，血液处于高凝状态，易诱发DIC。③凝血因子多在肝脏合成，随着凝血系统的激活，活化的凝血因子FIXa、FXIa、FXa、凝血酶–抗凝血酶复合物等也在肝脏被灭活、清除。因此当凝血因子灭活减少时，易诱发DIC；此外凝血因子合成减少，也造成DIC患者的出血倾向。④肝细胞大量坏死时可释放组织因子，促进DIC的发生。

三、血液的高凝状态

血液高凝状态指的是在某些生理或病理条件下，血液凝固性增高，有利于血栓形成的状态。高龄产妇或妊娠后期可有生理性高凝状态。从妊娠三周开始，孕妇血液中血小板及凝血因子逐渐增多，而抗凝物质逐渐减少，使血液渐趋于高凝状态，特别是妊娠末期最明显。故产科意外（如胎盘早剥、宫内死胎、羊水栓塞等）时，易导致DIC。

此外，酸中毒导致血液凝固性增高，也是促进DIC发生发展的重要因素。酸中毒一方面可损伤血管内皮细胞，激活凝血系统；另一方面，血液pH降低，可使肝素抗凝活性下降、凝血因子的酶活性增高，血小板聚集性增强。

四、微循环障碍

休克等原因引起微循环严重障碍时，微循环血流缓慢，甚至"泥化"淤滞。红细胞、血小板容易聚集、黏附，局部凝血因子不易被清除，达到凝血所需浓度，导致微循环出现大量微血栓，诱发DIC。微循环缺血、缺氧时，可导致酸中毒及毛细血管内皮细胞损伤，启动内、外源性凝血系统，也有利于DIC的发生发展。

五、其他因素

吸烟、糖尿病患者，或者临床上不恰当地应用纤溶抑制剂如6–氨基己酸等，可使机体纤溶系统功能明显降低。在这种情况下，若发生感染、创伤等，就容易诱发DIC。此外，机体应激状态下，交感–肾上腺髓质系统强烈兴奋，微血管收缩，也有利于DIC的发生发展。

第三节　DIC 的分期与分型

一、分期

DIC 的病程可分为三期，即高凝期、消耗性低凝期、继发性纤溶亢进期。

（一）高凝期

此期是 DIC 发病初期，由于大量促凝物质入血，凝血系统被激活，血液中凝血酶产生增多，微循环中可形成严重程度不等的微血栓。此期病情发生发展快，患者可无明显临床症状，不易发现。

（二）消耗性低凝期

此期由于凝血酶产生和微血栓的形成，大量凝血因子和血小板被消耗。也可同时出现继发性纤溶功能的激活，使血液呈现低凝状态，患者可有不同程度的出血倾向。

（三）继发性纤溶亢进期

该期由于血液中凝血酶、F Ⅻ等大量增多，激活纤溶系统，产生大量纤溶酶，继而促使纤维蛋白（原）降解为纤维蛋白（原）降解产物（FgDP/FDP）。由于 FDP 有强大的抗凝作用，患者出血症状明显，严重者可出现休克和器官功能障碍的临床表现。

二、分型

（一）按 DIC 发生的速度分型

1. **急性型**　常见于严重创伤、严重感染（尤以革兰阴性菌导致的败血症性休克）、异型输血、急性排异反应以及产科意外等。DIC 可在数小时或 1~2 天内发生。此型临床症状以休克和出血为主，病情迅速恶化，分期不明显，实验室检查显著异常。

2. **亚急性型**　常见于恶性肿瘤转移、宫内死胎等。可于数天内形成。此型临床症状介于急性型与慢性型之间。

3. **慢性型**　常见于恶性肿瘤、结缔组织病、慢性溶血性贫血等。发病速度缓慢、病程较长。由于此时机体有一定的代偿能力，且单核-吞噬细胞系统功能较好，所以临床症状不明显，常以某器官功能不全为主要表现。有时仅存在实验室检查异常，尸检时做病理学检查才被发现。在一定条件下，慢性型 DIC 可向急性型转化。

（二）按 DIC 的代偿情况分型

1. **失代偿型**　常见于急性型 DIC，特点为凝血因子和血小板的消耗大于生成及释放的速度，机体来不及代偿。实验室检查示纤维蛋白原含量明显降低，血小板计数显著减少。患者多有明显的出血和休克等临床症状与体征。

2. **代偿型**　常见于轻度 DIC，特点为凝血因子和血小板的消耗与生成处于动态平衡状态。患者临床表现不明显或只表现为轻度出血或血栓形成。实验室检查无明显异常，临床诊断较为困难，可随着疾病发展转为失代偿型。

3. **过度代偿型**　常见于慢性DIC后期及急性DIC恢复期。由于患者代偿能力较好，凝血因子和血小板代偿性增加，甚至超过消耗降解的速度，因此临床上出血及栓塞症状不明显。实验室检查可见纤维蛋白原等凝血因子暂时性升高。当病因性质和强度改变时，可向失代偿型转化。

第四节　机体的功能代谢变化

　　DIC的临床表现因基础疾病不同而呈现出复杂性和多样性。由DIC引起的典型临床表现为出血、休克、器官功能障碍和微血管病性溶血性贫血。急性DIC以前三种表现为多见。引人注意的是，由于DIC患者出血症状相当突出，所以常被简单地当作是一种全身性出血综合征。事实上，临床上真正导致DIC患者死亡的原因，通常是由表现隐匿的大量微血栓形成，导致微循环缺血及相应器官的不可逆损伤。

一、出血

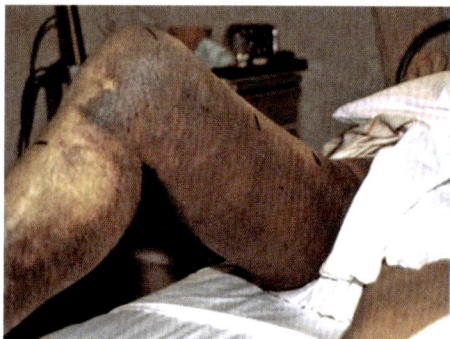

图15-4-1　腹主动脉瘤术后大出血

　　出血是DIC最常见也是最早出现的临床表现，有70%~80%的DIC患者存在程度不等的出血症状。表现为皮肤瘀斑（图15-4-1）、紫癜、牙龈出血、鼻出血、咯血、呕血、黑便、血尿及阴道出血等。严重者可同时多部位大量出血，轻者只在伤口或注射部位渗血不止。DIC出血常突然发作，可与DIC其他症状伴随出现；多部位同时出血，且无法用原发病加以解释；一般止血药治疗无效。

　　DIC出血的机制可能与以下因素有关：

　　1. **凝血物质被消耗而减少**　在DIC的发生发展过程中，由于广泛微血栓的形成，消耗了大量凝血因子和血小板，虽然肝和骨髓具有代偿功能，但由于消耗过多不足以代偿补充。尤其是急性DIC时，血液中的凝血物质会明显减少，凝血功能障碍而引起出血。故过去又被称为消耗性凝血病。

　　2. **纤溶系统激活**　如上文所述，凝血过程中产生的凝血酶、FⅫa及激肽释放酶等都能激活纤溶系统。一些器官如子宫、前列腺、肺等，由于器官本身富含纤溶酶原激活物，当大量微血栓导致缺血、缺氧、坏死病变时，可释放大量纤溶酶原激活物，激活纤溶系统，产生的纤溶酶可以水解凝血因子，从而引起出血。

　　3. **纤维蛋白（原）降解产物形成**　由于继发性纤溶亢进，纤维蛋白（原）被纤溶酶分解形成各种多肽片段，统称为纤维蛋白（原）降解产物（FgDP/FDP）。这些FDP片段具有强大的抗凝作用，可以降低血小板的黏附、聚集、释放作用，是DIC时引起出血的重要机制。各种FDP片段的检查在DIC诊断中具有重要意义。

　　📎 **知识拓展**

　　3P试验，即血浆鱼精蛋白副凝试验。其原理为：DIC纤溶亢进期，由于纤溶酶的水解作用，生成了许多纤维蛋白（原）降解产物（FgDP/FDP）。DIC患者血浆加入鱼精蛋白后，可与

FDP结合，使原本与FDP结合的纤维蛋白单体解离并重新发生聚集，血浆出现丝状或絮状蛋白沉淀，此为3P试验阳性。但是在DIC后期，当纤溶活性过强而血浆中FDP的大分子成分如X片段被完全分解为小分子物质时，3P试验反而可转为阴性。

D-二聚体检查：D-二聚体（D-dimer，DD）是纤溶酶分解纤维蛋白的特异产物。在继发性纤溶亢进时，血液中才会出现D-二聚体，目前认为它是DIC诊断的重要指标之一。D-二聚体还可以用于血栓性疾病，如急性心肌梗死溶栓治疗的监测。

二、休克

急性DIC时常伴有休克，而休克晚期又可发生DIC。故DIC与休克互为因果，形成恶性循环。DIC导致休克的机制如下：①大量微血栓形成，阻塞微血管，使回心血量明显减少；广泛出血引起血容量降低；②冠状动脉内形成的微血栓，造成心肌受损，影响心泵功能；肺内形成的微血栓可导致肺动脉高压，增加右心负荷；DIC时组织缺血、缺氧、酸中毒都可导致心肌舒缩功能障碍；③激肽和补体系统激活后产生的血管活性物质如激肽、补体成分（C3a、C5a）、组胺等，均可扩张血管平滑肌，增强微血管通透性，使外周阻力降低。FDP的某些片段能增强激肽和组胺的作用，促进血管舒张。以上因素使血容量、回心血量降低、外周阻力下降以及心泵功能降低，最终导致严重的微循环障碍。

三、器官功能障碍

由于DIC发生时，凝血系统被激活，全身微血管内形成了大量微血栓，引起受累脏器发生缺血性功能障碍。不同器官发生功能、代谢障碍或缺血、坏死的程度也不同。轻者仅表现为脏器部分功能异常，重症者则同时或相继出现两种或两种以上器官功能障碍，称为多器官功能障碍综合征（MODS），是DIC患者死亡的重要原因之一。尸检或活检时，常发现微血管内有微血栓存在，典型的微血栓为纤维蛋白性血栓，也有少部分血小板血栓。有的患者虽然出现了典型的DIC症状，但病理检查却没有阻塞性血栓存在，其原因可能为继发性纤溶系统亢进而致血栓溶解，或微血栓尚未形成。

DIC引起的器官功能障碍，不同器官其临床表现也有差异。①栓塞发生在体表及黏膜时，表现为四肢末端发绀、疼痛。皮肤血栓性坏死会出现淤点和淤斑，中心可见高于皮肤的暗红色血栓，严重者可在血栓周围形成缺血性坏死灶。②肾是最易受累的器官。肾内微血栓可引起双侧肾皮质坏死及急性肾衰竭，患者出现少尿或无尿、血尿、蛋白尿等临床症状。肾上腺皮质受累时，可引起皮质出血性坏死，称为沃-弗综合征（waterhouse-friderichsen syndrome）。③栓塞发生在肺可引起呼吸困难、肺出血及呼吸衰竭。④累及胃肠道可引起恶心、呕吐、腹泻和消化道出血；肝内微血栓形成可导致患者出现门静脉高压症和肝功能不全的表现，如消化道淤血、腹水、黄疸和其他相关症状。⑤累及垂体发生坏死时，患者可出现希恩综合征（Sheehan syndrome），表现为消瘦、乏力、脱发、畏寒、闭经、乳房萎缩等。⑥累及神经系统时，则可出现神志模糊、嗜睡、惊厥、昏迷等症状。

四、微血管病性溶血性贫血

DIC患者可伴发一种特殊类型的贫血，即微血管病性溶血性贫血。其特征是外周血涂片中可看到一些形态特殊的变形红细胞，外形呈盔形、星形、新月形、多角形等，称为裂体细胞或红细胞碎片。这些碎片的脆性明显增高，容易破裂发生溶血。其形成原因是在凝血反应早期，微血管内广泛形成细网状的纤维蛋白网，当红细胞随血流通过狭窄的纤维蛋白网眼或内皮细胞间隙时，不断受到牵拉、分割和挤压，造成红细胞机械性损伤（图15-4-2），导致循环中出现各种形态的红细胞碎片。

图15-4-2　红细胞悬挂在纤维蛋白丝上（扫描电镜，左2000，右5200）

裂体细胞常见于慢性DIC及部分亚急性DIC。当外周血破碎红细胞数大于2%时，具有辅助诊断意义。DIC早期溶血程度轻，不易察觉。后期因红细胞破坏严重，可出现寒战、高热、黄疸、血红蛋白尿等明显的溶血症状。除了DIC，在急性肾衰竭、恶性高血压、血栓性血小板减少性紫癜等疾病中也可出现微血管病性溶血性贫血。

病例分析 16

某患儿，发热、呕吐、皮肤有出血点2天入院。出血点涂片检查见脑膜炎双球菌。入院后出血点逐渐增多，渐成片状，血压由入院时的96/70mmHg降至64/40mmHg。

实验室检查：血红蛋白70g/L，红细胞2.7×10^{12}/L，外周血见裂体细胞，血小板85×10^9/L，纤维蛋白原1.78g/L；凝血酶原时间20.9秒，鱼精蛋白副凝试验（3P试验）阳性。

问题与思考

（1）该患者是否存在DIC？若存在，其原因是什么？

（2）引起DIC的病因有哪些？

（3）该病例中，哪些是DIC引起的机体功能代谢变化？

答案解析

第五节　DIC 防治原则

防治原发病、保障器官功能、纠正止血与凝血功能紊乱是DIC防治的基本原则。

一、早期诊断和治疗

及早诊断并进行合理治疗是提高急性DIC救治率的根本保障。

二、防治原发病

积极治疗原发病，迅速去除引起DIC的病因是提高DIC治愈率的重要措施。例如，密切监测孕妇的出血、凝血指标，进行产程监护；针对病因进行及时有效地抗癌治疗，抗感染治疗，抗休克治疗及保肝治疗等。某些轻度DIC，在病因去除后可迅速恢复。

三、改善微循环

采取扩充血容量、解除血管痉挛、使用抗血小板药物、溶栓等措施，及早疏通被微血栓阻塞的微循环，增加血液灌流量，对于DIC的防治有重要作用。

四、重建新的凝血、抗凝和纤溶之间的动态平衡

在DIC起始环节，可使用抗凝血酶（antithrombin，AT）、肝素或其他新型抗凝剂，及时中止凝血反应的恶性循环，并从根本上抑制继发性纤溶的强度。抗纤溶药物一般于DIC继发性纤溶亢进期使用，并且必须在使用抗凝剂或肝素治疗的基础上才可应用。在充分抗凝、阻断凝血反应恶性循环的基础上，可酌情使用新鲜全血、血浆、凝血因子制剂以及浓缩血小板等，力求尽快恢复机体凝血与纤溶的平衡状态。

五、器官功能的维持和保护

DIC患者发生死亡常与MODS有关，需要注意对重要脏器功能的保护。发生器官功能衰竭时可通过应用人工心肺机、血液透析等办法，保护和维持心、脑、肾、肺等重要器官的功能。

目标检测

答案解析

一、单项选择题

1. 弥散性血管内凝血的基本特征是（　　）
   - A. 凝血因子和血小板的激活
   - B. 凝血酶原的激活
   - C. 纤溶亢进
   - D. 凝血因子和血小板的消耗
   - E. 凝血功能异常

2. 引起弥散性血管内凝血的最常见的疾病是（　　）
   - A. 败血症
   - B. 宫内死胎
   - C. 大面积烧伤
   - D. 胰腺癌
   - E. 器官移植

3. 导致DIC发生的关键环节是（　　）
   - A. 凝血因子Ⅻ的激活
   - B. 凝血因子Ⅲ大量入血
   - C. 凝血酶大量生成
   - D. 纤溶酶原激活物的生成
   - E. 凝血因子Ⅴ的激活

4. DIC时血液凝固障碍准确的表述为（　　）
   - A. 血液凝固性增高
   - B. 先高凝后转为低凝
   - C. 先低凝后转为高凝
   - D. 纤溶活性增高
   - E. 血液凝固性降低

5. 大量使用肾上腺皮质激素容易诱发DIC与下列哪项因素有关（　　）
   - A. 组织凝血活酶大量入血
   - B. 血管内皮细胞广泛受损
   - C. 增加溶酶体膜稳定性
   - D. 单核–吞噬细胞系统功能抑制
   - E. 肝素的抗凝活性减弱

6. 下列选项中，与微血管病性溶血性贫血的发病机制有关的因素是（　　）

    A. 小血管内血流淤滞 　　　　B. 纤维蛋白丝在微血管腔内形成细网 　　C. 血小板的损伤

    D. 微血管内皮细胞大量受损 　　E. 白细胞的破坏作用

7. 胎盘早期剥离、宫内死胎等产科并发症易发生DIC的主要原因是（　　）

    A. 凝血因子Ⅻ的激活 　　　　B. 血小板因子3（PF3）的释放 　　C. 红细胞素的释放

    D. 大量组织因子入血 　　　　E. 以上都不是

8. 在诊断DIC时，用血浆鱼精蛋白副凝试验检测的血浆成分是（　　）

    A. 纤维蛋白原 　　　　　　　B. 纤维蛋白单体 　　　　　　C. 纤维蛋白原降解产物

    D. 凝血酶原 　　　　　　　　E. 纤溶酶

9. 失代偿型DIC时（　　）

    A. 凝血因子和血小板均正常，3P试验（＋） 　　　　B. 凝血因子和血小板均升高，3P试验（＋）

    C. 凝血因子和血小板均减少，3P试验（－） 　　　　D. 纤维蛋白原和血小板均减少，3P试验（＋）

    E. 纤维蛋白原升高和血小板减少，3P试验（＋）

10. 下列哪一项不是直接引起DIC出血的原因（　　）

    A. 凝血因子大量消耗 　　　　　B. 血小板大量减少

    C. 继发性纤溶系统激活 　　　　D. 微循环障碍

    E. 纤维蛋白（原）降解产物的作用

二、简答题

1. 试述休克与DIC的关系。

2. 妊娠末期妇女胎盘早剥或羊水栓塞为什么易发生DIC？

（张　沂）

书网融合……

知识回顾　　　习题

第十六章 心血管系统疾病

学习目标

知识要求：

1. 掌握高血压、动脉粥样硬化的病因、基本病理变化及临床特点。

2. 熟悉冠心病的病因、诱因、病变特点及临床病理联系；风湿病和心瓣膜病的病因、病变特点及临床病理联系；心功能不全的病因、分类及临床病理联系。

3. 了解急性感染性心内膜炎、心肌病及心功能不全的诱因、发病机制及治疗原则。

技能要求：

1. 具有阅读病理图片并进行描述的能力。

2. 能够熟练规范的运用显微镜观察病理组织切片。

3. 具备运用所学病理学知识分析和解决实际问题的临床思维能力。

心血管系统疾病是严重威胁人类健康和生命的一组常见的重要疾病。在欧美等发达国家，心血管系统疾病的发病率和死亡率居首位。近年来，我国心血管系统疾病的发病率和死亡率明显升高，仅次于恶性肿瘤，居第二位。心血管系统疾病种类颇多，本章主要介绍几种常见的心血管系统疾病。

第一节 高血压

PPT

高血压（hypertension）是指体循环动脉血压长期持续的高于正常水平。目前我国高血压的诊断标准为：成年人在安静休息状态下，收缩压≥140mmHg（18.4kPa）和（或）舒张压≥90mmHg（12.0kPa）。高血压可分为原发性高血压（primary hypertension）、继发性高血压（secondary hypertension）和特殊类型高血压。

原发性高血压，又称高血压病（hypertensive disease）或特发性高血压（essential hypertension），是一种原因未明、以体循环动脉血压升高为主要表现的全身性独立性疾病，多见于中老年人，占高血压的90%~95%，是我国最常见的心血管疾病，以全身细小动脉硬化为基本病变。

继发性高血压较少见，占高血压的5%~10%，是继发于某些确定疾病和原因（如肾炎、肾动脉狭窄、肾上腺和垂体肿瘤等）并作为一种症状出现的高血压，故又称症状性高血压。在原因消除或疾病治愈后，血压即可恢复正常。

特殊类型高血压是指妊娠高血压和某些疾病导致的高血压危象，如高血压脑病、颅内出血、不稳定型心绞痛、急性左心衰竭伴肺水肿、主动脉缩窄及子痫等。

一、病因和发病机制

高血压的病因和发病机制尚未完全明了，目前多认为本病是遗传因素和环境因素相互作用所致。

（一）危险因素

1. 遗传因素　约75%的高血压患者具有遗传素质，患者常有明显的家族聚集性。双亲有高血压病史的高血压患病率比无高血压家族史者高2~3倍；比单亲有高血压史的患病率高1.5倍。目前已发现肾素–血管紧张素系统的编码基因有多种缺陷和变异，这种缺陷可引起肾性钠、水潴留，使血压升高。另外，高血压患者的血清中有一种激素样物质，可抑制Na^+–K^+–ATP酶活性，使Na^+–K^+泵功能降低，导致细胞内Na^+、Ca^{2+}浓度升高，细小动脉收缩加强，血压升高。

2. 环境因素　①社会心理因素：内、外环境的不良刺激，导致精神长期或反复处于紧张状态，可以引起高血压。如遭受应激性生活事件（家庭成员意外死亡、家庭破裂、经济政治冲击等）的人群高血压患病率比对照组高。②膳食电解质因素：最重要的是钠的摄入量，日均摄盐量高的人群高血压的患病率比日均摄盐量低的人群明显升高，高钠饮食可升高血压，低钠饮食或用药物增加钠的排泄均可降低高血压的患病率。WHO在预防高血压措施中建议每人每日摄盐量应控制在5g以下。但并非所有人都对钠敏感。钾能促进排钠，大量食用含钾的食物，可保护动脉免受钠的不良作用的影响。钙可减轻钠的升压作用，增加膳食钙摄入量的干预研究表明，钙的增加使有些患者血压降低。

3. 其他因素　肥胖、吸烟、年龄增长和缺乏体力活动等，也是诱发高血压的可能因素。其中肥胖是高血压的重要危险因素，约1/3高血压患者有不同程度肥胖。

（二）发病机制

高血压的发病机制尚不完全清楚。目前多认为高血压是在一定遗传背景下，并与环境因素的共同作用而产生的。

1. 遗传机制　已公认遗传机制是高血压发生的基础之一。遗传模式有两种：单基因遗传模式，是指一个基因突变引起的高血压；多基因遗传模式，更符合血压变异的数量性状特性。高血压为多基因共同作用的产物，这些基因既有各自独立的效应，呈显性或隐性遗传，又相互作用，并通过分子、细胞、组织、器官等不同水平的数种中间表现型的介导，最终导致血压升高。

2. 高血压产生的机制　涉及神经、内分泌及代谢等多种系统。

（1）肾素–血管紧张素–醛固酮系统（RAAS）　由肾素、血管紧张素（angiotensin，Ang）原、AngⅠ、AngⅡ、Ang转换酶、Ang代谢产物、AngⅡ受体等组成，AngⅡ在高血压发病中是中心环节，其机制如下：①强烈收缩小动脉，增加外周阻力。收缩微静脉，增加回心血量和心输出量。②促进原癌基因表达，促进平滑肌细胞（smooth muscle cells，SMC）增生，增加外周阻力。③作用于交感神经，使交感缩血管活性增强，并释放儿茶酚胺，促进血管内皮细胞释放缩血管因子。④促进醛固酮的释放，增加钠、水的重吸收，增加循环血量。⑤促进神经垂体释放抗利尿激素，增加血容量。⑥直接作用于肾血管，使其收缩，致尿量减少，增加血容量。

（2）交感神经系统 该系统分布于各种组织和器官，与血压调节相关的主要器官是心脏、血管、肾和肾上腺。①交感神经递质（NE）兴奋心脏 β_1 受体，导致心率增快、心肌收缩力增强、心输出量增加，致血压升高；②NE作用于血管，收缩动脉，使血管重构，增加外周阻力；③交感神经作用于肾，可通过减少肾的血流量，增加肾素的释放；④交感神经作用于肾上腺髓质，增加儿茶酚胺的释放。

（3）血管内皮功能紊乱 血管内皮不仅仅是血液与血管平滑肌之间的生理屏障，也是人体最大的内分泌、旁分泌器官，能分泌数十种血管活性物质，而且还是许多血管活性物质的靶器官。高血压患者存在血管内皮功能紊乱，表现为内皮NO水平或活性下调；局部RAAS过度激活；类花生四烯酸物质代谢异常。

（4）胰岛素抵抗 胰岛素有舒张血管、抗炎、抗凋亡和抗动脉粥样硬化等心血管保护效应，50%的高血压患者，特别是伴有肥胖的患者，具有胰岛素抵抗和高胰岛素血症。高胰岛素血症导致高血压的机制：①钠水潴留：肾小管对钠和水的重吸收增强，使血容量增加；②内皮细胞功能障碍：内皮细胞分泌的内皮素与NO失衡，加重高血压的进展；③增高交感神经活性，提高 RAAS 的兴奋性；④Na^+-K^+-ATP酶和Ca^{2+}-ATP酶活性降低，使细胞对生长因子更敏感，促进SMC生长及内移，血管壁增厚等；⑤刺激血管SMC增殖。

3. 血管重构机制 血管重构（vasculr remodeling，VR）指血管结构任何形式的病变。高血压血管重构分四型：①壁/腔比值增大型：这是由于压力增加，使血管壁增厚；②壁/腔比值减小型：主要是由于持续的高血流状态致血管扩张；③壁/腔比值不变型：主要是由于血流缓慢减少的缘故；④微血管减少型：毛细血管面积减少，血管外周阻力增加。

二、类型和病理变化

原发性高血压可分为缓进型高血压和急进型高血压两种类型。

（一）缓进型高血压

缓进型高血压（chronic hypertension）又称良性高血压（benign hypertension），约占原发性高血压的95%，多见于中老年人，起病缓、进展慢、病程长，不易坚持治疗。常在不被重视的情况下发展至晚期，最终常死于心、脑病变。按病程发展可分为三期。

1. 功能紊乱期 为高血压的早期阶段。全身细小动脉间歇性痉挛收缩，血压波动性升高，但血管无器质性病变。长期反复细小动脉痉挛和血压升高，受累的血管逐渐发生器质性病变，发展为下一期。

此期，临床上多数患者可无明显自觉症状，少数可伴有头昏、头痛、情绪不稳定等症状。经适当休息和治疗，血压可恢复正常，一般不需服用降压药。

2. 动脉病变期

（1）细动脉玻璃样变 是高血压最主要的病变特征，表现为细小动脉硬化。常累及肾的入球动脉、视网膜动脉和脾的中心动脉。由于细动脉长期痉挛及血压持续升高，使内皮细胞及基膜损伤，通透性增加，血浆蛋白渗入内皮下乃至中膜；同时，内皮细胞及平滑肌细胞分泌细胞外基质增多，继而平滑肌细胞因缺氧等发生变性、坏死，使动脉壁正常结构消失，逐渐被渗入的血浆蛋白和细胞外基质所代替，发生细动脉壁玻璃样变。此时管壁增厚变硬、管腔狭窄甚至闭塞。

（2）小动脉硬化 由于血压升高使小动脉内膜胶原纤维及弹性纤维增生，内弹力膜分裂；中膜平滑肌细胞增生、肥大，致使小动脉管壁增厚、变硬，管腔狭窄。主要累及肾小叶间动脉、肾弓形动脉及脑内小动脉等。

（3）大、中动脉　可无明显病变或伴发动脉粥样硬化。

此期，患者主要表现为血压进一步升高，并稳定于较高水平上。前期伴发的头痛、头晕、疲乏等症状加重。常需降压药才能降低血压，减轻症状。

3. 内脏病变期　为高血压的晚期，多数内脏器官受累，尤以心、脑、肾、视网膜病变最为明显。

（1）心脏病变　因血压持续升高，外周阻力增加，左心室因压力性负荷加重而逐渐发生代偿性肥大。肉眼观，心脏体积增大，重量增加，可达400g以上（正常约250g），有的可达800g以上；左心室壁肥厚，可达1.5~2.0cm（正常约为0.9cm），乳头肌和肉柱增粗变圆，但心腔不扩张甚至缩小，称向心性肥大（图16-1-1）。镜下观，心肌细胞变粗、变长、核大深染。此时，心功能完全代偿，不出现明显症状。晚期，当左心室代偿失调，心肌收缩力降低时，逐渐出现心腔扩张，称离心性肥大。此时心脏仍然很大，但室壁相对变薄，肉柱、乳头肌变扁平。临床上患者可出现左心衰竭的表现。

（2）肾脏病变　表现为原发性颗粒性固缩肾。肉眼观，双肾体积对称性缩小，重量减轻，质地变硬，表面呈均匀弥漫的细颗粒状；切面：肾皮质变薄，肾盂扩张，肾盂周围脂肪组织增多。镜下观：①肾入球小动脉玻璃样变，小叶间动脉和弓形动脉内膜增厚，管腔狭窄或闭塞；②受累较重的肾小球发生纤维化和玻璃样变性（图16-1-2），相应肾小管萎缩、消失，间质纤维化及少量淋巴细胞浸润，纤维化肾小球及增生的间质纤维结缔组织收缩使肾表面凹陷；③受累较轻的肾小球代偿性肥大，所属肾小管扩张，向表面突起，形成肉眼所见肾表面的细颗粒状。临床上患者可有轻度至中度蛋白尿。当病变严重时，肾功能逐渐出现严重损伤，可有多尿、夜尿、低比重尿和氮质血症等。

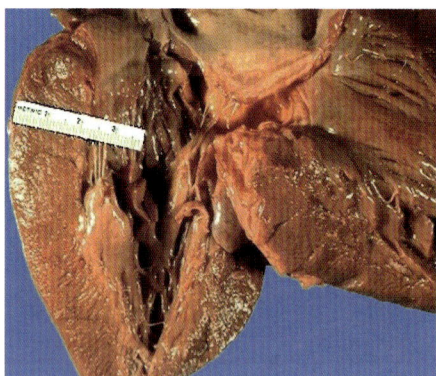

图16-1-1　高血压左心室向心性肥大

左心室壁肥厚，肉柱、乳头肌增粗变圆

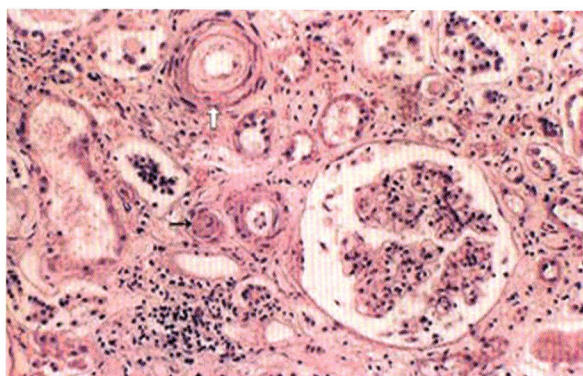

图16-1-2　原发性高血压肾入球小动脉玻璃样变

肾小管萎缩、消失，间质纤维化并有少量淋巴细胞浸润

（3）脑病变

1）脑水肿：由于脑内细小动脉痉挛、硬化，局部组织缺血，毛细血管壁通透性增加，发生脑水肿。临床表现为头痛、头晕、眼花及呕吐等，称高血压脑病。有时血压急剧升高，患者可出现剧烈头痛、意识障碍、抽搐等危重表现，称高血压危象，如不及时救治易引起死亡。

2）脑软化：由于脑的细小动脉痉挛和硬化，供血区的脑组织因缺血而出现多个微梗死灶，一般不引起严重后果。后期坏死组织被吸收，由神经胶质细胞增生形成胶质瘢痕。

3）脑出血：是高血压最严重且致命性的并发症。常发生于基底节、内囊，其次是大脑白质，约15%发生于脑干。引起脑出血的主要原因是脑内细小动脉硬化使血管壁变脆、弹性下降或局部膨出形成微小动脉瘤，当血压突然升高或剧烈波动时，可致血管破裂出血。出血区的脑组织完全被破坏，形成囊腔状，其内充满坏死组织和凝血块。当出血范围大时，可破裂入侧脑室（图16-1-3）。脑出血之所以多见于基底节和内囊区域，是因为该区域供血的豆纹动脉从大脑中动脉呈直角分出，而且比较细，直接受到压力较高的大脑中动脉的血流冲击和牵引，易使已有病变的豆纹动脉破裂。临床表现常因出血部位不同、出血量的大小而异。内囊出血者对侧肢体偏瘫及感觉消失；出血破入脑室患者发生突然昏迷而致死亡；左侧脑出血常引起失语；桥脑出血可引起同侧面神经麻痹及对侧上、下肢瘫痪；血肿占位及脑水肿可致颅内压升高，形成脑疝。

（4）视网膜病变　视网膜中央动脉发生硬化。眼底检查可见早期视网膜中央动脉痉挛变细，进而迂曲、反光增强、动静脉交叉处静脉受压。晚期可有视乳头水肿，视网膜渗出和出血。视力可受到不同程度的影响。

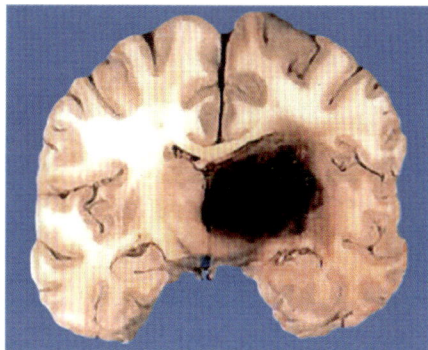

图16-1-3　高血压脑出血
出血区的脑组织完全被破坏、形成囊腔状，其内充满坏死组织和凝血块

（二）急进型高血压

急进型高血压（accelerated hypertension）又称恶性高血压（malignanthypertension），约占原发性高血压的5%，多见于青壮年，病变进展迅速，预后差。多为原发性，也可继发于良性高血压。血压显著升高，常超过230/130mmHg，尤以舒张压升高明显。

急进型高血压的特征性病变是坏死性细动脉炎和增生性小动脉硬化，主要累及肾脏，亦可发生于脑和视网膜。坏死性细动脉炎的动脉内膜和中膜发生纤维素样坏死，周围可见单核细胞、中性粒细胞等浸润。免疫组织化学检查证明，纤维素样坏死物中尚有免疫球蛋白和补体成分。增生性小动脉硬化突出的改变是动脉内膜显著增厚，弹力纤维和胶原纤维增生，平滑肌细胞增生肥大，使血管壁呈同心圆层状增厚，状如洋葱切面，血管腔狭窄。

临床上患者常出现头痛、视力模糊、视网膜出血及视乳头水肿，持续性蛋白尿、血尿和管型尿。患者多在一年内迅速发展为尿毒症而死亡，也可因脑出血或心力衰竭致死。

第二节　动脉粥样硬化

PPT

动脉硬化（arteriosclerosis）是指动脉壁增厚变硬、失去弹性的一类疾病，包括动脉粥样硬化、细动脉硬化及动脉中层钙化。其中，动脉粥样硬化是最常见和最重要的疾病。

动脉粥样硬化（atherosclerosis，AS）是一种与血脂异常及血管壁成分变化有关的动脉疾病，也是严重危害人类健康的常见病。AS主要累及大、中动脉，主要病变是动脉内膜脂质沉积、内膜灶状纤维化、粥样斑块形成，致使动脉管壁增厚变硬、管腔狭窄，引起相应器官缺血性改变，并引起一系列继发改变。AS多见于中老年人，以40~50岁发展最快，发病率呈上升趋势。

一、病因和发病机制

（一）病因

AS的病因尚未完全清楚，大量的研究表明AS是多因素作用所致，这些因素称为危险因素（risk factors）。

1. **高脂血症（hyperlipemia）** 是指血浆总胆固醇（TC）和（或）甘油三酯（TG）的异常增高，是AS发生的重要危险因素。

正常情况下，脂质在血液中以脂蛋白的形式运输（见第十四章脂代谢紊乱），其中富含甘油三酯的CM和VLDL被认为不具有直接致AS的作用，但它们的脂解产物（如CM残粒、LDL及脂蛋白A）能导致AS；LDL胆固醇含量高且分子较小，容易透过动脉内受损区沉积在动脉内膜中，并被氧化（OX-LDL），与AS的发病密切相关；而HDL可通过胆固醇逆向转运机制清除动脉壁的胆固醇，防止脂质的沉积；此外HDL还有抗氧化作用，防止LDL的氧化，并可竞争性抑制LDL与内皮细胞的受体结合而减少其摄取，具有抗AS的作用。

2. **高血压** 高血压患者与同年龄组、同性别的无高血压者相比，前者AS的发病率比后者高3~4倍，且病变较重。高血压时，血流对血管壁的压力和冲击力较大，易引起动脉内皮损伤和功能障碍，使血液中脂蛋白渗入内膜；同时单核细胞和血小板的黏附并迁入内膜，以及中膜SMC迁入内膜等，均可促进AS的发生。

3. **吸烟** 大量吸烟可使血中LDL易于氧化，促进血液单核细胞迁入内膜并成为泡沫细胞；吸烟能使血中一氧化碳浓度升高，造成血管内皮细胞缺氧性损伤，促进AS的发生。

4. **糖尿病及高胰岛素血症** 糖尿病患者血中甘油三酯和VLDL水平明显升高，HDL水平较低，而且高血糖可致LDL氧化，促进AS的发生。高胰岛素血症可促进动脉壁平滑肌细胞增生，降低血中HDL水平。

5. **遗传因素** 目前，已知约有200种基因可能对脂质的摄取、代谢和排泄产生影响。这些基因及其表达产物的变化与饮食因素相互作用可能是高脂血症的最主要原因，提示遗传因素是AS的危险因素之一。但在相对少见的原发性高脂血症，某一种基因的突变就可能起决定性作用。如LDL受体的基因突变引起家族性高胆固醇血症，年龄很小就可发生动脉粥样硬化。

6. **其他因素** ①年龄，大量资料表明，AS的检出率和病变程度均随年龄增长而增加；②性别，女性在绝经期前LDL水平低于男性，AS的发病率低于同龄组男性，但在绝经期后这种差异消失；③肥胖，肥胖者易患高血脂、高血压和糖尿病，间接促进动脉粥样硬化的发生。

（二）发病机制

AS的发病机制尚未最后阐明，有多种学说从不同角度进行了阐述，现将有关机制归纳如下。

1. **脂质渗入学说** 此学说认为，血浆增多的胆固醇及胆固醇酯等沉积于动脉内膜，引起结缔组织增生，使动脉壁增厚和变硬，继而结缔组织发生坏死而形成动脉粥样斑块。

冠状动脉性心脏病患者体内以小而致密的LDL微粒为主。小而致密的LDL微粒通常是高胆固醇及高甘油三酯血症患者LDL的主要成分，它有很强的致动脉粥样硬化的作用。其原因为小而致密的LDL微粒较易穿透动脉内膜，与动脉壁基质中的硫酸软骨素蛋白多糖有很强的亲和力。小而致密的LDL微粒的抗氧化作用弱，进入富含脂质的动脉粥样斑块后，其致粥样硬化作用就更加明显。

2. **损伤-应答反应学说** 即内皮损伤学说。内皮细胞不仅仅是血液和血管平滑肌之间的一层半通透性屏障，而且可通过释放具有抗增生效应的扩血管物质以及具有促有丝分裂作用的缩血管物质，对血管进行局部调节。各种刺激因素（机械性、LDL、高胆固醇血症、吸烟、毒素和病毒等）都可使内皮细胞结构和功能发生不同程度的损伤。轻者使其通透性增加，重者使内皮细胞变性、坏死、脱落。内皮细胞屏障功能的损伤，使血浆成分包括脂蛋白易于过量地沉积在内膜，同时引起血小板黏附、聚集和释放出各种活性物质，进一步加重了内皮细胞的损伤。

　　损伤的内皮细胞分泌细胞因子或生长因子，吸引单核细胞聚集、黏附于内皮，并迁入到内皮下间隙，经其表面的清道夫受体、CD36受体和Fc受体的介导，源源不断地摄取已进入内膜发生氧化的脂质，形成单核细胞源性泡沫细胞。内皮细胞的损伤或非剥脱性的功能障碍以及内皮细胞更新、增生，均可引起其分泌生长因子，从而激活动脉中膜SMC经内弹力膜的窗孔迁入内膜，并发生增生、转化、分泌细胞因子以及合成细胞外基质。SMC经其表面的LPL受体介导而吞噬脂质，形成SMC源性泡沫细胞（图16-2-1）。

图16-2-1　单核细胞迁入内膜及泡沫细胞形成模式图

单核细胞聚集、黏附于内皮，并迁入到内皮下间隙，摄取已进入内膜发生氧化的脂质，形成单核细胞源性泡沫细胞

　　3. 动脉SMC的作用　动脉中膜SMC迁入内膜并增生，是动脉粥样硬化进展期病变的重要环节。迁移或增生的SMC发生表型转变，由收缩型转变为合成型。此种SMC细胞表面亦有脂蛋白受体，可以结合、摄取LDL和VLDL，成为肌源性泡沫细胞，是此时期泡沫细胞的主要来源。增生的SMC还可合成胶原蛋白、蛋白多糖等细胞外基质，使病变的内膜增厚、变硬，促进斑块的形成，加速AS的发展。

　　4. 慢性炎症学说　炎症机制贯穿了AS病变的起始、进展和并发症形成的全过程。慢性促炎症因素可通过慢性炎症过程导致内皮细胞损害，内皮功能障碍致使LDL-C和炎细胞进入内皮下，形成泡沫细胞和AS。各种炎症因素也是AS和心脑血管疾病的危险因素，最主要的生化标志是高敏C反应蛋白（c-reactive protein，CRP）。CRP是一种炎症介质，它可刺激内皮细胞表达粘连分子；抑制内皮细胞产生一氧化氮（NO）；刺激巨噬细胞吞噬LDL胆固醇；增加内皮细胞产生血浆酶原激活剂抑制剂（PALI）；激活血管紧张素-1受体；促进血管平滑肌增殖等。

二、基本病理变化

（一）脂纹

　　脂纹（fatty streak）是AS肉眼可见的最早病变。肉眼观，为点状或条纹状黄色不隆起或微隆起于内膜的病灶（图16-2-2），常见于主动脉后壁及其分支开口处。光镜下，病灶处的内膜下有大量泡沫细胞聚集（图16-2-2）。泡沫细胞体积大，圆形或椭圆形，胞质内含有大量小空泡（图16-2-2）。泡沫细胞来源于巨噬细胞和SMC，苏丹Ⅲ染色呈橘黄（红）色，为脂质成分。脂纹最早可出现于儿童期，是一种可逆性变化。

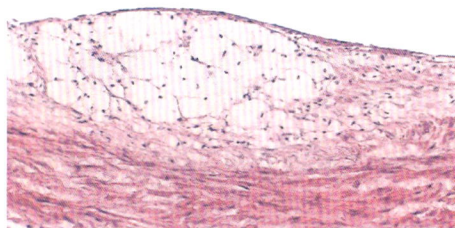

图16-2-2　脂纹

内皮细胞下大量泡沫细胞聚集

（二）纤维斑块

纤维斑块是由脂纹和脂斑发展而来。肉眼观，早期为突出于内膜表面的灰黄色斑块。随着斑块表层的胶原纤维不断增加和玻璃样变性，脂质被埋在深层，斑块表面逐渐呈瓷白色，状如凝固的蜡油（图16-2-3）。镜下观，斑块表层为厚薄不一的纤维帽，由大量的SMC、胶原纤维和蛋白多糖等组成。纤维帽下可见数量不等的SMC、泡沫细胞、细胞外脂质及炎细胞。

（三）粥样斑块

粥样斑块是AS的典型病变。肉眼观，为明显隆起于内膜表面的大小不等的灰黄色斑块（图16-2-4）。切面，表层为瓷白色的纤维帽，深层为灰黄色粥糜样物。镜下观：①纤维帽的胶原纤维呈玻璃样变性；②深层为大量粉染的不定形的坏死崩解产物，其内富含细胞外脂质，并见胆固醇结晶（HE片中为针状空隙）和钙盐沉积；③斑块底部和边缘可见肉芽组织、少量泡沫细胞和淋巴细胞浸润。中膜由于斑块压迫SMC萎缩、弹力纤维破坏而变薄（图16-2-4）。

图16-2-3　纤维斑块

斑块表面呈瓷白色，状如凝固的蜡油

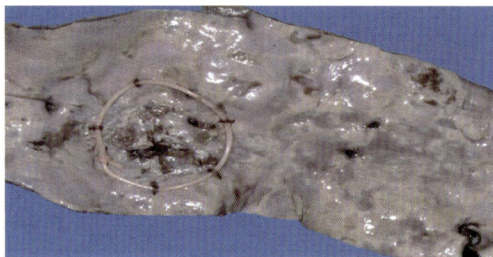

图16-2-4　主动脉粥样硬化

隆起于内膜表面的大小不等的灰黄色斑块

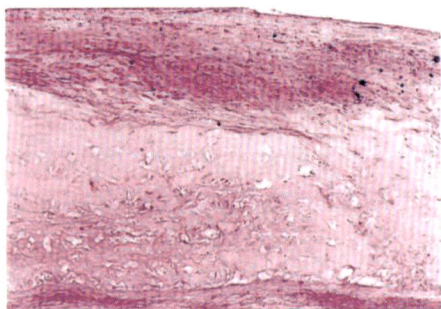

图16-2-5　粥样斑块

斑块深层为坏死崩解产物，底部和边缘可见肉芽组织、少量泡沫细胞和淋巴细胞浸润

（四）粥样斑块的继发改变

1. **斑块内出血**　斑块内新生的毛细血管破裂形成血肿，血肿使斑块进一步增大，甚至可致动脉管腔完全闭塞，导致急性供血中断。

2. **斑块破裂**　斑块表面的纤维帽破裂，粥样物质自裂口进入血流可引起栓塞。破裂处常形成溃疡及并发血栓形成。

3. **血栓形成**　为动脉粥样硬化最严重的并发症。病灶处的内皮损伤和斑块破裂处的溃疡形成使内皮下胶原纤维暴露，血小板在局部黏附、聚集，同时启动凝血系统，局部血栓形成，导致动脉管腔进一步狭窄甚至闭塞引起器官梗死。

4. **钙化**　在纤维帽和粥样病灶内可见钙盐沉积，导致动脉壁变硬、变脆。

5. **动脉瘤形成**　严重的粥样斑块底部的中膜平滑肌可发生不同程度的萎缩和弹性下降，在血管内压力的作用下，动脉壁发生局限性扩张，形成动脉瘤。

三、冠状动脉粥样硬化及冠状动脉粥样硬化性心脏病

（一）冠状动脉粥样硬化

冠状动脉粥样硬化（coronary atherosclerosis）是冠状动脉最常见的疾病，占95%~99%，是威胁人类

健康最严重的疾病。根据病变检出率和统计结果，最常发生于左冠状动脉前降支，其余依次为右主干、左主干或左旋支、后降支。

AS的基本病变均可在冠状动脉中发生。由于其解剖学和相应的力学特点即走行于心肌表面的动脉靠近心肌侧缓冲余地小，内皮细胞受血流冲击而损伤的概率大，因此，斑块性病变多发生于血管的心壁侧。在横切面上，病变的内膜多呈新月形增厚，导致管腔呈偏心性狭窄（图16-2-6），根据管腔狭窄的程度可分为四级：Ⅰ级≤25%；Ⅱ级26%~50%；Ⅲ级51%~75%；Ⅳ级>76%。

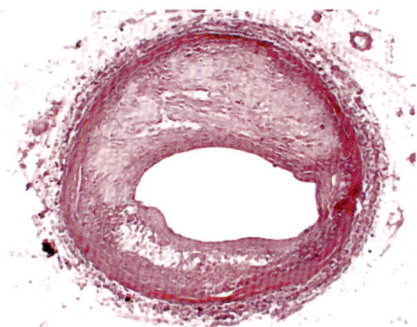

图16-2-6 冠状动脉粥样硬化之管腔偏心性狭窄

病变的内膜呈新月形增厚

冠状动脉粥样硬化常伴发冠状动脉痉挛或粥样斑块继发性改变，可造成急性心脏供血中断，引起心肌缺血和相应的心脏病变（如心绞痛、心肌梗死等）。

（二）冠状动脉粥样硬化性心脏病

冠状动脉性心脏病（coronary heart disease，CHD），简称冠心病，是由冠状动脉狭窄，导致心肌缺血、缺氧而引起的心脏病，亦称缺血性心脏病。因CHD的最常见原因（95%）是冠状动脉粥样硬化，因此，习惯上把CHD视为冠状动脉粥样硬化性心脏病的同义词。

根据WHO的统计，CHD是世界上最常见的死亡原因，又被称为"第一杀手"。男性多于女性，最常在男性40~60岁之间表现出症状，女性在绝经期前后出现临床症状较多。

CHD的主要临床表现有心绞痛、心肌梗死、心肌纤维化和冠状动脉性猝死，本病亦可以无明显临床症状。

1. 心绞痛（angina pectoris） 是心肌急剧的、暂时性缺血、缺氧所引起的一种临床综合征。临床表现为阵发性胸骨后、心前区疼痛或压迫感，常放射到左肩、左臂内侧达无名指和小指，或至颈、咽或下颌部，持续数分钟，休息或用硝酸酯制剂可缓解。

（1）病因和发病机制 心绞痛最基本的病因就是冠状动脉粥样硬化引起血管腔狭窄和（或）痉挛，导致心肌急剧短暂缺血、缺氧。此时心肌产生大量代谢不全的酸性产物（如乳酸、丙酮等）或多肽类物质刺激心脏局部的神经末梢，经胸1~5交感神经节和相应脊髓段传至大脑，产生痛觉。

（2）类型 心绞痛根据引起的原因和疼痛的程度，国际上习惯分为三种类型：①稳定型心绞痛，又称轻型心绞痛。一般不发作，可稳定数月。仅在活动或情绪激动过度（如愤怒、着急、过度兴奋等）时发作。多伴有较稳定的冠状动脉粥样硬化性狭窄，冠状动脉横切面可见斑块阻塞管腔>75%。②不稳定型心绞痛，是一种进行性加重的心绞痛。多由冠状动脉粥样斑块复合性病变（如不稳定斑块内出血、纤维帽破裂、血小板的聚集与血栓形成等）和（或）冠状动脉痉挛导致管腔更狭窄或闭塞而引起。临床上颇不稳定，在休息或体力活动时均可发作。患者多有一支或多支冠状动脉病变。光镜下常可见到因弥漫性心肌坏死而引起的心肌纤维化。③变异性心绞痛，多无明显诱因，常在休息或梦醒时发作。发病时间集中在午夜至上午8点之间，常伴随ST段抬高表现。患者冠状动脉明显狭窄，亦可因发作性痉挛所致。常并发急性心肌梗死和严重的心律失常。

2. 心肌梗死（myocardial infarction，MI） 是由于冠状动脉供血中断，心肌严重而持续性缺血导致的心肌坏死。临床表现为剧烈而持久的胸骨后疼痛，可达数小时或数天，休息或硝酸酯类药物多不能缓解，可并发心律失常、休克或心力衰竭。患者常伴有烦躁不安、出汗、恐惧或有濒死感。部分患者疼痛位于上腹部，常被误认为是胃穿孔或急性胰腺炎等急腹症。

（1）病因　绝大多数是在冠状动脉粥样硬化造成管腔狭窄的基础上伴发以下病变：①血栓形成，使管腔完全阻塞；②斑块内出血，使斑块增大阻塞管腔；③冠状动脉持久性痉挛而致管腔狭窄或闭塞；④休克、心动过速等导致冠状动脉血流急剧减少；⑤劳累、情绪激动等使心肌耗氧量剧增。

（2）类型　根据MI的范围和深度可分为：①心内膜下心肌梗死，MI仅累及心室壁心腔侧1/3的心肌，并波及肉柱和乳头肌。常表现为多发性、小灶性坏死，严重时病灶扩大融合累及整个心内膜下心肌，呈环状梗死。患者通常有冠状动脉三大支严重粥样硬化性狭窄，当附加休克、心动过速、劳累等诱因时可加重冠状动脉供血不足，造成各支冠状动脉最末梢的心内膜下心肌缺血、缺氧而坏死。②透壁性心肌梗死，也称为区域性心肌梗死，是典型心肌梗死的类型。MI累及心室壁全层或未累及全层但已达心室壁全层2/3，病灶较大。透壁性心肌梗死的常见原因是在一支冠状动脉严重病变的基础上继发冠状动脉痉挛或血栓形成。MI的部位与阻塞的冠状动脉供血区域一致。多发生在左冠状动脉前降支供血区域的左心室前壁、心尖部及室间隔的前2/3，约占全部心肌梗死的50%；其次是右冠状动脉供血区的左心室后壁、室间隔后1/3及右心室，占25%~30%；第三为左旋支供血区的左心室后侧壁、膈面及左心房，占15%~20%；右心室和右心房发生心肌梗死者较为少见。

（3）病理变化　MI属贫血性梗死，在冠状动脉闭塞6小时后，梗死灶心肌呈苍白色，8~9小时后呈土黄色。光镜下见大部分心肌呈凝固性坏死，心肌间质则充血、水肿，伴少量中性粒细胞浸润。4天后，梗死灶周围出现充血出血带。7天后，边缘区开始出现肉芽组织。3周后肉芽组织开始机化，逐渐形成瘢痕组织。

心肌梗死后，肌红蛋白（MB）从心肌细胞逸出入血，在心肌梗死后6~12小时内出现峰值。心肌细胞内的谷氨酸–草酰乙酸转氨酶（SGOT）、肌钙蛋白1（cTn1）、谷氨酸–丙酮酸转氨酶（SGPT）、肌酸磷酸激酶（CPK）和乳酸脱氢酶（LDH）透过损伤的细胞膜释放入血。因此，检测血清中相应酶的浓度，尤以测CPK值对MI的临床诊断有一定的参考意义。

（4）并发症及后果　心肌梗死尤其透壁性心肌梗死可并发下列病变：①心律失常，是急性心肌梗死最常见的并发症，是急性期死亡的主要原因之一。因传导系统受累及心肌梗死所致的电生理紊乱而引起，以室性心律失常最多，严重时可导致心搏骤停、猝死。②心源性休克，多在起病后数小时至1周内发生。当梗死面积达40%以上时，心肌收缩力极度减弱，心输出量显著下降，即可发生心源性休克。③心力衰竭，是急性心肌梗死常见和重要的并发症之一。心室各部舒缩活动不协调导致心输出量减少，可致急性左心衰竭。④附壁血栓形成，多见于左心室，由于梗死部位心内膜粗糙，血小板易于沉积形成血栓。⑤室壁瘤形成，多发生在左心室前壁近心尖处，常见于心肌梗死恢复期，也可见于急性期。是由于梗死区坏死组织或瘢痕组织在心室内压力的作用下，形成的局限性向外膨隆。⑥心脏破裂，少见，是心肌梗死的严重并发症，常在起病1周内出现，多为心室游离壁破裂，造成心包积血，引起心包压塞而猝死。偶发室间隔破裂造成穿孔，可引起心力衰竭和休克，而在数日内死亡。

病例分析 17

患者，男，65岁，3天前劳累后出现发作性心前区钝痛，放射至颈部和左上臂，持续5~10分钟，舌下含硝酸甘油片后可自行缓解，未就诊。4小时前上述症状加重，呈压榨性剧痛，伴胸闷、心悸、恶心，无呕吐，含硝酸甘油2片后无缓解，遂送来急诊。既往无高血压及糖尿病病史。吸烟史40年，约每天20支。

查体：体温36.7℃，脉搏58次/分，呼吸18次/分，血压120/70mmHg。神志清楚，口唇无发绀，颈静脉无怒张，双肺呼吸音清，未闻及干湿啰音。心界不大，心率58次/分，心律不齐，心音减弱，未闻及杂音。腹平软，肝脾肋下未触及，双下肢无水肿。血肌钙蛋白T 1.0ng/mL。

诊断：冠心病，心肌梗死。

问题与思考

（1）该病的诊断依据有哪些？

（2）心肌梗死的类型及该心肌梗死患者可能出现哪些并发症？

答案解析

3. **心肌纤维化（myocardial fibrosis）**　是由于中度至重度的冠状动脉粥样硬化性狭窄引起心肌细胞持续性和（或）反复加重的缺血、缺氧所产生的结果。肉眼观，心脏增大，所有心腔扩张；心壁厚度可正常，伴有多灶性白色纤维条块。镜下观，心肌广泛性、多灶性纤维化，常有心内膜下心肌细胞空泡变性。临床上可表现为心律失常或心力衰竭。目前，倾向于称之为缺血性心肌病或慢性缺血性心脏病。

4. **冠状动脉性猝死（sudden coronary death）**　多见于40~50岁成年人，男性比女性多3.9倍。可发生于某种诱因后，如饮酒、劳累、吸烟及运动后，患者突然昏倒、四肢抽搐，小便失禁，或突然发生呼吸困难，口吐白沫，迅速昏迷。可立即死亡或在一至数小时后死亡。有不少病例，在无人察觉的情况下，死于夜间。

尸检发现，患者冠状动脉粥样硬化是最多见的病变，常有一支以上的冠状动脉中度至重度粥样硬化性狭窄，部分病例继发表面血栓形成或斑块内出血。但有的病例冠状动脉粥样硬化病变较轻，推测与合并动脉痉挛有关。心肌可有波浪状弯曲或肌浆不均，也可无可见病变。

四、其他动脉粥样硬化

（一）脑动脉粥样硬化

病变主要累及基底动脉、大脑中动脉和大脑动脉环（Willis circle）。脑AS可引起：①脑萎缩，若长期供血不足可发生脑萎缩，患者可有智力和记忆力减退，甚至痴呆；②脑梗死，脑AS合并血栓形成致管腔阻塞而引起脑梗死，患者出现意识障碍、偏瘫、失语等表现，甚至死亡；③脑出血，脑AS部位血管壁由于受压变薄，弹性降低，常可形成小动脉瘤，血压突然升高时可导致小动脉瘤破裂而发生脑出血。

（二）肾动脉粥样硬化

病变最常累及肾动脉开口处及主干近侧端，亦可累及叶间动脉和弓状动脉。常因斑块所致管腔狭窄而引起顽固性肾血管性高血压；亦可因斑块合并血栓形成导致肾组织梗死，引起肾区疼痛、血尿及发热等。梗死灶机化后遗留较大瘢痕，多个瘢痕可使肾脏体积缩小，称之为动脉粥样硬化性固缩肾。

（三）四肢动脉粥样硬化

病变以下肢动脉为重，常发生于髂动脉、股动脉、胫前动脉、胫后动脉。当较大的动脉管腔狭窄明显时，可因供血不足而耗氧量又增加时（如行走）出现下肢疼痛而不能行走，但休息后可好转，即所谓间歇性跛行。当动脉管腔完全阻塞而侧支循环又不能代偿时，可导致缺血部位的干性坏疽。

> **知识拓展**
>
> 　　心脏介入手术是治疗冠心病的一种微创、低风险、小切口、X线下进行的手术，主要目的是治疗冠心病。通过手术可以解除血管狭窄，狭窄血管开通以后可以缓解心肌缺血，从而达到治疗冠心病目的。目前认为如果心脏直径在2mm以上、血管狭窄超过70%以上，就可以做类似手术。它是处于内科治疗与外科手术治疗之间的一种治疗方式，虽然是有创的治疗，但是相比外科手术来说创伤要小很多。临床上常用的就是冠状动脉造影术、心脏射频消融术、心脏起搏器植入术、二尖瓣球囊扩张术等，分别可以治疗不同的心脏疾病。

第三节　风湿病

PPT

　　风湿病（rheumatism）是一种与A组乙型溶血性链球菌感染有关的变态反应性疾病。主要侵犯全身结缔组织，病变最常累及心脏和关节，其次为皮肤、皮下组织、脑和血管等，以心脏病变最为严重。风湿病易反复发作，急性期称为风湿热（rheumatic fever），为风湿活动期，临床上除有心脏、关节等组织器官的症状外，常伴有发热、关节痛、白细胞增多、血沉加快、血中抗链球菌溶血素"O"（ASO）的抗体滴度增高等表现。

　　风湿病的初发年龄多在5~15岁之间，6~9岁为发病高峰，心瓣膜变形常在20~40岁最多见。风湿病多发生于冬春季，寒冷、潮湿的生活环境可能成为本病的诱发因素。

一、病因和发病机制

（一）病因

　　风湿病的病因尚未完全阐明。一般认为风湿病的发生与链球菌感染有关。依据是：①多数患者发病前2~3周曾有咽峡炎、扁桃体炎等链球菌感染史；②发病时95%患者血清中ASO滴度升高；③风湿病发病与链球菌感染盛行的秋冬季节和寒冷潮湿地区分布一致；④抗链球菌治疗可有效降低风湿病的发病率和复发率。

（二）发病机制

　　本病的发病机制，目前多倾向于抗原抗体交叉反应学说，即链球菌细胞壁C抗原刺激机体产生相应的抗体可与结缔组织（如心脏瓣膜及关节等）发生交叉反应；链球菌壁M抗原引起的抗体可与心肌及血管平滑肌的某些成分发生交叉反应，导致组织损伤。

二、基本病理变化

　　风湿病主要是结缔组织发生的炎症，其特征性病变是风湿小体形成和胶原纤维纤维素样坏死。典型病变过程可分为以下三期。

（一）变质渗出期

　　病变部位的结缔组织基质发生黏液样变性和胶原纤维纤维素样坏死，同时有浆液、纤维素渗出及少量淋巴细胞、浆细胞、单核细胞浸润，此期病变约持续1个月。

（二）增生期（或肉芽肿期）

在纤维素样坏死灶周围，逐渐出现巨噬细胞的增生、聚集，当它们吞噬纤维素样坏死物后，转化为风湿细胞或称阿绍夫细胞（Aschoff cell）。风湿细胞体积大，呈圆形、多边形，胞质丰富而略嗜碱性。核大，圆形或卵圆形，核膜清晰，染色质集中于中央，核的横切面似枭眼状，纵切面像毛虫。纤维素样坏死灶及周围的风湿细胞、外围的少量淋巴细胞、浆细胞共同构成了圆形或椭圆形的小结节，称风湿小体或阿绍夫小体（Aschoff body）（图16-3-1），是风湿病特征性病变，具有诊断意义。风湿小体属于肉芽肿性病变，多见于心肌间质、心内膜下的小血管旁。此期病变持续2~3个月。

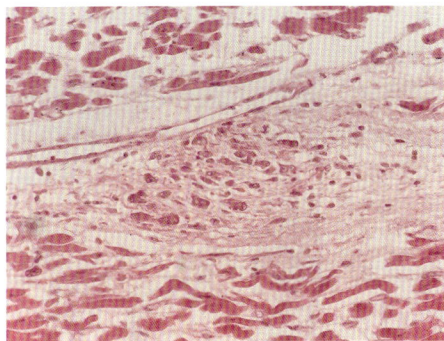

图16-3-1　风湿性心肌炎之风湿小体

（三）纤维化期（或愈合期）

风湿小体中的纤维素样坏死物被逐渐溶解吸收，风湿细胞转变为成纤维细胞，风湿小体逐渐纤维化，最终成为梭形小瘢痕。此期病变持续2~3个月。

上述整个病程历时4~6个月。因风湿病常反复发作，故受累器官中可有新旧病变并存。病变持续反复进展，可致较严重的纤维化和瘢痕形成，破坏组织结构，影响器官功能。

三、风湿病的各器官病变

（一）风湿性心脏病

风湿性心脏病在急性期可以表现为风湿性心内膜炎、风湿性心肌炎和风湿性心外膜炎。若病变累及心脏全层组织，则称风湿性全心炎。儿童风湿病患者中，65%~80%有心肌炎的临床表现。

1. 风湿性心内膜炎（rheumatic endocarditis） 病变主要侵犯心瓣膜，以二尖瓣最常受累，其次为二尖瓣和主动脉瓣联合受累。三尖瓣和肺动脉瓣极少累及，瓣膜邻近的内膜和腱索亦可受累。

病变早期，受累瓣膜肿胀、增厚，闭锁缘上可见粟粒大小、灰白色、半透明、串珠状单行排列的赘生物，与瓣膜附着牢固，不易脱落（图16-3-2）。镜下观，瓣膜结缔组织呈黏液样变性，有小灶性纤维素样坏死和炎细胞浸润。赘生物是由血小板和纤维蛋白构成的白色血栓。赘生物的形成是由于肿胀的瓣膜受到血流冲击和瓣膜启闭时的相互摩擦，内皮细胞损伤脱落，暴露其下的胶原纤维，诱导血小板在该处黏附、凝集而成。病变后期赘生物逐渐机化，瓣膜本身发生纤维化及瘢痕形成。如病变反复发作，可导致瓣膜增厚、变硬、卷曲、缩短，瓣膜间可相互粘连，腱索增粗和缩短，最终形成慢性心瓣膜病。

急性期临床上可因二尖瓣相对关闭不全或狭窄，在心尖区出现轻度收缩期杂音和舒张期杂音。

2. 风湿性心肌炎（rheumatic myocarditis） 主要累及心肌间质结缔组织，常表现为灶性间质性心肌炎。主要病变为心肌间质内小血管旁风湿小体形成，亦可见间质水肿、淋巴细胞浸润。风湿小体多见于室间隔和左室后壁上部，以内膜侧心肌内更为多见。病变后期，风湿小体逐渐机化，可形成小瘢痕。

急性期临床上可出现窦性心动过速、第一心音低钝等表现。病变累及传导系统时可出现传导阻滞。儿童患者可发生急性充血性心力衰竭。

3. 风湿性心外膜炎（rheumatic pericarditis） 又称风湿性心包炎。病变主要累及心包脏层，表现为浆液性炎或（和）纤维素性炎。①心包积液，当以浆液渗出为主时，形成心包积液，心搏减弱或消失、心浊音界扩大、心音轻而远、X线检查显示心影增大。患者可有胸闷不适的症状。②绒毛心，当渗出物以纤维蛋白为主时，覆盖于心外膜的纤维素因心脏不停搏动和牵拉而呈绒毛状，称为绒毛心（图16-3-3）。临床上患者可有胸痛，听诊可闻及心包摩擦音。

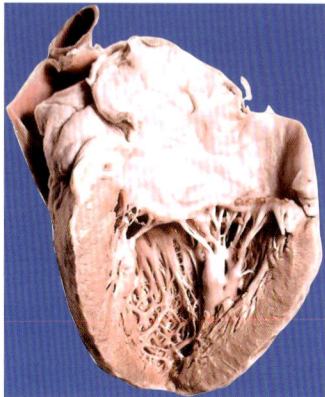

图16-3-2　风湿性心内膜炎
二尖瓣闭锁缘见灰白色、粟粒大小赘生物

图16-3-3　风湿性心外膜炎之绒毛心

恢复期，浆液逐渐被吸收，纤维素亦大部分被溶解吸收，少部分发生机化，致使心包的脏、壁两层发生部分粘连，极少数病例可完全粘连，形成缩窄性心包炎。

（二）风湿性关节炎

风湿性关节炎（rheumatic arthritis）多见于成年患者。病变常侵犯膝、踝、肩、腕、肘和髋等大关节，此起彼伏，呈游走、多发性经过。关节腔内有浆液渗出，滑膜充血、肿胀，邻近的软组织内可有不典型的风湿小体形成。受累关节可出现红、肿、热、痛、活动受限等典型炎症的局部表现。病变消退后，不遗留关节畸形。

（三）皮肤病变

1. 环形红斑　为环状或半环状淡红色红斑，中央皮肤色泽正常。主要分布于躯干和四肢皮肤的屈侧。镜下观，红斑处真皮浅层血管充血，血管周围水肿及炎细胞浸润。多见于儿童，发生于风湿热的急性期，1~2日可消退，临床上具有诊断意义。

2. 皮下结节　主要分布于四肢大关节伸侧面皮下，圆形或椭圆形，直径0.5~2cm，质较硬、可活动、无压痛。镜下观，结节中央为大片纤维素样坏死，周围可见呈放射状排列的风湿细胞和成纤维细胞，伴淋巴细胞浸润。风湿活动停止后，可逐渐机化形成纤维瘢痕。

（四）风湿性动脉炎

风湿性动脉炎（rheumatic arteritis）可发生于冠状动脉、肾动脉、肠系膜动脉、脑动脉、主动脉和肺动脉等。急性期，血管壁发生黏液样变性和纤维素样坏死，伴有炎细胞浸润，可有风湿小体形成，并可继发血栓形成。后期，血管壁因瘢痕形成而增厚，管腔狭窄。

（五）风湿性脑病

风湿性脑病多见于5~12岁儿童，女童较多。主要病变为脑的风湿性动脉炎和皮质下脑炎。后者病变主要累及大脑皮质、基底节和丘脑等。光镜下可见神经细胞变性，胶质细胞增生及胶质结节形成。当锥体外系受累较重时，患儿出现肢体的不自主及不协调运动，称为小舞蹈症（chorea minor）。

第四节 感染性心内膜炎

PPT

感染性心内膜炎（infective endocarditis，IE）是由病原微生物经血行途径直接侵袭心内膜，特别是心瓣膜而引起的炎症性疾病，常伴有赘生物的形成。常见病原体为链球菌。近年来，由于心脏手术和介入性治疗的开展、抗生素的广泛应用、免疫抑制剂的应用及静脉内药物的滥用等，感染性心内膜炎致病菌的构成比也发生了变化，葡萄球菌（尤其金黄色葡萄球菌）和肠球菌呈增多趋势。

感染性心内膜炎根据病情和病程，分为急性和亚急性心内膜炎；根据瓣膜类型，可分为自体瓣膜和人工瓣膜心内膜炎。

自体瓣膜感染性心内膜炎的病原体主要为链球菌，而葡萄球菌（尤其金黄色葡萄球菌）和肠球菌有增多趋势。急性感染性心内膜炎以金黄色葡萄球菌最为多见，少数为肺炎球菌、A族链球菌、流感杆菌和淋球菌等。亚急性感染性心内膜炎仍以草绿色链球菌最多见，肠球菌次之。人工瓣膜感染性心内膜炎占感染性心内膜炎的10%~15%，可分早期和晚期两种。早期是因手术期感染经由导管或静脉输液而累及心脏，主要致病菌为表皮葡萄球菌和金黄色葡萄球菌；晚期多由一过性菌血症所致，金黄色葡萄球菌占50%以上。另外，有器质性心血管疾病的患者易患感染性心内膜炎，如风湿性心瓣膜病（约80%）、先天性心脏病（8%~15%）、人工瓣膜置换术及老年性退行性心脏病等。无器质性心血管疾病患者仅占2%~10%。

一般情况下，经不同途径进入血液循环中的致病微生物均可被机体的防御机制所清除。但是，当有心血管器质性病变存在时，血流由正常的层流变成涡流，并从高压腔室分流至低压腔室，形成慢性的压力阶差。形成的涡流有利于病原微生物沉积和生长，受血流冲击处的内膜损伤，胶原暴露，血小板、纤维蛋白、白细胞、红细胞等积聚，将病原微生物覆盖，形成赘生物，微生物在其中生长繁殖成为感染灶，当赘生物破裂时可释放微生物进入血液，引起菌血症；当赘生物的碎片脱落，可致外周血管阻塞，形成转移性感染灶（脓肿）；赘生物通过血小板-纤维素聚集不断增大，可破坏瓣膜致穿孔、破裂、缩短、腱索断裂、心肌脓肿及急性心瓣膜功能不全；反复感染，可激活免疫系统，引起变态反应炎症。

一、急性感染性心内膜炎

急性感染性心内膜炎（acute infective endocarditis），或称急性细菌性心内膜炎（acute bacterial endocarditis），主要是由于致病力强的化脓菌（如金黄色葡萄球菌、溶血性链球菌和肺炎球菌等）引起。通常病原体是在身体某部位发生感染，如化脓性骨髓炎、产褥热等，当机体抵抗力降低时，细菌入血引起脓毒血症、败血症并侵犯心内膜。主要侵犯二尖瓣和主动脉瓣，引起急性化脓性心瓣膜炎，在受累的心瓣膜上形成赘生物。赘生物主要由脓性渗出物、血栓、坏死组织和大量细菌菌落混合而成。赘生物体积庞大、质地松软、灰黄或浅绿色，破碎后形成含菌性栓子，可引起心、脑、肾、脾等器官的感染性梗死和脓肿。受累瓣膜可发生破裂、穿孔或腱索断裂，引起急性心瓣膜功能不全。

此病起病急，病程短，病情严重，患者多在数日或数周内死亡。

二、亚急性感染性心内膜炎

亚急性感染性心内膜炎（subacute infective endocarditis），也称为亚急性细菌性心内膜炎（subacute bacterial endocarditis），主要由毒力相对较弱的草绿色链球菌所引起（约占75%），肠球菌、革兰阴性杆菌、立克次体、真菌等均可引起此病的发生。这些病原体可自感染灶（扁桃体炎、牙周炎、咽喉炎、骨髓炎等）入血，形成菌血症，再随血流侵入瓣膜；也可因拔牙、心导管及心脏手术等医源性操作致细菌入血侵入瓣膜。

临床上，除有心脏病变的体征外，还有长期发热、点状出血、栓塞症状、脾大及进行性贫血等迁延性败血症表现。病程较长，可迁延数月，甚至1年以上。

1. **心脏** 此病最常侵犯二尖瓣和主动脉瓣，病变特点是常在有病变的瓣膜上形成赘生物。赘生物呈息肉状或菜花状，质松脆，易破碎、脱落。受累瓣膜易变形，发生溃疡和穿孔。光镜下，赘生物由血小板、纤维蛋白、细菌菌落、坏死组织、中性粒细胞组成，溃疡底部可见肉芽组织增生、淋巴细胞和单核细胞浸润。瓣膜损害可致瓣膜口狭窄或关闭不全。临床上，可听到相应的杂音。瓣膜变形严重可出现心力衰竭。

2. **血管** 由于细菌毒素和赘生物破裂脱落形成的栓子，引起动脉性栓塞和血管炎。栓塞最多见于脑，其次为肾、脾等。由于栓子不含细菌或仅含极少的细菌，细菌毒力弱，常为无菌性梗死。

3. **变态反应** 因变态反应和（或）微栓塞的发生可引起局灶性或弥漫性肾小球肾炎。因皮下小动脉炎可致皮肤出现红色、微隆起、有压痛的小结节，称Osler小结。

4. **败血症** 脱落的赘生物内有细菌侵入血流，并在血流中繁殖，致患者有长期发热、脾大、白细胞增多，皮肤、黏膜和眼底常有小出血点、贫血等表现。

第五节　心瓣膜病

PPT

心瓣膜病（valvular vitium of the heart）是指心瓣膜因先天性发育异常或后天疾病所造成的器质性病变，表现为瓣膜口狭窄和（或）关闭不全。最常见于二尖瓣，其次为主动脉瓣。引起心瓣膜病的常见原因是风湿性心内膜炎和感染性心内膜炎；AS和梅毒性主动脉炎亦可累及主动脉瓣造成瓣膜病；还有少数是因瓣膜退变、钙化及先天发育异常等所致。

瓣膜狭窄（valvular stenosis）是指瓣膜开放时不能完全张开，导致血流通过障碍。主要由于相邻瓣膜（近瓣联合处）互相粘连、瓣膜增厚、弹性减弱或丧失、瓣膜环硬化和缩窄等引起。瓣膜关闭不全（valvular insufficiency）是指心瓣膜关闭时瓣膜口不能完全闭合，使一部分血液返流。主要由于瓣膜增厚、变硬、卷曲、缩短，或瓣膜破裂和穿孔，亦可因腱索增粗、缩短和与瓣膜粘连而引起。二者可单独发生，也可同时并存。

心瓣膜病的主要危害是引起血流动力学改变，加重相应心房和（或）心室的负荷，导致心功能障碍。

一、二尖瓣狭窄

二尖瓣狭窄（mitral stenosis）多由风湿性心内膜炎反复发作所致，少数由感染性心内膜炎引起。正常成人二尖瓣开放时瓣口面积约为5cm^2，可通过两个手指。瓣膜口狭窄时，瓣口面积可缩小到1.0~2.0cm^2，严重者只有0.5cm^2，或仅能通过医用探针。病变早期瓣膜轻度增厚，形如隔膜；病变后期瓣膜极度增厚，瓣叶间严重粘连，腱索缩短，瓣口形如鱼口。

血流动力学及临床病理联系：二尖瓣狭窄时，在心室舒张期，左心房血液流入左心室受阻，左心房发生代偿性扩张肥厚，收缩力加强，使血液在加压情况下快速通过狭窄口，而产生漩涡并引起震动，在心尖区可闻及舒张期隆隆样杂音。后期左心房失代偿时，左心房血液不能充分排入左心室，左心房内血液淤积，压力升高，使肺静脉血液回流受阻，导致肺淤血、肺水肿或漏出性出血。患者出现呼吸困难、发绀、咳嗽和咳粉红色泡沫样痰等左心房衰竭的表现。当肺淤血、肺静脉压增高超过一定限度时，将反射性引起肺小动脉收缩、痉挛，使肺动脉压升高。右心室因负荷加重而发生代偿性肥大，继而失代偿，右心室扩张，三尖瓣因而相对性关闭不全；同时，右心室舒张末期余血量增加，压力升高，导致右心房及体循环静脉血液回流受阻而发生淤血，患者临床出现颈静脉怒张，肝脾肿大，下肢水肿及浆膜腔积液等右心衰竭的表现。

整个病程中，左心室未受累，甚至可轻度缩小。X线显示心脏呈"三大一小"倒置的"梨形心"。

二、二尖瓣关闭不全

二尖瓣关闭不全（mitral insufficiency）多为风湿性心内膜炎的后果，也可由亚急性心内膜炎引起。

血流动力学改变及临床病理联系：二尖瓣关闭不全时，在心室收缩期左心室部分血液通过关闭不全的瓣膜口返流入左心房，引起漩涡与震动，在心尖区可闻及收缩期吹风样杂音。左心房既接受肺静脉回流的血液又接受左心室返流的血液，血容量大增，压力升高，久之，左心房代偿性扩张肥厚。在心室舒张期，大量血液由左心房涌入左心室，左心室因容量负荷增加，而发生代偿性肥大。最后，左心房、左心室均可发生失代偿（左心衰竭）。继而肺淤血、肺动脉高压、右心室代偿性肥大、右心衰竭。X线检查，左右心房、心室均肥大扩张，心脏呈"球形心"。

三、主动脉瓣狭窄

主动脉瓣狭窄（aortic stenosis）常由风湿性主动脉瓣膜炎引起，少数可由先天性发育异常或AS引起的主动脉瓣钙化所致。

血流动力学改变及临床病理联系：主动脉狭窄时，左心室射血阻力增加，左心室因压力负荷升高而发生代偿性肥大，收缩力量加强，使血液在加压情况下快速通过狭窄的主动脉瓣口进入主动脉，而产生漩涡并引起震动，主动脉瓣听诊区可闻及喷射性杂音。久之，左心室失代偿，又相继出现左心衰竭、肺淤血、肺动脉高压及右心衰竭。临床上可出现呼吸困难、运动时眩晕和心绞痛、脉压减小等症状和体征。X线检查可见左心室影更加突出，呈"靴形心"。

四、主动脉瓣关闭不全

主动脉瓣关闭不全（aortic insufficiency）常由风湿、细菌性心内膜炎和AS引起，亦可由梅毒性动脉炎所致。

血流动力学改变及临床病理联系：主动脉瓣关闭不全时，在心室舒张期主动脉部分血液返流入左心室，使左心室舒张末期血容量增加。左心室因容量负荷增加而发生代偿性肥大。久之，依次发生左心衰竭、肺淤血、肺动脉高压和右心衰竭。临床上可出现脉压增大及周围血管体征，如颈动脉搏动、水冲脉和股动脉枪击音等。主动脉瓣听诊区可闻及舒张期吹风样杂音。

第六节　心肌病

PPT

心肌病（cardiomyopathy）是指除CHD、高血压性心脏病、心瓣膜病、先天性心脏病和肺源性心脏病等以外的以心肌结构和功能异常为主要表现的一组疾病。目前，对心肌病的病因和发病机制逐步有所了解，其分类是以病理生理学、病因学、病原学和发病因素为基础进行的，包括扩张型心肌病、肥厚型心肌病、限制型心肌病、致心律失常性右室心肌病、未分类的心肌病及特异性心肌病，同时，我国地方性心肌病——克山病也属于特异性心肌病。

一、扩张型心肌病

扩张型心肌病（dilated cardiomyopathy，DCM）亦称充血性心肌病，是一类既有遗传因素又有非遗传因素导致的复合性心肌病，以左心室、右心室或双心室腔扩大，收缩功能障碍等为特征。我国DCM发病率约19/10万，近年呈上升趋势，男性多于女性，以20~50岁多见。

（一）病因和发病机制

DCM按病因可分为特发性、家族遗传性、获得性和继发性DCM等。免疫介导的心肌损害可能是重要的病因与发病机制。抗心肌抗体，如抗腺嘌呤核苷易位酶（ANT）抗体、抗β_1受体抗体、抗肌球蛋白重链（MHC）抗体和抗胆碱-2（M2）受体抗体等被公认是DCM的免疫标记物。

（二）病理变化

图 16-6-1　扩张型心肌病

左心室明显扩张，肉柱和乳头肌变扁平

DCM主要表现为心脏扩大，并有一定程度的心肌肥厚。肉眼观，心脏重量增加，可达500~800g或更重（男性>350g，女性>300g）。两侧心腔明显扩张，心室壁略厚或正常（离心性肥大），心尖部心室壁常呈钝圆形（图16-6-1）。二尖瓣和三尖瓣可因心室扩张致关闭不全。心内膜增厚，常见附壁血栓。光镜下，心肌细胞不均匀性肥大、伸长、细胞核大、浓染、核型不整；肥大和萎缩心肌细胞交错排列；心肌细胞常发生空泡变、小灶性肌溶解，心肌间质纤维化和微小坏死灶或瘢痕灶。

临床上，主要表现为心力衰竭的症状和体征。心电图显示，心肌劳损和心律失常，部分患者可发生猝死。

二、肥厚型心肌病

肥厚型心肌病（hypertrophic cardiomyopathy，HCM）是以左心室和（或）右心室肥厚、心室腔变小、左心室充盈受阻和舒张期顺应性下降为特征的心肌病。我国患病率为180/10万，多见于20~50岁人群，是青年猝死的常见原因之一。

（一）病因和发病机制

该病属遗传疾病，50%的患者有家族史，为常染色体显性遗传，由编码心肌的肌节蛋白基因突变所致。部分患者由代谢性或浸润性疾病所引起。内分泌紊乱，尤其是儿茶酚胺分泌增多、原癌基因表达异常和钙调节异常，是HCM的促进因子。

（二）病理变化

HCM特征性的变化是非对称性室间隔肥厚，也可见均匀肥厚型、心尖肥厚型和左心室前壁肥厚型等。肉眼观，心脏增大、重量增加，成人者心脏多重达500g以上，两侧心室壁肥厚、室间隔厚度大于左心室壁的游离侧，二者之比>1.3（正常为0.95）（图16-6-2）。乳头肌肥大、心室腔狭窄，左心室尤其显著。由于收缩期二尖瓣向前移动与室间隔左侧心内膜接触，可引起二尖瓣增厚和主动脉瓣下的心内膜局限性增厚。光镜下，心肌细胞弥漫性肥大，核大、畸形、深染、明显的心肌纤维走行紊乱。电镜下，肌原纤维排列方向紊乱，肌丝交织或重叠状排列，Z带不规则，并可见巨大线粒体。

临床上，心输出量下降，肺动脉高压可致呼吸困难，附壁血栓脱落可引起栓塞。

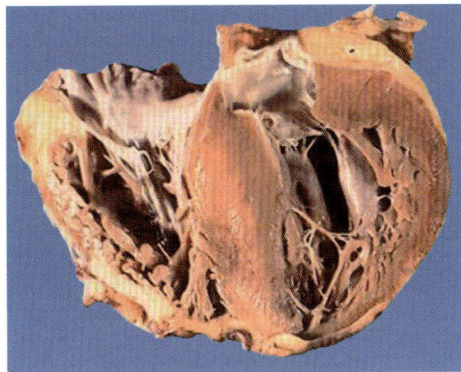

图16-6-2　肥厚型心肌病

室间隔非对称性肥厚，心室腔及左室流出道狭窄

三、限制型心肌病

限制型心肌病（restrictive cardiomyopathy，RCM）以单侧或双侧心室充盈受限和舒张期容量减少为特征。收缩功能和室壁厚度正常或接近正常，间质纤维组织增生。热带地区多发，我国仅有散发病例，多数患者年龄在15~50岁。

（一）病因和发病机制

RCM的病因目前仍未阐明。可能与非化脓性炎症、体液免疫反应异常、过敏反应和营养代谢不良等有关。最近报道本病可呈家族性发病。

（二）病理变化

肉眼观，心腔狭窄，心内膜及心内膜下纤维性增厚可达2~3mm，呈灰白色，以心尖部为重，向上蔓延，累及三尖瓣或二尖瓣（可引起关闭不全）。光镜下，心内膜纤维化，可发生玻璃样变和钙化，伴有附壁血栓形成。心内膜下心肌常见萎缩和变性改变，亦称心内膜心肌纤维化。

临床上，主要表现为心力衰竭和栓塞，少数可发生猝死。

第七节　心功能不全

PPT

心脏是血液循环的动力器官，通过其节律性收缩和舒张推动着血液在心血管系统内循环流动，同时不断地给组织、细胞提供所需的氧和营养物质并及时带走代谢废物，使机体的功能和代谢得以正常进行。

各种原因引起心脏结构和功能的改变，使心室泵血量和（或）充盈功能低下，以至于不能满足组织代谢需要的病理生理过程称为心功能不全。心功能不全包括心功能受损后从代偿阶段到失代偿阶段的全过程，而心力衰竭一般是指心功能不全的失代偿阶段，表现出明显的临床症状和体征。两者在本质上是相同的，在临床上心功能不全和心力衰竭这两个概念往往是通用的。

一、病因、诱因及分类

（一）病因

心功能不全是多种心血管疾病发展到终末阶段的共同结果，但其基本病因有如下两类（表16 7 1）。

表 16-7-1　常见心功能不全的病因

心肌损害		心脏负荷过重	
心肌病变	心肌代谢障碍	容量负荷过重	压力负荷过重
心肌炎	心肌缺血缺氧	动脉瓣膜关闭不全	高血压
心肌梗死	维生素B_1缺乏	室间隔缺损	肺动脉高压
心肌纤维化		慢性贫血	动脉瓣膜狭窄

1. 心肌舒缩功能障碍　常见于心肌炎、心肌梗死、各种心肌病等心肌病变，心肌细胞广泛性变性、坏死、纤维化，使心肌舒缩功能发生障碍。也可见于冠状动脉粥样硬化、呼吸功能衰竭、严重贫血和维生素B_1缺乏等原因，引起心肌代谢障碍，久之合并心肌病损，导致心脏泵血能力降低。

2. 心脏负荷过重

（1）前负荷过重　左心室前负荷过重常见于主动脉瓣或二尖瓣关闭不全；右心室前负荷过重常见于肺动脉瓣或三尖瓣关闭不全、房室间隔缺损。由于血液倒流，使心室舒张末期血容量过度增加而导致容量负荷过重。严重贫血、甲状腺功能亢进时，左、右心室容量负荷都增加。

（2）后负荷过重　左心室后负荷过重常见于高血压和主动脉瓣狭窄等。右心室后负荷过重常见于肺动脉高压、肺动脉瓣狭窄、肺源性心脏病等。血黏度明显增加时，左、右心室压力负荷都增加。

（二）诱因

临床观察表明，许多因素，如感染、酸中毒和电解质紊乱、心律失常、妊娠与分娩、过劳、情绪激动、输液量过多或速度过快、药物中毒、创伤、手术等均可在上述基本病因的基础上诱发心力衰竭。据统计，约90％的心力衰竭病例都可找到诱因。因此，若能有效控制其诱因，可大大降低心力衰竭的发生率。

（三）分类

1. 按心力衰竭发生的部位分类

（1）左心衰竭　比较常见，多见于冠心病、高血压、二尖瓣关闭不全、主动脉瓣狭窄或关闭不全等疾患。在心输出量下降的同时，以肺循环淤血、肺水肿为特征。

（2）右心衰竭　多见于慢性肺源性心脏病、肺动脉瓣狭窄、二尖瓣狭窄、肺的大动脉栓塞等。临床以体循环淤血、静脉压升高，下肢甚至全身水肿为特征。

（3）全心衰竭　是指左、右心衰同时存在。见于弥漫性心肌炎、心肌病和严重贫血；亦可见于持久的左心衰竭导致肺循环阻力增加，继而引起右心衰竭。右心衰竭晚期也可引起左心衰竭。

2. 按心力衰竭起病及病程发展速度分类

（1）急性心力衰竭　多见于急性心肌梗死、严重的心肌炎等。起病急骤，发展迅速，心功能尚来不及代偿，常出现心源性休克。

（2）慢性心力衰竭　常见于高血压、心瓣膜病和肺动脉高压等。临床比较多见，起病缓慢，多经过较长时间的心功能代偿阶段后才发生心力衰竭。

3. 按心输出量的高低分类

（1）低输出量性心力衰竭　心力衰竭发生时，心输出量低于正常，常见于冠心病、高血压、心瓣膜病、心肌炎等引起的心力衰竭。临床上主要表现为外周循环异常，如全身血管收缩，皮肤苍白、发冷，晚期每搏血量下降，使脉压差变小。

（2）高输出量性心力衰竭　主要见于甲状腺功能亢进、严重贫血、妊娠、动-静脉瘘等。心输出量长期处于高输出量状态，心力衰竭发生后，虽然心输出量较心力衰竭前降低，但仍高于或等于正常值，故称高输出量性心力衰竭。通常表现为四肢温暖和潮红，脉压差增大或至少正常。

心力衰竭常用的分类方法、临床类型及特点归纳于表16-7-2。

表16-7-2　心力衰竭的分类及特点

分类方法	类型	特点	病因
按发生部位	左心衰竭	左心室泵血功能降低，可引起肺循环淤血	冠心病、高血压、二尖瓣关闭不全
	右心衰竭	右心室泵血功能降低，可出现体循环淤血	肺心病、肺动脉瓣狭窄
	全心衰竭	左右心同时受累，也可由一侧心衰波及另一侧	弥漫性心肌炎、严重贫血、慢性心瓣膜病
按起病及病程发展速度	急性心力衰竭	起病急，发展迅速，心输出量在短期内急剧下降，机体常来不及代偿	急性心肌梗死、严重心肌炎
	慢性心力衰竭	起病缓慢，多经过较长时间的心功能代偿阶段后才发生心力衰竭	高血压、慢性心瓣膜病、肺动脉高压
按心输出量高低	低输出量性心力衰竭	心衰发生时，心输出量低于正常	冠心病、高血压、心瓣膜病、心肌炎等引起的心力衰竭
	高输出量性心力衰竭	心衰发生时，心输出量较心力衰竭前降低，但仍高于或等于正常值	甲亢、严重贫血、妊娠、动-静脉瘘等引起的心力衰竭

除上述分类外，根据心肌的舒缩功能障碍，分为收缩功能不全性和舒张功能不全性心力衰竭；根据心力衰竭的严重程度，分为轻、中和重度心力衰竭。

二、心功能不全时机体的代偿反应

当心肌受损或心脏负荷过重引起心输出量减少时，机体通过一系列的代偿活动提高或维持心输出量。若通过代偿活动，心输出量能够满足机体正常活动而暂时不出现心力衰竭者，称为完全代偿；如心输出量仅能满足机体在安静状态下的代谢需要，已发生轻度心力衰竭者，称为不完全代偿；如心输出量不能满足机体安静状态下的代谢需要，出现明显的心力衰竭表现者，称为失代偿。心力衰竭时，机体的代偿活动可分为心脏本身的代偿活动和心外代偿活动。

（一）心脏代偿反应

1. 心率加快　心率加快是一种快速的代偿反应，在一定范围内的心率加快可提高心输出量，这对维持动脉血压、保证心脑血管的灌流量具有积极的代偿意义。但是，如果心率过快（成人>180次/分），可因心肌耗氧量增加，心室舒张期过短，冠脉灌流量减少及心室充盈不足，使心输出量降低，反而失去代偿意义。

2. 心脏扩张　在一定范围内，心肌收缩力与前负荷（心肌初长度）呈正比，当心肌初长度被拉长超过$2.2\mu m$时，其收缩力反而下降甚至丧失。心力衰竭引起心输出量减少，使心室舒张末期容积增加，心腔扩张，使心肌初长度增加，心收缩力增强，心输出量增加，这种伴有收缩力增强的心腔扩张称为紧张源性扩张；若心室舒张末期容积过大，心腔过度扩张，心肌过度拉长超过最适初长度时，心收缩力反而降低，这种无代偿意义的心腔扩张称为肌源性扩张。肌节过度拉长是心脏扩张从代偿转向失代偿的关键因素。

3. **心肌肥大**　是心脏长期负荷过重引起的一种慢性代偿方式，主要表现为心肌细胞体积增大，重量增加。肥大的心肌从两方面发挥代偿作用，一是可以增加心肌收缩力，有助于维持心输出量；二是室壁增厚可降低室壁张力，使心肌耗氧量减少，有助于减轻心脏负担。因此，心肌肥大具有积极的代偿意义。但心肌过度肥大时，因能量代谢及兴奋-收缩耦联障碍，心收缩力反而会下降，使心输出量不再维持在代偿水平，导致心力衰竭发生。

（二）心外代偿反应

1. **血容量增加**　心力衰竭时心输出量减少，RAAS激活，使肾小球滤过率降低，肾小管重吸收钠、水增加导致钠、水潴留，血容量增加，对提高心输出量、维持动脉血压具有积极的代偿意义。但同时增加了心脏的前、后负荷，长期存在易加重心力衰竭，引起心性水肿。

2. **血流重新分布**　心力衰竭时心输出量减少，交感-肾上腺髓质系统兴奋性增高，外周血管收缩，血流量减少，以保证心、脑足够的血液供应，即实现血液重新分配。但周围器官的长期供血不足可导致脏器功能紊乱，如肝、肾功能衰竭；同时，外周血管长期收缩，外周阻力增加可引起心脏后负荷增大，促发心力衰竭。

3. **红细胞增多**　心力衰竭时心输出量减少，肾组织供血不足，刺激肾脏合成、释放促红细胞生成素增多，促进骨髓造血，使红细胞生成增多，血液携氧能力增强，对改善周围组织供氧有代偿意义。但红细胞过多可引起血液黏滞性增大，心脏负荷增加。

4. **组织细胞利用氧的能力增加**　心力衰竭时，由于周围组织低灌注而发生缺氧，组织细胞通过线粒体数目增多、氧合血红蛋白释放氧增加及氧的无氧酵解过程加强等方式，使组织利用氧的能力增强。

三、心功能不全的发生机制

心功能不全的发生机制比较复杂，迄今尚未完全阐明。目前认为最基本的机制是心肌舒缩功能障碍。

（一）心肌收缩性减弱

1. **心肌收缩相关蛋白破坏**　严重的心肌缺血缺氧、感染、中毒或负荷过重等因素均可使大量心肌细胞变性、坏死、凋亡等，造成心肌收缩相关蛋白的大量破坏和丧失，导致心肌的收缩功能严重受损。

2. **心肌能量代谢障碍**　ATP是心肌唯一能够直接利用的能量形式，心肌细胞必须不断合成ATP以维持正常的泵血功能和细胞活力。因此，凡是干扰心肌能量代谢的因素，都可影响心肌的收缩功能。

（1）心肌能量生成障碍　主要见于缺血、缺氧性疾病，如休克、冠心病和严重贫血等。心脏是绝对需氧器官，心脏活动所需的能量几乎全部来自全身各种能源物质的有氧氧化。缺血、缺氧导致心肌有氧氧化障碍，ATP产生可迅速减少，不能满足心肌收缩功能的需要。此外，维生素B_1缺乏，导致丙酮酸氧化脱羧障碍也可引起ATP生产减少。

（2）心肌能量利用障碍　临床上，长期心脏负荷过重而引起心肌过度肥大时，心肌细胞内的肌球蛋白头部ATP酶活性降低，ATP水解作用减弱，导致心肌的化学能向机械能转换过程障碍，心肌收缩性减弱。

3. **心肌兴奋-收缩耦联障碍**　胞质内Ca^{2+}在心肌兴奋、收缩过程中起着极重要的中介作用，凡是影响Ca^{2+}转运、分布的因素都会影响心肌的兴奋-收缩耦联。

（1）肌浆网摄取、储存、释放Ca^{2+}减少　心肌收缩后复极化时，肌浆网借助钙泵的作用，逆浓度将Ca^{2+}从细胞质内摄取回来，当心肌兴奋时向细胞质内释放Ca^{2+}，使心肌再次收缩。当心肌缺血缺氧，ATP供应不足，肌浆网Ca^{2+}泵活性降低以及能量利用障碍，导致肌浆网摄取Ca^{2+}的能力下降。肌浆网摄取和储存的Ca^{2+}不足，使心肌再次兴奋时Ca^{2+}释放减少。

（2）细胞外Ca^{2+}内流受阻　心肌细胞肌浆网不发达，贮存Ca^{2+}量有限，因此心肌收缩时，胞质中的Ca^{2+}大部分来自肌浆网，尚有10%~20%来自细胞外。①心肌肥大时，肥大的心肌肌膜上的β受体减少，细胞内去甲肾上腺素含量也减少，导致肌膜上受体依赖性钙通道开放受阻，Ca^{2+}内流减少；②酸中毒时，β受体对去甲肾上腺素的敏感性降低，亦可使Ca^{2+}内流受阻；③高钾血症，K^+可竞争性地抑制Ca^{2+}内流，导致胞质Ca^{2+}浓度不能迅速上升，使心肌的兴奋-收缩耦联障碍。

（3）Ca^{2+}与肌钙蛋白的结合障碍　细胞质内Ca^{2+}的浓度必须达到10^{-5}mol/L，同时还必须与肌钙蛋白结合，才能实现心肌兴奋-收缩耦联。酸中毒时，大量的H^+可竞争性的抑制Ca^{2+}与肌钙蛋白的结合，阻碍了心肌的兴奋-收缩耦联，使心肌收缩力下降。

（二）心室舒张功能异常

心室舒张并充盈足够的血量是实现正常心输出量的保证。如心室充盈不足，心输出量必然会减少，导致心力衰竭。临床上，约有30%的心力衰竭病例是由心室的舒张功能异常引起。心室舒张功能障碍可能与下列因素有关。

1. **钙离子复位延缓**　心肌缺血缺氧引起ATP供应不足或能量利用障碍，使细胞内Ca^{2+}外流受阻，同时肌浆网不能及时将胞质内Ca^{2+}摄取、贮存，造成胞质中Ca^{2+}浓度不能迅速下降，导致Ca^{2+}不能及时与肌钙蛋白解离，从而使心肌舒张延缓或不全，引起心室的舒张功能障碍。

2. **肌球-肌动蛋白复合体解离障碍**　正常心肌舒张时肌球蛋白头部与肌动蛋白作用点解离，这是一个主动耗能过程。当心肌缺血缺氧引起ATP供应不足时，可使该过程受阻，从而导致心肌舒张不全或延缓。

3. **心室舒张势能减少**　心室舒张功能除了取决于心肌的舒张性能之外，还与心室的舒张势能有关。心室舒张势能来自心室的收缩，心室收缩愈强，产生的舒张势能越大，心室的舒张也就越充分。因此，凡是削弱心肌收缩性的因素，也可通过减少舒张势能影响心室的舒张。

4. **心室顺应性降低**　心室顺应性系心室在单位压力变化下所引起的容积改变。心室顺应性下降意味着心室舒张末期容量稍有增加，心室内压即明显增加，从而引起心室扩张充盈受限，导致心输出量减少，进而引起静脉系统淤血。心室顺应性降低主要见于心肌肥大、心肌炎、间质增生和心肌纤维化等。

（三）心脏各部舒缩活动不协调

正常情况下心脏各部分之间，包括左右心之间、房室之间和心室壁各区域之间的活动处于高度的协调状态，以保证有足够的心输出量。当心肌受损时，如心肌梗死、心肌炎、高血压性心脏病等，其病变区与非病变区的心肌在兴奋性、传导性、自律性及收缩性方面发生很大差异，导致心脏各部在空间和时间上舒缩活动不协调，如兴奋的传导障碍可导致房室舒缩活动不协调和两侧心室不同步舒缩，使心输出量减少。

四、心功能不全时机体的代谢和功能变化

心功能不全时，机体发生各种变化的最根本环节在于心输出量绝对或相对减少，导致各器官、组织

血液灌流不足和静脉血液回心受阻。

（一）心输出量减少

1. **皮肤苍白或发绀**　由于心输出量减少，加上交感–肾上腺髓质系统兴奋，皮肤血管收缩，血流量减少，患者出现皮肤苍白、温度降低、出冷汗等表现。随着静脉回流受阻，组织循环时间延长，皮肤毛细血管床去氧血红蛋白含量增多而出现发绀。

2. **尿量减少**　心力衰竭时，心输出量减少，肾供血不足；同时交感–肾上腺髓质系统兴奋使肾血管收缩，肾血流量进一步减少，引起肾小球滤过率下降和肾小管重吸收功能增强，使尿量减少。

3. **中枢神经系统功能紊乱及疲乏无力**　在轻度心力衰竭时，由于机体的代偿，特别是体内血流的重新分布可使脑血流仍然保持在正常水平，但机体各部的肌肉因供血不足，能量代谢水平下降，患者常感觉疲乏无力。机体的代偿失调后，脑血流量减少，供氧不足，导致中枢神经系统功能紊乱，患者出现头痛、失眠、烦躁不安等症状，严重者可发生嗜睡甚至昏迷。

4. **心源性休克**　轻度、慢性心力衰竭时，由于机体的代偿作用，动脉血压仍可维持相对正常。急性、严重心力衰竭（如大面积心肌梗死）时，由于心输出量急剧减少，机体来不及代偿，血压可急剧下降，导致组织内微循环的灌流量严重不足而发生休克。

（二）体循环淤血

慢性右心衰竭或全心衰竭时，因钠、水潴留和静脉回流障碍，可引起不同程度的体循环淤血。主要表现为体循环静脉系统过度充盈，静脉压升高，内脏器官淤血、水肿等。

1. **静脉淤血和静脉压升高**　右心衰竭或全心衰竭时，因心室收缩末期余血量增多，导致心室舒张时心室内的压力增高，上、下腔静脉回流受阻，使体循环静脉系统大量血液淤积，充盈过度，压力升高。以身体的低垂部位（如下肢和内脏）淤血最早、最显著，严重时出现颈静脉怒张，肝颈静脉回流征阳性（按压肝脏后颈静脉异常充盈）等。

2. **肝大、肝功能损害**　右心衰竭时肝大者占95%~99%，是右心衰竭的早期表现之一。右心衰竭时下腔静脉压升高，肝静脉血液回流受阻，肝小叶中央静脉及其周围的肝血窦扩张、充血及周围水肿，导致肝脏肿大。肿大的肝脏牵张肝包膜，引起疼痛。慢性右心衰竭的患者因肝脏长期淤血、缺氧引起肝细胞变性、坏死及纤维组织增生，可致肝功能异常和淤血性肝硬化。因肝细胞变性、坏死，患者可出现转氨酶水平增高及黄疸。

3. **水肿**　是右心衰竭及全心衰的主要表现之一。水肿首先出现于身体的下垂部位，如足、踝及下肢等，严重时累及全身并出现腹水、胸水。钠、水潴留和毛细血管流体静压升高是水肿的主要机制。

（三）肺循环淤血

左心衰竭时，因心室舒张末期容积增加，压力升高，肺静脉血液回流受阻，引起肺循环淤血。临床上主要表现为各种形式的呼吸困难和肺水肿。

1. **呼吸困难**　是气短及呼吸费力的主观感觉，是肺淤血、水肿的共同表现。根据肺淤血和水肿的严重程度，呼吸困难可有不同的表现形式。

（1）**劳力性呼吸困难**　是指伴随着体力活动而发生的呼吸困难，休息后可减轻或消失，为左心衰竭的早期表现。其机制是：①体力活动时机体需氧量增加，而衰竭的心脏不能提供与之相适应的心输出量，机体缺氧加剧，反射性地兴奋呼吸中枢，引起呼吸加快加深。②活动时心率加快，心舒张期缩短，一方面冠脉灌流不足，加剧心肌缺氧；另一方面左室充盈减少，加重肺淤血。③体力活动时回心血量增多，肺淤血加重，肺顺应性降低，呼吸肌做功增加，患者感到呼吸费力。

（2）端坐呼吸　患者在静息时已出现呼吸困难，平卧时加重，故需被迫采取半卧位或坐位以减轻呼吸困难的程度，称为端坐呼吸，提示心衰已引起明显的肺循环淤血。其机制是：①平卧时机体下半身血液回流增加，加重肺淤血；端坐时下半身回心血量减少，减轻肺淤血。②平卧时膈肌位置上移，使胸廓容积减少，肺扩张受限；端坐时膈肌位置相对下移，胸廓容积增大，有利于肺的扩张，改善呼吸状况。③平卧时身体下半部的水肿液回流入血增多，而端坐体位可减少水肿液的吸收，以缓解肺淤血。

（3）夜间阵发性呼吸困难　是指患者夜间入睡后因突感气闷而被惊醒，在坐起咳嗽和喘气后有所缓解，是左心衰竭造成严重肺淤血的典型表现。其发生机制为：①因平卧位使膈肌上移，肺扩张受限；同时静脉回心血量增多，肺淤血加重。②入睡后迷走神经兴奋性升高，支气管平滑肌收缩，肺通气阻力增大。③睡眠时中枢神经系统处于抑制状态，对刺激的敏感性降低，只有当肺淤血较严重，PaO_2降到一定水平时才刺激呼吸中枢，患者感到呼吸困难而惊醒。

2. 肺水肿　是急性左心衰竭最严重的表现。由于肺淤血，肺毛细血管流体静压升高、毛细血管壁通透性增加，导致肺泡、肺间质水肿。与此同时，肺泡内的水肿液可稀释破坏肺泡表面活性物质，使肺泡表面张力加大，加重肺水肿。临床上主要表现为突发严重的呼吸困难、发绀、端坐呼吸、咳嗽、咳粉红色泡沫样痰等。

五、心功能不全的防治原则

1. **防治原发病、消除诱因**　这是心功能不全防治的重要原则。如高血压引起的心力衰竭，应及时、适当的降血压。同时应避免体力活动过剧、精神过度紧张并预防感染等。

2. **改善心肌的舒缩功能**　因心肌收缩性减弱引起的心力衰竭可适当应用强心药物如洋地黄和地高辛等，提高心肌收缩性。另一方面可选择适当的治疗措施提高心肌的顺应性，从而改善心肌的舒张功能。

3. **调整心肌的前、后负荷**　一方面选择适当的扩血管药物，降低心脏的后负荷，提高心脏的搏出量；另一方面调整心脏前负荷，使其处于适当水平，以减轻心脏负担，维持一定的心输出量。

4. **控制水肿和降低血容量**　这是治疗慢性充血性心力衰竭的重要措施。通过适当限制食盐的摄入量和应用利尿药物，排出多余的水、钠以降低血容量。

5. **改善组织供氧**　吸氧可提高氧分压和血浆内溶解的氧量，是心力衰竭患者的常规治疗措施。

实训实练六　心血管系统疾病

（一）实训目的

1. 能够识别主动脉粥样硬化和风湿性心肌炎的镜下病变特点。
2. 观察大体标本，能对高血压时心脏、肾脏的病变特点进行准确描述。

（二）实训用品

大体标本、组织切片、显微镜。

（三）实训内容

【大体标本观察】

1. **心肌肥大** 高血压性心脏病心肌代偿性肥大，可见心脏体积增大，重量增加，心尖钝圆，左心室切面增厚，达4~5cm，心腔未扩张。

2. **颗粒性固缩肾** 肉眼观，双侧肾脏对称性缩小，质地变硬，表面呈细颗粒状。切面，肾皮质变薄，皮髓质界限模糊，肾盂周围脂肪组织增多。

【组织切片观察】

1. **主动脉粥样硬化** 镜下可见内膜、中膜与外膜三层结构。部分内膜明显增厚凸起。增厚的内膜表面为大量淡红色、细颗粒状坏死物，坏死物可见很多菱形、边缘平直的空隙（为胆固醇结晶被溶解后所留的空隙），坏死物周围有少量泡沫细胞。

2. **风湿性心肌炎** 镜下可见心外膜、心肌膜和心内膜。在心肌间质中（小血管周围尤为明显）和心内膜下可见结节状病灶、风湿性小结或阿绍夫小体。病灶主要由风湿细胞、淋巴细胞和单核细胞组成。其间可见红染、无结构、碎片状或颗粒状的纤维素样坏死。风湿细胞体积大，呈圆形或卵圆形，胞质丰富，呈弱嗜碱性。多为单核，核大，染色质集中于核中心并呈细丝状向外伸延，因此呈枭眼状（核的横切面）或似蜈蚣状（核的纵切面）。有的结节主要由梭形细胞组成。

（四）实训作业

制作主动脉粥样硬化的显微镜下结构图。

目标检测

答案解析

一、单项选择题

1. 良性高血压主要累及的血管是（   ）
   A．大动脉和中动脉　　　　　B．中动脉和细动脉　　　　　C．小动脉和细动脉
   D．中动脉和小动脉　　　　　E．大动脉

2. 下列哪项是恶性高血压的肾脏特征性病变（   ）
   A．肾小球纤维化　　　　　　　　　　B．肾细动脉纤维蛋白样坏死
   C．肾小叶间动脉内膜增厚　　　　　　D．肾小球毛细血管内血栓形成
   E．肾小管上皮变性

3. 下列哪种成分不是粥样斑块内通常具有的成分（   ）
   A．苏丹Ⅲ染色阳性物质　　　B．中性粒细胞　　　　　　　C．纤维组织增生伴有透明变
   D．泡沫细胞　　　　　　　　E．无定形坏死物质

4. 冠状动脉粥样硬化最常受累的动脉是（   ）
   A．左冠状动脉前降支　　　　B．右冠状动脉主干　　　　　C．左冠状动脉主干
   D．左冠状动脉回旋支　　　　E．右冠状动脉后降支

5. 下列关于心肌梗死的叙述，不恰当的是（   ）
   A．梗死多发生在左心室前壁及室间隔前2/3
   B．梗死区可有血栓形成

C. 梗死灶累及心内膜下层心肌不超过心肌厚度一半为心内膜下梗死

D. 病变多属于出血性梗死

E. 病变多为贫血性梗死

6. 风湿病在病理诊断上最有意义的病变为（　　）

　　A. 心包脏层纤维蛋白渗出　　　　　　　　B. 心肌纤维变性坏死

　　C. 结缔组织内阿绍夫小体形成　　　　　　D. 炎细胞浸润

　　E. 结缔组织基质黏液样变性

7. 下列选项中，不属于风湿小体组成成分的是（　　）

　　A. 中心纤维蛋白样坏死　　　B. 黏液样变性　　　　　　C. 枭眼细胞和毛虫样细胞

　　D. 泡沫样细胞　　　　　　　E. 单核细胞和淋巴细胞

8. 下列关于风湿性心内膜炎的描述，正确的是（　　）

　　A. 瓣膜赘生物粘连牢固　　　　　　　　　B. 瓣膜赘生物中早期有细菌

　　C. 受累瓣膜以三尖瓣多见　　　　　　　　D. 受累瓣膜以三尖瓣及肺动脉瓣多见

　　E. 瓣膜可部分脱落引起栓塞

9. 下列关于风湿性关节炎的描述，不恰当的是（　　）

　　A. 成人多于儿童　　　　　　　　　　　　B. 主要累及大关节

　　C. 关节腔内渗出浆液　　　　　　　　　　D. 关节表现有红、肿、热、痛、功能障碍

　　E. 反复发作易致关节畸形

10. 亚急性细菌性心内膜炎的赘生物中，不含有的成分是（　　）

　　A. 大量淋巴细胞和浆细胞　　　B. 中性粒细胞　　　　　　C. 细菌菌落

　　D. 纤维蛋白　　　　　　　　　E. 肉芽组织

11. 关于二尖瓣狭窄导致的变化，下列选项不恰当的是（　　）

　　A. 左心室肥大扩张　　　　　　B. 右心室肥大扩张　　　　C. 左心房肥大扩张

　　D. 右心房肥大扩张　　　　　　E. 肺淤血水肿

12. 下列属于心力衰竭时失代偿表现的是（　　）

　　A. 心率加快（160次/分）　　　B. 心肌肥大　　　　　　　C. 正性肌力作用

　　D. 心脏肌源性扩张　　　　　　E. 心脏紧张源性扩张

二、简答题

1. 动脉粥样硬化的发病机制及基本病理变化。

2. 高血压的类型及病理变化。

3. 试述有哪些病理原因会造成左心肥大，如何造成的？

（卢　强）

书网融合……

知识回顾

习题

第十七章 呼吸系统疾病

PPT

学习目标

知识要求：

1. 掌握慢性支气管炎、大叶性肺炎、小叶性肺炎的病理变化；慢性肺源性心脏病的概念和病因；肺癌的分型。

2. 熟悉慢性支气管炎、大叶性肺炎、小叶性肺炎的结局和并发症；慢性肺源性心脏病的发生机制和病理变化；呼吸衰竭的概念、病因和机体的功能代谢变化。

3. 了解慢性支气管炎、大叶性肺炎、小叶性肺炎的病因、发病机制和临床病理联系；鼻咽癌、肺癌的病因、扩散途径及临床病理联系。

技能要求：

1. 具有区别典型大叶性肺炎和小叶性肺炎的能力，能够用慢性支气管炎、肺气肿、肺心病的病变特点解释其临床表现，初步具有分析判断是否发生呼吸衰竭的能力。

2. 能够依据呼吸系统疾病的常见病因及发病机制开展疾病预防工作。

3. 具备运用所学病理学知识分析和解决临床实际问题。

呼吸系统由上呼吸道、下呼吸道、肺、胸膜及胸膜腔组成，主要功能是进行机体与外界的气体交换。呼吸系统具有很强的自我防御功能，鼻黏膜血流丰富，可对吸入的空气加温、加湿和清除较大的粉尘颗粒；呼吸道除喉及声带被覆鳞状上皮以外，其余均被覆假复层纤毛柱状上皮或单层纤毛柱状上皮，纤毛与腺体和杯状细胞的分泌物共同构成黏液-纤毛排送系统，将黏膜分泌的黏液和黏着的细菌、粉尘颗粒推向咽部，通过咳嗽反射排出体外；黏液中还含有溶菌酶、补体、干扰素和分泌型的免疫球蛋白A（IgA）等免疫活性物质，它们与支气管黏膜和肺内巨噬细胞共同构成很强的自净和防御系统。各种原因引起的机体防御功能下降和外界刺激过强均可引起呼吸系统的损伤和病变，从而引起呼吸系统疾病的发生。呼吸系统常见的疾病有肺炎、慢性阻塞性肺疾病、慢性肺源性心脏病、肺癌、呼吸衰竭等。

第一节　肺　炎

肺炎（pneumonia）是指肺的急性渗出性炎症，为呼吸系统的常见病、多发病。按照病因不同，分为细菌性肺炎、病毒性肺炎、支原体性肺炎、真菌性肺炎、寄生虫性肺炎等。按照病变范围和累及部位，可分为发生于肺间质的间质性肺炎、以肺小叶为病变单位的小叶性肺炎和累及一个或多个肺大叶的大叶性肺炎。按照病变性质分类，可分为浆液性肺炎、纤维素性肺炎、化脓性肺炎、出血性肺炎、干酪性肺炎及肉芽肿性肺炎等不同类型。临床上常综合上述分类进行诊断。

一、细菌性肺炎

（一）大叶性肺炎

大叶性肺炎（lobar pneumonia）主要由肺炎球菌引起，是以肺泡腔内弥漫性纤维蛋白渗出为主的炎症。病变从肺泡开始，迅速扩散至一个肺段乃至整个大叶，故称大叶性肺炎，临床表现为起病急骤、寒战、高热、胸痛、咳嗽、咳铁锈色痰和呼吸困难，有肺实变体征及外周血白细胞增多等，病程一般为5~10天。患者多见于青壮年，好发于冬、春季节。

1. 病因和发病机制 90%以上的大叶性肺炎患者由肺炎球菌引起，此外，肺炎杆菌、金黄色葡萄球菌、溶血性链球菌和流感嗜血杆菌也可引起。肺炎球菌寄生于口腔及鼻咽部，当受寒、醉酒、感冒、麻醉和疲劳等导致呼吸道的防御功能减弱，机体抵抗力降低时，易发生肺部的细菌感染。细菌可沿气管及支气管分支侵入肺泡，大量繁殖而引起炎症反应。细菌和炎症也可沿肺泡或呼吸性细支气管迅速向邻近肺组织蔓延，从而波及一个肺段或整个肺大叶，引起大叶性肺炎。

2. 病理变化和临床病理联系 大叶性肺炎的病理变化主要表现为肺泡腔内大量纤维蛋白的渗出，常发生于单侧肺，多见于左肺或右肺下叶。典型的发展过程可分为以下四期。

（1）充血水肿期 发病的第1~2天，肉眼观，病变肺叶肿大，重量增加，暗红色，切面有浆液流出，渗出液中可检出肺炎球菌。镜下观，肺泡壁毛细血管扩张、充血，肺泡腔内含有大量浆液性渗出物、少量红细胞、中性粒细胞和巨噬细胞。此期，细菌能在渗出物中大量繁殖生长，并在肺内迅速播散，累及相邻的肺泡，使病变范围迅速扩大，波及整个肺段或肺大叶，并直达胸膜。患者主要有毒血症的临床表现，出现寒战、高热、外周血白细胞计数增高，患者咳嗽、咳痰，痰中能检出大量致病菌。肺部X线检查可见片状分布的模糊阴影。

（2）红色肝样变期 发病后第3~4天，肉眼观，病变肺叶肿大，呈暗红色，质地变实，切面呈灰红色，似肝脏，故称红色肝样变期。切面呈颗粒状，这是肺泡腔内的纤维蛋白凸起于切面所致，病变处的胸膜有纤维蛋白渗出物覆盖。镜下观，肺泡壁毛细血管显著扩张、充血，肺泡腔内充满着红细胞、纤维蛋白、少量的中性粒细胞和巨噬细胞等渗出物（图17-1-1），其中的纤维蛋白呈丝状或网状相连，并常穿过肺泡间孔与相邻肺泡中的纤维蛋白网相接，在肺泡腔内的渗出物中仍能检出大量致病菌。临床上，全身中毒症状及呼吸道症状仍可持续，如果病变范围较广，肺泡内渗出物过多，使肺泡通气和换气功能均出现下降，造成动脉血氧分压下降，可出现发绀等明显的缺氧症状。肺泡腔内的红细胞被巨噬细胞吞噬，崩解后形成的含铁血黄素混入痰中，可使痰液呈铁锈色。病变累及胸膜时，引起纤维素性胸膜炎，患者常感到胸痛，并随呼吸或咳嗽而加重。患侧呼吸运动减弱，触诊时语颤增强，叩诊为浊音，肺部X线检查可见大片致密阴影。

（3）灰色肝样变期 发病后第5~6天，肉眼观，病变肺叶仍肿大，但充血消退，故由红色逐渐变为灰白色，质地实变，似肝脏，切面呈颗粒状，故称为灰色肝样变期。镜下观，肺泡腔内见大量渗出物，主要为纤维蛋白，相邻肺泡腔的纤维蛋白经肺泡间孔相互连接。纤维蛋白网内有大量中性粒细胞，肺泡壁毛细血管受到压迫，变狭窄、闭塞，导致病变肺组织呈贫血状态（图17-1-2）。

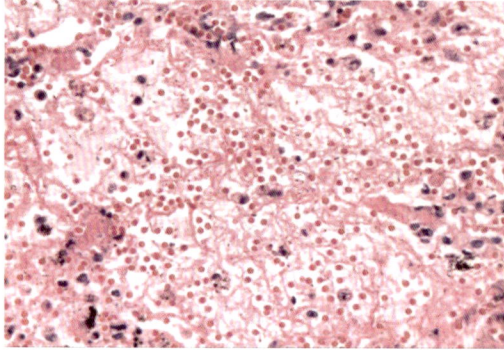

图17-1-1　大叶性肺炎（红色肝样变期）

肺泡腔内渗出大量红细胞和纤维蛋白，
少量中性粒细胞和巨噬细胞

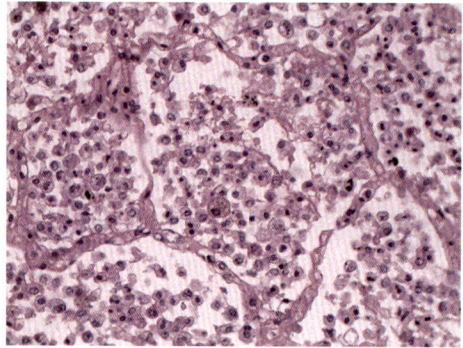

图17-1-2　大叶性肺炎（灰色肝样变期）

肺泡腔内充满渗出的纤维蛋白、中性粒细胞

此期肺泡腔内虽仍无充气，但因肺泡壁毛细血管也受压，血液流经病变部位少，故氧合不足的静脉血掺杂进入动脉血的情况反而减轻，缺氧状况有所改善。随着中性粒细胞渗出增多，患者的痰液也从铁锈色转变为黏液脓性痰，渗出物中致病菌也被中性粒细胞吞噬，痰中不易查到致病菌。由于此期患者体内针对病原微生物的抗体形成，故临床症状开始减轻，但体征和肺部X线检查结果仍与红色肝样变期相同。

（4）溶解消散期　约在发病后第7天进入此期。此期，机体的抗菌防御功能加强，病原微生物被吞噬消灭。肉眼观，病变肺叶体积缩小，实变区消失，质地变软，颜色转正常。切面可见实变病灶消失，胸膜渗出物被吸收或轻度粘连。镜下观，肺泡腔内中性粒细胞变性坏死，释放出大量蛋白溶解酶，使渗出物中的纤维蛋白被溶解。患者咳嗽、咳痰症状有所加重，有助于溶解物由气道咳出，故痰液往往呈混浊状。肺泡重新充气，肺组织结构和功能恢复正常。肺内炎症完全消散、功能恢复需1~3周。临床上表现为体温下降，肺部X线检查可见病变区阴影密度逐渐降低，以至消失。

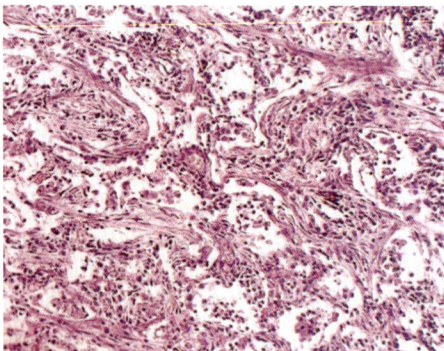

图17-1-3　肺肉质变

肺泡腔内纤维素性渗出物被肉芽组织取代

大叶性肺炎的上述各期病理变化的发展是一个连续过程，彼此间并无绝对界限，同一肺叶的不同部位可呈现不同阶段的病变，其典型经过只能在未经及时治疗的病例中见到。目前，由于临床上常在肺炎早期应用抗生素，使大叶性肺炎的病程缩短，上述四期病理变化可不典型。

3. 结局及并发症　绝大多数患者经及时治疗，可以痊愈，只有少数患者因机体抵抗力弱或细菌毒力强，发生以下并发症。

（1）肺肉质变　灰色肝样变期，肺泡腔内渗出的中性粒细胞过少，释放的蛋白溶解酶不足，难以全部溶解肺泡内的纤维素性渗出物，大量未被溶解吸收的纤维素逐渐被肉芽组织取代而机化，病变肺组织呈褐色肉质样外观，故称为肺肉质变（图17-1-3）。

（2）胸膜肥厚和粘连　大叶性肺炎时病变常累及局部胸膜伴发纤维素性胸膜炎，若胸膜及胸膜腔内的纤维素不能被完全溶解吸收而发生机化，则可导致胸膜肥厚和粘连。

（3）肺脓肿及脓胸　肺脓肿及脓胸多见于金黄色葡萄球菌感染引起的肺炎。病变肺组织内中性粒细胞浸润明显，并发生坏死、液化而形成肺脓肿。肺脓肿累及胸膜，破入胸膜腔，大量脓液渗出形成脓胸。

（4）感染性休克 由肺炎球菌或金黄色葡萄球菌的严重感染引起的中毒症状，出现微循环衰竭时可发生休克，称为休克型或中毒型肺炎，是大叶性肺炎的严重并发症，常见于重症大叶性肺炎的早期，死亡率较高。

（5）败血症或脓毒败血症 严重感染时，大量细菌侵入血流，并在血中繁殖产生毒素导致败血症或脓毒败血症，同时也可引起急性细菌性心内膜炎、脑膜炎、关节炎等。

（二）小叶性肺炎

小叶性肺炎（lobular pneumonia）主要由化脓菌感染引起，是以肺小叶为病变单位的急性化脓性炎症。病变常以细支气管为中心，故又称之为支气管肺炎。小叶性肺炎主要发生于小儿、年老体弱者和久病卧床者，冬、春季节多见，临床表现为发热、咳嗽、咳痰和呼吸困难等症状。

1. **病因和发病机制** 小叶性肺炎常由多种细菌混合感染引起，常见的致病菌是葡萄球菌、肺炎球菌、流感嗜血杆菌、肺炎克雷伯菌等。小叶性肺炎的发病常与那些致病力较弱的菌群有关，这些细菌通常是口腔或上呼吸道内的常驻菌，往往在传染病、营养不良、恶病质、昏迷、麻醉和手术后等诱因下，当机体抵抗力下降，呼吸系统防御功能受损时，这些细菌就可能侵入通常无菌的细支气管及末梢肺组织内生长繁殖，引起小叶性肺炎。因此，小叶性肺炎常是某些疾病的并发症，如麻疹后肺炎、手术后肺炎、吸入性肺炎、坠积性肺炎等。

2. **病理变化** 小叶性肺炎的病变特征为肺内散在的一些以细支气管为中心的化脓性病灶。肉眼观，在两肺各叶的表面和切面上均散在灰黄色实变病灶，尤以两肺下叶和背侧的病灶较多。病灶相当于肺小叶范围，大小不等，形状不规则，病灶中央可见细支气管断面。严重者两肺下叶的病灶互相融合，形成融合性小叶性肺炎。镜下观，病灶中央的细支气管及周围肺泡腔内有大量脓性渗出物，包括中性粒细胞、红细胞和脱落的肺泡上皮细胞（图17-1-4）。病灶周围肺组织充血，可有浆液渗出物。严重时，病灶相互融合，呈片状分布。此时，病灶周围常可伴有不同程度的代偿性肺气肿和肺不张。

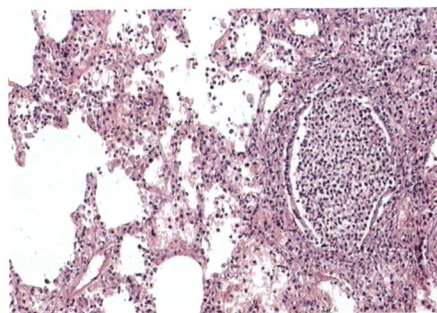

图17-1-4 小叶性肺炎

支气管及周围肺泡腔内充满渗出的中性粒细胞及脓细胞，部分支气管黏膜上皮坏死脱落，部分肺泡出现代偿性肺气肿

3. **临床病理联系及结局** 小叶性肺炎的临床表现取决于不同的病因、肺组织的损伤程度和范围。临床上患者可有咳嗽、咳痰（多为黏液脓性痰）。肺部X线检查可见两肺下部有较密集的斑点状或分散的小片状模糊阴影，严重者病灶互相融合呈大片状阴影。

小叶性肺炎经及时、有效的治疗，多数可痊愈，但婴幼儿、年老体弱者或并发其他严重疾病者，预后大多不良，可出现以下并发症。

（1）呼吸衰竭 若病变较广泛，通气和换气功能受到影响，可引起患者发绀及呼吸困难，出现呼吸衰竭。

（2）心力衰竭 缺氧使肺小动脉痉挛、肺循环阻力增加，同时毒血症导致心肌细胞变性，出现心力衰竭。

（3）肺脓肿或脓胸 与大叶性肺炎情况相同。

（4）支气管扩张 严重的小叶性肺炎，病程长，支气管结构明显破坏，可导致支气管扩张。病理检查：双肺下叶或背侧散在实变区，切面可见散在的直径为1cm大小、形状不规则的脓肿，镜下显示细支气管及其周围肺泡腔内充满中性粒细胞。

病例分析 18

患者，男性，21岁。醉酒后遭雨淋，于当天晚上突然起病，寒战、高热、呼吸困难、胸痛，继而咳嗽，咳铁锈色痰，其家属急送当地医院就诊。

听诊：左肺下叶有大量湿啰音；触诊：语颤增强。血常规：白细胞17×10^9/L。X线检查：左肺下叶有大片致密阴影。

入院经抗生素治疗，病情好转，各种症状逐渐消失；X线检查：左肺下叶的大片致密阴影缩小2/3。患者于入院后第7天自感无症状出院。

工作入职体检发现，X线检查左肺下叶有一约2cm×3cm大小不规则阴影，周围边界不清，怀疑为"支气管肺癌"。在当地医院做肺下叶切除术。病理检查：肺部肿块肉眼为红褐色肉样，镜下为肉芽组织。

问题与思考

（1）患者发生了什么疾病？主要诊断依据？

（2）患者为什么会出现咳铁锈色痰？

（3）左肺下叶为什么会出现2cm×3cm大小不规则阴影？

答案解析

二、支原体肺炎

支原体肺炎（mycoplasmal pneumonia）是由肺炎支原体引起的一种急性间质性肺炎。肺炎支原体是人体内唯一有致病性的支原体。儿童和青少年发病率较高，秋、冬季多发，主要经飞沫传播，常为散发，偶有流行。

（一）病理变化

肺炎支原体感染可波及整个呼吸道，包括上呼吸道炎、气管炎、支气管炎及肺炎。肉眼观，病变主要发生在肺间质，病灶实变不明显，常仅累及一叶肺组织，多见于下叶。病灶呈节段性或局灶性分布，色暗红，切面可见少量红色泡沫状液体流出。气管或支气管腔内可见少量黏液性渗出物，常无胸膜累及。镜下观，病变区内肺泡间隔因充血、水肿而增宽，间质水肿并伴大量淋巴细胞、单核细胞浸润，肺泡腔内无渗出或少量浆液渗出。小支气管、细支气管壁及其周围间质充血水肿及慢性炎细胞浸润，伴细菌感染时可有中性粒细胞浸润。严重者，支气管上皮和肺组织明显坏死、出血。

（二）临床病理联系

患者起病较急，多有发热、头痛、咽喉痛及顽固而剧烈的咳嗽、气促和胸痛，咳痰常不显著。听诊常闻及干湿性啰音，胸部X线检查显示节段性纹理增强及网状或斑片状阴影。白细胞计数轻度升高，淋巴细胞和单核细胞增多。本病临床不易与病毒性肺炎鉴别，但可由患者痰液、鼻分泌物及咽拭子培养出肺炎支原体而诊断。大多数支原体肺炎预后良好，死亡率为0.1%~1%。自然病程约为2周。

三、病毒性肺炎

病毒性肺炎（viral pneumonia）常由上呼吸道病毒感染向下蔓延所致，引起该类肺炎常见的病毒有流感病毒，其次为呼吸道合胞病毒、腺病毒、副流感病毒、麻疹病毒、单纯疱疹病毒及巨细胞病毒等。除流感病毒、副流感病毒外，其余病毒所致肺炎多见于儿童。此类肺炎发病可由一种病毒感染，也可由多种病毒混合感染或继发于细菌感染。临床症状差别较大，除有发热和全身中毒症状外，还表现为频繁咳嗽、气急和发绀等。

（一）病理变化

病毒性肺炎主要表现为肺间质的炎症。肉眼观，病变常不明显，病变肺组织因充血水肿而轻度肿大。镜下通常表现为肺泡间隔明显增宽，其内血管扩张充血，间质水肿及淋巴细胞、单核细胞浸润，肺泡腔内一般无渗出物或仅有少量浆液（图17-1-5）。病变较严重时，肺泡腔内则出现由浆液、少量纤维素、红细胞及巨噬细胞混合成的渗出物，甚至可见肺组织的坏死。由流感病毒、麻疹病毒和腺病毒引起的肺炎，其肺泡腔内渗出的浆液性渗出物常浓缩成薄层红染的膜状物贴附于肺泡内表面，即透明膜形成。细支气管上皮和肺泡上皮也可增生、肥大，并形成多核巨细胞。如麻疹性肺炎时出现的巨细胞较多，又称巨细胞肺炎。在增生的上皮细胞和多核巨细胞内可见病毒包涵体。病毒包涵体呈圆形或椭圆形，约红细胞大小，周围常有一清晰的透明晕，其在细胞内出现的位置常因感染病毒的种类不同而异，腺病毒、单纯疱疹病毒和巨细胞病毒感染时，病毒包涵体出现于上皮细胞的核内并呈嗜碱性（图17-1-6）；呼吸道合胞病毒感染时，出现于胞质（嗜酸性）内，麻疹肺炎时则胞核和胞质内均可见到。检查见病毒包涵体是病理组织学诊断病毒性肺炎的重要依据。

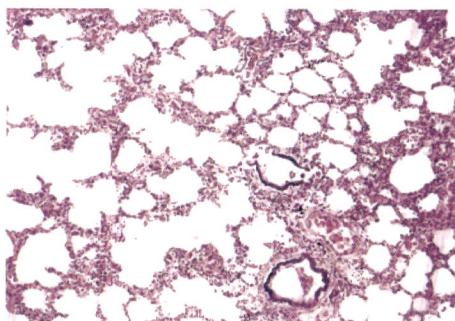

图 17-1-5 病毒性肺炎

肺泡间隔明显增宽，血管扩张充血，间质水肿伴单核细胞浸润为主，肺泡腔内基本无渗出物

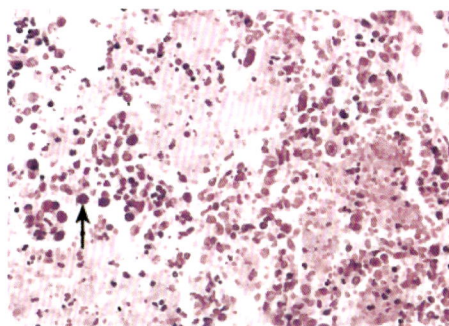

图 17-1-6 病毒性肺炎

增生肥大的上皮细胞内见嗜碱性、圆形或椭圆形、有空晕的病毒包涵体

（二）临床病理联系

患者因病毒感染可出现发热等全身中毒症状。由于肺泡内渗出物较少，患者主要表现为剧烈干咳。肺部X线检查可见肺纹理增多和小片状阴影。当透明膜形成影响换气功能时，患者出现呼吸困难和发绀的临床表现。混合性病毒感染或继发细菌感染可造成心肺功能不全。

四、严重急性呼吸综合征

严重急性呼吸综合征（severe acute respiratory syndrome，SARS）是2003年由世界卫生组织命名的以呼吸道传播为主的急性传染病，国内又称传染性非典型肺炎。本病传染性极强，现已确定本病的病原体为一种冠状病毒，并命名为SARS冠状病毒。SARS病毒以近距离空气飞沫传播为主，直接接触患者粪便、尿液和血液等也会受感染，故医务人员为高发人群，发病有家庭和医院聚集现象。

本病发病机制尚未阐明。现有研究提示，SARS病毒的结构蛋白（S蛋白、E蛋白、N蛋白和M蛋白）和5个未知的蛋白刺激机体发生免疫超敏反应，引起强烈的肺组织免疫损伤；目前发现，SARS患者早期外周血CD4⁺和CD8⁺阳性淋巴细胞数量显著减少，后者尤为明显，表明患者T细胞免疫功能遭受严重破坏。

（一）病理变化

现有部分SARS死亡病例尸检报告显示该病以肺和免疫系统的病变最为突出，心、肝、肾等实质性器官也不同程度受累。

1. 肺部病变　肉眼观，双肺呈斑块状实变，严重者双肺完全性实变；表面暗红色，切面可见肺出血灶及出血性梗死灶。镜下观，以弥漫性肺泡损伤为主，肺组织重度充血、出血和肺水肿，肺泡腔内充满大量脱落和增生的肺泡上皮细胞及渗出的单核细胞、淋巴细胞和浆细胞。部分肺泡上皮细胞胞质内可见典型的病毒包涵体，电镜证实为病毒颗粒。肺泡腔内可见广泛透明膜形成，部分病例肺泡腔内渗出物出现机化。肺小血管呈血管炎改变，部分管壁可见纤维素样坏死伴血栓形成。微血管内可见纤维素性血栓（图17-1-7）。

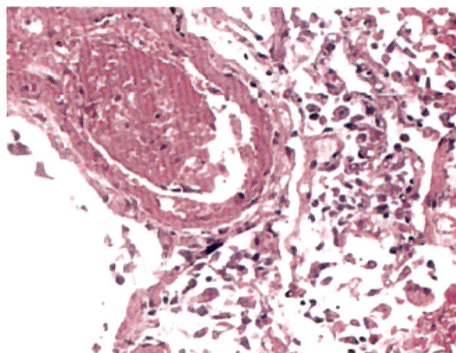

图17-1-7　SARS的肺部病变

肺泡腔内充满大量脱落的肺泡上皮及渗出的单核细胞、淋巴细胞、边缘见残存的透明膜。左上角示肺静脉管壁纤维素样坏死伴腔内血栓形成

2. 脾和淋巴结病变　脾体积略缩小，质软。镜下观，脾小体高度萎缩，脾动脉周围淋巴鞘内淋巴细胞减少，红髓内淋巴细胞稀疏。白髓和被膜下淋巴组织大片灶状出血坏死。肺门淋巴结及腹腔淋巴结固有结构消失，皮髓质分界不清，皮质区淋巴细胞数量明显减少，常见淋巴组织呈灶状坏死。心、肝、肾、肾上腺等器官除小血管炎症性病变外，均有不同程度变性、坏死和出血等改变。

（二）临床病理联系

SARS起病急，以发热为首发症状，体温一般高于38℃，偶有畏寒，可伴头痛、肌肉和关节酸痛；咳嗽、少痰，严重者出现呼吸困难；外周血白细胞一般不升高或降低，常有淋巴细胞减少；X线检查示肺部常有不同程度的块状、斑片状浸润性阴影。SARS若能及时发现并有效治疗大多可治愈，不足5%的严重病例可因呼吸衰竭而死亡。

第二节　慢性阻塞性肺疾病

慢性阻塞性肺疾病（chronic obstructive pulmonary disease，COPD）是一组慢性气道阻塞性疾病的统称，以肺实质与小气道受损，导致慢性气道阻塞、呼气阻力增加和肺功能不全为共同特征，主要包括慢性支气管炎、支气管扩张症、肺气肿和支气管哮喘等。

一、慢性支气管炎

慢性支气管炎（chronic bronchitis）是指发生于支气管黏膜及其周围组织的慢性非特异性炎症。是一种常见病、多发病，中老年人群发病率达15%~20%，主要临床特征为反复发作的咳嗽、咳痰或伴有喘息症状，且症状每年至少持续3个月，持续2年以上者即可诊断为慢性支气管炎。易在寒冷季节发病，病情持续多年常并发肺气肿及慢性肺源性心脏病。

（一）病因和发病机制

慢性支气管炎往往是多种因素长期综合作用引起的。

1. **病毒和细菌感染**　能引起上呼吸道感染的病毒和细菌均可引起慢性支气管炎的发生和复发，鼻病毒、腺病毒、呼吸道合胞病毒是致病的主要病毒，而上呼吸道常驻菌中，肺炎球菌、肺炎克雷伯菌、流感嗜血杆菌等则可能是导致慢性支气管炎急性发作的主要病原菌，是病变发生和加重的重要因素。

2. **吸烟**　吸烟对慢性支气管炎的发病也起重要作用。据统计，吸烟者比不吸烟者的患病率高2~10倍，吸烟时间愈久，日吸烟量愈大，患病率也愈高。香烟的烟雾中含有焦油、尼古丁等有害物质，能损伤呼吸道黏膜，削弱呼吸道的自净和防御功能，香烟烟雾还能引起小气道痉挛，增加气道阻力。

3. **空气污染和过敏因素**　工业烟雾、粉尘等造成的大气污染与慢性支气管炎有明显的因果关系。过敏性因素与慢性支气管炎的发病也有一定的关系，喘息型慢性支气管炎的患者往往有过敏史，以脱敏为主的综合治疗，可取得较好的治疗效果。

4. **其他因素**　机体抵抗力降低、呼吸系统防御功能受损及神经内分泌功能失调与本病的发生、发展也密切相关。

（二）病理变化

病理变化常起始于较大的支气管，随病情进展，逐步累及较小的支气管和细支气管，受到累及的细支气管越多，气道阻力越高，肺组织受损的程度也越严重。其主要病变如下。

1. **呼吸道黏液－纤毛排送系统受损**　支气管腔内炎性渗出物和黏液，使黏膜上皮纤毛粘连、倒伏、减少甚至脱失，纤毛柱状上皮细胞变性、坏死、脱落。上皮进行修复再生时，杯状细胞增多，并可发生鳞状上皮化生，从而导致纤毛黏液排送系统受损。

2. **腺体病变**　支气管黏膜下黏液腺增生肥大，浆液腺上皮发生黏液腺化生，支气管黏膜上皮杯状细胞增多，导致黏液分泌增加，是患者出现黏液性痰的病理学基础。分泌的黏液潴留在支气管腔内，易形成黏液栓，造成气道的完全性或不完全性阻塞。晚期分泌亢进的腺体逐渐萎缩消失，黏膜变薄，黏液分泌也明显减少（图17-2-1）。

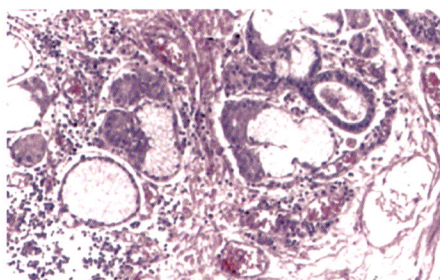

图17-2-1　慢性支气管炎（高倍）
黏液腺增生肥大，浆液腺发生黏液腺化生

3. **支气管管壁病变**　支气管管壁充血水肿，淋巴细胞、浆细胞浸润；管壁平滑肌束断裂、萎缩；软骨可发生变性、萎缩、钙化或骨化；对于喘息型患者，平滑肌束可增生、肥大，导致管腔变窄。

慢性支气管炎反复发作，累及的细支气管也不断增多，炎症可引起管壁增厚、管腔狭窄甚至纤维性闭锁，而且炎症易向管壁周围组织及肺泡扩展，形成的细支气管炎及细支气管周围炎是引起慢性阻塞性肺气肿的病变基础。

（三）临床病理联系

由于支气管黏膜的炎症刺激和分泌物增多，慢性支气管炎临床常表现为咳嗽、咳痰，痰液多呈白色、黏液泡沫状，不易咳出，继发感染时可有脓性痰。喘息型患者在症状加重或继发感染时，因支气管平滑肌受刺激发生痉挛而出现哮喘样发作，两肺可闻及哮鸣音和干湿性啰音。有的患者因黏膜和腺体萎缩，分泌物减少，痰量减少甚至无痰。病变引起小气道狭窄或阻塞时，出现阻塞性通气障碍，增加的呼气阻力大于吸气阻力，使肺过度充气，残气量明显增多。慢性支气管炎晚期常并发慢性阻塞性肺气肿、支气管扩张和慢性肺源性心脏病。

二、支气管扩张症

支气管扩张症（bronchiectasis）是以肺内小支气管管腔持久性扩张伴管壁纤维性增厚为特征的慢性呼吸道疾病。临床表现为慢性咳嗽、咳大量脓痰及反复咯血等症状。

（一）病因和发病机制

支气管扩张症多继发于慢性支气管炎、麻疹和百日咳后的支气管肺炎及肺结核等。因反复感染，特别是化脓性炎症常导致管壁平滑肌、弹力纤维和软骨等支撑结构破坏；同时受支气管壁外周肺组织慢性炎症所形成的纤维瘢痕组织的牵拉及咳嗽时支气管腔内压的增加，最终导致支气管壁持久性扩张。此外，先天性及遗传性支气管发育不全或异常时，因支气管壁的平滑肌、弹力纤维和软骨薄弱或缺失，管壁弹性降低易致支气管扩张，如巨大气管-支气管扩张症。常染色体隐性遗传性胰腺囊性纤维化病常合并肺囊性纤维化，患者因末梢肺组织发育不良，细小支气管常呈柱状及囊性扩张，且腔内有黏液栓塞，故常继发肺部感染和间质纤维化。

（二）病理变化

1. **肉眼观**　病变的支气管可呈囊状或管状扩张；病变可局限于一个肺段或肺叶，也可累及双肺，以左肺下叶最多见。扩张的支气管、细支气管可呈节段性扩张，也可连续延伸至胸膜下，扩张的支气管数目多少不等，多者肺切面可呈蜂窝状（图17-2-2）。扩张的支气管腔内可见黏液脓性渗出物，常因继发腐败菌感染而带恶臭味，支气管黏膜可因萎缩而变平滑，或因增生肥厚而呈颗粒状。

图17-2-2　支气管扩张症

肺切面见多个显著扩张的支气管

2. **镜下观**　支气管壁明显增厚，黏膜上皮增生伴鳞状上皮化生，可有糜烂及小溃疡形成。黏膜下血管扩张充血，淋巴细胞、浆细胞甚或中性粒细胞浸润，管壁腺体、平滑肌、弹力纤维和软骨不同程度遭受破坏，萎缩或消失，代之以肉芽组织或纤维组织。邻近肺组织常发生纤维化及淋巴组织增生。

（三）临床病理联系

患者支气管受慢性炎症及化脓性炎症渗出物的刺激，常有频发的咳嗽及咳出大量脓痰，若支气管壁血管遭破坏则可咯血，大量的咯血可致失血过多或血凝块阻塞气道，严重者可危及生命。患者常因支气管引流不畅或痰不易咳出而感胸闷、憋气，炎症累及胸膜者可出现胸痛。少数患者尚可合并肺脓肿、脓胸及脓气胸。慢性重症患者常伴严重的肺功能障碍，出现气急、发绀和杵状指等，晚期可并发肺动脉高压和慢性肺源性心脏病。

三、肺气肿

肺气肿（pulmonary emphysema）是指末梢肺组织（呼吸性细支气管、肺泡管、肺泡囊和肺泡）因过度充气呈持久扩张，并伴有肺泡间隔破坏、肺组织弹性减弱、肺体积膨大、通气功能降低的一种疾病状态，是慢性支气管炎和肺部疾病常见的并发症。

（一）病因和发病机制

1. **细支气管阻塞性通气障碍** 肺气肿常继发于肺阻塞性疾病，其中最常见的是慢性支气管炎。慢性炎症使细支气管管壁遭到破坏，纤维化增生性反应引起管壁增厚，管腔狭窄；炎性渗出物及黏液形成黏液栓，使气道发生不完全阻塞；细支气管周围炎症也可以损伤其周围肺间质和相邻的肺泡间隔，使细支气管在呼气时失去支撑而闭陷，肺排气不畅，残气量过多，肺泡扩张、融合。

2. **α1-抗胰蛋白酶水平降低** 小气道炎症时，中性粒细胞和巨噬细胞可释放大量弹性蛋白酶和生成大量氧自由基。氧自由基能氧化α1-抗胰蛋白酶活性中心的蛋氨酸，并使之失活。α1-抗胰蛋白酶是弹性蛋白酶的抑制物，α1-抗胰蛋白酶失活后导致弹性蛋白酶数量增多、活性增强，弹性蛋白酶过多地降解肺组织中的弹性蛋白，破坏肺的组织结构，使肺泡回弹力减弱，肺泡间隔断裂，肺泡融合，形成肺气肿。

2. **吸烟** 吸烟可以使肺组织中的中性粒细胞和单核细胞渗出，并释放弹性蛋白酶和大量氧自由基，氧自由基能抑制肺组织中α1-抗胰蛋白酶活性，使弹性蛋白酶浓度增加，活性增强，肺泡间隔破坏、肺泡融合而发生肺气肿。

（二）病理变化

1. **肺泡性肺气肿** 肺泡性肺气肿病变发生在肺腺泡内，常伴有小气道阻塞性通气障碍，故也称阻塞性肺气肿，根据发生部位和范围，又将其分为全腺泡性肺气肿、小叶中央型肺气肿、小叶周围型肺气肿（图17-2-3）。小叶中央型最常见，病变特点是小叶中央区的呼吸性细支气管囊状扩张，肺泡管、肺泡囊变化不明显，多见于慢性支气管炎或多年吸烟者。小叶周围型是肺泡管、肺泡囊扩张，呼吸性细支气管变化不明显。全小叶型是整个小叶受累，多见于先天性α1-抗胰蛋白酶缺乏的青壮年。

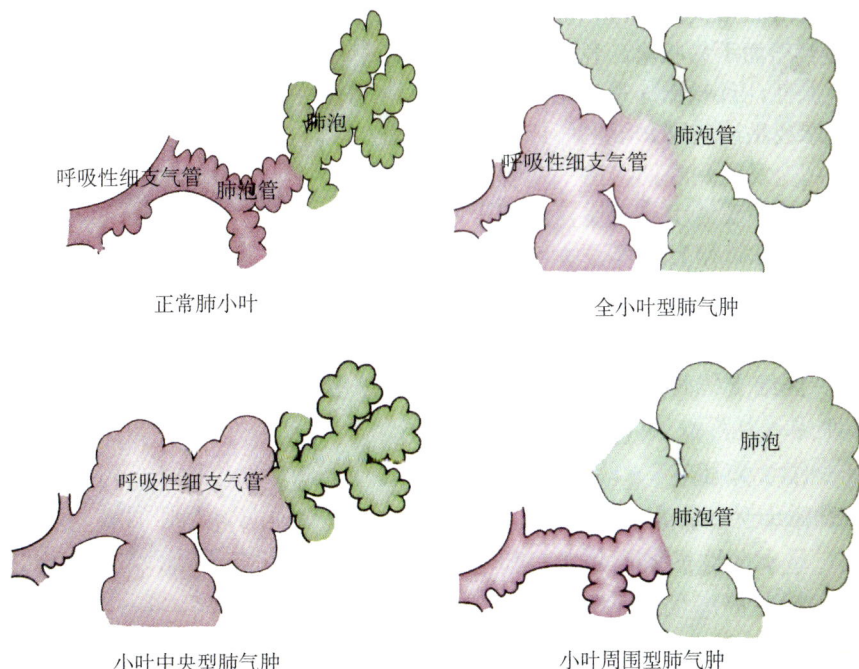

图 17-2-3 肺泡性肺气肿类型模式图

肉眼观，肺体积显著膨大，边缘钝圆，呈灰白色，肺组织柔软而弹性差，指压后的压痕不易消退。切面呈蜂窝状，可见扩大的肺泡囊腔（图17-2-4）。镜下观，末梢肺组织扩张，肺泡间隔变窄、断裂并互相融合，形成大小不一的肺泡囊腔（图17-2-5）。细小支气管出现慢性炎性病变，肺泡壁毛细血管床减少，肺小动脉内膜纤维化增生。

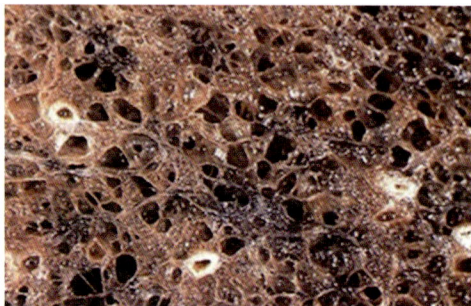

图17-2-4　肺气肿（肉眼观）
肺组织切面呈蜂窝状，可见扩大的肺泡囊腔

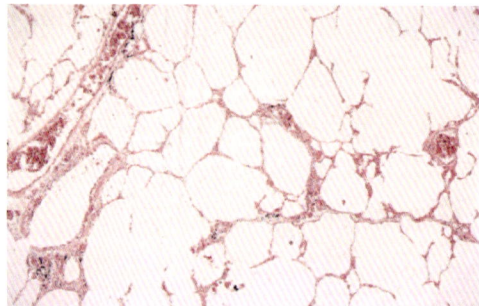

图17-2-5　肺气肿（镜下观）
部分肺泡间隔断裂，相邻肺泡融合，形成较大囊腔

2. **间质性肺气肿**　肋骨骨折、胸壁穿透伤或剧烈咳嗽引起肺内压急剧增高等均可导致肺泡壁或细支气管管壁破裂，空气进入肺间质，形成间质性肺气肿。气体在肺膜下、肺小叶间隔内形成串珠状小气泡，间质性肺气肿气泡也可沿细支气管和血管周围的组织间隙扩展至肺门、纵隔，甚至可在颈部和上胸部皮下形成皮下气肿。

3. **其他类型肺气肿**　①代偿性肺气肿：是指萎陷的肺叶、肺切除后、肺实变病灶的周围，残余肺组织的肺泡代偿性过度充气、膨胀。②老年性肺气肿：是指老年人肺组织常发生退行性改变，肺的弹性回缩力减弱，致使肺残气量增多，容积增大。

（三）临床病理联系

肺气肿常由于阻塞性通气障碍而出现呼气性呼吸困难、胸闷、气促、发绀等缺氧症状，因呼气困难，听诊时呼吸音减弱、呼气延长。长期过度吸气和呼气困难，肺容量增大，肋骨上抬，肋间隙增宽，横膈下降，胸廓前后径增大，形成"桶状胸"，X线检查见两肺肺野透明度增加。病变后期，随着肺泡间隔毛细血管床减少，肺循环阻力增大，出现长期肺动脉高压，最终可导致慢性肺源性心脏病。

第三节　慢性肺源性心脏病

慢性肺源性心脏病（chronic cor pulmonale）是因慢性肺疾病、肺血管及胸廓的病变引起肺循环阻力增加导致的以肺动脉压升高和右心室壁肥厚、心腔扩大甚或右心衰竭为特征的心脏病，简称肺心病。本病在我国较为常见，患病年龄多在40岁以上，随着年龄增长而发病率增高。

一、病因和发病机制

（一）肺疾病

肺疾病是引起肺心病的主要原因，其中以慢性阻塞性肺疾病（COPD）中慢性支气管炎并发阻塞性肺气肿最为多见，占80%~90%，其次为支气管哮喘、支气管扩张症、肺硅沉着症、慢性纤维空洞型肺结核、弥漫性肺间质纤维化等，这些疾病引起阻塞性通气障碍，破坏呼吸膜，减少气体交换面积，导致换气功能障碍，使肺泡气氧分压降低，二氧化碳分压增高，导致低氧血症，引起肺小动脉反射性痉挛，肺血管构型改建，肺小动脉中膜增生、肥厚，使肺循环阻力增加和肺动脉高压，导致右心室肥厚、扩张。

（二）胸廓运动障碍性疾病

较少见。例如胸膜纤维化、脊柱和胸廓畸形及胸廓成形术后等疾病，不仅可引起限制性通气障碍，还可压迫较大的肺血管和造成肺血管的扭曲，导致肺循环阻力增加及肺动脉高压。

（三）肺血管疾病

肺血管疾病很少见，是由原发性肺动脉高压症、广泛或反复发作的多发性肺小动脉栓塞及肺小动脉炎等直接引起肺动脉高压，从而引起右心肥大、扩张。

二、病理变化

（一）肺部病变

除原有的慢性支气管炎、肺气肿、肺间质纤维化等病变外，肺内主要的病变是肺小动脉的变化，表现为肌型小动脉中膜肥厚、内膜下出现纵行肌束、无肌型细动脉肌化，还可发生肺小动脉炎、肺小动脉弹力纤维和胶原纤维增生以及肺小动脉血栓形成和机化。此外，肺泡壁毛细血管数量显著减少。

（二）心脏病变

肉眼观，右心室壁肥厚，心腔扩张，心尖钝圆，心脏重量增加，肺动脉圆锥显著膨隆，乳头肌和肉柱显著增粗，室上嵴增厚，通常以肺动脉瓣下2cm处右心室前壁肌层厚度超过5mm（正常为3~4mm）作为病理诊断肺心病的形态标准。镜下观，可见右心室壁心肌细胞肥大、细胞核增大且着色深，也可见缺氧所致的心肌纤维萎缩、肌浆溶解、横纹消失以及间质水肿和胶原纤维增生等现象（图17-3-1）。

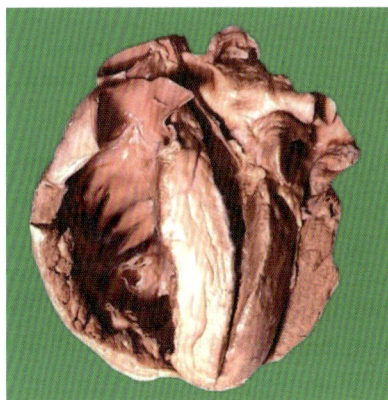

图17-3-1　慢性肺源性心脏病
心脏体积增大，右心室壁肥厚，心尖钝圆

三、临床病理联系

慢性肺心病发展缓慢，临床表现除原有肺疾病的症状和体征外，主要是逐渐出现的呼吸功能不全和右心衰竭的症状和体征。常表现为呼吸困难、发绀、心悸、气急、肝大、全身淤血和下肢水肿。发生肺性脑病者还可伴有头痛及精神症状，如烦躁不安、抽搐、嗜睡甚至昏迷。这主要是由于缺氧和二氧化碳潴留诱发的脑缺氧、脑水肿、呼吸性酸中毒所致。

本病若能早期发现和治疗、注意保暖并增强体质、戒烟、避开污染的空气、提高免疫力、预防诱发因素等，可延缓肺动脉高压和慢性肺心病的发生和发展，而控制病因是预防慢性肺心病发生的根本措施。

第四节　呼吸系统常见肿瘤

一、鼻咽癌

鼻咽癌（nasopharyngeal carcinoma）是鼻咽部上皮组织发生的恶性肿瘤。本病可见于世界各地，但以我国广东、广西、福建等地，特别是广东珠江三角洲和西江流域发病率最高，有明显的地域性。发病年龄多在40~50岁，男性多于女性。临床上患者常有鼻衄、鼻塞、耳鸣、复视、听力减退、偏头痛和颈部淋巴结肿大等。

（一）病因

鼻咽癌的病因尚未完全阐明。现有的研究表明鼻咽癌的发病与以下因素有关。

1. EB病毒　已知EB病毒与鼻咽癌关系密切，近年来发现，鼻咽癌组织中可检出EB病毒，90%以上患者血清中有EB病毒核抗原、膜抗原和壳抗原等多种成分的相应抗体，特别是EB病毒壳抗原的IgA抗体（VCA-IgA）阳性率高达97%，具有一定的诊断意义。但EB病毒如何使上皮细胞发生癌变的具体机制尚不清楚。

2. 遗传因素　鼻咽癌有明显的地域性，部分病例有明显家族性。高发区居民移居外地或国外，其后裔鼻咽癌的发病率也远高于当地居民，提示遗传因素在鼻咽癌的发病中也有重要作用。

3. 化学致癌物质　如亚硝胺类、多环芳烃类及微量元素镍等与鼻咽癌的发病也有一定关系。

（二）病理变化

鼻咽癌最常见于鼻咽顶部，其次是外侧壁和咽隐窝，发生于前壁者最少。肉眼观，早期局部黏膜粗糙或稍隆起，随后逐渐发展为结节型、菜花型、溃疡型和黏膜下浸润型四种形态，其中以结节型最多见。镜下观，鼻咽癌绝大多数起源于鼻咽黏膜柱状上皮的储备细胞，少数来源于鳞状上皮的基底细胞，由鼻咽部腺上皮发生者极少。柱状上皮中的储备细胞具有多种分化潜能，可转化为柱状上皮、鳞状上皮等，以致鼻咽癌组织结构复杂，至今尚无完善的组织学分类。一般按其组织学特征及分化程度分为以下四个类型。

1. 鳞状细胞癌　按其分化程度可分为高分化和低分化鳞状细胞癌两种。高分化鳞状细胞癌可见细胞内角化和角化珠，又称角化型鳞状细胞癌，较少见。低分化鳞状细胞癌，癌细胞大小不等，形态多样，核大深染，核分裂象多见，少数细胞可见细胞间桥，但无角化现象。此型与EB病毒感染关系密切，为鼻咽癌中最常见的类型。

2. 腺癌　主要来自鼻咽黏膜的柱状上皮，也可来自鼻咽腺体的导管，分为高分化和低分化腺癌两型。高分化者为柱状细胞腺癌或乳头状腺癌。低分化腺癌的癌细胞呈不规则条索状或片状排列，无腺泡和腺管状结构。

3. 泡状核细胞癌　属于未分化鳞状细胞癌，癌细胞呈片状或不规则巢状分布，与间质分界不清。癌细胞体积较大，胞质丰富，境界不清。核大呈空泡状，圆形或卵圆形，有1~2个肥大的核仁，核分裂象少见。癌细胞之间常见数量不等的淋巴细胞浸润。该型占鼻咽癌总数的10%左右，对放疗敏感。

4. 未分化癌　极少见。癌细胞小而胞质少，呈圆形或短梭形。核圆形或卵圆形、染色深，癌细胞弥漫分布，无明显癌巢形成。

（三）扩散途径

1. **直接蔓延**　癌组织向上蔓延可破坏颅底骨，经破裂孔侵入颅内，损伤第Ⅱ~Ⅵ对脑神经；向下侵犯梨状隐窝、会厌及喉上部；向外可破坏咽鼓管侵入中耳；向前可侵入鼻腔和眼眶；向后则侵犯颈椎、脊髓。

2. **淋巴道转移**　鼻咽黏膜固有层淋巴组织丰富，因此早期即可发生淋巴道转移。癌细胞经咽后壁淋巴结转移至颈上深部淋巴结群。肿大的淋巴结互相粘连，形成巨大肿块，约半数以上患者以颈部淋巴结肿大作为首发症状而就诊。此时原发病灶尚小，其相关症状缺如或不明显。颈部淋巴结转移一般发生在同侧，对侧极少发生，后期双侧均可受累。

3. **血道转移**　发生较晚，常可转移至肝、肺、骨及肾、肾上腺和胰腺等器官和组织。鼻咽癌的治疗以放疗为主，其疗效与病理组织学类型有关，低分化鳞状细胞癌和泡状核细胞癌对放疗敏感。

（四）结局

鼻咽癌因早期症状不明显易被忽略，确诊时已是中、晚期，常有转移，故治愈率低。本病的治疗以放疗为主，其疗效和预后与病理组织学类型有关。恶性程度高的低分化鳞状细胞癌和泡状核细胞癌对放疗敏感，经治疗后可明显缓解，但较易复发。

二、肺癌

肺癌（cancer of the lung）又称支气管肺癌，是最常见的恶性肿瘤之一。半个世纪以来肺癌的发病率和死亡率一直呈明显上升趋势。在多数发达国家肺癌居恶性肿瘤首位，在我国多数大城市肺癌的发病率和死亡率也居恶性肿瘤的第一位和（或）第二位。90%以上肺癌患者发生于40岁以上的中老年人，男女性别比例为1.5∶1。近年来，由于女性吸烟者的不断增加，女性比例相应上升。

（一）病因和发病机制

肺癌的病因较复杂，其发生与下列因素有关。

1. **吸烟**　吸烟是肺癌发生的重要危险因素，大约有3/4的肺癌患者有重度吸烟史。大量研究已证明吸烟者肺癌的发病率比不吸烟者高20~25倍。吸烟的量越多、吸烟的时间越长、开始吸烟的年龄越早，肺癌的发病率越高。卷烟燃烧的烟雾中含有超过1200种化学物质，其中多环芳烃、3, 4-苯并芘、放射性元素及砷等多种物质均具有致癌作用。

2. **大气污染**　煤、汽油、柴油等燃烧后的废气或烟尘、行驶机动车的排气均可造成空气污染。被污染的空气中含有3, 4-苯并芘、二乙基亚硝胺和砷等致癌物。调查表明，工业发达国家肺癌发病率比工业落后国家高、城市比农村高、大城市比中小城市高。

3. **职业因素**　从事某些职业的人群，如长期接触放射性物质（铀）或吸入含石棉、镍、砷、铬、铍、煤焦油、沥青、烟尘、芥子气、二氯甲醚等化学致癌粉尘的工人，肺癌发病率明显增高。

4. **基因改变**　各种致癌因素可引起细胞的基因变化而导致细胞发生癌变。目前已知在肺癌中有10~20种癌基因激活或抑癌基因失活，如KRAS基因突变出现在25%的肺腺癌、20%的肺大细胞癌和5%的肺鳞癌，c-MYC基因的活化（多度表达）在10%~40%的小细胞癌中出现，而在其他类型中则很少见。肺癌中抑癌基因的失活主要包括p53和Rb基因。

（二）病理变化

1. **大体类型**　根据肿瘤的发生部位可把肺癌分为三种类型：中央型、周围型和弥漫型，与临床X

线的肺癌分型一致。

（1）中央型　此型最常见，多起源于主支气管或叶支气管等大支气管，肿瘤位于肺门部，常破坏支气管壁向周围肺组织浸润、扩展。晚期形成巨块，常包绕癌变的支气管（图17-4-1）。

（2）周围型　此型发生率仅次于中央型，多起源于肺段以下的末梢支气管或肺泡，常在靠近胸膜的肺周边部形成孤立的癌结节。肉眼形态多为结节型（图17-4-2）。

图17-4-1　肺癌（中央型）

近肺门部位可见灰白色癌组织

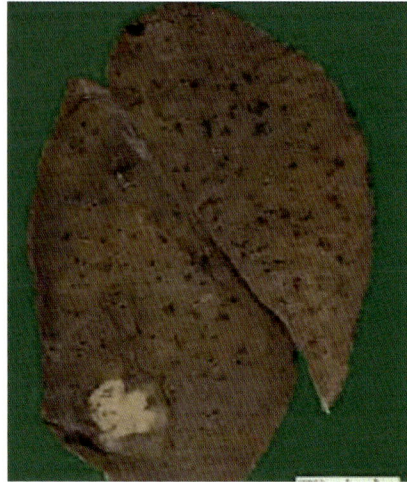

图17-4-2　肺癌（周围型）

灰白色癌肿位于肺叶边缘，结节状，无包膜

（3）弥漫型　此型少见，占全部肺癌的2%~5%。肉眼观，多数呈播散型粟粒型结节，弥漫侵犯部分肺大叶或全肺叶，似肺炎或播散型肺结核。

2. **组织学类型**　肺癌组织学类型复杂多样，根据2015年WHO关于肺癌的分类，将其分为鳞状细胞癌、腺癌、大细胞癌、神经内分泌癌、腺鳞癌等基本类型。以下介绍几种常见类型。

（1）鳞状细胞癌　是肺癌最常见类型之一，80%~85%为中央型肺癌。绝大多数为中老年患者，多有吸烟史。多来自段以上或主支气管，纤支镜检查易被发现，痰脱落细胞学检查阳性率高。高分化鳞癌多有角化珠形成，低分化鳞癌仅有少量细胞角化。

（2）腺癌　近年来发病率有不断上升的趋势，是女性肺癌最常见类型，多为非吸烟者。肺腺癌通常发生于较小支气管上皮，大多数（约65%）为周围型肺癌，腺癌常位于肺周边部呈孤立结节，边界清楚，常累及胸膜。高分化癌可见癌组织形成腺管或乳头，并有黏液分泌。

（3）神经内分泌细胞癌　主要包含小细胞癌、大细胞神经内分泌癌和类癌。小细胞癌为仅低于肺鳞癌及腺癌的相对常见的一型肺癌。其发生率占原发性肺癌的15%~20%。发病年龄较鳞癌低，好发于中年男性，与吸烟及职业性接触有一定关系。肿瘤恶性度极高，生长迅速，多有早期转移，一般不适合手术切除，但对化疗及放疗敏感。本型癌细胞小呈短梭形，又称燕麦细胞癌（图17-4-3）或小圆形（淋巴细胞样），核浓染，胞质稀少形似裸核。癌细胞常密集成群，有时围绕小血管排列成假菊形团样结构。

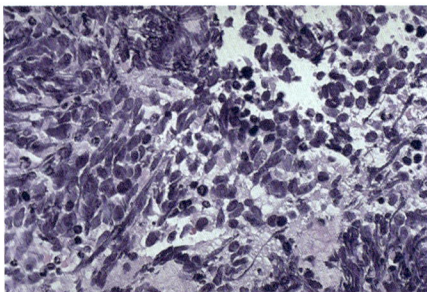

图17-4-3　燕麦细胞癌

癌细胞小，呈短梭形，形状似燕麦

（4）大细胞癌　大细胞癌属于未分化癌，恶性度高，癌生长迅速，早期发生转移。

（三）扩散与转移

1. **直接蔓延** 中央型肺癌常直接侵及肿瘤周围组织如纵隔、心包及周围血管，或沿支气管向同侧甚至对侧肺组织蔓延。周围型肺癌可直接侵犯胸膜，在胸壁生长。

2. **转移** 肺癌淋巴道转移常发生较早，且扩散速度较快。癌组织沿淋巴道转移时首先转移至肺门淋巴结，再扩散至纵隔、锁骨上、腋窝和颈部淋巴结。周围型肺癌的癌细胞可到达胸膜下淋巴丛，引起胸膜腔的血性渗出液。血行转移常见于肝、脑、肾上腺、骨及肾等处。

（四）临床病理联系

肺癌早期因症状不明显易被忽视。患者可有咳嗽、痰中带血丝及胸痛等症状。肿瘤压迫或阻塞支气管可引起远端肺组织的化脓性炎，脓肿形成。癌组织侵及胸膜引起癌性胸膜炎、积液。侵犯纵隔内压迫上腔静脉引起面颈部水肿及颈、胸部静脉曲张（上腔静脉综合征）。肺尖部肺癌易侵犯交感神经引起病侧眼睑下垂、瞳孔缩小和胸壁皮肤无汗等交感神经麻痹综合征（Horner综合征）。有异位内分泌作用的肺癌，尤其是小细胞肺癌可因5-羟色胺分泌过多而引起类癌综合征，表现为支气管哮喘、心动过速、水样腹泻和皮肤潮红等。

肺癌患者预后大多不良，早发现、早诊断、早治疗对于提高治愈率和生存率至关重要。40岁以上特别是长期吸烟者，出现咳嗽、气急、痰中带血、胸痛、刺激性干咳、干咳无痰等症状应高度警惕并及时进行X线检查、痰细胞学检查、肺纤维支气管镜检查及病理活检以期早期发现，提高治疗效果。

第五节 呼吸衰竭

呼吸是机体与外界环境之间的气体交换过程。呼吸的全过程包括三个环节，即外呼吸（肺通气和肺换气）、气体在血液中的运输和内呼吸。各种原因导致肺功能储备降低，静息时血气指标和呼吸保持正常，但在体力活动、发热、感染等诱因的作用下，使呼吸负荷加重，出现呼吸困难、动脉血氧分压降低等病理变化，称为呼吸功能不全（respiratory insufficiency）。

呼吸衰竭（respiratory failure）是指各种原因导致的外呼吸功能严重障碍，使人体在海平面、静息状态下，动脉血氧分压（PaO_2）低于8kPa（60mmHg），伴有或不伴有动脉血二氧化碳分压（$PaCO_2$）高于6.67kPa（50mmHg）的病理过程。

根据呼吸衰竭时是否伴有动脉血二氧化碳分压升高，可将呼吸衰竭分为Ⅰ型呼吸衰竭和Ⅱ型呼吸衰竭。Ⅰ型呼吸衰竭即低氧血症型呼吸衰竭，表现为PaO_2下降，多由换气功能障碍引起，故又称为换气障碍型呼吸衰竭；Ⅱ型呼吸衰竭即低氧血症伴高碳酸血症型呼吸衰竭，表现为PaO_2下降，同时伴有$PaCO_2$升高，多由通气功能障碍引起，故又称为通气障碍型呼吸衰竭。

一、病因和发生机制

呼吸衰竭是由于外呼吸功能障碍所致，外呼吸功能在于完成血液与外界空气之间的气体交换。外呼吸包括两个过程：一是肺通气，即肺泡内气体与外界空气进行交换的过程；二是肺换气，即肺泡腔内的气体与流经肺泡壁毛细血管网的血液进行气体交换的过程。任何原因只要能引起肺通气功能障碍和

（或）肺换气功能障碍都可导致呼吸衰竭，引起低氧血症和（或）伴高碳酸血症。

（一）肺通气功能障碍

正常成年人在静息时每分钟有效通气量约为4L/min。如果到达各级气管未参与气体交换的无效腔通气量增加、呼吸活动减弱、肺通气阻力增大，均可造成肺泡通气量不足。

1. 限制性通气不足　是指呼吸动力减弱或胸廓和肺的扩张能力下降，导致吸气时肺的扩张受限引起的肺泡通气不足。常见原因如下。

（1）呼吸中枢受损和抑制　呼吸中枢受损主要见于脑外伤、脑血管意外、脑炎、脑水肿等；呼吸中枢抑制主要由于镇静、镇痛、安眠、麻醉药等过量使用。两者均可导致中枢性肺泡通气功能障碍，通气量不足。

（2）呼吸肌收缩力减弱或麻痹　常见于多发性神经炎、脊髓灰质炎、有机磷中毒、重症肌无力等支配呼吸肌的神经或呼吸肌的病变等。慢性阻塞性肺疾病、休克、高钾血症也会导致呼吸肌的动力减弱，使肺泡通气量不足。

（3）胸廓和肺顺应性降低　顺应性是指在外力作用下，弹性组织的可扩张性。肥胖、严重胸廓畸形、胸膜增厚或胸腔积液可使胸廓扩张受限，顺应性降低；肺叶切除、肺纤维化、肺泡表面活性物质减少等可降低肺的顺应性，导致限制性通气不足。

2. 阻塞性通气不足　是指由于呼吸道狭窄或阻塞使气道阻力增大而引起的肺泡通气不足。影响气道阻力的因素有气道内径、长度和形态、气流速度和流动形式，其中最主要的原因是气道内径的缩小。根据阻塞的部位不同，可以分为中央性气道阻塞和外周性气道阻塞。

（1）中央性气道阻塞　气管分叉处以上的气道阻塞，常见于上呼吸道感染、异物、过敏等情况。阻塞若位于胸外，如喉头气管部位的炎症、水肿、异物和声带麻痹等情况，吸气时由于气道内压力小于大气压，导致有病灶的气道狭窄加重；呼气时则因气道内压力大于大气压而使气道口径略大，阻塞减轻，故患者出现明显的吸气性呼吸困难（图17-5-1）。阻塞若位于胸内，如气道内出现异物，则吸气时胸膜腔内压降低，对气管向外牵拉作用加大，使气道口径变大，呼气时胸膜腔内压减小，气道受压使其口径缩小，阻塞加重，所以患者往往出现明显的呼气性呼吸困难（图17-5-2）。

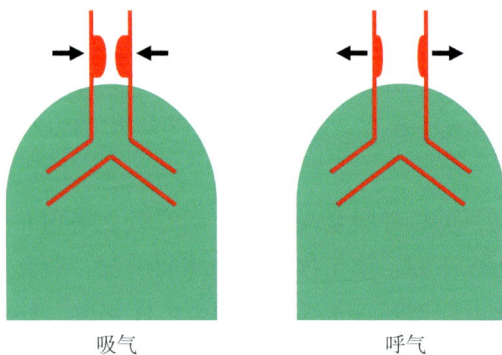

| 吸气 | 呼气 | 吸气 | 呼气 |

图17-5-1　胸外气道阻塞模式图　　　　图17-5-2　胸内气道阻塞模式图

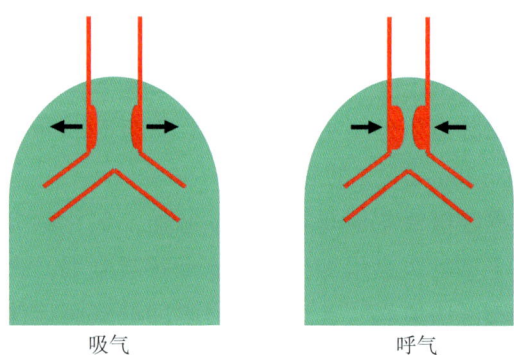

（2）外周性气道阻塞　多发生于内径小于2mm的细小支气管的阻塞，又称小气道阻塞。吸气时胸内压降低，小气道可保持开放状态，用力呼气时胸膜腔内压增高，小气道可受压变狭窄，甚至关闭。患者主要表现为呼气性呼吸困难，常见于慢性支气管炎、支气管哮喘、慢性阻塞性肺气肿等疾病。

总之，不论是中央性气道阻塞还是周围性气道阻塞，只要阻塞部位在胸廓内，都会出现呼气性呼吸困难。如急性异物阻塞，若表现为吸气性呼吸困难，则判断为阻塞仍在胸外，若转为呼气性呼吸困难，则表明异物已下移进入胸廓内。肺通气功能障碍不论是限制性的还是阻塞性的，均可导致肺泡通气量减少，氧吸入和二氧化碳排出均发生障碍，所以通气障碍性呼吸衰竭造成的血气指标的改变表现为PaO_2下降，同时伴有$PaCO_2$升高，属于Ⅱ型呼吸衰竭。

（二）肺换气功能障碍

肺换气功能障碍是指肺泡内气体与肺泡壁毛细血管血液进行气体交换的过程，包括气体弥散功能障碍和肺泡通气量与血流量比例失调。

1. 气体弥散障碍　是指肺泡内气体与血中气体进行气体交换的过程发生障碍。气体弥散量的多少主要取决于呼吸膜的面积、厚度和弥散的时间。

（1）呼吸膜的面积减少　正常人约有3亿个肺泡，总面积约为$80m^2$。安静情况下参与换气的面积只需$40m^2$，活动或运动时所需呼吸膜面积增大。由此可见，呼吸膜面积的储备量是比较大的，只有呼吸膜面积减少一半以上时，才会发生换气功能障碍。呼吸膜面积减少引起的呼吸衰竭可见于肺癌肺大部分切除后，以及大面积肺实变和肺不张的患者。

（2）呼吸膜的厚度增加　呼吸膜是由肺泡上皮、毛细血管内皮及两者共有的基底膜构成的，总厚度不到$1\mu m$。在肺水肿、间质性肺炎、肺泡透明膜形成、肺纤维化等情况时，呼吸膜的厚度增加，弥散速度减慢。

（3）弥散时间过短　正常人在静息状态下，流经肺泡壁毛细血管的血液与肺泡–毛细血管膜接触的时间约为0.75s，而完成气体交换O_2所需要的时间为0.25~0.3s，CO_2只需0.1s，所以即使呼吸膜的面积减少和厚度增加的患者，虽然弥散速度减慢，在静息状态下仍可以在0.75s内完成气体弥散。只有在体力负荷增加，心输出量增加和肺血流加快的情况下，血流与肺泡接触时间过短，才会因气体交换不充分而发生低氧血症。由于CO_2的弥散速度比O_2快20倍，所以单纯的弥散障碍引起的血气指标只有PaO_2下降，而不伴有$PaCO_2$升高，属于Ⅰ型呼吸衰竭。

2. 肺泡通气量与血流量比例失调　血液流经肺泡时能否获得足够的氧气并充分地排出CO_2，使静脉血（血氧分压40mmHg，二氧化碳分压46mmHg）变为真正的动脉血（血氧分压100mmHg，二氧化碳分压40mmHg），还取决于肺泡通气量与流经肺的血流量的比例。正常成人在静息状态下，肺泡通气量（V）约为4L/min，肺血流量（Q）约为5L/min，肺泡通气量与血流量的比例约为0.8，能实现最有效的换气。各种原因使该比例失调，可引起气体交换障碍，发生呼吸衰竭。肺泡通气量与血流量比例失调是肺部疾患引起呼吸衰竭最常见、最重要的机制。

（1）部分肺泡通气量不足　部分肺泡失去通气功能或通气不足，而血流量并未相应减少，甚至还可因炎性充血使血流量增加（如大叶性肺炎红色肝样变期），导致肺泡通气量和血流量比例明显下降，流经此处未经氧合或氧合不全的静脉血汇入动脉血，使体循环PaO_2下降，这种病变称为功能性分流。肺实变、慢性支气管炎、支气管哮喘、阻塞性肺气肿时，功能性分流的血流量可增加到肺血流量的30%~50%，从而严重影响换气功能。

（2）部分肺泡血流量不足　部分肺泡通气良好而血流量减少，使肺泡通气量与血流量比例增大，进入这些肺泡的气体并没有全部参与气体交换，相当于增大了无效腔，故称为无效腔样通气，常见于肺动脉栓塞、弥散性血管内凝血、肺动脉炎、肺小血管痉挛等情况。正常人的生理无效腔样通气量约占潮气量的30%，疾病时可高达60%~70%，从而导致呼吸衰竭。

（3）解剖分流增加　正常情况下，人体一部分肺动脉内的静脉血不经过肺泡直接通过支气管静脉和极少的肺动-静脉吻合支直接流入肺静脉,称为解剖分流或右-左分流。解剖分流的血流量占心输出量的2%~3%。但支气管扩张症时,支气管血管扩张和动-静脉吻合支开放,静脉血经肺动脉或支气管静脉注入肺静脉明显增多,从而导致呼吸衰竭。另外,也可以由于肺不张、肺实变和肺气肿,导致部分肺泡完全闭塞或被渗出物完全填充,使病变部位的肺泡完全无通气但仍有血流,流进这些肺泡的血液完全以静脉血状态掺入动脉血,故称为肺泡分流或肺泡毛细血管分流。以上两种情况同属于一部分肺血流完全未参与气体交换,以静脉血状态进入动脉系统,由此引起的低氧血症即使吸入100%的氧气也不会明显改善,因此两者合称为真性分流或真性静脉血掺杂。

肺泡通气量与血流量比例失调时,血气指标中PaO_2下降。若代偿性通气强,$PaCO_2$也可下降,可发生 I 型呼吸衰竭;若肺组织受损面积较大,代偿不足,导致$PaCO_2$升高,可发生 II 型呼吸衰竭。

二、机体的代谢和功能变化

呼吸衰竭引起的低氧血症和高碳酸血症可影响全身各系统的代谢和功能,机体首先出现的是代偿反应,改善组织细胞的供氧,调节酸碱平衡和改善组织器官的代谢、功能。失代偿后机体会出现全身各组织脏器的功能衰竭。

(一)酸碱平衡紊乱

呼吸衰竭时,由于外呼吸功能障碍可引起呼吸性酸中毒、代谢性酸中毒、呼吸性碱中毒,还可并发代谢性碱中毒。其中以呼吸性酸中毒最为常见。

1. **呼吸性酸中毒** II 型呼吸衰竭的患者,由于肺通气功能障碍,使体内二氧化碳潴留,引起呼吸性酸中毒。

2. **代谢性酸中毒** 不论是 I 型呼吸衰竭还是 II 型呼吸衰竭都可发生代谢性酸中毒。这主要是由于缺氧时,无氧酵解代偿性增强,乳酸产生增多的缘故。

3. **呼吸性碱中毒** 呼吸性碱中毒见于 I 型呼吸衰竭的患者。因缺氧可出现代偿性通气过度,使二氧化碳排出过多。

(二)呼吸系统的变化

当PaO_2低于60mmHg时,可以刺激颈动脉体和主动脉体化学感受器,同时$PaCO_2$升高对延髓中枢化学感受器的作用,导致呼吸加深、加快,增加肺泡通气量。当PaO_2低于40mmHg或$PaCO_2$高于80mmHg时,则可抑制呼吸中枢,使呼吸运动减弱。

呼吸衰竭患者呼吸运动的改变与原发疾病密切相关,如中枢性呼吸衰竭时,由于兴奋性过低,引起呼吸暂停,血中CO_2逐渐增多,当$PaCO_2$升高到一定程度后又可刺激呼吸中枢,使其兴奋而出现呼吸运动。CO_2排出增多再次导致$PaCO_2$降低,呼吸兴奋性减弱,呼吸又出现暂停。如此周而复始形成周期性呼吸运动,包括潮式呼吸、间歇呼吸、抽泣样呼吸、叹气样呼吸等呼吸节律异常。如慢性阻塞性肺疾病时,气道阻力增大,为此通气所需的压力差增大,气流速度慢,呼吸运动变深。当肺顺应性下降所致的限制性通气障碍疾病时,呼吸变得浅而快。

(三)循环系统的变化

轻度的缺氧和二氧化碳潴留可引起心血管系统的代偿反应,使心率加快、心肌收缩力增强,外周血管收缩,血液重新分配,从而保证了心、脑的血液供应。严重的缺氧和二氧化碳潴留直接抑制心血管中枢,心脏活动和血管扩张受到限制,造成心力衰竭,导致心收缩力减弱和血压下降的严重后果。呼吸衰竭引起的心力衰竭多为右心心力衰竭，主要原因是肺通气功能不良时，为了维持肺泡通气量与血流量比例的正常，肺小动脉发生收缩，导致肺动脉高压，增加右心室收缩的后负荷，发展成为肺源性心脏病。

（四）中枢神经系统的变化

中枢神经系统对缺氧最敏感，当PaO_2低于60mmHg（8kPa）时，引起大脑皮层功能变化，表现为智力下降、烦躁不安、头痛、嗜睡等。迅速而严重的二氧化碳潴留，可引起二氧化碳麻醉，患者出现扑翼样震颤、呼吸抑制等脑功能严重障碍的表现。由呼吸衰竭所引起的脑功能障碍常称为肺性脑病。当PaO_2低于20mmHg（2.67kPa）时，几分钟时间即可造成神经细胞死亡。

（五）肾功能的变化

呼吸衰竭时肾功能会出现障碍，轻者尿中出现红细胞、白细胞、白蛋白等，严重时发生急性肾功能衰竭，出现少尿、氮质血症、高钾血症及代谢性酸中毒等血液生化指标紊乱。但肾结构往往并无明显异常，属于功能性肾衰。其发生的原因主要是缺氧，反射性地引起交感－肾上腺髓质系统活动增强，使肾血管强烈收缩，肾血流量严重减少。

三、呼吸衰竭的防治原则

（一）积极防治原发病，预防和去除诱因

积极防治各种可能引起呼吸衰竭的原发病，如慢性阻塞性肺病若有上呼吸道感染可诱发呼吸衰竭，应去除诱因，积极防治呼吸道感染，慎用呼吸中枢抑制药，需手术者术前检查患者肺功能储备等，以避免任何增加呼吸负荷或加重呼吸功能障碍的因素。

（二）改善肺通气

Ⅱ型呼吸衰竭的$PaCO_2$增高是由于肺总通气量不足所致，需通过增加肺泡通气量以降低$PaCO_2$。比如保持气道通畅：清除气道内容物与分泌物，解除支气管痉挛，减轻支气管黏膜肿胀，必要时行气管插管或气管切开术。增强呼吸动力：对呼吸中枢抑制者使用呼吸中枢兴奋药，对慢性呼吸衰竭伴营养不良者，主要补充营养以减少呼吸肌疲劳的发生。用人工呼吸维持必需的通气量，也可使呼吸肌得以休息，有利于呼吸肌的恢复，是治疗呼吸肌疲劳的有效方法。呼吸肌疲劳是长期用力呼吸引起的呼吸肌衰竭，是Ⅱ型呼吸衰竭的重要发病因素。

（三）氧疗

呼吸衰竭的患者都有不同程度的缺氧和低氧血症，必须给予合理的氧疗，纠正缺氧，排出二氧化碳，改善组织器官的代谢功能。一般采用鼻导管吸氧，Ⅰ型呼吸衰竭有低氧血症，无高碳酸血症，可给予40%~50%浓度、4~6L/min流量的氧进行氧疗；Ⅱ型呼吸衰竭既有低氧血症，又有高碳酸血症，可给予24%~28%浓度、1~2L/min流量的氧进行氧疗。慢性呼吸衰竭时，由于呼吸中枢对二氧化碳的刺激已不敏感，所以机体主要依靠缺氧刺激主动脉体和颈动脉体化学感受器，通过反射维持呼吸，如吸入高浓度氧，缺氧解除，会发生呼吸暂停或变浅，使肺泡通气减低，呼吸抑制，导致通气量减少。

应用呼吸机的患者，对各种通气形式改变时，应常规为患者做血气分析。随时记录呼吸支持方式、血气分析结果，并及时处理报警指示出现的问题。

（四）严密观察呼吸、血压及意识变化

观察呼吸频率、幅度、节律，代偿功能差时血压可下降，可导致肺性脑病。意识变化是肺性脑病的先兆，所以应观察皮肤温度、球结膜充血水肿、烦躁、头疼、多语、失眠、动作异常、定向改变、嗜睡、昏迷等症状。

（五）全身支持治疗

由于机体内蛋白质消耗较多，血清蛋白降低，易发生水肿，营养不足，机体抵抗力差，应鼓励患者进食，必要时插胃管鼻饲，静脉补充营养，如采用多种氨基酸、乳化脂肪、高渗葡萄糖、输血等。只有保证足够的热量和营养，才能促进病情好转。

实训实练七　呼吸系统疾病

（一）实训目的

1. 能够识别大叶性肺炎、小叶性肺炎、慢性支气管炎、肺气肿的镜下病变特点，理解其相应临床表现及并发症。
2. 观察呼吸系统疾病的大体标本，并能对其病变特点进行准确描述。

（二）实训用品

大体标本、组织切片、显微镜。

（三）实训内容

【大体标本观察】

1. **大叶性肺炎充血水肿期**　肺体积肿大，颜色暗红，质地柔软，切面挤出泡沫血性浆液。
2. **大叶性肺炎红色肝样变期**　病变肺叶肿胀，暗红色，质实，切面灰红，似肝脏。
3. **大叶性肺炎灰色肝样变期**　病变肺叶肿胀，灰白色，质实，切面灰白，似肝脏。
4. **小叶性肺炎**　肺叶内散在直径1cm左右的病灶，多发性，以下叶和背侧较重，呈灰白或灰黄色，部分病灶融合，明显实变，病灶中心可见扩张的细小支气管，病灶之间肺泡扩张。
5. **慢性阻塞性肺气肿**　肺叶呈弥漫性膨大，边缘变钝，质地松软，切面呈蜂窝状，肺膜下可见大小不等的囊腔（肺大疱）。
6. **慢性肺源性心脏病**　心脏体积增大，心尖钝圆，右心室扩张，乳头肌增粗，心室壁明显增厚。
7. **中央型肺癌**　肺门部可见一个灰白色肿块，质地松脆，无包膜，切面灰白色，粗糙。支气管壁被瘤组织侵蚀破坏，部分区域肿瘤组织向腔内突出，使管腔狭窄或者阻塞。
8. **周围型肺癌**　肺叶周边见一个圆球形肿块，灰白色，边界清楚，无包膜，中心可见坏死出血。
9. **弥漫型肺癌**　肺表面和切面均可见多数散在的灰白色斑片状病灶，质地松脆，可见坏死，与周围肺组织分界不清。

【组织切片观察】

1. **大叶性肺炎充血水肿期**　①肺泡壁毛细血管扩张充血。②肺泡腔内有大量浆液，少量红细胞、中性粒细胞、细菌（＋）。

2. **大叶性肺炎红色肝样变期** ①肺泡壁毛细血管显著扩张充血。②肺泡腔内纤维素增多，大量红细胞，细菌（＋）。

3. **大叶性肺炎灰色肝样变期** ①肺泡壁毛细血管受压变细。②肺泡腔内纤维素增多，大量中性粒细胞。

4. **小叶性肺炎** ①低倍镜：部分肺泡管和肺泡囊以及肺泡腔明显扩张呈囊状，细小支气管壁增厚。②高倍镜：病灶中心可见细支气管，黏膜上皮细胞部分坏死脱落，腔内可见脓性分泌物，周围肺泡腔内可见多量中性粒细胞、少量巨噬细胞、浆液以及纤维素等，部分病灶内肺组织固有结构破坏，形成小脓肿。病灶之间肺泡腔扩张，其中可见多少不等的浆液和中性粒细胞，肺泡壁毛细血管明显扩张充血。

5. **慢性支气管炎** ①低倍镜：肺组织固有结构尚存，细小支气管内可见分泌物潴留。②高倍镜：支气管黏膜上皮杯状细胞数量增多，部分上皮坏死脱落，可见鳞状上皮化生。固有层内黏液腺体增生肥大，分泌亢进，管壁各层可见纤维组织增生以及慢性炎细胞浸润。

6. **慢性阻塞性肺气肿** ①低倍镜：部分肺泡管和肺泡囊以及肺泡腔明显扩张呈囊状，细小支气管壁增厚。②高倍镜：肺泡间隔变薄，断裂，肺泡相互融合形成囊状结构，肺泡壁毛细血管数量减少，细小支气管管壁可见大量慢性炎细胞浸润。

7. **慢性肺源性心脏病** 代偿区心肌细胞肥大、增宽，核增大、深染。

8. **肺小细胞癌** ①低倍镜：肺组织大部分区域被破坏，局部出现体积较小的恶性肿瘤细胞。②高倍镜：肿瘤细胞体积较小，一部分如小淋巴细胞大小，核圆形，染色较深，胞质较少；或呈短梭形，核深染，一端较细，另一端较粗，呈葵花子状或燕麦状。另一部分细胞体积较大，形状不规则。

9. **肺鳞状细胞癌** 癌细胞呈巢状排列，与间质分界清，癌细胞异型性明显，核分裂象多见，可见病理性核分裂象。高分化者，癌巢中可见角化珠和细胞间桥。

（四）实训作业

制作提交大叶性肺炎灰色肝样变期电子实验报告。

目标检测

答案解析

一、单项选择题

1. 慢性支气管炎患者咳痰的病变基础是（ ）

　　A. 支气管黏膜上皮细胞变性、坏死　　　　B. 支气管壁充血、水肿、炎细胞浸润

　　C. 支气管壁瘢痕形成　　　　　　　　　　D. 黏膜腺体肥大增生，分泌黏液增多

　　E. 纤毛粘连、倒伏、脱失

2. 引起肺源性心脏病的主要病变是（ ）

　　A. 肺气肿和慢性支气管炎　　　　　　　　B. 大叶性肺炎

　　C. 支气管扩张　　　　　　　　　　　　　D. 支气管哮喘

　　E. 小叶性肺炎

3. 慢性支气管炎主要临床症状不包括（ ）

　　A. 咳嗽　　　　　　　　B. 咳痰　　　　　　　　C. 喘息

　　D. 咳铁锈色痰　　　　　E. 双肺闻及干湿啰音

4. 肺气肿指的是肺泡扩张并有肺泡间隔的（　　）

    A. 纤维化　　　　　B. 炎症　　　　　C. 增宽　　　　　D. 破坏　　　　　E. 钙化

5. 下列哪一种病变能反应大叶性肺炎的本质（　　）

    A. 急性出血性炎症　　　　　　　　　　　B. 肺泡的化脓性炎症

    C. 肺泡的纤维素性炎症　　　　　　　　　D. 支气管及肺泡的卡他性炎

    E. 肺泡的增生性炎

6. 小叶性肺炎是以（　　）

    A. 淋巴细胞渗出为主的炎症　　　　　　　B. 纤维蛋白渗出为主的炎症

    C. 单核-巨噬细胞渗出为主的炎症　　　　D. 中性粒细胞渗出为主的炎症

    E. 嗜酸性粒细胞渗出为主的炎症

7. 肺肉质变常见于（　　）

    A. 大叶性肺炎　　　B. 小叶性肺炎　　　C. 急性肺淤血　　　D. 慢性左心衰　　　E. 肺气肿

8. 大叶性肺炎红色肝样变期，肺泡腔内渗出的主要成分是（　　）

    A. 浆液　　　　　　　　　B. 纤维蛋白和红细胞　　　　　　C. 纤维蛋白和白细胞

    D. 脓性渗出物　　　　　　E. 浆液和红细胞

9. 肺癌中发病率最高的类型是（　　）

    A. 鳞癌　　　　　　B. 腺癌　　　　　　C. 小细胞癌　　　　D. 大细胞癌　　　　E. 腺鳞癌

10. 下列哪项不引起气体弥散障碍（　　）

    A. 一侧肺叶切除　　B. 间质性肺炎　　　C. 大叶性肺炎　　　D. 胸腔积液　　　　E. 肺泡膜增厚

11. 多发性肋骨骨折可引起（　　）

    A. 肺换气障碍　　　　　　　B. 弥散障碍　　　　　　　　　C. 阻塞性通气障碍

    D. 限制性通气障碍　　　　　E. 肺泡血液不足

12. 诊断肺源性心脏病的病理标准是（　　）

    A. 右心房肥大　　　　　　　　　　　　　B. 左心室肥大

    C. 主动脉瓣狭窄　　　　　　　　　　　　D. 肺动脉瓣下2cm处右心室厚度超过5mm

    E. 右心室壁变薄

二、简答题

1. 试述慢性支气管炎、肺气肿与慢性肺源性心脏病之间的发生发展关系？

2. 大叶性肺炎患者为什么会出现咳嗽，咳铁锈色痰？

3. 肺癌的大体分型与常见组织学类型是什么？

（段旭艳）

书网融合……

知识回顾　　　习题

第十八章　消化系统疾病

学习目标

知识要求：

1. 掌握消化性溃疡的病理变化、临床病理联系、结局和并发症；病毒性肝炎的基本病理变化；门脉性肝硬化的病理变化和临床病理联系；肝性脑病的诱因。

2. 熟悉消化性溃疡和病毒性肝炎的病因、发病机制。

3. 了解胃炎的病因、发病机制及基本病理变化；各型病毒性肝炎的病理变化；消化系统常见恶性肿瘤；肝功能不全时机体的功能、代谢变化。

技能要求：

1. 具有阅读病理图片并进行描述的能力。

2. 能够熟练规范的运用显微镜观察病理组织切片。

3. 具备运用所学病理学知识分析和解决实际问题的临床思维能力。

消化系统包括消化管和消化腺。消化管是由口腔、食管、胃、肠及肛门组成的连续的管道系统；消化腺包括涎腺、肝、胰及消化管的黏膜腺等。消化过程包括消化腺的分泌，消化管的蠕动、吸收及排泄。

消化过程的顺利进行，有赖于消化系统结构和功能的正常。而正常的消化系统功能是在中枢神经系统主导下，通过神经、内分泌系统的调节实现的。在致病因素的作用下，消化系统能否发生疾病，取决于全身和消化系统本身的防御代偿能力，如唾液、胃酸的杀菌作用；消化管的运动及复杂反射动作（呕吐、腹泻）排除有害因子；大网膜对病原、异物的包裹；随血液或淋巴液到达肝脏的某些毒物可通过肝脏解毒后排出等。当致病因子突破了各种防线，对消化系统造成某种损害时，还可通过完全再生（如急性胃肠炎的黏膜上皮修复，肝炎时的肝细胞再生等）或不完全再生（如胃溃疡的瘢痕愈合等）予以修复，对已丧失了的部分功能，则可通过各种方式予以代偿。实验研究及临床观察证明，消化系统具有强大的储备代偿能力，如切除大部分胃、部分肠管及大部分肝脏，一般不会造成消化功能的紊乱。本章主要讲述消化系统常见疾病。

第一节 胃 炎

PPT

胃炎（gastritis）是胃黏膜的一种常见病，可分为急性胃炎和慢性胃炎。急性胃炎常有明确的病因，慢性胃炎病因及发病机制较复杂，目前尚未完全明了，其病理变化多样。

一、急性胃炎

急性胃炎常见有以下四种类型。

（一）急性刺激性胃炎

主要因暴饮暴食所致，胃黏膜充血、水肿。常有胃黏液分泌亢进，故有急性卡他性胃炎之称。

（二）急性出血性胃炎

严重的刺激性胃炎可合并胃黏膜出血和轻度坏死。本病的发生主要与服用某些非固醇类抗炎药物如水杨酸制剂和过量饮酒有关。

（三）急性腐蚀性胃炎

由于咽下强酸、强碱或其他腐蚀性化学物引起。胃黏膜坏死、溶解，病变多较严重，可累及深层组织甚至穿孔。

（四）急性感染性胃炎

少见，可由金黄色葡萄球菌、链球菌或大肠杆菌等化脓菌经血道（败血症或脓毒血症）或胃外伤直接感染，可引起急性蜂窝织炎性胃炎。

二、慢性胃炎

（一）病因和发病机制

本病的病因病机目前尚未完全明了，大致可分为四类。

1. **长期慢性刺激**　如急性胃炎的多次发作、喜烫食或浓碱食、长期饮酒、吸烟或滥用水杨酸类药物等。

2. **十二指肠液反流**　十二指肠液反流对胃黏膜屏障的破坏。

3. **自身免疫损伤**　患者血中抗壁细胞抗体和内因子抗体多呈阳性。

4. **幽门螺杆菌（helicobacter pylori，Hp）感染**　此菌引起的胃炎在胃黏膜表层腺体有较多嗜中性粒细胞浸润，常在黏膜上皮的表面找到螺旋状弯曲杆菌，它不侵入黏膜内腺体。

（二）类型及病理变化

根据病变的不同，常见有浅表性、萎缩性、肥厚性和疣状胃炎四类。

1. **慢性浅表性胃炎**　又称慢性单纯性胃炎，为胃黏膜最常见的病变，胃窦部最为常见。病变呈多灶性或弥漫性，胃镜下可见黏膜充血、水肿、深红色，表面有灰白色或灰黄色分泌物，有时伴有点状出血或糜烂。镜下观，炎性病变位于黏膜浅层，主要为淋巴细胞和浆细胞浸润，有时可见少量嗜酸性粒细胞和嗜中性粒细胞。黏膜浅层可有水肿、点状出血和上皮坏死脱落。本型胃炎多数可治愈，少数可转变为慢性萎缩性胃炎。

2. **慢性萎缩性胃炎** 本病以黏膜固有腺体萎缩和常伴有肠上皮化生为特征。临床上可有胃内游离盐酸减少或缺乏、消化不良、上腹不适或钝痛、贫血等症状。本病分为A、B两型。A型与自身免疫有关，多伴有恶性贫血，病变主要在胃体和胃底；B型与自身免疫无关，我国患者大多数属于B型。B型胃炎又称单纯性萎缩性胃炎，病变主要在胃窦部。两型胃黏膜病变基本相同。胃黏膜薄而平滑，皱襞变平或消失，表面呈细颗粒状。胃镜检查见黏膜由正常的橘红色变为灰色或灰绿色，黏膜下小血管清晰可见，与周围黏膜界限明显。镜下观，在黏膜固有层内有不同程度的淋巴细胞和浆细胞浸润。腺上皮萎缩，腺体变小并有囊性扩张，腺体数量减少或消失。常出现上皮化生，在胃体和胃底部腺体的壁细胞和主细胞消失，为类似幽门腺的黏液分泌细胞所取代，称为假幽门腺化生。

在幽门窦病变区，胃黏膜表层上皮细胞中出现分泌酸性黏液的杯状细胞、有纹状缘的吸收上皮细胞和潘氏细胞等，与小肠黏膜相似，称为肠上皮化生（图18-1-1）。

3. **慢性肥厚性胃炎** 病变常发生于胃底及胃体，黏膜层增厚，皱襞肥大加深变宽形似脑回。镜下观，黏膜表面黏液分泌细胞数量增加、分泌增多。腺体增生肥大变长，有时穿过黏膜肌层。黏膜固有层内炎细胞浸润不明显。

4. **疣状胃炎** 是指胃黏膜表面有很多结节状、痘疹状突起的一种慢性胃炎。病变多见于胃窦部，突起可为圆形、卵圆形或不规则形，直径0.5~1.0cm，高约0.2cm，形如痘疹。病变活动期，镜下观可见隆起的中央因上皮变性、坏死和脱落而发生糜烂、凹陷，并伴有急性炎性渗出物覆盖其表面。病变修复时，可见上皮再生修复或伴有不典型增生。

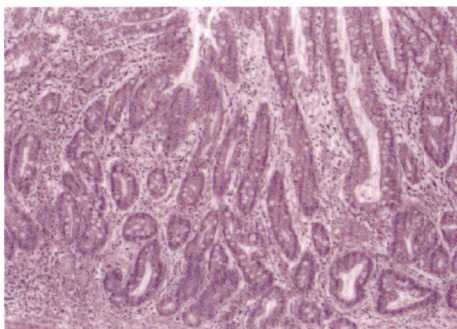

图18-1-1 慢性萎缩性胃炎

第二节 消化性溃疡病

PPT

消化性溃疡病（peptic ulcer disease）又称消化性溃疡（peptic ulcer），是以胃或十二指肠黏膜形成慢性溃疡为特征的一种常见病，多见于成人。患者有周期性上腹部疼痛、反酸、嗳气等症状，易反复发作，呈慢性经过。十二指肠溃疡约占70%，胃溃疡占25%，约有5%的病例同时发生胃和十二指肠溃疡，称为复合性溃疡。

一、病因和发病机制

消化性溃疡病的病因和发病机制目前尚不完全清楚，一般认为与下列因素有关。

1. **胃液的消化作用** 经研究证实，消化性溃疡的形成与胃酸、胃蛋白酶的消化作用有关。十二指肠溃疡时可见分泌胃酸的壁细胞增多，胃酸分泌增加。空肠与回肠为碱性环境，极少发生这种溃疡病，但胃-空肠吻合术后，吻合口处空肠因胃液作用可形成溃疡，说明胃液对胃肠壁的自我消化是形成溃疡的重要原因。

2. **黏膜防御屏障破坏** 研究发现，许多胃溃疡患者胃酸水平正常，约50%十二指肠溃疡患者胃酸不升高。同时，许多高胃酸的人并无溃疡。因此认为，胃、十二指肠黏膜防御屏障功能的破坏是胃、十二指肠黏膜组织被胃液消化形成溃疡的重要原因。正常情况下，胃和十二指肠黏膜具有抗消化的屏障功能，包括：①黏液屏障：胃、十二指肠黏膜被其表面上皮分泌的黏液和碳酸氢盐所覆盖，可避免和减少胃液与胃黏膜直接接触。②黏膜上皮屏障：黏膜上皮细胞膜的脂蛋白可阻止胃液中氢离子逆向弥散。同时，黏膜上皮具有快速的再生能力，更新时间约为13天，从而保证了黏膜上皮的完整性。许多因素通过破坏黏膜屏障而导致溃疡病的发生，如幽门螺杆菌感染、长期服用水杨酸类药物、乙醇、吸烟、胆汁反流等。

3. **神经、内分泌功能失调** 溃疡病患者常有精神过度紧张或焦虑，由于长期不良刺激，大脑皮层功能失调，皮层下中枢及自主神经功能紊乱，胃酸分泌过多，导致溃疡形成。十二指肠溃疡患者胃酸分泌增多的原因是迷走神经过度兴奋直接刺激胃腺分泌，促使胃酸增多。与此不同的是，胃溃疡则是迷走神经兴奋性降低，致使蠕动减弱，造成胃内食物淤积，胃窦直接受刺激，使胃泌素分泌亢进，酸性胃液的分泌量增加，促进胃黏膜的溃疡形成。两者虽然均有酸性胃液增多，但其发病机制各不相同。

4. **幽门螺杆菌感染** 幽门螺杆菌（Hp）感染在消化性溃疡的发生中发挥重要的作用，其主要机制有：①分泌水解酶，分解细胞的糖蛋白、脂质膜等，破坏上皮细胞使胃酸进入黏膜内；②产生多种趋化因子，吸引中性粒细胞，破坏胃黏膜上皮细胞；③促进胃黏膜G细胞增生和胃泌素分泌，致胃酸分泌增多。需要指出的是，不是所有感染Hp的个体均会发生消化性溃疡，感染人群中只有10%~20%个体发生消化性溃疡病，其机制尚待进一步探讨。

5. **其他因素** 消化性溃疡病在一些家庭中有高发趋势，O型血的人溃疡病发病率比其他血型高1.52倍，说明本病的发生可能与遗传因素有关。长期使用肾上腺皮质激素，可使溃疡病加重。

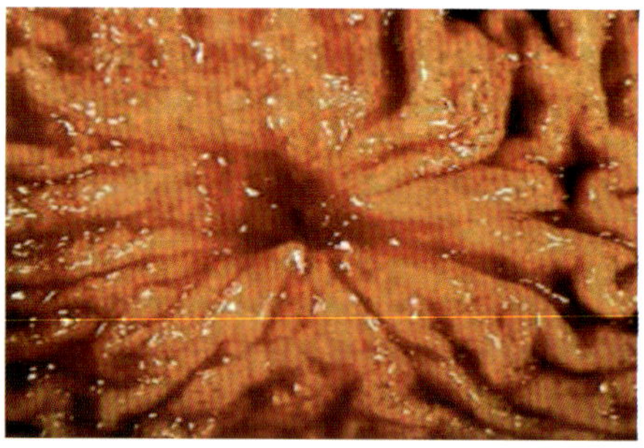

二、病理变化

肉眼观，胃溃疡多位于胃小弯近幽门处，尤其多见于胃窦部。溃疡通常只有1个，呈圆形或椭圆形，直径多在2cm以内，边缘整齐，底部较为平坦，通常穿越黏膜下层，深达肌层，甚至浆膜层，溃疡边缘黏膜皱襞向四周呈放射状（图18-2-1）。胃溃疡需与溃疡型胃癌鉴别（表18-2-1）。

图18-2-1　胃小弯近幽门处溃疡

表18-2-1　胃溃疡与溃疡型胃癌的大体形态鉴别

特征	胃溃疡	溃疡型胃癌
外形	圆形或椭圆形	不规则，火山喷口状
大小	直径一般<2cm	直径常>2cm
深度	较深	较浅
边缘	整齐，不隆起	不整齐，隆起
底部	较平坦	凹凸不平，多有坏死、出血
周围黏膜	黏膜皱襞向四周呈放射状	黏膜皱襞中断

镜下观，溃疡底部从内向外由四层构成。①渗出层：最表层，由少量炎性渗出物覆盖，有炎细胞、纤维蛋白等；②坏死层：为红染的无结构的坏死组织；③新鲜的肉芽组织层：主要由新生的毛细血管

和成纤维细胞组成；④瘢痕层：肉芽组织逐渐过渡为纤维瘢痕组织。瘢痕底部小动脉常呈增生性动脉内膜炎改变，管壁增厚，管腔狭窄、闭塞或有血栓形成。此种血管变化可影响局部血液循环，使溃疡不易愈合，但却可防止溃疡局部血管破裂出血。溃疡底部的神经纤维常发生变性和断裂，其断端可呈小球状增生。

十二指肠溃疡多发生在十二指肠球部的前壁或后壁。溃疡一般小而浅，直径多在1cm以内，形态与胃溃疡相似。

三、临床病理联系

1. **周期性上腹部疼痛** 慢性消化性溃疡可呈周期性、规律性上腹部疼痛。胃溃疡患者多在餐后0.5~2小时出现上腹痛，下次餐前消失。十二指肠溃疡患者上腹痛多在餐后3~4小时出现，进餐后缓解。疼痛机制可能与胃酸对溃疡底部神经末梢刺激、胃壁平滑肌痉挛有关。另外，溃疡底部神经纤维的小球状增生也是引起疼痛的原因之一。

2. **反酸、呕吐** 由于胃酸刺激，幽门括约肌痉挛及胃逆蠕动，酸性胃内容物反流，出现反酸及呕吐。

3. **嗳气** 由于消化不良，使胃内容物排空困难而发酵，引起上腹部饱胀及嗳气。

4. **龛影** X线钡剂造影可见龛影。胃镜检查可观察溃疡形态，必要时取病变组织做病理学检查以区分良、恶性溃疡。

四、结局与并发症

（一）愈合

如果溃疡不再发展，底部的渗出物及坏死组织逐渐被吸收、排除，同时肉芽组织增生，因被破坏的肌层不能再生，则由瘢痕组织修复，周围黏膜上皮再生，覆盖溃疡面而愈合。

（二）并发症

1. **出血** 是最常见的并发症，约有1/3的患者发生出血。溃疡底部毛细血管破裂可致少量出血，实验室检查大便潜血阳性；溃疡底部较大血管破裂可引起大出血，患者出现呕血及柏油样大便，严重者因出血性休克而危及生命。

2. **穿孔** 约见于5%的患者。十二指肠肠壁较薄，较胃溃疡更易发生穿孔。穿孔后胃或十二指肠内容物流入腹腔，可引起急性弥漫性腹膜炎。

3. **幽门狭窄** 约发生于3%的患者。因溃疡经久不愈，瘢痕组织形成，导致幽门狭窄、梗阻。也可因溃疡周围组织充血水肿及幽门括约肌痉挛，引起幽门功能性梗阻。患者可出现胃内容物潴留，反复呕吐，引起水、电解质和酸碱平衡紊乱。

4. **癌变** 胃溃疡癌变率不超过1%，十二指肠溃疡几乎不发生癌变。

第三节 病毒性肝炎

PPT

病毒性肝炎（viral hepatitis）是由一组肝炎病毒引起的以肝细胞变性、坏死为主要病变特征的常见传染病。主要临床表现为食欲降低、厌油、乏力、肝区疼痛及肝功能异常等。我国病毒性肝炎发病率较高，以乙型肝炎最为常见，各年龄段及不同性别的人群均可发生。

一、病因和发病机制

1. **病因及传播途径** 目前已证实，引起病毒性肝炎的肝炎病毒有甲型（HAV）、乙型（HBV）、丙型（HCV）、丁型（HDV）、戊型（HEV）和庚型（HGV）六种（表18-3-1）。

表18-3-1 各类型肝炎病毒特点

肝炎病毒	病毒性质	潜伏期（周）	传播途径	转为慢性
甲型（HAV）	RNA	26	肠道	无
乙型（HBV）	DNA	426	密切接触、输血、注射	5%~10%
丙型（HCV）	RNA	226	同上	>70%
丁型（HDV）	RNA	47	同上	<5%
戊型（HEV）	RNA	28	肠道	无
庚型（HGV）	RNA	不详	输血、注射	无

2. **发病机制** 本病的发病机制较为复杂，至今尚未完全阐明，目前认为主要是免疫性损伤。如HBV在肝细胞内复制，并在肝细胞表面留下特异性病毒抗原，致敏的T细胞和NK细胞能识别与攻击附有病毒抗原的肝细胞，使肝细胞损伤。

肝炎的发生与人体对病毒的免疫反应有密切关系，感染的病毒数量与毒力强弱不同，特别是机体免疫反应的强弱不同，引起肝细胞损伤的程度也不同，从而表现为不同的临床病理类型。

二、基本病理变化

各型肝炎的病因、传播途径、发病机制虽然不同，但病理变化均属于变质性炎症。基本病理变化如下。

（一）肝细胞变性、坏死

1. **肝细胞变性** 常见两种类型的变性。

（1）细胞水肿 为最常见的病变。镜下观，肝细胞体积增大，胞质疏松呈网状，半透明，称为胞质疏松化。进一步发展，肝细胞体积更大，肿胀呈球形，胞质近乎透明，称为气球样变。

（2）嗜酸性变 常累及单个或几个肝细胞，散发于小叶内。镜下观，肝细胞体积变小，胞质强嗜酸性染色，呈均匀致密的深红色，称肝细胞嗜酸性变。

2. **肝细胞坏死** 上述两种变性的肝细胞损伤进一步加重，可发展为两种相应类型的肝细胞坏死。

（1）嗜酸性坏死 常由肝细胞嗜酸性变发展而来。镜下观，肝细胞核浓缩、消失，胞质更加浓缩，体积缩小，逐渐成为均匀浓染的深红色圆形小体，称为嗜酸性小体。此种坏死为单个肝细胞的死亡，属细胞凋亡。

（2）溶解性坏死 由严重的肝细胞水肿发展而来。镜下观，核溶解、消失，胞膜溶解。按坏死范围和程度不同可分为：①点状或小灶状坏死，肝内散在小坏死灶，每个坏死灶由单个或数个坏死肝细胞构成，常见于急性普通型肝炎；②碎片状坏死，指肝小叶周边部界板上肝细胞的灶状坏死和崩解，有界板破坏，常见于慢性肝炎；③桥接坏死，指肝小叶中央静脉与汇管区之间或两个汇管区之间或两个中央静脉之间出现相互连接的肝细胞坏死带，常见于中度与重度慢性肝炎；④大片坏死，指几乎累及整个肝小叶的大范围的肝细胞坏死，常见于重型肝炎。

（二）炎细胞浸润

肝小叶内和汇管区有不同程度的炎细胞浸润，主要为淋巴细胞、单核细胞及少量中性粒细胞和浆细胞。

（三）肝细胞再生及间质反应性增生

1. **肝细胞再生** 肝细胞坏死后，周围健康的肝细胞可通过再生修复。再生的肝细胞体积较大，核大深染，有时可见双核，胞质略嗜碱性。如坏死范围较小，肝小叶内网状支架未塌陷，再生的肝细胞沿残存的网状纤维支架排列，恢复原小叶结构。如坏死范围较大，小叶内网状支架塌陷，再生的肝细胞排列呈团块状，称为结节状再生。

2. **间质反应性增生** 包括库普弗细胞、间叶细胞和成纤维细胞的增生。大量纤维组织增生，可穿插于肝小叶内形成纤维间隔，破坏肝小叶结构，导致肝硬化。

3. **小胆管增生** 慢性且坏死较重的病例，在汇管区或大片坏死灶内，可见小胆管增生。

三、各型病毒性肝炎的病变特点

根据临床病理特点将肝炎分为普通型和重型两类。普通型最为常见，又分为急性普通型和慢性普通型两型。

1. **急性普通型肝炎** 最常见。临床上根据患者是否出现黄疸又分为无黄疸型和黄疸型两种。我国以无黄疸型为常见，其中多为乙型肝炎，部分为丙型肝炎。黄疸型与无黄疸型肝炎病理变化基本相同。

肉眼观，肝脏体积肿大，质软，表面光滑。镜下观，肝细胞广泛变性，以胞质疏松化和气球样变为主；坏死轻微，可见点状坏死和嗜酸性小体；肝小叶内与汇管区常有轻度炎细胞浸润。黄疸型者，可见毛细胆管内有淤胆。

本型肝炎多数在半年内痊愈。其中甲型肝炎预后最好，99%可痊愈。5%~10%乙型肝炎患者转为慢性肝炎。丙型肝炎约70%可转为慢性肝炎。

2. **慢性普通型肝炎** 病毒性肝炎病程持续半年以上者即为慢性肝炎。根据病变程度将慢性肝炎分为轻度、中度和重度三类。

（1）轻度慢性肝炎 肝细胞呈点状坏死，偶尔见轻度碎片状坏死，汇管区慢性炎细胞浸润，周围有少量纤维组织增生。肝小叶界板无破坏，小叶结构清楚。

（2）中度慢性肝炎 肝细胞变性、坏死明显，中度碎片状坏死，出现特征性的桥接坏死。小叶内有纤维间隔形成，肝小叶结构基本完好。

（3）重度慢性肝炎 肝细胞出现重度的碎片状坏死与大范围的桥接坏死。坏死区肝细胞不规则结节状再生，增生的纤维间隔分割肝小叶结构，逐渐形成假小叶。

肉眼观，早期肝脏体积增大，质地变硬，表面光滑。晚期肝脏表面不光滑，呈颗粒状，质地较硬，可逐步发展为肝硬化。

3. **重型病毒性肝炎** 是最严重的一种病毒性肝炎，临床较少见。根据病程和病变程度的不同，分为急性重型肝炎和亚急性重型肝炎。

（1）急性重型肝炎　起病急骤，病程短，多为10天，病情危重，死亡率高。临床上称该型肝炎为"暴发型"或"电击型"肝炎。

肉眼观，肝脏体积明显缩小，尤以左叶显著，重量减轻至600~800g（正常为1300~1500g）。包膜皱缩，质地柔软，切面呈土黄色或红褐色，故又称急性黄色肝萎缩或急性红色肝萎缩。

镜下观，肝细胞出现弥漫性大片坏死，仅在小叶周边见到少数残留变性的肝细胞。肝窦扩张、充血、出血，库普弗细胞增生。坏死区和汇管区大量炎细胞浸润。残存肝细胞再生现象不明显。

该型肝炎预后极差，多数患者短期死于肝功能衰竭、消化道大出血、肝肾综合征及DIC等疾病。少数幸存者可发展为亚急性重型肝炎。

（2）亚急性重型肝炎　起病较缓，病程一般数周或数月，多数由急性重型肝炎迁延而来，少数病例由急性普通型肝炎恶化进展而来。

肉眼观，肝脏体积缩小，重量减轻，被膜皱缩，部分呈大小不等的结节状，质略硬。

镜下观，肝细胞既有大片坏死，又有肝细胞结节状再生。坏死区纤维组织明显增生。肝小叶内外明显有淋巴细胞和单核细胞浸润。

本型肝炎如治疗及时，病情可停止发展，有治愈可能。多数逐渐发展为坏死后性肝硬化。

> **知识拓展**
>
> 病毒性肝炎携带者：指无明显症状或仅为亚临床表现的慢性肝炎患者。多由HBV、HCV或HDV感染所致。患者仅为病毒抗原阳性，而无明显的进行性肝细胞损害。无症状感染患者可仅有轻度的血清转氨酶升高，然后出现病毒抗体。

第四节　肝硬化

PPT

肝硬化（liver cirrhosis）是一种常见的慢性肝病，可由多种原因引起。肝细胞弥漫性变性坏死，继而出现纤维组织增生和肝细胞结节状再生，这三种改变反复交错进行，结果肝小叶结构和血液循环途径逐渐被改建，使肝脏变形、变硬而形成肝硬化。本病早期可无明显症状，后期则出现一系列不同程度的门静脉高压和肝功能障碍。

肝硬化按病因分类，分为：病毒性肝炎性、酒精性、胆汁性和隐源性肝硬化。按形态分类，分为：小结节型、大结节型、大小结节混合型及不全分隔型肝硬化（为肝内小叶结构尚未完全改建的早期硬化）。我国常用的分类是结合病因及病变的综合分类，分为：门脉性、坏死后性、胆汁性、淤血性、寄生虫性和色素性肝硬化等。以上除坏死后性肝硬化相当于大结节及大小结节混合型肝硬化外，其余均相当于小结节型肝硬化。其中门脉性肝硬化最常见，其次为坏死后性肝硬化，其他类型较少见。

一、门脉性肝硬化

临床上最多见的肝硬化类型是门脉性肝硬化，相当于小结节型肝硬化。

（一）病因

1. 病毒性肝炎　在我国病毒性肝炎是引起门脉性肝硬化的主要原因，尤其是乙型和丙型肝炎。肝硬化患者的 HBsAg 阳性率高达 76.7%。

2. **慢性酒精中毒** 在欧美国家 60%~70% 的门脉性肝硬化由酒精性肝病引起。

3. **营养缺乏** 动物实验表明，缺乏胆碱或蛋氨酸食物的动物，可经过脂肪肝发展为肝硬化。

4. **毒物中毒** 某些化学毒物如砷、四氯化碳、黄磷等慢性中毒可引起肝硬化。

（二）发病机制

慢性酒精中毒、病毒性肝炎和营养缺乏等各种因素首先引起肝细胞脂肪变、坏死及炎症等，以后在坏死区发生胶原纤维增生。后者主要来自增生的成纤维细胞、局部的贮脂细胞及因肝细胞坏死，局部的网状纤维支架塌陷，网状纤维融合形成胶原纤维。初期增生的纤维组织虽形成小的条索，但尚未互相连接形成间隔而改建肝小叶结构时，称为肝纤维化。此为可复性病变，如果病因消除，纤维化尚可被逐渐吸收。如果继续进展，小叶中央区和汇管区等处的纤维间隔互相连接，终于使肝小叶结构和血液循环被改建而形成肝硬化。

（三）病理变化

肉眼观，肝硬化早、中期，肝体积正常或略增大，质地稍硬。肝硬化后期肝体积缩小，重量减轻，由正常的 1500g 减至 1000g 以下。表面呈小结节状，大小相仿，最大结节直径不超过 1.0cm（图 18-4-1），切面见小结节间为纤维组织条索包绕。结节呈黄褐色（脂肪变）或黄绿色（淤胆）。

镜下观，正常肝小叶结构被破坏，由广泛增生的纤维组织将肝细胞再生结节分割包绕成大小不等、圆形或椭圆形的肝细胞团，称为假小叶。假小叶内肝细胞索排列紊乱，肝细胞较大，核大，染色较深，常发现双核肝细胞。小叶中央静脉缺如、偏位或有 2 个以上（图 18-4-2）。假小叶外周增生的纤维组织中也有多少不一的慢性炎细胞浸润，并常压迫、破坏细小胆管，引起小胆管内淤胆。此外，在增生的纤维组织中还可见到新生的细小胆管和无管腔的假胆管。

图18-4-1 门脉性肝硬化（肉眼观）

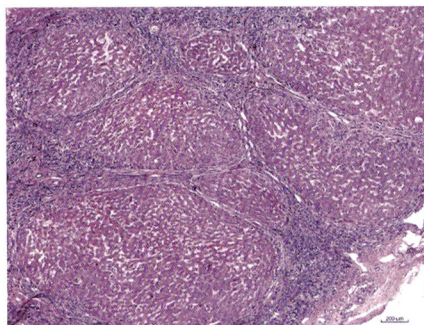

图18-4-2 门脉性肝硬化镜下观假小叶

（四）临床病理联系

1. **门脉高压症** 由于肝内血管系统在肝硬化时被破坏改建引起：①由于假小叶形成及肝实质纤维化压迫了小叶下静脉、中央静脉及肝静脉窦，致门静脉回流受阻。②肝动脉与门静脉间形成异常吻合支，动脉血流入门静脉，使后者压力增高。

门脉高压症临床表现：①脾肿大：由长期慢性淤血所致，常有脾功能亢进的表现；②胃肠淤血、水肿：致患者食欲不振，消化不良。③腹水：其形成的原因主要为门静脉高压使门静脉系统的毛细血管流体静压升高，管壁通透性增高；肝脏合成蛋白质功能减退导致的低蛋白血症，使得血浆渗透压降低；肝灭活作用降低，血中醛固酮、抗利尿激素水平升高，引起水、钠潴留。④侧支循环形成：使部分门静脉血通过侧支不经肝脏而直接回流到体静脉循环（图18-4-3）。

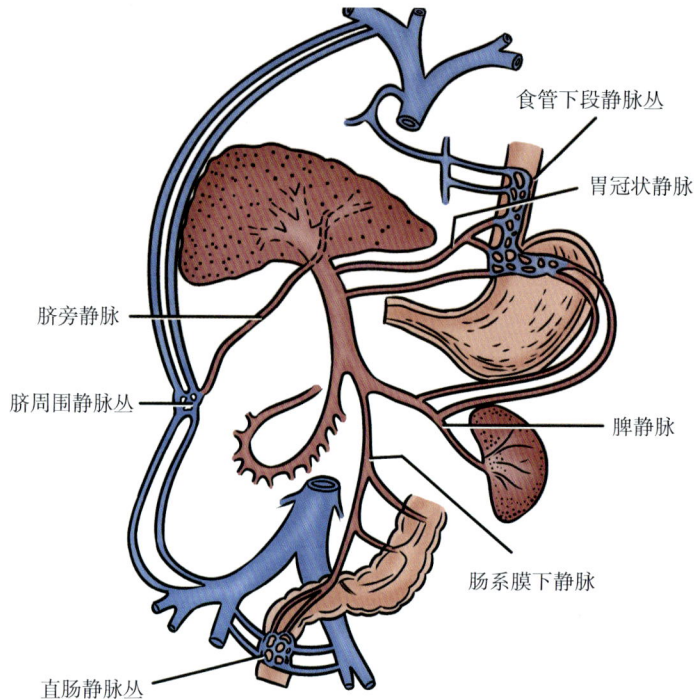

食管下段静脉丛

胃冠状静脉

脐旁静脉

脐周围静脉丛

脾静脉

肠系膜下静脉

直肠静脉丛

图18-4-3　肝硬化时侧支循环模式图

由侧支循环形成引起的并发症主要有：①食管下段静脉丛曲张、出血：这种侧支循环是门静脉血经胃冠状静脉、食管静脉丛注入奇静脉，再回流到上腔静脉。如果食管静脉丛曲张发生破裂可引起大出血，是肝硬化患者常见的死亡原因之一。②直肠静脉（痔静脉）丛曲张：分流途径为门静脉血经肠系膜下静脉、痔静脉、髂内静脉回流到下腔静脉。直肠静脉丛曲张破裂发生便血，长期便血可引起患者贫血。③脐周及腹壁静脉曲张：分流途径为门静脉血经脐静脉、脐旁静脉、腹壁上、下静脉回流至上、下腔静脉。脐周围静脉迂曲，并向上及向下腹壁延伸，表现为"海蛇头"。

2. 肝功能不全　主要是肝实质长期反复受破坏的结果，由此而引起的临床表现主要有以下几种。

（1）蛋白质合成障碍　肝细胞受损后，合成白蛋白的功能降低，使血浆白蛋白减少。由于从胃肠道吸收的一些抗原性物质未经肝细胞处理，直接经过侧支循环进入体循环，刺激免疫系合成球蛋白增多，故血清学检查出现白蛋白降低，且白蛋白/球蛋白比值下降或倒置现象。

（2）对激素的灭活作用减弱　使体内雌激素增多，引起男性睾丸萎缩和乳房发育，女性月经不调等；小动脉末梢扩张，患者可在颈、面和上胸部等处出现蜘蛛状血管痣，有的患者两手掌面大小鱼际、指尖及指基部呈鲜红色，称之为肝掌。

（3）出血倾向　患者有鼻衄，牙龈出血，黏膜、浆膜出血及皮下瘀斑等。主要原因是肝合成凝血因子减少及脾肿大、功能亢进，血小板破坏过多。

（4）黄疸　后期患者可能有黄疸，多因肝内胆管的不同程度阻塞及肝细胞坏死。

（5）肝性脑病　是肝功能极度衰竭的结果，主要是由于肠内含氮物质不能在肝内解毒而引起氨中毒。常为肝硬化患者的死亡原因之一。

📋 **病例分析 19**

　　张某，男，55岁，因腹胀、纳差入院。既往有慢性肝炎病史。查体：营养不良，皮肤巩膜黄染，神志清，可见皮肤出血点、蜘蛛痣、肝掌。腹部膨隆，腹壁静脉曲张。实验室检查：球蛋白30g/L，白蛋白24g/L；HBsAg阳性。肝穿刺活检：正常肝小叶结构破坏，增生的纤维组织将肝细胞分割包绕成大小不等的肝细胞团，细胞团内肝细胞排列紊乱，可见肝细胞水肿和灶状肝细胞坏死，增生的纤维组织中有较多的淋巴细胞浸润。

　　问题与思考

　　（1）患者的病理诊断是什么？

　　（2）诊断依据是什么？

答案解析

二、坏死后性肝硬化

　　坏死后性肝硬化（postnecrotic cirrhosis）多在肝细胞大片坏死的基础上形成。形态学表现为大结节型和大小结节混合型。

（一）病因

　　1. 肝炎病毒感染　　现已知大部分坏死后性肝硬化为乙型、丙型的亚急性重型肝炎转变而来。亚急性重型肝炎病程迁延数月至一年以上，则可逐渐形成坏死后性肝硬化。

　　2. 药物及化学物质中毒　　抗炎药物、抗结核、抗癌及某些化学物质可引起肝细胞大片坏死，纤维网状支架塌陷，导致肝细胞发生结节状再生和纤维组织增生，逐渐形成坏死后性肝硬化。

（二）病理变化

　　肉眼观，肝体积缩小，重量减轻，质地变硬。表面有较大且大小不等的结节，最大结节直径可达6cm。由于形成大小不等的结节因此常使肝变形。切面见结节由较宽大的纤维条索包绕，结节呈黄绿或黄褐色。

　　镜下观，正常肝小叶结构破坏，代之以大小不等的假小叶。假小叶内肝细胞常有不同程度的变性和胆色素沉着。假小叶间的纤维间隔较宽阔且厚薄不均，其中炎细胞浸润、小胆管增生均较显著。

　　坏死后性肝硬化一般病程较短，肝功能障碍也较明显，癌变率较高。

三、胆汁性肝硬化

　　胆汁性肝硬化是因胆道阻塞淤胆而引起的肝硬化，较少见，可分为继发性与原发性两类。原发性者更为少见。

（一）继发性胆汁性肝硬化

　　1. 病因　　常见的原因为胆管系统的阻塞，如胆石、肿瘤（胰头癌）等对肝外胆道的压迫，引起狭窄及闭锁。儿童患者多因肝外胆道先天闭锁，其次是胆总管的囊肿、囊性纤维化等。胆道系统完全闭塞6个月以上即可引起此型肝硬化。

　　2. 病理变化　　肝体积常增大，表面平滑或呈细颗粒状，硬度中等。呈绿色或绿褐色，切面结节较小，结节间纤维间隔亦细。

镜下观，肝细胞胞质内胆色素沉积，肝细胞变性坏死。坏死肝细胞肿大，胞质疏松呈网状、核消失，称为网状或羽毛状坏死。毛细胆管淤胆、胆栓形成。坏死区胆管破裂，胆汁外溢，形成"胆汁湖"。汇管区胆管扩张及小胆管增生。纤维组织增生及小叶的改建远较门脉性及坏死后性肝硬化为轻。伴有胆管感染时，汇管区有大量嗜中性粒细胞浸润甚至微脓肿形成。

（二）原发性胆汁性肝硬化

本病又称慢性非化脓性破坏性胆管炎，很少见，多发生于中年以上妇女。临床表现为长期梗阻性黄疸、肝大和因胆汁刺激引起的皮肤瘙痒等。本病还常伴有高脂血症和皮肤黄色瘤，肝内外的大胆管均无明显病变。病变早期，汇管区小叶间胆管上皮空泡变性及坏死并有淋巴细胞浸润，其后则有胆小管破坏及纤维组织增生并出现淤胆现象。汇管区增生的纤维组织侵入肝小叶内形成间隔，分割肝小叶最终发展为肝硬化。此病原因不明，可能与自身免疫有关。

第五节　消化系统常见恶性肿瘤

PPT

一、食管癌

食管癌（esophageal carcinoma）是由食管黏膜上皮或腺体发生的恶性肿瘤，占食管肿瘤的绝大多数。男性多于女性，发病年龄多在40岁以上，尤以60岁以上者居多。我国华北及河南地区多发，太行山区附近高发。

（一）病因和发病机制

饮食因素较为重要。曾认为饮酒、吸烟及食用过热食物与本病的发生有关，但还有待进一步深入研究。在我国高发区调查发现，其粮食及食品中亚硝胺的检出率比非高发区高。有些亚硝胺类化合物可以选择性诱发动物食管癌。此外也查出高发区居民食物常被真菌污染，这种霉变食物能诱发大鼠胃鳞状细胞癌。也有人认为高发区地质土壤中缺钼等微量元素可能是引起食管癌的间接原因，其作用机制有待进一步研究。

（二）病理变化

食管癌以食管中段最多见，下段次之，上段最少。可分为早期和中晚期两类。

1. **早期癌**　此期临床上尚无明显症状。钡餐检查，食管基本正常或管壁轻度局限性僵硬。病变局限，多为原位癌或黏膜内癌，也有一部分病例的癌组织可侵犯黏膜下层，但未侵犯肌层，无淋巴结转移。如及时手术，5年存活率在90%以上，预后较好。本型较难发现，因症状不明显常被忽略。有可疑症状出现时，可通过食管拉网脱落细胞学检查，以检出癌细胞确诊。

2. **中晚期癌**　此期患者已出现临床症状，如吞咽困难等。肉眼形态可分为4型（图18-5-1）。

（1）髓质型　肿瘤在食管壁内浸润性生长，使食管壁均匀增厚，管腔变窄。切面癌组织为灰白色，质地较软似脑髓组织，表面可形成浅表溃疡。

（2）蕈伞型　肿瘤为卵圆形扁平肿块，如蘑菇状突入食管腔内。此型浸透肌层者较其他类型少见。

（3）溃疡型　肿瘤表面形成溃疡，溃疡外形不整，边缘隆起，底部凹凸不平，深达肌层。

（4）缩窄型　癌组织在食管壁内浸润生长，累及食管全周，形成明显的环形狭窄，近端食管腔明显扩张。

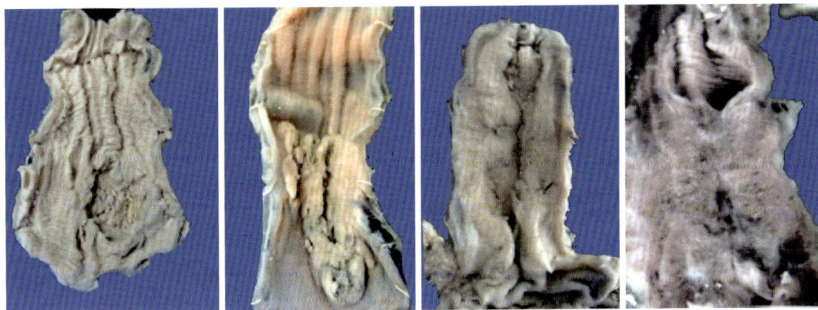

溃疡型　　　　　　葷伞型　　　　　　髓质型　　　　　　缩窄型

图18-5-1　食管癌

镜下观，组织学上有鳞状细胞癌、腺癌、小细胞癌、腺棘皮癌等类型。其中以鳞状细胞癌最多见，约占食管癌的90%，腺癌次之。

（三）扩散

1. **直接蔓延**　癌组织穿透食管壁直接侵入邻近器官。食管上段癌可侵入喉部、气管和颈部软组织；中段癌多侵入支气管、肺；下段癌常侵入贲门、膈、心包等处。受浸润的器官可发生相应的并发症，如大出血、化脓性炎及脓肿、食管-支气管瘘等。

2. **淋巴道转移**　转移沿食管淋巴引流途径进行。上段癌常转移到颈部及上纵隔淋巴结；中段癌多转移到食管旁及肺门淋巴结；下段癌常转移到食管旁、贲门及腹腔淋巴结。

3. **血道转移**　主要见于晚期患者，以转移至肝及肺为最常见。

二、胃癌

胃癌（gastric cancer）是发生在胃黏膜上皮和腺上皮的恶性肿瘤，是消化道最常见的恶性肿瘤之一。在我国不少地区的恶性肿瘤死亡统计中，胃癌居第一位或第二位。胃癌好发年龄为40~60岁，男多于女，好发于胃窦部小弯侧。

（一）病因和发病机制

至今未明，考虑与以下因素有关。

1. **饮食和环境因素**　胃癌的发生有一定的地理分布特点，如日本、哥伦比亚、哥斯达黎加、匈牙利等国家和中国的某些地区发病率较高，可能与各国家、民族的饮食习惯及各地区的土壤地质因素有关。如胃癌的发生与日常大量摄取鱼、肉类熏制食品有关。用被黄曲霉素污染或含亚硝酸盐的食物饲喂动物也可诱发胃癌。在日本曾有人提出胃癌的高发与居民食用的稻米经滑石粉处理有关，因滑石粉含有致癌作用的石棉纤维。近年，日本改变了用滑石粉处理食用稻米的习惯，其胃癌发生率有所下降。此外，由于胃癌高发区居民生活水平逐年提高，饮食习惯及食物成分不断变化，如使用冰箱保存新鲜食品，减少了肉类食品熏制、盐渍及硝酸盐的加工，致蛋白质经硝化生成的有致癌作用的亚硝胺亦大为减少，这些均是构成胃癌发病率下降的因素。

2. **幽门螺杆菌感染**　流行病学调查揭示，幽门螺杆菌感染与胃癌的发生可能有关。胃癌患者Hp阳性率可达66.7%，明显高于胃炎患者，尤其是肠型胃癌患者。

3. **某些慢性疾病**　某些长期未治愈的慢性萎缩性胃炎、胃息肉、胃溃疡伴有异型增生及胃黏膜大肠型肠上皮化生是胃癌发生的病理基础。

（二）病理变化

根据胃癌的病理变化进展程度可分为早期胃癌与进展期胃癌两大类。

1. **早期胃癌** 指癌组织浸润仅限于黏膜层及黏膜下层内，无论有无淋巴结转移。直径小于0.5cm者称为微小癌；直径0.6~1.0cm者称为小胃癌。早期胃癌经手术切除治疗，预后颇为良好，术后5年生存率达90%以上，10年生存率为75%，小胃癌及微小胃癌术后5年生存率为100%。近年由于纤维胃镜活检和脱落细胞学检查方法的推广应用，早期胃癌的发现率有了明显提高。

早期胃癌的肉眼形态可分为三种类型：

（1）隆起型 肿瘤从胃黏膜表面显著隆起，有时呈息肉状。

（2）表浅型 肿瘤表面较平坦，稍隆起于黏膜表面。

（3）凹陷型 有溃疡形成，仍局限在黏膜下层，此型最为多见。

组织学分型：以管状腺癌最多见，其次为乳头状腺癌，未分化型癌最少见。

2. **进展期胃癌** 癌组织浸润到黏膜下层以下者均属进展期胃癌或称之为中晚期胃癌。癌组织浸润越深，预后越差，浸润至浆膜层的5年存活率较浸润至肌层的明显降低。

肉眼形态可分为三型：

（1）息肉型或蕈伞型 癌组织向黏膜表面生长，呈息肉状或蕈伞状，突入胃腔内。

（2）溃疡型 部分癌组织坏死脱落，形成溃疡。溃疡一般多呈皿状，有的边缘隆起，如火山口状。

（3）浸润型 癌组织向胃壁内呈局限或弥漫浸润，与周围正常组织无明显边界。当弥漫浸润时致胃壁增厚、变硬、胃腔缩小、黏膜皱襞大部分消失。典型的弥漫浸润型胃癌，其胃状似皮革制成的囊袋，因而有"革囊胃"之称。

镜下观，常见有以下类型：①乳头状腺癌；②管状腺癌；③黏液腺癌；④印戒细胞癌。此外还有少见的腺鳞癌、鳞状细胞癌和未分化癌。

（三）扩散

1. **直接蔓延** 浸润到胃浆膜层的癌组织，可直接扩散至邻近器官和组织，如肝、胰腺及大网膜等。

2. **淋巴道转移** 为胃癌转移的主要途径，首先转移到局部淋巴结，最常见于幽门下胃小弯处淋巴结。进一步转移至腹主动脉旁淋巴结、肝门或肠系膜淋巴结。晚期可经胸导管转移至左锁骨上淋巴结。

3. **血道转移** 多发生在胃癌晚期，常经门静脉转移到肝，其次是肺、骨及脑等器官。

4. **种植性转移** 胃癌特别是胃黏液癌细胞浸润至胃浆膜后，可脱落到腹腔，种植于腹壁及盆腔器官的浆膜上。女性常在双侧卵巢形成转移性黏液癌，称Krukenberg瘤。

三、大肠癌

大肠癌（colorectal carcinoma）是发生于大肠黏膜上皮和腺体的恶性肿瘤，我国的发病率低于欧美发达国家。但近年来由于我国饮食结构的变化，发病率呈上升趋势，在消化道癌中仅次于胃癌。大肠癌如能早期发现并及时治疗，术后5年生存率可达90%。患者常有贫血，消瘦，大便次数增多、变形，黏液血便等表现，有时出现腹部肿块与肠梗阻症状。

（一）病因和发病机制

关于大肠癌的病因，有饮食及遗传两种因素值得注意。

1. **遗传因素** 家族性腺瘤性息肉病为常见的癌前病变，具有很高的遗传倾向。

2. 饮食因素 高营养、低纤维素而少消化残渣的饮食习惯与本病的发生有关。这类食物不利于有规律的排便，因此延长了肠黏膜与这类食物中可能含有的致癌物质的接触时间。流行病学调查发现，高脂肪饮食的人群有较高的大肠癌发病率。其粪便内胆汁酸、中性类固醇物质的含量以及厌氧菌菌丛比例都比低脂肪饮食的人群高。肠道内的厌氧菌可将肠道内的胆汁酸、中性类固醇物质转化为促癌物质和（或）致癌物质，如形成多环芳香化合物等。

3. 某些伴有肠黏膜增生的慢性肠疾病 慢性溃疡性结肠炎、慢性血吸虫病等由于长期慢性刺激，导致肠黏膜上皮过度增生而发展为癌。

（二）病理变化

大肠癌的好发部位以直肠为最多，其次为乙状结肠，两者可占全部病例的2/3以上。其次是盲肠、升结肠、降结肠和横结肠。少数病例为多中心性生长，常由多发性息肉癌变而来。

肉眼观，可分为四型。①隆起型，肿瘤呈息肉状或菜花状向肠腔突出，多为分化较高的腺癌（图18-5-2）。②溃疡型。③浸润型，肿瘤向肠壁深层弥漫浸润，常累及肠管全周，使局部肠壁增厚，表面常无明显溃疡。肿瘤伴纤维组织增生，可使肠管管腔周径缩小，形成环状狭窄。④胶样型，肿瘤表面及切面呈半透明、胶冻状。此型多见于青年人，预后较差。

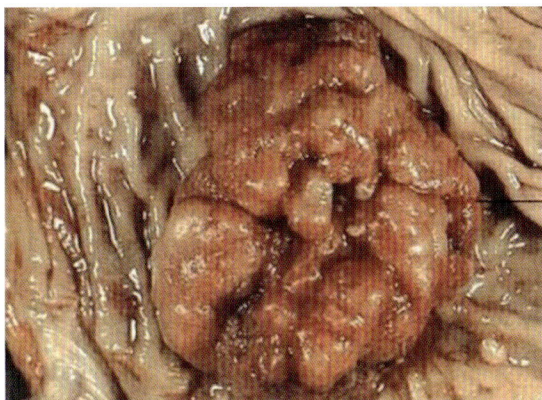

图18-5-2 结肠癌（隆起型）

镜下观，可分为七型。①乳头状腺癌。②管状腺癌。③黏液腺癌。④印戒细胞癌。⑤未分化癌，癌细胞常较小，形态较一致，细胞弥漫成片或成团，不形成腺样结构。⑥腺鳞癌。⑦鳞状细胞癌，多发生于直肠肛门附近的被覆鳞状上皮，较少见。

（三）扩散

1. 直接蔓延 大肠癌在侵入肌层前，极少有淋巴结及静脉的受累。当癌已浸润到浆膜后，可直接蔓延到邻近器官，如前列腺、膀胱、腹膜及腹后壁。

2. 淋巴道转移 结肠癌在结肠上、旁、中间和终末四组淋巴结均可有转移。直肠癌首先转移到直肠旁淋巴结，再侵入盆腔和肛周组织。

3. 血道转移 晚期大肠癌可经血行转移到肝、肺、骨等处。

四、原发性肝癌

原发性肝癌（primary hepatic carcinoma）是肝细胞或肝内胆管上皮细胞发生的恶性肿瘤，简称肝癌。其发生率地区差异很大，在亚非国家较常见，我国发病率较高，属于常见肿瘤之一。发病年龄多在中年以上，男性多于女性。近年来，我国对肝癌的防治研究取得了明显的成绩。随着甲胎蛋白和影像学检查在肝癌普查方面的推广应用，使早期肝癌的检出率明显提高。

（一）病因和发病机制

以下因素与肝癌发生有关。

1. 病毒性肝炎 乙型肝炎与肝癌的发生关系密切，其次为丙型肝炎。在肝癌病例中，HBsAg的阳性率可高达81.82%。国外报告，在肝癌高发地区有60%~90%的肝癌病例来自HBV感染。近年报道，在HBV阳性的肝癌患者中，可见HBV基因被整合到肝癌细胞DNA中。最近，HCV的感染也被认为可能是肝癌发生的病原因素之一。据报道，在日本有70%、在西欧有65%~75%的肝癌患者发现HCV抗体阳性。

2. 肝硬化 肝硬化与肝癌之间有密切关系。据统计，一般需经7年左右，肝硬化可发展为肝癌。其中以坏死后性肝硬化为最多，肝炎后肝硬化次之。

3. 真菌及其毒素 黄曲霉菌、青霉菌、杂色曲霉菌等都可引起肝癌。其中以黄曲霉菌最重要。用该菌或其毒素，或被其污染的食物均可诱发动物肝癌。在肝癌高发区，食物被黄曲霉菌污染的情况往往也较严重。

4. 亚硝胺类化合物 从肝癌高发区，如南非居民的食物中已分离出二甲基亚硝胺。此类化合物也可引起其他部位肿瘤如食管癌。

（二）病理变化

1. 肉眼观分类

（1）早期肝癌 也称小肝癌，是指单个癌结节直径在3cm以下或结节数目不超过两个，其直径的总和在3cm以下，患者常无临床症状，而血清AFP阳性的原发性肝癌。瘤结节呈球形或分叶状，灰白色，质较软，切面无出血坏死，与周围组织界限清楚。

（2）中晚期肝癌 肉眼可分三型，大多合并肝硬化。

①巨块型：肿瘤为一实体巨块，圆形，直径常大于15cm，多位于肝右叶内（图18-5-3）。质软，常有出血坏死。瘤体周边常有散在的卫星状瘤结节。

②多结节型：最多见，常发生于肝硬化的肝内。瘤结节散在、多个，呈圆形或椭圆形，大小不等，直径由数毫米至数厘米，有的相互融合形成较大结节。被膜下的瘤结节向表面隆起，切面褐绿色，有时见出血（图18-5-4）。

③弥漫型：癌组织在肝内弥漫分布，无明显的结节形成，此型少见。

2. 组织学分类

（1）肝细胞癌 最多见，是由肝细胞发生的肝癌。其分化较好者癌细胞与正常的肝细胞相似。分化差者癌细胞异型性明显，常有巨核及多核瘤细胞。有的癌细胞排列呈条索状（索状型），亦可呈腺管样（假腺管型）。有时癌组织中有大量纤维组织分割（硬化型）。

（2）胆管上皮癌 较少见，是由肝胆管上皮发生的癌。其组织结构多为腺癌或单纯癌。较少合并肝硬化。有时继发于华支睾吸虫病。

（3）混合性肝癌 具有肝细胞癌及胆管上皮癌两种结构，最少见。

图18-5-3 肝癌（巨块型）

图18-5-4 肝癌（多结节型）

（三）扩散

肝癌首先在肝内蔓延和转移。癌细胞常沿门静脉播散，在肝内形成转移癌结节，还可逆行蔓延至肝外门静脉主干，形成癌栓，引起门静脉高压。肝外转移主要通过淋巴道转移至肝门淋巴结、上腹部淋巴结和腹膜后淋巴结。晚期可通过肝静脉转移到肺、肾上腺、脑及骨等处。侵入到肝表面的癌细胞脱落，可种植在腹膜和腹腔脏器表面，形成种植性转移。

（四）临床病理联系

临床上多有肝硬化病史，表现为进行性消瘦，肝区疼痛，肝迅速增大，黄疸及腹水等。有时由于肝表面癌结节自发破裂或侵蚀大血管而引起腹腔大出血。由于肿瘤压迫肝内外胆管及肝组织广泛破坏而出现黄疸。

第六节　肝功能不全

PPT

肝功能不全（hepatic insufficiency）是由各种原因导致肝细胞损伤，肝功能严重障碍，机体出现感染、黄疸、出血和肾功能障碍等的临床综合征。肝功能不全的晚期一般称为肝功能衰竭（hepatic failure），主要临床表现为肝肾综合征和肝性脑病。

一、病因与分类

（一）病因

1. **药物及肝毒性物质**　进入体内的毒物或药物一般经肝脏代谢或解毒，主要与肝细胞内的P450酶系及一些基团如葡萄糖醛酸、硫酸酯甲基、巯基等结合而被解毒。如果毒物过量或解毒功能失效，药物或毒物可与蛋白质等结合，通过脂质过氧化、硫代氧化等方式损伤蛋白质，导致肝细胞受损、死亡。酒精的代谢主要在肝脏进行，酒精可直接或经其代谢产物乙醛损伤肝脏。随食物摄入的黄曲霉素、亚硝酸盐和毒蕈等也可促进肝病的发生发展。

2. **免疫性因素**　免疫反应主要杀灭或清除异源物质，但也可导致肝细胞受损，如攻击感染病毒的肝细胞。免疫因素在原发性胆汁性肝硬化、慢性活动性肝炎等的发生发展过程中起重要作用。

3. **营养性因素**　单纯营养缺乏导致的肝病罕见，但营养缺乏可促进肝病的发生发展。如饥饿时，肝糖原、谷胱甘肽等减少，可降低肝脏解毒功能。

4. **遗传性因素**　遗传性肝病少见，但多种肝病的发生发展却与遗传因素有关。某些遗传性代谢缺陷及分子病可导致肝炎、脂肪肝、肝硬化等。如肝豆状核变性时，过量铜在肝脏沉积，可致肝硬化。

（二）分类

根据病情经过，肝功能不全可分为急性和慢性两种类型。

1. **急性肝功能不全**　起病急骤，进展迅速，发病数小时后出现黄疸，很快进入昏迷状态，具有明显的出血倾向，常伴发肾衰竭。

2. **慢性肝功能不全**　病程较长，进展缓慢，呈迁延性过程。临床上常因上消化道出血、感染、碱中毒、服用镇静剂等诱因，使病情突然恶化，进而发生昏迷。

二、机体的功能和代谢变化

（一）功能障碍

1. 胆汁分泌和排泄障碍　肝细胞负责胆红素的摄取、运载、酯化、排泄等。血红蛋白、肌红蛋白等含血红素蛋白分解产生的血红素，被吞噬细胞吞噬处理后，生成非酯型胆红素，经血浆中白蛋白运载至肝细胞，经转运和酯化过程转化为酯型胆红素，排泄入毛细胆管。嗜肝病毒、药物、毒物及遗传等原因使肝细胞对胆红素的摄取、运载、酯化和排泄等环节发生障碍时，可导致高胆红素血症或黄疸。

肝细胞可通过各种载体摄入、运载和排泄胆汁酸。胆汁酸排入毛细胆管时伴随Na^+移入，由此形成渗透压梯度，促使水进入毛细胆管，驱动胆汁流动，有助于毒物随胆汁经肠道排出。某些药物如环孢素A、秋水仙碱、氯丙嗪、红霉素及雌激素等导致肝内胆汁淤滞，体内毒性物质蓄积，其主要发生机制是通过影响载体对胆汁酸的摄入、运载或排泄。

2. 凝血功能障碍　肝细胞合成大部分凝血因子、重要的抗凝物质如蛋白C、抗凝血酶-3、纤溶酶原、抗纤溶酶等，还可灭活或清除激活的凝血因子和纤溶酶原激活物等，因此，肝功能障碍可致机体凝血与抗凝平衡紊乱，严重时可诱发DIC。

3. 生物转化功能障碍

（1）解毒功能障碍　肝细胞受损，解毒功能障碍，使来源于肠道的有毒物质入血增多；此外，毒物还可经侧支循环绕过肝脏直接进入体循环，造成体内毒性物质蓄积。

（2）药物代谢障碍　肝细胞受损时体内药物的分布、转化及排泄等发生变化，如白蛋白减少可致血中游离型药物增多；肝硬化侧支循环的建立使门脉血中药物绕过肝脏，免于解毒过程，易发生药物中毒。因此，肝病患者应慎重用药。

（3）激素灭活功能减弱　肝细胞受损后，激素的灭活功能障碍，并出现相应的临床症状。如醛固酮、抗利尿激素灭活减少导致钠、水潴留；雌激素灭活不足可致月经失调、男性患者女性化及小动脉扩张等变化。

4. 免疫功能障碍　库普弗细胞负责吞噬、清除来自肠道的异物、病毒、细菌及毒素等；同时参与清除衰老、破碎的红细胞，以及监视、杀伤肿瘤细胞。肝功能不全时，库普弗细胞功能障碍及补体水平下降常伴有免疫功能低下，易发生肠道细菌移位及感染等。库普弗细胞功能严重障碍可导致肠源性内毒素血症，其主要原因如下。

（1）内毒素入血增加　严重肝病时，肠壁水肿等导致内毒素漏入腹腔增多；同时因肠黏膜屏障功能障碍，使内毒素被吸收入血增多。

（2）内毒素清除减少　严重肝病、肝硬化时，因侧支循环的建立，来自肠道的内毒素绕过肝脏直接进入体循环，免于被库普弗细胞清除。此外，肝内胆汁酸、胆红素淤滞等可使库普弗细胞功能受损，对内毒素等清除不足。

（二）代谢障碍

1. 糖代谢障碍　肝细胞对维持血糖稳定具有重要作用，肝糖原的合成与分解受胰高血糖素和胰岛素的调节。肝细胞功能障碍导致低血糖，其机制与下列因素有关：①肝细胞大量死亡使肝糖原贮备明显减少。②受损肝细胞内质网的葡萄糖-6-磷酸酶活性降低，肝糖原转化为葡萄糖过程障碍。③肝细胞灭活胰岛素功能降低，血中胰岛素含量增加，出现低血糖。个别肝功能障碍患者也可出现糖耐量降低。

2. 脂类代谢障碍　肝脏参与脂类的消化、吸收、运输、分解与合成等过程，其中胆汁酸盐辅助脂类的消化与吸收过程。肝脏合成的甘油三酰、磷脂及胆固醇，通过合成极低密度脂蛋白和高密度脂蛋白分泌入血。当肝功能障碍时，由于磷脂及脂蛋白的合成不足可造成肝内脂肪蓄积。胆固醇在肝内酯化生成胆固醇酯后转运，肝功能不全时胆固醇酯化障碍、转运能力降低，以及胆固醇转化为胆汁酸的能力下降，导致血浆胆固醇升高。

3. 蛋白质代谢障碍 肝脏对维持血中氨基酸稳定具有重要作用，肝功能受损可致血浆氨基酸比例失衡。近31种血浆蛋白在肝细胞合成，特别是白蛋白占肝合成蛋白的25%左右，肝细胞受损导致白蛋白合成不足，表现为低白蛋白血症。此外，多种运载蛋白的合成障碍（如运铁蛋白、铜蓝蛋白等）也可导致相应的病理改变。

（三）水、电解质代谢紊乱

1. 肝性腹水 肝硬化等肝病晚期可出现腹水，其发生机制如下。

（1）门脉高压 ①肝硬化时，由于肝内纤维组织增生和肝细胞结节状再生，压迫门静脉分支，使门静脉压增高。②肝动脉-门静脉肝内异常吻合支形成，肝动脉血流入门静脉，门静脉压增高。门静脉压增高使肠系膜毛细血管压增高，液体漏入腹腔形成腹水。

（2）血浆胶体渗透压降低 肝功能障碍，白蛋白合成不足，血浆胶体渗透压降低，促使液体漏入腹腔增多。

（3）淋巴回流不足 肝硬化时，肝静脉受挤压发生扭曲、闭塞，继而引起肝窦内压增高，淋巴生成增多；同时，因淋巴管受压等因素，淋巴回流能力不足，液体从肝表面漏入腹腔，形成腹水。

（4）钠、水潴留 肝脏损害及门脉高压等原因使血液淤积在脾、胃、肠等脏器，有效循环血量减少，肾血流量减少，可致：①肾小球滤过率降低；②肾血流量减少，激活肾素-血管紧张素-醛固酮系统（RAAS），加之肝脏灭活功能不足导致醛固酮过多，钠、水重吸收增强；③抗利尿激素（ADH）增高、心房钠尿肽可减少，促进肾脏水、钠重吸收。钠、水潴留为肝性腹水形成的全身性因素。

2. 电解质代谢紊乱

（1）低钾血症 肝硬化晚期，醛固酮过多使肾排钾增加，可致低钾血症。

（2）低钠血症 有效循环血量减少引起ADH分泌增加，同时因肝脏灭活ADH不足，肾小管对水的重吸收增多，加之体内原有钠、水潴留，可造成稀释性低钠血症。

三、肝性脑病

（一）概念与分期

肝性脑病（hepatic encephalopathy）是由严重肝病引起的以意识障碍为主的神经精神综合征。早期表现为轻微的性格和行为异常；继之出现精神错乱、睡眠障碍、行为失常、扑翼样震颤，乃至昏睡、昏迷。

肝性脑病按神经精神症状的轻重分四期。一期（前驱期）：轻微的神经精神症状，表现为欣快、焦虑、精神集中时间缩短等，轻微扑翼样震颤。二期（昏迷前期）：出现嗜睡、淡漠、轻度的时间及地点感知障碍、行为异常及人格障碍，明显的扑翼样震颤。三期（昏睡期）：出现明显的精神错乱、时间及空间定向障碍、言语混乱等表现，昏睡但能唤醒。四期（昏迷期）：昏迷，对疼痛刺激无反应。

（二）发病机制

肝性脑病的发生机制尚未完全阐明，日前主要有以下学说。

1. **氨中毒学说**   大量资料表明，80%~90%的肝性脑病患者血液和脑脊液氨含量明显升高，可达正常人的2~3倍，经降氨治疗后，病情常常好转。因此，氨中毒与肝性脑病有密切关系。

（1）血氨升高的原因   严重肝病时，血氨升高主要由氨生成过多和清除不足所致。

1）氨生成过多：①肝硬化时，肠黏膜淤血水肿，食物的消化和吸收障碍，肠道细菌生长活跃，产氨量增加；②并发上消化道出血时，血液蛋白质在肠道细菌的作用下，生成氨增多；③严重肝病常伴发肾功能障碍，引起氮质血症，血中大量尿素弥散入肠腔，分解产氨量增加。

2）氨清除不足：氨的清除主要是通过在肝脏合成尿素，再经肾排出体外。肝功能严重障碍时，合成尿素的能力降低，氨清除不足。另外，在已建立侧支循环的肝硬化患者和门-腔静脉吻合术后的患者中，来自肠道的氨大量绕过肝脏，直接进入体循环，使血氨清除不足。

（2）氨对脑的毒性作用   ①干扰脑组织的能量代谢：进入脑组织的氨主要与α-酮戊二酸结合生成谷氨酸，消耗了α-酮戊二酸，使三羧酸循环受限，影响糖的有氧代谢；同时谷氨酸生成过程中消耗还原型辅酶Ⅰ，使呼吸链递氢过程受阻，导致ATP产生不足；氨进一步与谷氨酸结合形成谷氨酰胺，这一过程需要消耗大量ATP，因此脑细胞活动所需的能量不足，引起中枢神经系统功能障碍。②干扰脑内神经递质间的平衡：氨增高可使脑内兴奋性神经递质（乙酰胆碱和谷氨酸）减少和抑制性神经递质（谷氨酰胺和γ-氨基丁酸）增多，引起脑内神经递质之间的作用失去平衡，导致中枢神经系统的功能紊乱。③干扰神经细胞膜离子转运：氨可抑制神经细胞膜Na^+-K^+-ATP酶活性，影响复极后膜的离子转运，使脑细胞的膜电位变化和兴奋性异常，从而干扰神经传导活动。

2. **假性神经递质学说**   食物蛋白中含有的芳香族氨基酸如苯丙氨酸和酪氨酸，在肠道细菌脱羧酶的作用下，生成苯乙胺和酪胺。这些胺类物质被吸收后经门静脉输送到肝，绝大部分经单胺氧化酶作用而被分解清除。当肝功能严重障碍或有门-腔静脉血液分流时，这些胺类即可通过体循环进入中枢神经系统，经非特异性β-羟化酶作用，形成苯乙醇胺和羟苯乙醇胺。这两种物质的化学结构与正常的神经递质多巴胺、去甲肾上腺素十分相似，但生理效应极弱，只相当于去甲肾上腺素的1/10左右，故称为假性神经递质。假性神经递质同样可被神经末梢摄取、储存和释放。积蓄的假性神经递质与去甲肾上腺素和多巴胺争夺突触受体，使神经冲动传递障碍，因而大脑皮质不能维持兴奋状态而出现昏迷。

此外，血浆氨基酸失衡、支链氨基酸减少、芳香族氨基酸和色氨酸等升高，与肝性脑病的发生也有一定关系。

（三）诱因

1. **上消化道出血**   是最常见的诱因。肝硬化患者多有食管下段静脉曲张，当破裂出血，大量血液进入消化道，血浆蛋白质被肠道细菌分解产生大量的氨、硫醇等毒性物质。另外，出血造成血容量下降，使肝、脑和肾等器官血液灌流不足，促进肝性脑病的发生。

2. **感染**   严重感染使全身各组织分解代谢增强，体内产氨增多，并引起血浆氨基酸失衡；细菌、毒素可直接损害肝功能，使氨合成尿素减少；感染还可使血脑屏障的通透性增高，从而促使肝性脑病的发生。

3. **电解质及酸碱平衡紊乱**   使用排钾利尿剂、进食减少、呕吐等导致低钾性碱中毒；感染发热可引起呼吸加深、加快，肺通气过度，发生呼吸性碱中毒。碱中毒使NH_4^+转化成NH_3，且使肾小管上皮细胞产生NH_3，以铵盐形式排出减少。

4. **氮质血症**   患者伴有肾功能不全，体内蓄积的大量代谢产物和毒性物质不能经肾排出，加重了肝性脑病。

5. **其他**　如镇静药、麻醉剂使用不当，腹腔穿刺引流过多、过快，便秘、外科手术、酒精中毒、低血糖、缺氧等均可诱发肝性脑病。

（四）防治原则

1. **去除诱因**　①严格限制蛋白质摄入量，增加葡萄糖及维生素等营养物质；②预防上消化道出血；③慎用镇静剂和麻醉剂；④保持大便通畅；⑤慎用利尿剂，慎重放腹水。

2. **降低血氨**　口服抗生素以抑制肠道细菌，减少氨生成；口服乳果糖或高位弱酸液体灌肠降低肠道的 pH，减少氨的生成和吸收；应用谷氨酸和精氨酸，通过合成谷氨酰胺和尿素从而降低血氨浓度。

3. **恢复神经传导功能**　补充正常神经递质左旋多巴，使其与脑内假性神经递质竞争。此外，左旋多巴还有降低血氨的作用。

4. **调整血浆氨基酸的平衡**　严重肝病患者伴有血浆氨基酸的失衡，即支链氨基酸减少，芳香族氨基酸增多。应用富含支链氨基酸及精氨酸的复方氨基酸溶液，恢复血浆氨基酸的平衡，有助于改善脑功能状态，防治肝性脑病。

实训实练八　消化系统疾病

（一）实训目的

1. 能够识别胃溃疡和门脉性肝硬化的镜下病变特点。
2. 观察大体标本，并能对其病变特点进行准确描述。

（二）实训用品

大体标本、组织切片、显微镜。

（三）实训内容

【大体标本观察】

1. **胃溃疡**　胃小弯近幽门处有一圆形或椭圆形溃疡，直径约2cm，边缘整齐，周边黏膜皱襞呈放射状，溃疡底部平坦。

2. **溃疡型胃癌**　胃小弯黏膜面有一溃疡型肿物，溃疡边缘增厚隆起，底部污浊，高低不平。切面灰白色，癌组织侵及外膜。

3. **急性重型肝炎**　肝体积缩小，包膜皱缩，肝边缘变薄。切面呈土黄色或红褐色。

4. **门脉性肝硬化**　肝体积缩小，质地变硬，表面有小结节状隆起，大小均匀，直径0.1~0.5cm。切面弥漫性分布大小近似的黄褐色结节，结节间为灰白色较窄的纤维间隔。

【组织切片观察】

1. **胃溃疡**　低倍镜观察：溃疡由内向外分为四层，渗出层（渗出的纤维素和白细胞）、坏死层（薄层红染的坏死带）、肉芽组织层（新生的毛细血管和成纤维细胞）及瘢痕层（纤维组织增生、玻璃样变，可见血管内膜炎引起的小血管壁增厚）。

2. **门脉性肝硬化**　低倍镜观察：正常肝小叶结构破坏，有纤维包绕的假小叶形成。假小叶内肝细胞索排列紊乱，中央静脉偏位、缺如或出现两个中央静脉，个别假小叶内可见被包入的门管区。高倍镜观察：假小叶内可见脂肪变性或坏死的肝细胞；增生的肝细胞体积大，核大、深染，可有双核。纤维结缔组织中有淋巴细胞浸润及小胆管增生。

（四）实训作业

制作门脉性肝硬化的显微镜下结构图。

目标检测

答案解析

一、单项选择题

1. 慢性胃溃疡最好发于（　　）
   - A．胃大弯近幽门部
   - B．胃小弯近幽门部
   - C．胃大弯及胃底部
   - D．胃体部
   - E．胃贲门部

2. 下列关于溃疡病的描述，不恰当的是（　　）
   - A．胃溃疡比十二指肠溃疡大
   - B．胃溃疡比十二指肠溃疡深
   - C．十二指肠溃疡比胃溃疡易穿孔
   - D．十二指肠溃疡比胃溃疡发生率低
   - E．胃溃疡比十二指肠溃疡更易发生癌变

3. 胃溃疡病最常见的并发症是（　　）
   - A．幽门狭窄
   - B．出血
   - C．穿孔
   - D．癌变
   - E．粘连

4. 原发性肝癌的肉眼类型不包括（　　）
   - A．巨块型
   - B．弥漫型
   - C．混合型
   - D．多结节型
   - E．小肝癌

5. 消化性溃疡最好发于（　　）
   - A．胃小弯近幽门部
   - B．十二指肠球部前壁或后壁
   - C．十二指肠升部
   - D．十二指肠降部
   - E．胃小弯近贲门部

6. 下列选项中，不属于肝功能障碍临床表现的是（　　）
   - A．黄疸
   - B．腹水
   - C．出血倾向
   - D．蜘蛛状血管痣
   - E．男性患者女性化

7. 关于慢性萎缩性胃炎的描述，正确的是（　　）
   - A．主要病变是黏膜腺体萎缩
   - B．主要病变是黏膜炎症
   - C．分为A、B、C、D四型
   - D．A型与服水杨酸类药物有关
   - E．B型与免疫因素有关

8. 病毒性肝炎最常见的肝细胞变性是（　　）
   - A．胞质疏松化和气球样变
   - B．嗜酸性变
   - C．脂肪变性
   - D．细胞内糖原沉积
   - E．细胞内玻璃样变

9. 不同临床病理类型的病毒性肝炎，其发生原因与下列因素无关的是（　　）
   - A．病毒的种类不同
   - B．病毒量不同
   - C．病毒毒力不同
   - D．机体的免疫状态不同
   - E．感染的时间不同

10. 急性普通型肝炎的病变性质是（　　）
    - A．以肝细胞变性为主的炎症
    - B．以汇管区渗出和纤维化为主的炎症

  C．以肝细胞坏死为主的炎症   D．以肝细胞增生为主的炎症

  E．以肝细胞化生、坏死为主的炎症

11．肝细胞呈中度碎片状坏死，并出现特征的桥接坏死，见于（　　）

  A．急性重型肝炎   B．亚急性重型肝炎   C．轻度慢性普通型肝炎

  D．中度慢性普通型肝炎   E．急性普通型肝炎

12．在我国，门脉性肝硬化最常见的病因是（　　）

  A．慢性酒精中毒   B．四氯化碳中毒   C．病毒性肝炎

  D．营养缺乏   E．胆汁淤积

二、简答题

1．请说出肝硬化的概念及门脉性肝硬化时肝功能不全的表现和门脉高压症的表现。

2．简述消化性溃疡的结局及并发症。

（王军利）

书网融合……

知识回顾 习题

第十九章 泌尿系统疾病

学习目标

知识要求：

1. 掌握肾小球肾炎、肾盂肾炎、肾功能不全、尿毒症的概念；肾小球肾炎、肾盂肾炎的类型和主要病理变化；急、慢性肾功能不全时机体的功能和代谢变化。

2. 熟悉肾小球肾炎、肾盂肾炎、肾功能不全的病因和发病机制。

3. 了解肾细胞癌、膀胱癌的病理变化特点；尿毒症的病因、发病机制及功能和代谢的变化。

技能要求：

1. 具有阅读病理图片并进行描述的能力。

2. 具备运用所学病理学知识分析和解决实际问题的临床思维能力。

3. 能应用泌尿系统疾病的基本理论知识，使患者了解本系统疾病的防治措施。

泌尿系统由肾、输尿管、膀胱和尿道组成。肾脏的基本结构和功能单位是肾单位，包括肾小球及与其相连的肾小管组成。人体的两侧肾脏约有200万个肾单位，与集合管共同完成泌尿功能。

肾是人体的重要排泄器官，主要功能是过滤血液形成尿液并排出代谢产生的废物、多余的水分和无机盐等，以调节水、电解质和酸碱平衡。肾脏具有内分泌功能，通过产生肾素、前列腺素、促红细胞生成素、$1,25-(OH)_2D_3$等，参与调节血压、红细胞生成和钙的代谢。所以肾的结构和功能异常，上述正常功能均可受到影响，出现一系列临床症状和体征。

泌尿系统疾病种类较多，常见的病变有炎症、肿瘤、尿路梗阻和先天性畸形等。本章主要介绍肾小球肾炎、肾盂肾炎以及肾脏和膀胱的常见肿瘤等内容。

第一节 肾小球肾炎

PPT

肾小球肾炎是以肾小球损伤为主的一组疾病，临床表现为蛋白尿、血尿、水肿和高血压。依据病因的不同，可分原发性、继发性和遗传性。原发性肾小球肾炎是指原发于肾脏的独立性疾病；继发性肾小球肾炎是指由其他疾病引起的肾小球病变，肾脏病变仅是全身性疾病的一部分，如狼疮性肾炎、紫癜性肾炎、糖尿病肾病等；遗传性肾小球肾炎是指遗传基因突变所引起的肾小球疾病。本节主要讨论原发性肾小球肾炎。

一、病因和发病机制

原发性肾小球肾炎的病因和发病机制目前尚未完全阐明，大量病理切片证实大部分原发性肾小球炎由免疫反应异常引起，其中最常见的因素是抗原抗体复合物引起的超敏反应。

（一）肾小球肾炎的相关抗原

引起肾小球肾炎发病相关的抗原，根据其来源分为内源性和外源性两大类。

1. 内源性抗原　是指来自机体内的抗原物质，包括肾小球性抗原，如肾小球基底膜抗原、内皮细胞膜抗原、足细胞的足突抗原、系膜细胞膜抗原等；非肾性抗原，如核抗原、免疫球蛋白等。

2. 外源性抗原　包括细菌、病毒、寄生虫、真菌等生物性抗原和异种血清、药物等非生物性抗原。

（二）肾小球肾炎的发病机制

多数类型的肾小球肾炎是抗体介导的免疫损伤引起的，其机制主要有以下两种。

1. 循环免疫复合物沉积　内源性或外源性非肾小球性抗原与相应抗体，在血液循环中形成免疫复合物，复合物流经肾脏时沉积于肾小球内，继而引起肾小球的损伤。

循环免疫复合物在肾小球内沉积的部位和引起肾小球损伤的严重程度取决于复合物分子大小、溶解度、所带电荷以及单核-巨噬细胞系统的功能状态等。当抗体多于抗原时，形成的大分子复合物常在血液循环中被单核-巨噬细胞系统吞噬而很少沉积于肾小球；当抗体少于抗原时，易形成小分子可溶性免疫复合物而通过肾小球滤出，也不引起肾小球损伤；只有当抗体与抗原等量或抗原稍多于抗体时，易形成中等分子免疫复合物而长时间在血液中存在，易沉积在肾小球内引起肾小球肾炎。电中性的小分子复合物易沉积在系膜区；含阴离子的小分子复合物不易通过毛细血管基底膜而沉积于毛细血管内皮细胞下；含阳离子的小分子复合物可穿过基底膜而沉积于脏层上皮下；免疫荧光检查显示沿基底膜或在系膜区出现颗粒状荧光。

2. 原位免疫复合物形成　肾小球本身的抗原成分或经血液循环植入肾小球的抗原与血液中的抗体反应，在肾小球内形成原位免疫复合物而引起肾小球肾炎。

（1）肾小球本身的抗原成分　如肾小球基底膜性肾炎是由于感染或其他因素使基底膜结构发生改变或病原微生物与基底膜成分具有共同抗原性，相应的自身抗体与肾小球基底膜结合而引起免疫交叉反应。免疫荧光检查显示沿基底膜有密集的抗体沉积而形成特征性的连续的线性荧光。

（2）植入性抗原　抗原进入机体后首先与肾小球某一成分结合，形成植入性抗原，刺激机体产生相应抗体，抗体再与植入肾小球的抗原反应形成免疫复合物而引起肾小球肾炎。

某些类型肾炎检测不出沉积的免疫复合物，或沉积物与肾小球损伤程度不一致，可能由细胞免疫反应引起，细胞免疫还和许多其他类型肾炎的发展有关。细胞免疫可能是未发现免疫复合物沉积的肾炎发病的主要机制。

患儿，男，10岁，因眼睑水肿、尿少4天入院。患儿2周前曾确诊过上呼吸道感染，体格检查：眼睑浮肿，咽红肿，心肺（－），血压126/91mmHg。实验室检查：尿常规示，红细胞（++），尿蛋白（++），红细胞管型0~3/HP；24小时尿量350mL，尿素氮11.4mmol/L，血肌酐170μmol/L。B超检查：双肾对称性增大。

问题与思考

（1）该患儿的初步诊断是什么？

（2）患儿肾脏的病理变化有哪些？

（3）请根据病理变化解释患儿出现的一系列临床表现。

答案解析

二、类型和病理变化

原发性肾小球肾炎的常见病理类型和病理变化如下。

（一）急性弥漫性增生性肾小球肾炎

急性弥漫性增生性肾小球肾炎（acute diffuse proliferative glomerulonephritis）是临床最常见的肾小球肾炎类型，简称急性肾炎。病理变化为弥漫性毛细血管内皮细胞和系膜细胞增生，伴中性粒细胞和巨噬细胞浸润，又称为毛细血管内增生性肾小球肾炎。大多数病例与感染有关，故又称为感染后肾小球肾炎。

1. **病因和发病机制**　本病由感染引起，与A族乙型溶血性链球菌感染密切相关，尤其致肾炎菌株（12、13、49、4和1型）最为常见。本病通常发生于机体链球菌感染后1~4周，大部分患者血清抗链球菌溶血素"O"和抗链球菌的其他抗原的滴度升高，证明患者近期有链球菌感染史；而患者血清补体水平下降则证明有补体成分的激活和消耗。链球菌抗原成分释放入血与相应特异性抗体形成抗原抗体复合物，随血流沉积于肾小球内，引起肾小球病变。

2. **病理变化**　肉眼观，双侧肾脏轻度到中度对称性肿大，被膜紧张，表面充血明显，色泽红润，故称"大红肾"。有部分患者的肾小球毛细血管破裂出血，在肾脏表面可见粟粒大小的散在出血点，称"蚤咬肾"（图19-1-1）。切面示肾脏皮质增厚。镜下观，病变累及双侧肾脏的绝大多数肾小球。肾小球毛细血管内皮细胞和系膜细胞增生、肿胀导致细胞数目明显增多，并有中性粒细胞和巨噬细胞浸润，肾小球体积增大。肿胀、增生的细胞使毛细血管管腔狭窄甚至闭塞，使肾小球内血流量减少（图19-1-2）。病变严重者，毛细血管壁发生纤维素样坏死，毛细血管管壁破裂、出血，可伴血栓形成。近曲小管上皮细胞发生水肿、脂肪变性及玻璃样变等。肾小管管腔内出现蛋白管型、红细胞或白细胞管型及颗粒管型。肾间质轻度充血水肿并可见少量炎细胞浸润。免疫荧光检查显示IgG和补体C3沿肾小球血管壁呈不连续的颗粒状荧光分布。电镜检查显示基底膜和脏层上皮细胞之间有驼峰状电子致密沉积物（图19-1-3）。

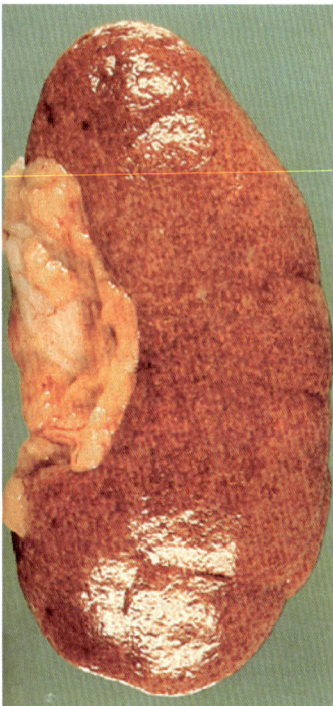

图19-1-1　蚤咬肾

肾脏表面可见粟粒大小的散在出血点

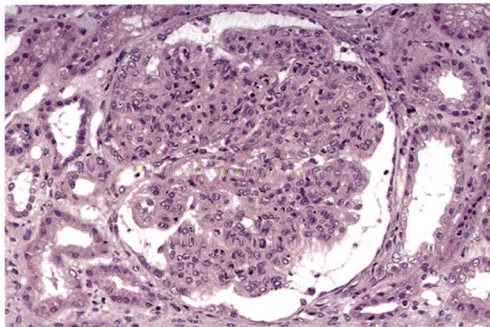

图19-1-2　急性弥漫性增生性肾小球肾炎

肾小球内皮细胞和系膜细胞增生、肿胀导致
细胞数目明显增多

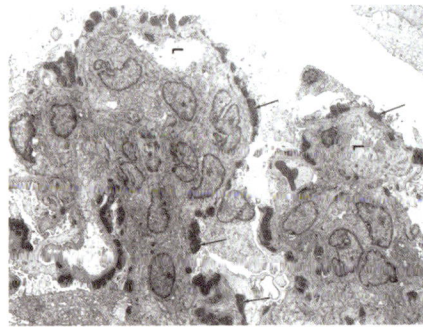

图19-1-3　急性弥漫性增生性肾小球肾炎

箭头所示：基底膜与脏层上皮细胞之间电子
致密物呈驼峰状突起

3. **临床病理联系**　本型肾炎起病急，主要表现为急性肾炎综合征，通常于链球菌感染后10天左右出现典型的临床表现，即尿的改变、水肿和高血压。

（1）尿的改变　①尿量减少，由于肾小球毛细血管内皮细胞和系膜细胞增生、肿胀，导致毛细血管管腔狭窄或闭塞，血流减少，单位时间内肾小球滤过率降低，而肾小管的重吸收功能基本正常，因而出现少尿。严重者因少尿致含氮代谢产物不能及时排出而引起氮质血症。②蛋白尿、管型尿及血尿，因肾小球毛细血管壁发生纤维素样坏死导致通透性增强，蛋白质滤出形成蛋白尿；各种异常成分在肾小管中凝集而成的管型随尿液排出形成管型尿。红细胞漏出引起血尿，轻者仅出现镜下血尿，重者可见洗肉水样的肉眼血尿。

（2）水肿　因肾小球滤过率降低而导致水、钠潴留，引起水肿；超敏反应使全身毛细血管通透性增加，血管内成分大量外渗也加重水肿。水肿多为轻度或中度。主要发生于疏松组织，轻者仅为晨起眼睑水肿，重者波及全身。

（3）高血压　因肾小球滤过率降低而导致水、钠潴留使血容量增加所致。

4. **预后**　多数儿童患者预后较好，肾脏病变逐渐消退，数周至数月恢复正常。约有1%的患儿可发展为新月体性肾小球肾炎。成人患者预后较差。

（二）急进性肾小球肾炎

急进性肾小球肾炎（rapidly progressive glomerulonephritis）又称快速进行性肾小球肾炎，是以肾球囊壁层上皮细胞增生形成新月体或环状体为特征，又称新月体性肾小球肾炎。

1. **病因和发病机制**　此型肾小球肾炎为一组由不同病因引起的疾病，可继发于肾小球疾病，如严重的急性弥漫性增生性肾小球肾炎；或伴发于其他疾病，如系统性红斑狼疮等。但多数为原发性。本病大多数由免疫损伤引起。根据免疫学和病理学检查结果，本病可分为三个类型。此处不做讲解。

2. **病理变化**　肉眼观，双侧肾脏肿大，颜色苍白，表面可有点状出血，切面可见肾皮质增厚（图19-1-4）。镜下观，多数肾小球（>50%）球囊内有新月体形成。病变肾小球毛细血管壁断裂，纤维素进入肾球囊并凝集，纤维素是刺激肾球囊壁层上皮细胞增生的重要因素，增生的壁层上皮细胞与渗出的单核细胞共同形成新月体（图19-1-5），新月体中可有中性粒细胞和淋巴细胞浸润。这些成分多位于球囊一侧，呈月牙形，也可环绕球囊一周，则形成环状结构。早期新月体以细胞成分为主，为细胞性新月体。随后增生的细胞转化为成纤维细胞并产生胶原纤维，转变为细胞–纤维性新月体。最终细胞成分完全被胶原纤维代替，形成纤维性新月体，导致玻璃样变。新月体使肾球囊腔变窄甚至闭塞，并压迫毛细血管丛。肾小管上皮细胞发生变性，由于蛋白的吸收形成细胞内玻璃样变。病变肾单位所属的肾小管萎缩消失。肾间质水肿、炎细胞浸润，后期发生纤维化。电镜下：所有病例可见新月体形成，肾小球基底膜发生缺损、断裂。免疫荧光检查：部分病例可见电子致密物沉积。

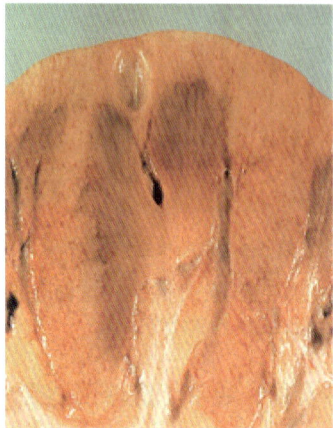

图19-1-4　急进性肾小球肾炎

颜色苍白，表面可有点状出血，
切面可见肾皮质增厚

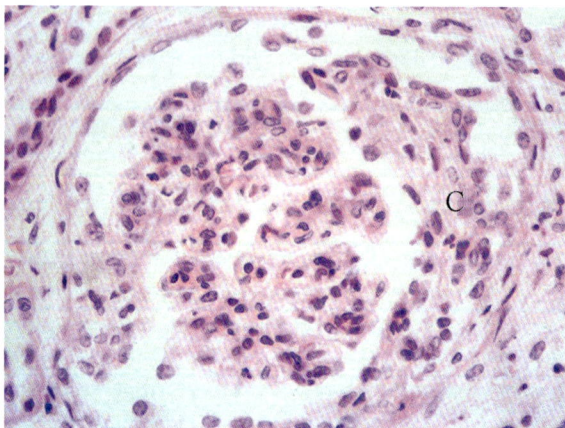

图19-1-5　急进性肾小球肾炎

壁层上皮细胞与渗出的单核细胞共同形成新月体

3. **临床病理联系**　本型肾炎临床表现为急进性肾炎综合征。由于肾小球毛细血管基底膜缺损和断裂，患者出现明显血尿，伴红细胞管型、中度蛋白尿；病变过程中形成的大量新月体或环状结构使肾球囊闭塞，肾小球滤过率严重降低，患者迅速出现少尿，甚至无尿；少尿或无尿导致代谢废物在体内潴留引起氮质血症并快速发展为尿毒症。尿量减少导致水、钠潴留而引起高血压。

4. **预后**　此型肾小球肾炎由于病变严重，发展迅速，如不及时治疗，患者常在数周至数月内发展至尿毒症。

（三）膜性肾小球肾炎

膜性肾小球肾炎（membranous glomerulonephritis）是引起成人肾病综合征最常见的原因，中老年人多见。光镜下本病早期改变不明显，又称膜性肾病（membranous nephropathy）。病变特点为肾小球基底膜与上皮细胞之间出现广泛性免疫复合物沉积，并引起肾小球毛细血管基底膜弥漫性增厚。

1. **病因和发病机制**　本病为慢性免疫复合物介导的疾病，大多数病例抗体来源不明。大多数原发性膜性肾小球肾炎由抗体与内源性或植入性的肾小球抗原在原位反应引起，免疫复合物形成并位于上皮细胞与基底膜之间。免疫荧光检查多有补体成分阳性表现，提示病变与补体旁路途径的激活有关。

2. **病理变化**　肉眼观，双肾弥漫性肿大，颜色苍白，称为"大白肾"。切面可见皮质变宽，髓质无明显改变。镜下观，早期病变轻微，随病情发展，肾小球毛细血管壁逐渐弥漫性增厚（图19-1-6）。电镜下显示基底膜与上皮细胞之间有免疫复合物沉积，沉积物之间基底膜样物质增多并形成钉状突起（图19-1-7）。至晚期，毛细血管壁显著增厚，管腔狭窄甚至闭塞，肾小球逐渐发生硬化、玻璃样变；近曲小管上皮细胞水肿、脂肪变性，晚期萎缩；肾间质发生纤维化。

3. **临床病理联系**　膜性肾小球肾炎多发生于成人，起病隐匿，临床表现为非选择性高度蛋白尿，低蛋白血症，高度水肿和高脂血症，即肾病综合征。非选择性蛋白尿是由于肾小球基底膜损伤严重，滤过膜通透性明显增加，小分子和大分子蛋白均可滤过所致。部分患者伴有血尿或轻度高血压。

4. **预后**　本病患者如果病变较轻，经治疗可逐渐缓解或得到控制，但大多数患者反复发作，蛋白尿持续存在，皮质激素疗效不显著，最终发展为慢性肾功能衰竭（CRF）。肾组织活检见肾小球硬化提示预后不良。

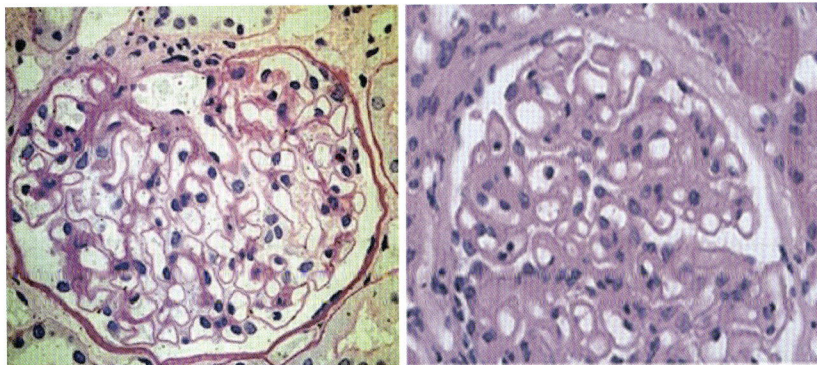

图 19-1-6　膜性肾小球肾炎

左图为正常基底膜；右图为膜性肾小球肾炎，基底膜明显增厚（HE染色）

（四）膜增生性肾小球肾炎

膜增生性肾小球肾炎（membranoproliferative glomerulonephritis）的病变特点是弥漫性肾小球基底膜增厚，肾小球系膜细胞增生伴系膜基质增多。

1. **病因和发病机制**　依据病因不同可分为原发性膜增生性肾小球肾炎和继发性膜增生性肾小球肾炎。前者根据超微结构和免疫荧光的特点分为Ⅰ型和Ⅱ型。Ⅰ型通常由循环免疫复合物沉积引起，并有补体的激活。Ⅱ型常出现补体替代途径的异常激活，出现低补体血症。

2. **病理变化**　肉眼观，早期肾脏无明显改变，晚期肾脏体积缩小，质地变硬，表面呈细颗粒状。镜下观，两型病

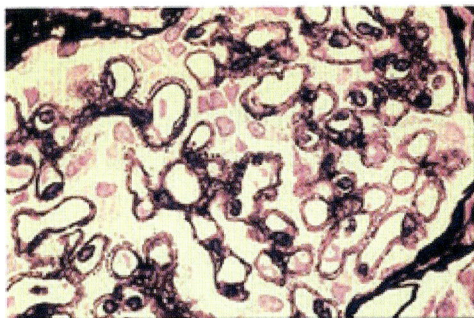

图 19-1-7　膜性肾小球肾炎

膜性肾小球肾炎嗜银染色，肾小球基底膜钉状突起形成，呈梳齿状

变相似。肾小球体积增大，系膜细胞显著增生并产生大量系膜基质，使肾血管球小叶间隔增宽，呈分叶状改变。肾小球基底膜明显增厚，六铵银和PAS染色显示基底膜呈双层或称"双轨"状（一层为肾小球原有的基膜，另一层为内皮细胞侧形成的基底膜样物质）。电镜下：Ⅰ型，以内皮细胞下基底膜内侧电子致密沉积物为主要特征，沉积物大小不一，一般较大，呈团块状，此型最多见。Ⅱ型，基底膜不规则增厚，基底膜致密层内出现不规则带状电子密度极高的沉积物。

3. **临床病理联系**　本型肾炎多见于儿童和青年，临床主要表现为肾病综合征，常伴有血尿，也可仅表现为蛋白尿。

4. **预后**　本病常为慢性进展性，预后较差。激素和免疫抑制剂治疗效果常不明显，肾移植后病变常复发。约50%患者在10年内出现CRF。

（五）系膜增生性肾小球肾炎

系膜增生性肾小球肾炎（mesangial proliferative glomerulonephritis）的病变特点是弥漫性系膜细胞增生及系膜基质增多，晚期病例系膜显著硬化。本病是我国最常见的肾小球肾炎类型。

1. **病因和发病机制**　病因和发病机制尚不明确，可能存在多种致病途径。免疫反应通过介质的作用刺激系膜细胞，导致系膜细胞增生和基质增多。增生的系膜细胞分泌多种血管活性物质和细胞因子，加速病情的发展。

2. **病理变化**　肉眼观，病变不明显。镜下观，主要病变为弥漫性肾小球系膜细胞增生和系膜基质

增多，系膜区增宽。部分病例系膜区电镜下可见散在或均匀的细颗粒状电子致密物沉积。免疫荧光检查：我国最常见的是IgG及C3沉积在系膜区，在其他国家以IgM和C3沉积（又称为IgM肾病）多见，有的病例仅出现C3沉积，或免疫荧光检查为阴性。

3. 临床病理联系 患者发病前常有上呼吸道感染等前驱症状，临床表现呈多样性，可表现为肾病综合征，也可表现为无症状蛋白尿或（和）血尿。

4. 预后 本型肾炎的预后取决于病变的严重程度。病变轻者预后较好，但易复发，病变重者可伴有节段性硬化，晚期发展为慢性肾功能不全。

（六）微小病变性肾小球肾炎

微小病变性肾小球肾炎（minimal change glomerulonephritis）又称微小病变性肾病，是儿童肾病综合征最常见的病理类型。在光镜下因肾小球无明显变化或病变轻微而得名。其病变特点是电镜下肾小球脏层上皮细胞足突融合消失，故又称之为足突病；肾小管上皮细胞内有大量脂质沉积，故有"脂性肾病"（lipoid nephrosis）之称。

1. 病因和发病机制 本病的病因及发病机制尚未完全阐明。肾小球内无免疫复合物沉积，但很多证据表明与免疫机制有关。

2. 病理变化 肉眼观，双肾增大，颜色苍白。切面可见皮质部因肾小管上皮细胞内含有脂质而呈现黄色条纹。光镜下：肾小球无明显病变。近曲小管上皮细胞内出现大量脂滴和玻璃样变小滴。电镜下：肾小球内未发现电子致密物沉积，可见弥漫性脏层上皮细胞足突消失，胞体肿胀，胞质内有空泡形成，细胞表面微绒毛增多。免疫荧光：无免疫球蛋白或补体沉积。

3. 临床病理联系 临床表现为肾病综合征。高选择性大量蛋白尿尤为突出，尿中主要为小分子白蛋白，可能与肾小球滤过膜的阴离子丧失有关。水肿常为首发症状，一般不出现高血压或血尿。

4. 预后 皮质类固醇治疗本病效果好，90%以上的病例预后良好。部分患者病情反复，呈慢性经过，有患者可出现对皮质类固醇依赖或抵抗，但远期预后较好。

（七）IgA肾病

IgA肾病（IgA nephropathy）的病变特点是免疫荧光显示系膜区有IgA沉积，临床表现为反复发作的镜下或肉眼血尿。是临床上最常见的肾炎类型。本病由Berger于1968年最先描述，故又称Berger病。

1. 病因和发病机制 IgA肾病与先天或获得性免疫调节异常有关。由于病毒、细菌和食物蛋白等对呼吸道或消化道的黏膜刺激作用，黏膜IgA合成增多，IgA1或含IgA1的免疫复合物沉积于系膜区，并激活补体替代途径，引起肾小球损伤。

2. 病理变化 光镜下最常见的是系膜增生性病变，也可表现为局灶性节段性增生或硬化，少数病例出现较多的新月体形成。电镜下显示系膜区电子致密物沉积，免疫荧光显示系膜区大量IgA沉积。

3. 临床病理联系 临床表现为复发性血尿伴轻度蛋白尿，可有高血压，血清IgA可升高。少数患者表现为急性肾炎综合征。

4. 预后 本病预后差异性较大，多数患者肾功能可长期维持正常。发病年龄大、出现大量蛋白尿、高血压或镜检发现血管硬化或新月体形成的患者，预后较差。

（八）局灶性节段性肾小球肾炎

局灶性节段性肾小球肾炎（focal segmental glomerulonephritis）的特点是部分肾小球的部分小叶呈局灶性、节段性硬化，或病变局限于肾小球的部分毛细血管节段。

1. **病因和发病机制** 本病的病因和发病机制尚未阐明。目前认为本病主要由脏层上皮细胞受损和改变引起。导致通透性增高的循环因子可能与本病的发生有关。由于局部通透性增高，血浆蛋白和脂质在细胞外基质内沉积，激活系膜细胞，导致节段性的玻璃样变性和硬化。

2. **病理变化** 肉眼观，早期病变不明显，晚期肾质地变硬，体积缩小。光镜下：病变呈局灶性分布，早期累及皮髓质交界处的肾小球，逐渐波及皮质全层。病变肾小球的部分毛细血管袢内系膜基质增多，基底膜塌陷，管腔闭塞，肾小球节段性硬化。电镜下显示弥漫性脏层上皮细胞足突消失，部分上皮细胞从肾小球基底膜剥脱。免疫荧光显示病变部位有IgM和C3沉积。

3. **临床病理联系** 临床表现主要为肾病综合征。多为非选择性大量蛋白尿，多伴有血尿和高血压。

4. **预后** 本病对皮质激素治疗不敏感，多发展为慢性肾小球肾炎。小儿患者预后较好。

（九）慢性肾小球肾炎

慢性肾小球肾炎（chronic glomerulonephritis）为不同类型肾小球疾病发展的终末阶段。病变特点是大量肾小球发生玻璃样变和硬化，故又称为慢性硬化性肾小球肾炎（chronic sclerosing glomerulonephritis）。

1. **病因和发病机制** 慢性肾小球肾炎由不同类型肾小球肾炎发展而来，发病机制各不相同。少数患者起病隐匿，无肾炎病史，发现时已属慢性肾炎阶段。

2. **病理变化** 肉眼观，双侧肾脏体积缩小，重量减轻，质地变硬，表面呈弥漫性细颗粒状，故慢性肾小球肾炎的大体改变称为继发性颗粒性固缩肾（图19-1-8）。切面可见肾皮质萎缩变薄，皮髓质界限不清，小动脉管壁增厚变硬。肾盂周围脂肪组织增多。光镜下：病变弥漫累及双侧肾脏大多数肾单位。大部分肾小球纤维化和玻璃样变以及其所属肾小管萎缩消失。肾间质纤维组织增生，并有大量淋巴细胞、浆细胞浸润。病变轻的肾单位出现代偿性改变，肾小球体积增大，肾小管扩张，管腔内可见各种管型（图19-1-9）。间质纤维化挤压周围肾小球使其相互靠拢。体积变小的硬化肾单位与代偿肥大的肾单位交错分布，使肾脏表面凹凸不平，呈现弥漫性细颗粒状，最终形成颗粒性固缩肾。电镜和免疫荧光检查无异常。

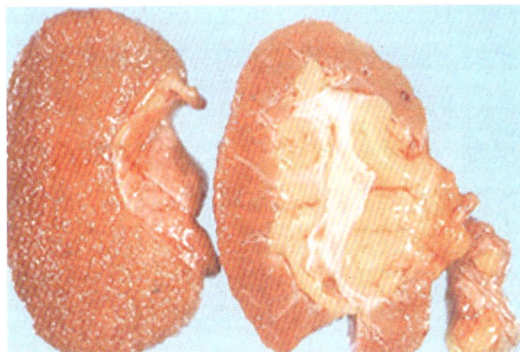

图19-1-8 慢性肾小球肾炎

继发性颗粒性固缩肾

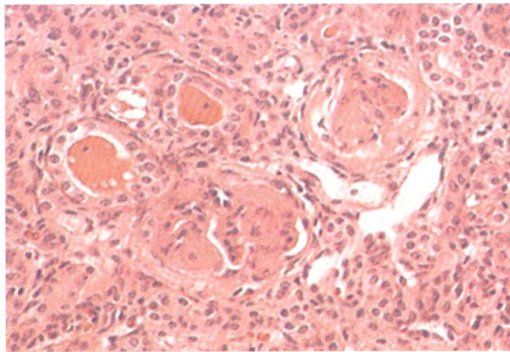

图19-1-9 慢性肾小球肾炎

大部分肾小球纤维化和玻璃样变

3. **临床病理联系** 临床表现主要为慢性肾炎综合征。

（1）尿的改变 由于大量肾单位破坏，残存的肾单位血流灌注量增加，单位时间内流经肾小球的血流量增大而滤出增多，原尿通过肾小管的速度加快，超过了肾小管的重吸收能力，尿浓缩功能下降，导致多尿、夜尿、低比重尿。

（2）贫血　由于大量肾单位破坏，肾脏生成的促红细胞生成素减少，以及代谢废物在体内蓄积使骨髓造血功能受到抑制，导致患者贫血。

（3）高血压　因大量肾小球硬化，部分肾单位缺血，使肾素分泌增多，肾素–血管紧张素–醛固酮系统激活使血压升高。持续高血压又导致细、小动脉硬化，肾缺血加重，血压持续增高。

（4）氮质血症　大量肾单位受损，代谢产物不能及时排出，引起水、电解质和酸碱平衡失调，出现氮质血症和尿毒症。

4. 预后　病程进展速度因原发肾炎类型不同差异很大，但预后均极差，患者死亡的主要原因为尿毒症；其次，高血压引起的心力衰竭、脑出血、机体免疫力降低引起继发感染也可引起患者死亡。

第二节　肾盂肾炎

PPT

肾盂肾炎（pyelonephritis）是由感染引起的累及肾盂、肾间质和肾小管的化脓性炎症，为肾脏的常见感染性疾病。可发生于任何年龄，女性因尿道短而多发。根据病程可分为急性肾盂肾炎和慢性肾盂肾炎两类。急性肾盂肾炎主要表现为发热、寒战、腰痛、血尿、脓尿和膀胱刺激征，慢性肾盂肾炎除有尿的改变外，还可伴有高血压和肾功能不全。

一、病因和发病机制

肾盂肾炎主要由细菌感染引起，最常见的致病菌为大肠埃希菌，也可是产气杆菌、葡萄球菌等。急性肾盂肾炎常为单一的细菌感染所致，慢性肾盂肾炎常因病程较长而发展为两种或两种以上细菌感染。细菌可通过以下途径累及肾脏。

1. 上行性感染　是肾盂肾炎的主要感染途径。当有尿道炎和膀胱炎等下尿路感染时，病原菌沿输尿管或输尿管周围淋巴管上行至肾盂、肾盏和肾间质，引起肾盂黏膜及肾间质的炎症，故又称为逆行性感染。病变可累及一侧或双侧肾脏。

2. 血源性感染　细菌从机体某处感染灶侵入血流到达肾脏引起感染。病变首先从肾皮质内形成化脓性病灶开始，后经髓质蔓延至肾盂，故又称为下行性感染。最常见的致病菌为金黄色葡萄球菌。病变多累及双侧肾。

正常生理状态下，尿路有一定的防御机制：尿液排出时，对尿道有自净作用；膀胱黏膜的白细胞及产生的分泌型IgA具有抗菌作用；输尿管的斜行走向可有效预防尿液反流至输尿管。只有当机体抵抗力下降或防御机制受到损伤时，为细菌感染提供条件，才会造成肾盂肾炎的发生。

二、类型和病理变化

（一）急性肾盂肾炎

急性肾盂肾炎（acute pyelonephritis）是由细菌感染引起的肾盂、肾间质和肾小管的急性化脓性炎症，多为上行性感染所致。

1. 病理变化　肉眼观，肾脏体积因充血而增大，表面可见散在大小不等、微隆起的黄白色脓肿，脓肿周围可见紫红色充血出血带。切面可见肾盂黏膜充血水肿，表面覆盖脓性渗出物，肾髓质内可见黄色条纹并向皮质延伸，可有脓肿形成（图19-2-1）。光镜下：组织学特征为灶状的间质性化脓性炎（图

19-2-2）或脓肿形成和肾小管坏死。上行性感染引起的病变首先累及肾盂，局部黏膜充血水肿，大量中性粒细胞浸润。随后炎症沿肾小管及其周围间质扩散，在间质内逐渐形成大小不一的脓肿。病变逐渐向肾实质蔓延，脓肿破坏肾小管，肾小管内充满中性粒细胞，形成中性粒细胞管型，上皮细胞变性、坏死。上行性感染通常很少累及肾小球。血源性感染引起的肾盂肾炎常先累及肾皮质，病变发生于肾小球及其周围肾间质，随后逐渐进展，破坏邻近组织，并向肾盂蔓延。

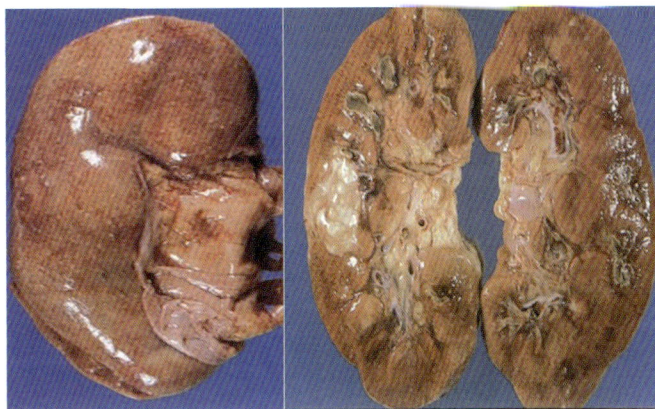

图 19-2-1　急性肾盂肾炎

肾脏体积增大，表面可见散在大小不等、微隆起的黄白色脓肿，切面可见肾盂黏膜充血水肿，表面覆盖脓性渗出物，肾髓质内可见黄色条纹并向皮质延伸

2. **临床病理联系**　起病急，患者出现发热、寒战、乏力、白细胞增多等全身症状。肾脏因充血水肿导致被膜紧张而出现腰痛和肾区叩痛。化脓性病灶破溃进入肾小管中，尿常规检查可见白细胞、脓细胞和细菌以及白细胞管型。上行性感染对膀胱和尿道黏膜产生刺激并出现尿频、尿急和尿痛等膀胱和尿道的刺激症状。

3. **并发症**

（1）肾乳头坏死　肾乳头由于缺血和化脓发生坏死。肉眼观，病变累及单个或所有乳头，受累乳头部2/3区域内出现境界清楚的灰白色或灰黄色梗死样病灶，大小不等。镜下观，肾乳头发生凝固性坏死，坏死区周围有明显充血和大量中性粒细胞浸润。

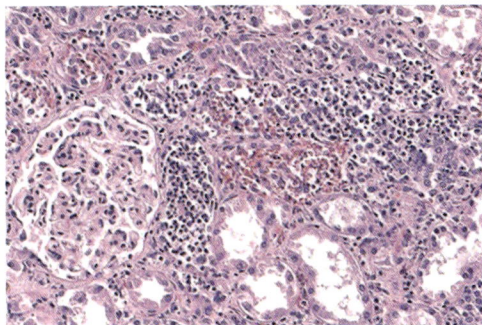

图 19-2-2　急性肾盂肾炎

肾间质内可见大量中性粒细胞浸润，肾小球和肾小管无破坏

（2）肾盂积脓　严重尿路阻塞，特别是严重高位尿路阻塞时，脓性渗出物不能排出，潴留于肾盂和肾盏内，形成肾盂积脓。

（3）肾周围脓肿　病变严重时，肾内的脓肿破溃进入肾被膜，在肾周围组织形成脓肿。

4. **预后**　大多数患者经过及时、合理、彻底治疗，预后一般良好，可在短期内痊愈。若治疗不彻底，病变易反复发作，病程迁延转为慢性。若合并肾乳头坏死则可引起急性肾衰竭。

（二）慢性肾盂肾炎

慢性肾盂肾炎（chronic pyelonephritis）为肾盂、肾小管和间质的慢性炎症，病变特点是肾间质慢性化脓性炎症和肾实质瘢痕形成，引起肾盂和肾盏的纤维化和变形。本病是导致CRF的常见原因之一。

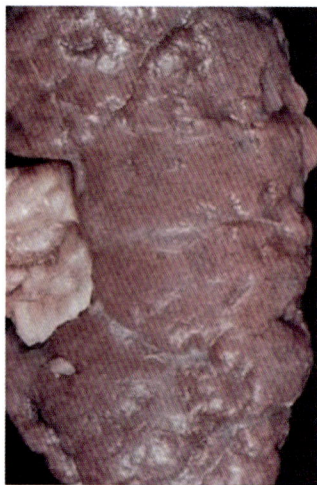

图19-2-3　慢性肾盂肾炎

肾脏表面粗大瘢痕

1. **病理变化**　肉眼观，病变累及单侧或双侧肾脏。肾脏体积缩小，质地变硬，出现不规则凹陷性瘢痕，肾脏瘢痕数量多少不等，分布不均，多见于肾上、下极。切面可见皮髓质界限不清，肾乳头萎缩，肾盂和肾盏因瘢痕收缩而变形，肾盂黏膜粗糙、增厚（图19-2-3）。光镜下，局灶性的淋巴细胞、浆细胞浸润和间质纤维化。病变区肾小管萎缩，部分残存肾小管代偿性扩张，上皮细胞扁平，管腔内充满均质红染的胶样蛋白管型，形似甲状腺滤泡。肾盂和肾盏黏膜及黏膜下组织可见大量慢性炎细胞浸润及纤维化。肾细、小动脉因继发性高血压发生玻璃样变和硬化。病变早期肾小球很少受累，后期由于间质的炎症使病变区域肾小球先发生球囊周围纤维化或球囊壁纤维性增厚，继而导致整个肾小球也发生纤维化和玻璃样变。

2. **临床病理联系**　慢性肾盂肾炎起病缓慢，表现为间歇性无症状性菌尿或急性肾盂肾炎的反复发作，伴有腰背部疼痛、发热，频发脓尿和菌尿。由于病变肾小管所属肾小球能正常滤出而肾小管浓缩功能下降，导致多尿、夜尿；肾小管重吸收功能降低，使钠、钾和重碳酸盐丧失过多引起低钠血症、低钾血症和代谢性酸中毒。肾组织纤维化和小血管硬化引起肾组织缺血，肾素分泌增加，引起高血压。病变晚期肾组织破坏严重，出现氮质血症和尿毒症。

3. **预后**　慢性肾盂肾炎病程长，可反复发作。如能及时治疗、消除诱因，病情可得到控制。病变严重者可因尿毒症或高血压引起的心力衰竭而危及生命。

第三节　泌尿系统常见肿瘤

PPT

泌尿系统常见的肿瘤有肾细胞癌、肾母细胞癌、膀胱癌等。肾细胞癌是成人最常见的肾恶性肿瘤，占肾恶性肿瘤的80%~90%。儿童以肾母细胞瘤最常见。

一、肾细胞癌

肾细胞癌（renal cell carcinoma）又称肾癌，是起源于肾小管上皮细胞的恶性肿瘤。男性发病率高于女性。患者多以无症状血尿为始发症状，晚期出现腰疼。

（一）病因和发病机制

流行病学调查表明，除化学性致癌物等常见的致癌物外，吸烟是导致肾癌的主要危险因素，吸烟者肾癌的发生率是非吸烟者的两倍。其他危险因素包括肥胖（特别是女性）、高血压、遗传等。

（二）类型和病理变化

肾细胞癌的组织学分类包括透明细胞癌、乳头状肾细胞癌和嫌色性肾细胞癌等。

1. **透明细胞癌**　为最常见的类型，占肾细胞癌的70%~80%。镜下观，肿瘤细胞呈多边形或圆形，体积较大，轮廓清晰，胞质丰富，因富含糖原和脂质在HE染色时呈清亮透明状，细胞核小而深染，位于细胞中央（图19-3-1）。另一种癌细胞为颗粒细胞型，体积小于透明细胞，胞质内充满细小均匀的红染颗粒。间质富有毛细血管和血窦。

2. **乳头状癌** 占肾细胞癌的10%，肿瘤细胞呈立方形或矮柱状，呈乳头状排列。乳头中轴间质内常见砂粒体和泡沫细胞。

3. **嫌色细胞癌** 在肾癌中占5%，肿瘤细胞呈实性巢状、条索状、梁状排列。肿瘤细胞大小不一，胞质淡染或略嗜酸性，近胞膜处胞质相对浓聚，核周常有空晕。此型肿瘤可能起源于集合小管上皮细胞，预后较好。

肉眼观，肾细胞癌多见于肾的上、下两极，以上极多见。肿瘤一般为实质性圆形肿物，直径多在3~15cm之间（图19-3-2）。切面可见瘤细胞富含脂质和糖原而呈黄色或灰白色，并常伴有灶状出血、坏死、软化或钙化而呈红色、棕色，表现为多种颜色相交错的多彩的特征。肿瘤界限清楚，形成假性包膜。乳头状癌可为多灶和双侧性，肿瘤较大时常伴有出血和囊性变，有时肉眼可见乳头状结构。肿瘤可蔓延到肾盏、肾盂及输尿管，并常侵犯肾静脉。

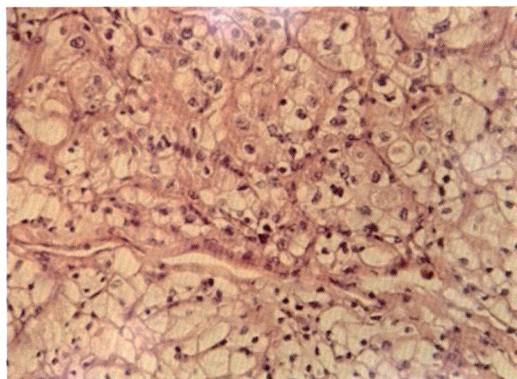

图19-3-1 肾透明细胞癌

癌细胞呈多边形或圆形，体积较大，轮廓清晰，胞质丰富，因富含糖原和脂质在HE染色时呈清亮透明状，细胞核小而深染，位于细胞中央

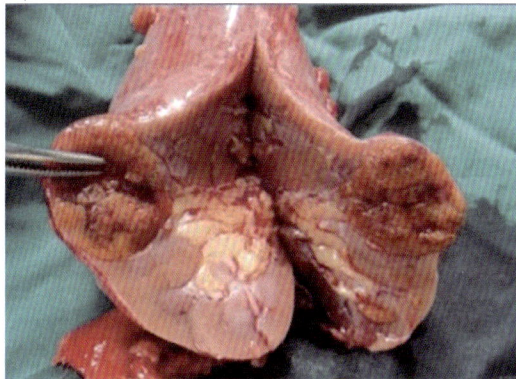

图19-3-2 肾细胞癌

肿瘤一般为实质性圆形肿物

（三）临床病理联系

肾细胞癌早期症状不明显，发现时肿瘤体积已经很大。间歇性无痛性血尿，多为首发症状，早期可仅表现为镜下血尿。典型的临床表现为血尿、腰痛和肾区肿块，即肾癌三联症。肿瘤可产生异位激素和激素样物质，患者可出现多种副肿瘤综合征，如红细胞增多症、高钙血症、高血压和库欣综合征。肾细胞癌容易转移。最常转移至肺和骨，也可发生于局部淋巴结、肝、肾上腺和脑。

（四）预后

本病预后较差，5年生存率约为45%，无转移者可达70%。如肿瘤侵及肾静脉和肾周围组织，5年生存率降为15%~20%。

二、膀胱移行细胞癌

膀胱移行细胞癌是泌尿系统最常见的恶性肿瘤，多发生于男性，男性发病率是女性的2~3倍。发达国家发病率较发展中国家高，城市人口高于农村人口，发病年龄多在50岁以后。

（一）病因和发病机制

膀胱癌的发生与吸烟、接触苯胺芳香胺、病毒感染、埃及血吸虫感染和膀胱黏膜的慢性炎症等有关。吸烟可明显增加膀胱癌的发病率，是最重要的影响因素。

（二）病理变化

膀胱癌好发于膀胱三角区近输尿管开口处和膀胱侧壁。肿瘤可单发也可多发，大小不等。高分化者多呈细长乳头状、绒毛状或息肉状，有蒂与膀胱黏膜相连，质地脆易断。低分化者常呈扁平斑块状，基底宽，无蒂，并向深层浸润。切面呈灰白色，有的可见出血坏死等改变。镜下观，细胞核浓染，部分细胞异型性明显，可有病理性核分裂象。细胞排列紊乱，极性消失。

（三）临床病理联系

膀胱癌最常见的症状是无痛性血尿。因肿瘤乳头断裂、表面坏死和溃疡形成等均可引起血尿。若肿瘤侵犯膀胱壁，刺激膀胱黏膜或合并感染可引起尿频、尿急、尿痛等膀胱刺激症状。如肿瘤阻塞输尿管开口则可引起肾盂积水、肾盂肾炎，甚至肾盂积脓。

膀胱癌主要通过淋巴道转移到局部淋巴结，并可侵犯子宫旁、髂动脉旁和主动脉旁淋巴结。分化差者晚期可发生血道转移，转移到肝、肺、骨髓、肾和肾上腺等器官。

（四）预后

膀胱癌预后与肿瘤的组织学分级密切相关。膀胱癌手术后易复发，部分复发肿瘤分化程度变低，对术后患者应注意密切随访。

第四节　肾功能不全

PPT

当各种原因引起肾功能严重障碍时，会出现多种代谢产物、药物和毒物在体内蓄积，水、电解质和酸碱平衡紊乱，以及肾脏内分泌功能障碍，从而出现一系列症状和体征，这种临床综合征称为肾功能不全（renal insufficiency）。

肾功能不全包括肾功能从代偿阶段发展到失代偿阶段的全过程。而肾衰竭（renal failure）则属于肾功能不全的失代偿阶段。两者没有本质区别。根据病因、发病的急缓和病程的长短，肾衰竭分为急性和慢性两种。无论是急性肾衰竭还是慢性肾衰竭，发展到最严重阶段时，均可产生尿毒症。

一、急性肾功能不全

急性肾功能不全（acute renal insufficiency）即急性肾衰竭（acute renal failure，ARF），是指各种原因引起的双肾泌尿功能在短期内急剧障碍，导致代谢产物在体内迅速积累，水、电解质和酸碱平衡紊乱，出现氮质血症、高钾血症和代谢性酸中毒，并由此发生机体内环境严重紊乱的临床综合征。多数患者出现少尿（成人<400mL/d）或无尿（成人<100mL/d），称为少尿型急性肾衰竭；部分患者尿量无明显减少，但肾脏排泄功能障碍，氮质血症明显，称为非少尿型急性肾衰竭。

（一）原因和分类

引起急性肾衰竭的病因有很多，根据发病环节可分为肾前性、肾性和肾后性三大类。

1. **肾前性急性肾衰竭**　是指各种原因引起肾血液灌流量急剧减少而导致ARF。此型肾脏无器质性改变，若能及时恢复血流量，肾功能可快速恢复正常，又称功能性肾衰竭。

肾前性肾衰竭的常见原因有失血、失液、创伤、感染等引起的各型休克早期。由于有效循环血量减少和肾血管强烈收缩，导致肾血液灌流量和肾小球滤过率急剧减少，出现尿量减少和氮质血症。

2. 肾性急性肾衰竭 指各种原因引起肾实质病变而导致ARF，又称为器质性肾衰竭。临床上根据发生病变部位不同，分为以下因素。

（1）急性肾小管坏死 是ARF最常见、最重要的原因。常见病因如下。①急性肾缺血：各种原因引起的肾缺血持续时间过长，致肾小管坏死。②急性肾中毒：重金属、药物、有机溶剂、生物毒素等直接导致肾小管坏死。③肾小管阻塞：血红蛋白、肌红蛋白、尿酸盐结晶等阻塞、损伤肾小管。

（2）广泛性肾小球、肾间质、肾血管损伤 急性肾炎、红斑狼疮引起肾小球损伤；急性肾盂肾炎引起肾间质病变；双侧肾动脉栓塞和肾动脉狭窄等引起大血管病变。

3. 肾后性急性肾衰竭 指导致从肾盏到尿道口的任何部位的急性梗阻因素引起的少尿、无尿而出现的ARF。临床常见于双侧输尿管结石、前列腺增生、前列腺癌、盆腔肿瘤的压迫等。

（二）发病机制

急性肾衰竭病因不同，其发病机制也不尽相同，但其共同的中心环节为肾小球滤过率降低，肾脏固有细胞的损伤是引起肾小球滤过率降低的病理生理学基础。现将其原因总结如下。

1. 肾血流量减少

（1）肾灌注压减少 各种原因引起的循环血容量不足，均可引起肾血流量减少，肾灌注量减少。研究证实：当动脉压在80~160mmHg时，通过肾血管的自身调节，肾血流灌注量和肾小球滤过率可保持在正常范围内。但动脉压低于50~70mmHg时，肾血流失去自身调节能力，从而引起肾小球滤过率降低。

（2）肾血管收缩 当肾缺血时，肾入球小动脉收缩，造成肾皮质缺血的原因如下。①有效循环血容量减少，引起肾素–血管紧张素–醛固酮系统兴奋，血中儿茶酚胺量增多，肾血流重新分布，导致肾皮质明显缺血。②肾缺氧时，肾小球滤过率降低，刺激致密斑，使球旁细胞释放肾素增多，肾素–血管紧张素–醛固酮系统被激活。③内皮素合成增多。④前列腺素生成减少，尤其是有明显舒张血管作用的前列腺素E_2减少，加重肾缺血。

（3）肾血管内皮细胞受损 肾缺血时肾小球毛细血管内皮细胞上的"钠泵"出现功能障碍，以及肾缺血再灌注产生大量氧自由基造成内皮细胞受损，受损的内皮细胞出现肿胀而导致管腔狭窄，使肾血流量减少。

（4）肾微循环障碍 部分急性肾小管坏死的患者可出现血液凝固性增高以及微血管内皮细胞受损，相应肾小球毛细血管内可有血栓形成，造成血管堵塞，使肾血流减少。

2. 肾小球病变 急性肾小球肾炎等可使肾小球滤过膜受损，滤过面积减少，导致肾小球滤过率减少。

3. 肾小管阻塞 肾缺血、肾毒性药物引起肾小管坏死时细胞脱落的碎片、异型输血时的血红蛋白、挤压综合征的肌红蛋白，均可在肾小管内形成各种管型，阻塞肾小管管腔，使原尿不易通过，引起少尿（图19-4-1）；由于肾小管阻塞，肾小管管内压升高，使肾小囊内压增高，肾小球的滤过压降低，导致肾小球滤过率降低。

4. 肾小管原尿返漏 肾持续缺血和肾毒性物质作用下，肾小管上皮细胞发生变性、坏死而脱落，原尿通过受损的肾小管壁漏入周围间质，引起肾间质水肿，压迫肾小管，造成肾小球囊内压升高，肾小球滤过率减少（图19-4-2）。

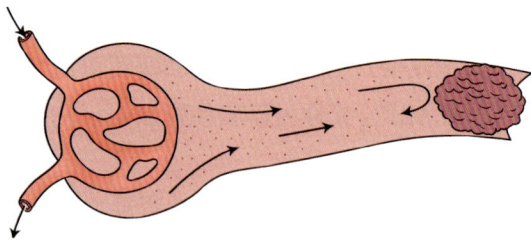

图19-4-1 肾小管阻塞模式图

肾小管阻塞使肾小囊内压增高，导致肾小球滤过率降低

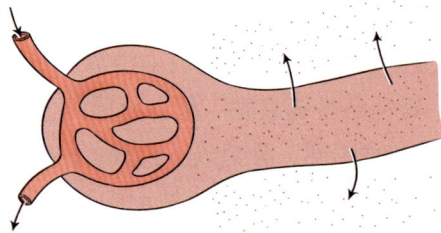

图19-4-2 肾小球原尿返漏模式图

原尿通过受损的肾小管壁漏入周围间质

总之，肾缺血和肾中毒等多种因素导致的肾血管、肾小管受损和肾小球滤过率减少，是急性肾小管坏死引起的少尿型急性肾衰竭的主要发病机制（图19-4-3）。

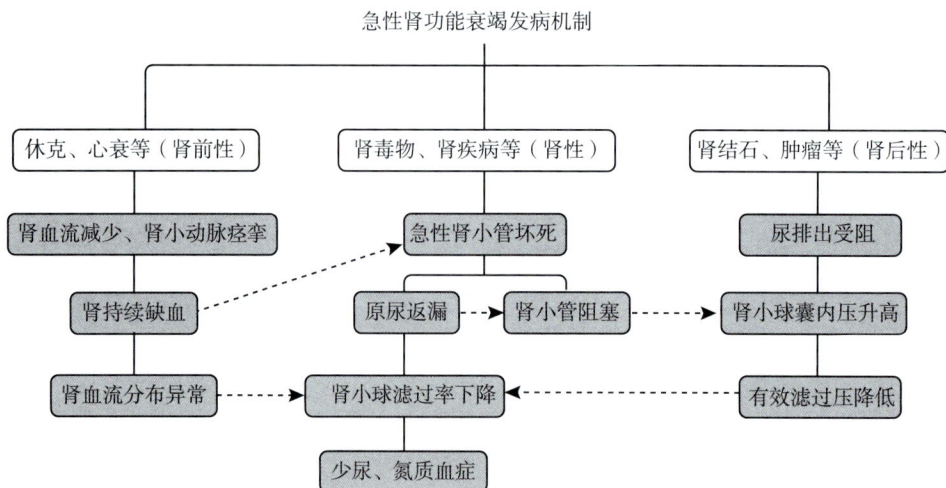

图19-4-3 急性肾衰竭的发生机制

（三）机体的功能和代谢变化

急性肾衰竭大多为少尿型。以急性肾小管坏死所致的急性肾衰竭为例，其发展过程一般可分为少尿期、移行期、多尿期和恢复期四个阶段。

1. **少尿期** 是本型急性肾衰竭的最初表现，也是病情最危重的阶段，此期不仅尿量明显减少甚至无尿，而且还伴有严重的内环境紊乱。此期一般持续1~2周，持续时间越长，预后越差。少尿期主要的功能代谢变化如下。

（1）尿的变化 患病后迅速出现少尿甚至无尿是此期的主要特征。少尿、无尿是由于肾小球滤过率降低、肾小管被阻塞以及肾小管原尿返漏等因素综合作用所致。低比重尿：常固定于1.010~1.020，主要是原尿浓缩和稀释功能障碍引起。尿钠增高：是由于肾小管重吸收功能障碍及尿液浓缩功能降低所致。但在功能性急性肾衰竭时，由于肾小管功能未受损害，因而尿比重高，尿钠含量低。据此鉴别功能性与器质性急性肾衰竭，对于临床判断预后和指导治疗都有重要的意义。血尿、蛋白尿、管型尿：是由于肾小球毛细血管壁通透性增高和肾小管受损所致。

（2）水中毒 由于少尿无尿、体内分解代谢增强使内生水增多，或因水摄入或输入过多等原因，可导致水潴留。水潴留可引起稀释性低钠血症和细胞水肿，严重者可引起脑水肿、肺水肿及心力衰竭导致患者死亡。因此对急性肾衰竭患者应严格控制补液的速度和补液的量。

（3）代谢性酸中毒　由于肾小球滤过率降低、肾脏的排酸保碱功能下降，以及机体在缺氧状态下产生的酸增多，均可使酸性代谢产物在体内潴留而导致代谢性酸中毒。酸中毒可抑制心血管系统和中枢神经系统功能，并可加重高钾血症。

（4）高钾血症　高钾血症是本病患者最常见、最危险的并发症，是少尿期患者死亡的最主要原因。由于组织细胞大量损伤及酸中毒等使钾从细胞内向细胞外转移；肾排钾减少、摄入含钾量高的食物或输入库存血等，都可导致高钾血症。高钾血症可引起心肌兴奋性先高后低、收缩性、传导性和自律性降低，引起心律失常，严重时出现心室纤颤甚至心搏骤停。

（5）氮质血症　由于少尿无尿，体内代谢产物不能充分被排出，同时体内蛋白质分解增加，使血中的尿素、肌酐、尿酸等非蛋白氮含量显著增高，称为氮质血症。同时伴有其他毒性代谢产物在体内的蓄积，患者发生尿毒症。临床上常用血尿素氮作为氮质血症的指标。

2. 移行期　患者每日尿量逐渐增至400mL以上时，表明患者已经度过危险期进入移行期。此期，受损的肾小管上皮细胞已经开始再生修复，但肾排泄能力仍低于正常，少尿期出现的危险因素不会立即恢复。

3. 多尿期　当24小时尿量超过400mL时，即进入多尿期。进入多尿期是病情好转、肾功能开始恢复的标志。随着病程发展，每日尿量可达3000mL以上。多尿的主要机制是：①肾血流量和肾小球滤过功能逐渐恢复；②肾小管阻塞解除，间质的水肿消退；③潴留在血液中的代谢废物从肾小球大量滤出，产生渗透性利尿；④损伤的肾小管上皮细胞开始再生修复，但新生的上皮细胞功能尚不成熟，对钠水的重吸收功能低下。

多尿期患者尿量虽已增多，但在多尿早期，由于肾小球滤过率仍低于正常，故氮质血症、高钾血症和酸中毒还未恢复。而多尿后期由于尿量明显增多，水和电解质的大量排出，若不及时补充，又可发生脱水、低钾血症和低钠血症等，故应注意监测并及时采取相应措施。多尿期持续1~2周，之后逐步进入恢复期。

4. 恢复期　一般在发病后的1个月左右开始进入恢复期。尿量及尿液成分逐渐恢复至正常范围，血中非蛋白氮和水、电解质及酸碱平衡紊乱得到纠正，相应的临床症状消失。但肾小管的浓缩和酸化功能恢复较慢，通常完全恢复正常约需半年到1年。

非少尿型急性肾衰竭肾内病变和临床表现一般较轻，尿量减少不明显，24小时尿量通常在400~1000mL之间，尿比重降低，尿钠含量降低，有氮质血症，但很少出现高钾血症。此型肾衰竭病程较短，预后较好。少尿型和非少尿型急性肾衰竭可以相互转化，少尿型经治疗后可转化为非少尿型，而非少尿型因漏诊或治疗不当可转化为少尿型，表明病情恶化，预后不良。

（四）防治原则

1. 积极治疗原发病或控制致病因素。
2. 纠正内环境紊乱：如纠正水、电解质和酸碱平衡紊乱及高钾血症，控制氮质血症，用透析疗法等。
3. 抗感染和营养支持。
4. 针对发病机制用药，如自由基清除剂、钙离子通道阻滞剂、膜稳定剂、能量合剂等。

二、慢性肾功能不全

慢性肾功能不全（chronic renal insufficiency）即慢性肾衰竭（chronic renal failure，CRF），是指各种慢性肾脏疾病引起肾单位进行性、不可逆性破坏，以致残存的肾单位不能充分排出体内的代谢废物和维持内环境稳定，导致体内出现代谢废物的潴留，水、电解质和酸碱平衡的紊乱以及肾内分泌功能的障碍，并伴有一系列临床症状的病理过程。CRF呈渐进性发展，病程迁延，病情复杂，最后常以尿毒症为结局而导致死亡。

（一）原因

1. 肾脏病变　凡能造成肾实质进行性破坏的疾病均可引起CRF。如慢性肾小球肾炎、慢性肾盂肾炎、肾结核、系统性红斑狼疮等，其中以慢性肾小球肾炎最常见，占50%~60%。

2. 肾血管病变　如高血压性肾小动脉硬化、糖尿病性肾小动脉硬化等。

3. 尿路慢性梗阻　如尿路结石、前列腺肥大、尿路肿瘤等。

（二）发展过程及发生机制

CRF的发病机制十分复杂，目前尚不十分清楚。一般认为可能与健存肾单位的日益减少、矫枉失衡、肾小球的过度滤过以及肾小管－肾间质损害等因素有关。这是一个进展缓慢且呈进行性加重的发展过程，是肾功能由代偿逐步向失代偿转变的一个动态的发生发展过程。

1. 代偿期　此期肾实质破坏尚不严重，还能维持内环境的稳定，也无明显临床症状。内生肌酐清除率在正常值的30%以上，血肌酐<278μmol/L。但肾脏的储备功能降低，在感染、创伤以及水、钠、钾负荷突然增加时，则转入失代偿阶段。

2. 失代偿期　此期又可分为以下三个阶段。

（1）肾功能不全期　肾实质损伤加重，肾脏已不能维持内环境的稳定，内生肌酐清除率降至正常值的25%~30%，血肌酐为278~450μmol/L。患者可出现多尿、夜尿、轻度氮质血症和贫血等临床表现。

（2）肾功能衰竭期　肾功能明显恶化，机体内环境严重紊乱，此期内生肌酐清除率降至正常值的20%~25%，血肌酐为450~707μmol/L。患者出现明显的氮质血症、酸中毒、低钙血症、高磷血症、严重的贫血、多尿、夜尿等临床表现，并伴有部分尿毒症中毒的症状。

（3）尿毒症期　肾功能衰竭发展至最严重阶段，此期内生肌酐清除率降至正常值的20%以下，血肌酐>707μmol/L，患者有严重的水、电解质和酸碱平衡紊乱以及多系统功能的障碍，并出现一系列的尿毒症中毒症状。

（三）机体的功能和代谢变化

1. 尿的改变　①夜尿：正常成人每日尿量约1500mL，白天尿量约占总尿量的2/3，夜间尿量占1/3。CRF早期，患者夜间排尿即可增多，夜间尿量和白天尿量接近，甚至超过白天尿量，故称为夜尿，其发生机制尚不清。②多尿：成人24小时尿量超过2000mL称为多尿。这是由于多数肾单位被破坏，流经残存肾小球的血液量代偿性增加，使原尿生成增多，原尿流经肾小管时流速增快，肾小管来不及充分重吸收；原尿中溶质含量代偿性增高，引起渗透性利尿；肾小管的病变使尿浓缩能力降低，从而出现多尿。③低渗或等渗尿：CRF早期，由于肾浓缩功能减退而稀释功能正常，因而出现低渗尿。随着病情发展，肾浓缩功能和稀释功能均丧失，尿的渗透压接近于血浆晶体渗透压，尿比重固定在1.008~1.012，称为等渗尿。④少尿、无尿：病变晚期，由于肾单位大量破坏，肾小球滤过率极度降低，出现少尿、无尿。

2. 水与电解质代谢紊乱

（1）水代谢紊乱　CRF时，肾脏对水的适应调节能力降低。当水摄入增加时，肾脏不能相应增加水的排泄而易发生水潴留，甚至水中毒；若严格限制水的摄入或使用利尿剂时，可出现血容量减少、脱水。

（2）电解质代谢紊乱 ①CRF患者对钠的适应调节能力降低，对钠的重吸收减少，尿钠排出增多，极易出现低钠血症。若因呕吐、腹泻、长期限钠、肾脏持续失钠等又可导致低钠血症；而钠摄入过多又导致钠水潴留。②钾代谢紊乱：CRF时，一般只要尿量不减少，血钾可维持在正常水平。但如果患者进食不足、呕吐、腹泻、长期应用排钾利尿剂等，可出现低钾血症；如果钾摄入量过多、尿量减少、酸中毒、长期应用保钾利尿剂等，又产生高钾血症。③钙、磷代谢紊乱：表现为血磷升高，血钙降低，并出现肾性骨营养不良。CRF时，由于肾小球滤过率不断下降，肾排磷减少而致血磷升高。钙、磷在血浆中为定值，血磷升高时血钙就会降低；由于肾实质破坏导致1,25-（OH）$_2$D$_3$生成不足，以及体内毒性物质的潴留等抑制肠道对钙的吸收，进一步加重低钙血症。低血钙刺激甲状旁腺分泌甲状旁腺激素（PTH）增多，PTH有溶骨作用，增加骨质脱钙；同时，CRF时伴有的代谢性酸中毒也可促进骨盐的溶解，从而引起肾性骨营养不良，导致儿童发生肾性佝偻病，成人发生骨质软化、纤维性骨炎和骨质疏松等，患者出现骨痛、行动困难，易发生病理性骨折。

3. 代谢性酸中毒 由于肾小管泌氢产氨能力下降，重吸收NaHCO$_3$减少，以及酸性代谢产物的排出减少，导致代谢性酸中毒。

4. 氮质血症 CRF早期，氮质血症不太明显。CRF晚期，由于肾单位大量破坏和肾小球滤过率下降，使含氮的代谢终末产物如尿素、肌酐、尿酸等在体内蓄积，而出现氮质血症。

5. 肾性高血压 由肾实质病变引起的高血压称为肾性高血压，是最常见的继发性高血压。肾性高血压的发生机制可能如下。

（1）钠水潴留 CRF时，由于肾脏排钠、排水功能降低，体内钠、水潴留，血容量和心输出量均增加，导致血压升高，称为钠依赖性高血压。限制钠盐的摄入、使用利尿剂促进水钠排泄可达到较好的治疗效果。

（2）肾素-血管紧张素系统活性增强 某些肾脏疾病，由于肾相对缺血，激活了肾素-血管紧张素系统，增多的血管紧张素使血管收缩，外周阻力增加，导致血压升高，称为肾素依赖性高血压，使用血管紧张素转换酶抑制剂可达到较好的治疗效果。

（3）肾分泌的降压物质减少 肾实质破坏，肾生成前列腺素A$_2$和E$_2$等舒血管物质减少，外周阻力增加，引起血压升高。

6. 肾性贫血 CRF患者常伴有贫血，称肾性贫血。贫血程度常与肾功能损害程度一致。由于肾实质破坏，促红细胞生成素减少是肾性贫血的主要原因。体内潴留的毒性物质可抑制骨髓造血功能、加速红细胞破坏、出血，铁的吸收利用障碍等均可导致或加重贫血。

7. 出血倾向 常表现为皮下出血、鼻出血、牙龈出血、胃肠道出血等。出血可能与体内蓄积的毒性物质造成血小板功能受损有关，而非血小板数量减少。

（四）防治原则

1. 积极治疗原发病 对引起CRF的原发病积极采取预防和治疗措施。

2. 消除加重肾损害的因素 控制感染、高血压、心力衰竭等，避免使用血管收缩药物与肾毒性药物，及时纠正水、电解质和酸碱平衡紊乱，以延缓疾病的进展。

3. 控制饮食和营养支持 是非透析治疗最基本、最有效的措施，关键是蛋白质摄入量及成分的控制。临床上多采用优质低蛋白、高热量饮食，既能保证足够的能量供给，又能减少蛋白质的分解。

4. 透析疗法 根据病情需求采用血液透析或者腹膜透析。

> **📖 知识拓展**
>
> 　　当肾小球滤过率小于10mL/min，并有明显尿毒症表现时，应进行肾脏替代治疗。肾脏替代治疗包括血液透析、腹膜透析和肾移植。肾移植是将来自供体的肾脏通过手术植入受者体内，从而恢复肾脏功能。肾移植因其供肾来源不同，分为自体肾移植、同种异体肾移植和异种肾移植，习惯上把同种异体肾移植简称为肾移植，其他两种肾移植则冠以自体或异种肾移植以资区别。血液透析和腹膜透析可替代肾脏部分排泄功能，成功的肾移植可完全恢复肾脏功能。

第五节　尿毒症

PPT

　　尿毒症（uremia）是各种肾脏疾病发展的最严重阶段，由于肾单位大量破坏，导致代谢终末产物和毒性物质在体内大量潴留，并伴有水、电解质和酸碱平衡的严重紊乱以及某些内分泌功能失调，从而引起一系列自体中毒症状的综合征。

一、发病机制

　　尿毒症的发病机制非常复杂，可能是尿毒症毒素在体内蓄积，水、电解质和酸碱平衡紊乱以及肾脏内分泌功能失调等多因素综合作用的结果，其中尿毒症毒素的蓄积在尿毒症的发病中起着重要的作用。常见的尿毒症毒素有：甲状旁腺激素、胍类化合物、尿素、多胺、中分子毒性物质，以及肌酐、尿酸等。

二、机体的功能和代谢变化

　　尿毒症除了有急性、慢性肾功能不全临床表现进一步加重外，还有以下中毒症状。

　　1. **神经系统**　中枢神经系统功能紊乱是尿毒症的主要表现，患者出现头晕、头痛、记忆力减退、烦躁不安等，严重者还可出现嗜睡和昏迷。血液中甲状旁腺激素和胍类物质增多可损害周围神经，出现下肢无力、疼痛，甚至麻痹等。

　　2. **消化系统**　是尿毒症患者最早出现和最突出的症状。早期表现为厌食，晚期出现恶心、呕吐、腹泻、口腔黏膜溃疡以及消化道出血等症状。其发生可能与肠道菌的尿素酶分解尿素产氨增多和胃泌素引起胃酸分泌过多，导致胃肠道黏膜炎症反应和多发性表浅性小溃疡等有关。

　　3. **心血管系统**　主要表现为心力衰竭和心律失常，晚期可出现尿毒症性心包炎。心力衰竭是由肾性高血压、酸中毒、水钠潴留、高钾血症等引起。尿素、尿酸等毒性物质可直接刺激心包引起纤维素性心包炎，患者出现心前区疼痛，听诊可闻及心包摩擦音，为尿毒症患者最危险的表现之一。

　　4. **呼吸系统**　酸中毒使呼吸加深加快，严重时可出现深大呼吸或潮式呼吸。由于尿素经唾液酶分解产生氨气，患者呼出气中可有氨味。尿素刺激胸膜引起纤维素性胸膜炎。肺还可出现肺水肿、肺钙化等并发症。

　　5. **免疫系统**　尿毒症患者易并发感染，感染常为死亡的原因之一。可能与体内毒性物质抑制细胞免疫反应有关。

6. **皮肤变化**　患者常出现皮肤瘙痒、干燥、脱屑等。瘙痒可能与毒性物质刺激皮肤感觉神经末梢以及继发性甲状旁腺功能亢进所致皮肤钙盐沉积有关。尿素随汗液排出，在皮肤汗腺开口处形成细小白色尿素结晶，称为尿素霜。

7. **物质代谢紊乱**　尿毒症患者的三大物质代谢均出现障碍。糖代谢障碍：半数以上患者出现葡萄糖耐量降低；蛋白质代谢障碍：患者出现低蛋白血症和消瘦；脂肪代谢障碍：患者出现高脂血症。

三、防治原则

基础治疗同慢性肾功能不全。肾移植是治疗尿毒症的最根本方法。

实训实练九　泌尿系统疾病

（一）实训目的

1. 能够识别急性肾小球肾炎、慢性肾小球肾炎镜下病变特点。
2. 观察大体标本，并能对其病变特点进行准确描述。

（二）实训用品

大体标本、组织切片、显微镜。

（三）实训内容

【大体标本观察】

1. **大红肾**　肾脏轻度到中度对称性肿大，被膜紧张，表面充血明显，色泽红润。

2. **继发性颗粒性固缩肾**　肾脏体积缩小，重量减轻，质地变硬，表面呈弥漫性细颗粒状。切面可见肾皮质萎缩变薄，皮髓质界限不清，小动脉管壁增厚变硬。肾盂周围脂肪组织增多。

3. **肾细胞癌**　肾细胞癌多见于肾的上、下两极，以上极多见。肿瘤一般为实质性圆形肿物，直径多在3~15cm之间。切面可见瘤细胞富含脂质和糖原而呈黄色或灰白色，并常伴有灶状出血、坏死、软化或钙化而呈红色、棕色，表现为多种颜色相交错的多彩的特征。肿瘤界限清楚，形成假性包膜。

4. **膀胱癌**　膀胱癌好发于膀胱三角区近输尿管开口处和膀胱侧壁。肿瘤可单发也可多发，大小不等。分化较好者多呈细长乳头状、绒毛状或息肉状，有蒂与膀胱黏膜相连，质地脆易断。

【组织切片观察】

1. **急性肾炎**　镜下观，肾小球内皮细胞和系膜细胞增生、肿胀，导致细胞数目明显增多，并有中性粒细胞和巨噬细胞浸润，肾小球体积增大。

2. **慢性肾小球肾炎**　镜下观，病变弥漫累及双侧肾脏大多数肾单位。大部分肾小球纤维化和玻璃样变以及其所属肾小管萎缩消失。肾间质纤维组织增生，并有大量淋巴细胞、浆细胞浸润。病变轻的肾单位出现代偿性改变，肾小球体积增大，肾小管扩张，管腔内可见各种管型。间质纤维化挤压周围肾小球使其相互靠拢。

（四）实训作业

制作急性肾炎的显微镜下结构图。

目标检测

答案解析

一、单项选择题

1. 与急性弥漫性增生性肾小球肾炎有关的病原主要是（　　）

  A. 病毒　　　　　　B. 寄生虫　　　　　C. 葡萄球菌　　　　D. 链球菌　　　　E. 肺炎球菌

2. 急性弥漫性增生性肾小球肾炎的镜下观主要变化是（　　）

  A. 肾小球间质中结缔组织增生　　　　　　　B. 肾小球系膜基质增生

  C. 肾小球内皮细胞及系膜细胞增生　　　　　D. 肾小球毛细血管壁增厚

  E. 肾小球壁层上皮细胞增生

3. 急进性肾小球肾炎的病理学特征是（　　）

  A. 中性粒细胞渗入肾球囊内　　　　　　　　B. 肾球囊壁层上皮细胞增生

  C. 肾球囊脏层上皮细胞增生　　　　　　　　D. 毛细血管纤维素样坏死

  E. 毛细血管基底膜增厚

4. 脂性肾病的病变特点是（　　）

  A. 发病与B细胞功能异常有关　　　　　　　B. 肾小球上皮细胞内脂质沉积

  C. 肾小球通透性降低　　　　　　　　　　　D. 弥漫性肾小球脏层上皮细胞足突消失

  E. 弥漫性毛细血管基底膜外驼峰状物沉积

5. 慢性肾小球肾炎晚期肾小球最主要的变化是（　　）

  A. 纤维化、玻璃样变　　　　　　　　　　　B. 肾小球内细胞增生，肾小球体积增大

  C. 入球小动脉玻璃样变　　　　　　　　　　D. 毛细血管内皮细胞增生

  E. 肾球囊壁层上皮细胞增生

6. 肾病综合征的主要表现不包括（　　）

  A. 高脂血症　　　B. 高度水肿　　　C. 低蛋白血症　　　D. 大量蛋白尿　　E. 大量血尿

7. 下列疾病中，肉眼观的形态是颗粒性肾固缩的是（　　）

  A. 急性弥漫性增生性肾小球肾炎　　　　　　B. 毛细血管外增生性肾小球肾炎

  C. 慢性硬化性肾小球肾炎　　　　　　　　　D. 急性肾盂肾炎

  E. 膜性肾小球肾炎

8. 急性弥漫性增生性肾小球肾炎引起高血压的可能原因是（　　）

  A. 肾小管坏死　　　　　　B. 全身小动脉痉挛　　　　　　C. 肾小球滤过率减少

  D. 肾小管重吸收增加　　　E. 肾小动脉透明变性

9. 急性肾小球肾炎肉眼变化主要呈现（　　）

  A. 大白肾　　　　　　　　B. 蚤咬肾和大红肾　　　　　　C. 多发性小脓肿

  D. 多囊肾　　　　　　　　E. 固缩肾

10. 新月体主要由下列哪种细胞增生形成（　　）

  A. 系膜细胞　　　B. 内皮细胞　　　C. 壁层上皮细胞　　　D. 足细胞　　　　E. 中性粒细胞

11. 膀胱癌最突出的临床表现是（　　）

  A. 无痛性血尿　　　　　　B. 膀胱刺激综合征　　　　　　C. 尿路梗阻

  D. 蛋白尿和管型尿　　　　E. 腹部肿块

12. 急性肾衰竭最危险的并发症是（ ）

    A．水中毒   B．水肿   C．心力衰竭

    D．高钾血症   E．代谢性酸中毒

13. 慢性肾衰竭患者有出血倾向的主要原因是（ ）

    A．血小板数量减少   B．凝血酶减少   C．维生素K缺乏

    D．血小板功能障碍   E．骨髓造血功能障碍

14. 慢性肾衰竭时继发性PTH分泌过多的始动原因是（ ）

    A．低钙血症   B．骨营养不良   C．肠吸收钙减少

    D．$1,25-（OH）_2-D_3$生成减少   E．高磷血症

二、简答题

1. 简述急性肾小球肾炎的病变特点。

2. 简述慢性肾小球肾炎主要的临床表现。

3. 简述急性肾衰竭多尿期发生多尿的机制。

4. 简述发生肾性高血压的原因及机制。

（吕洪臻）

书网融合……

        知识回顾   习题

第二十章 | 感染性疾病

学习目标

知识要求：

1. 掌握结核病的类型及病理变化；原发性及继发性肺结核病的好发部位、类型及各型的病理变化；细菌性痢疾的病理变化及临床病理联系；阿米巴病和血吸虫病的病理变化及临床病理联系；性传播疾病的病因及病理变化。

2. 熟悉结核病病变的转化规律；原发性及继发性肺结核病的临床病理联系；肺外结核病的病理变化及临床病变特点；各种传染性疾病的发病原因及传播途径。

3. 了解各种感染性疾病的发病机制。

技能要求：

1. 具有对常见感染性疾病诊断的能力。

2. 能够熟练规范的运用显微镜观察病理组织切片。

3. 具备运用所学病理学知识分析和解决实际问题的临床思维能力。

感染性疾病是一类由病原微生物经过一定的途径侵入机体引起感染，并出现一系列临床症状的一组疾病。感染性疾病的本质是病原微生物感染所致的炎症，包括传统的传染病、寄生虫病、有明确病原体的其他感染性疾病，以及医院内感染等。传染病除具有感染性疾病的特点外，还能够在人群中引起局部或广泛的流行。传染源、传播途径和易感人群是传染病在人群中发生或流行的三个基本环节。传染病的病理过程取决于病原微生物的性质和机体的反应性，以及是否得到及时适当的治疗。

近年来，随着社会条件的改善、基因诊断技术以及有效抗生素的应用，我国感染性疾病的发病率和死亡率均得到有效控制。如天花曾被视为人类历史上最具有毁灭性的疾病之一，随着疫苗的广泛应用，天花已被消灭；麻风是由麻风分枝杆菌感染易感个体引起的慢性传染病，通过积极治疗，本病也已得到有效控制，发病率显著下降。然而，一些曾经控制得较好的疾病，由于各种原因反而死灰复燃，发病率明显上升，如结核病、梅毒、淋病等，并出现了一些新的传染病如艾滋病、严重急性呼吸综合征（SARS）等，且艾滋病的发病率也在不断提高，严重危害人类健康。各器官系统的常见感染性疾病已在相关章节中述及，本章重点介绍传染病，如结核病，细菌性痢疾，性传播疾病中的淋病、尖锐湿疣、梅毒和艾滋病，同时简要介绍常见寄生虫病。

第一节 结核病

一、概述

结核病（tuberculosis）是由结核杆菌引起的一种慢性肉芽肿性炎症，可发生在全身各个器官，以肺结核最常见。结核病的典型病变是结核结节形成，并伴有不同程度的干酪样坏死。临床表现为低热、盗汗、乏力、消瘦等全身中毒症状，并出现咳嗽、咯血等呼吸系统症状。

（一）病因和发病机制

1. 病因 结核分枝杆菌是结核病的病原菌，对人致病的主要是人型和牛型，结核分枝杆菌抗酸染色呈红色。发病率最高的为人型感染，牛型感染次之。结核病主要通过呼吸道传播，少数通过消化道传播（食入带菌食物），极少数通过皮肤伤口感染，其中呼吸道传播是结核病最重要及最常见的传播途径。

结核病患者和带菌者为结核病的传染源。肺结核患者，特别是空洞型肺结核患者，从呼吸道排出大量含结核杆菌的微滴，机体吸入这些带菌微滴便可造成感染。直径<5μm的微滴能到达肺泡，致病性最强。

2. 发病机制 结核病的发生发展取决于感染的结核杆菌的菌量、毒力及机体的反应性。结核杆菌致病性与菌体细胞壁的结构成分相关，目前认为，结核病的发病机制是由结核杆菌引起的免疫反应（细胞免疫）和变态反应（Ⅳ型超敏反应），一方面吞噬杀伤病原菌，另一方面导致组织破坏。初次感染机体的结核杆菌，到达肺泡后，趋化和吸引巨噬细胞，巨噬细胞吞噬结核杆菌，经过加工处理后将抗原信息递呈给CD4阳性的T淋巴细胞使其致敏。当机体再次感染结核杆菌时，致敏的T淋巴细胞被菌体成分刺激后，释放出多种细胞因子，吸引巨噬细胞，聚集在感染部位的巨噬细胞吞噬并杀灭结核杆菌，形成类上皮细胞和朗汉斯巨细胞（Langhans giant cell），最终形成特征性结核结节。结核病的免疫反应（细胞免疫）与变态反应（Ⅳ型超敏反应）常同时发生且相伴出现，贯穿于病变的发生发展过程。当感染的结核杆菌菌量较多、毒力较强，机体抵抗力较弱时，以变态反应（Ⅳ型超敏反应）为主，局部病变恶化；反之则以细胞免疫反应占优势，病变范围局限，疾病趋向好转，继而痊愈。结核病基本病理变化和机体免疫状态的关系见表20-1-1。

表20-1-1 结核病基本病理变化和机体免疫状态的关系

病变	免疫状态		结核杆菌		病理变化
	细胞免疫	超敏反应	毒力	菌量	
渗出为主	低	较强	强	多	浆液性或浆液纤维素性炎
增生为主	较强	较弱	较低	少	结核性肉芽肿
坏死为主	低	强	强	多	干酪样坏死

（二）基本病理变化

结核病属于慢性炎症，以肉芽肿形成为特点，其基本病理变化包括变质、渗出和增生。三种病理变化往往同时存在，以某一种变化为主，三种变化可以相互转化。

1. 以渗出为主的病变　结核性炎症早期或者机体免疫力低下时，侵入机体的菌量多且毒力强，或机体的变态反应比较强时，病变主要表现为浆液性或浆液纤维素性炎。早期病灶内有中性粒细胞浸润，但巨噬细胞很快取代中性粒细胞，此时在渗出液中及巨噬细胞内均可检出结核杆菌。此型病变好发于肺、浆膜、滑膜和脑膜等，渗出物可完全被机体吸收不留痕迹，也可转变为以增生为主或者以坏死为主的病变。

2. 以增生为主的病变　当侵入机体的细菌量较少，且毒力较低，或者机体免疫反应较强时，病理变化则表现为以增生为主，形成具有诊断价值的结核肉芽肿。

结核肉芽肿是在细胞免疫的基础上形成的。镜下观，典型结核结节中央为干酪样坏死，周围有类上皮细胞、朗汉斯巨细胞，病灶外周大量的淋巴细胞，以及少量反应性增生的成纤维细胞（图20-1-1）。上皮样细胞呈梭形或多角形，细胞质丰富，境界不清，HE染色可将其染成淡伊红色，细胞核呈圆形或者卵圆形，染色质少，可呈空泡状，核仁通常1~2个。朗汉斯巨细胞为多核巨细胞，是由多数类上皮细胞相互融合，或一个类上皮细胞细胞核分裂但细胞质不分裂所形成，胞质丰富，直径可达300μm，可有数个、数十个或上百个核，核排列在细胞质周围形成马蹄形或花环状，也可密集于胞体的一端。

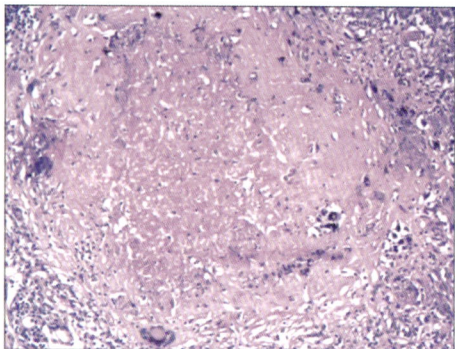

图20-1-1　结核性肉芽肿
中央为干酪样坏死，周围可见上皮样细胞、
朗汉斯巨细胞及淋巴细胞等

3. 以坏死为主的病变　当结核杆菌较多、毒力强且机体抵抗力低下或者变态反应较强时，可直接发生坏死，也可在上述以渗出或增生为主的病理变化上继发干酪样坏死。结核坏死灶内由于含较多脂质而呈淡黄色、质地松软，均匀细腻，状似奶酪，因此被称干酪样坏死。镜下观，可见干酪样坏死为红染无结构的颗粒状物，坏死部位原有组织结构消失，甚至不见核碎屑，是更为彻底的凝固性坏死。干酪样坏死物中一般会有一定量的结核杆菌，可导致结核病进展恶化，对结核病的诊断具有一定的意义。

（三）基本病变的转化规律

机体抵抗力和结核杆菌致病力之间的矛盾关系将决定结核病的发展和结局，当机体抵抗力较强，可抑制、杀灭结核杆菌，病变转向愈合；反之则转向恶化。

1. 转向愈合

（1）吸收消散　临床上称为吸收好转期。为渗出性病变的主要愈合方式。渗出物经由淋巴管吸收，使病灶缩小或者完全消散。X线检查可见原本边缘模糊、密度不均、呈云雾状渗出的病变，其阴影缩小或被分割成小块，以至完全消失。治疗得当的增生性病变及较小的干酪样坏死灶可吸收消散或缩小。

（2）纤维化及纤维包裹、钙化　临床称为硬结钙化期。较小的干酪样坏死灶及增生性病变，可通过逐渐纤维化，最终形成瘢痕而愈合。大的干酪样坏死灶，难以全部纤维化，则通过周围增生的纤维组织将坏死物包裹，坏死物逐渐干燥浓缩，并有钙盐沉积。钙化的结核病灶内常有少量结核杆菌残留，当机体抵抗力低下时可复发进展。X线检查可见纤维化病灶的边缘清楚、密度增高的条索状阴影；钙化灶呈现为边缘清晰、密度甚高的阴影。

2. 转向恶化

（1）浸润进展　临床上称为浸润进展期。当病变恶化时，病灶周围会出现渗出性病变，且范围不断扩大，继发干酪样坏死。X线检查提示原病灶周围出现边缘模糊的絮状阴影。

（2）溶解播散　临床上称为溶解播散期。当病情恶化时，干酪样坏死物液化成半流体物质，经体内自然管道（如支气管、输尿管等）排出，使机体局部形成空洞。空洞内剩余的液化的干酪样坏死物中含大量结核杆菌，也可通过支气管、血管、淋巴管等播散到机体其他部位，形成新的结核病灶。X线检查可见病灶阴影密度深浅不一、出现透亮区（空洞）及大小不等的新病灶阴影。

二、肺结核病

结核病中最常见的类型为肺结核，可分为原发性肺结核病和继发性肺结核病两大类。

（一）原发性肺结核病

原发性肺结核病（primary pulmonary tuberculosis）是指第一次感染结核杆菌所引起的肺结核病。多发生于儿童，偶见于未感染过结核杆菌的青少年或成人，又称儿童型肺结核病。一些免疫功能严重受抑制的成年人，由于机体丧失了对结核杆菌的敏感性，因此可以多次发生原发性肺结核病。

原发病灶多位于肺上叶下部、下叶上部靠近胸膜处，主要是由于结核杆菌被吸入肺泡后，首先在通气比较好的肺上叶下部，或肺下叶上部靠近胸膜处形成病灶，大小1.0~1.5cm，原发病灶以结核性肉芽肿形成为特点，病变为灰白色实性灶，病灶中央可见干酪样坏死。原发病灶的结核杆菌游离或被巨噬细胞吞噬，而后侵入淋巴管，沿着淋巴管引流到肺门淋巴结，引起结核性淋巴管炎和淋巴结炎，可导致淋巴结肿大及干酪样坏死。肺的原发病灶、淋巴管炎和肺门淋巴结结核三者称为原发综合征。X线呈哑铃状阴影。

患者临床表现不明显，少数可出现发热、盗汗及倦怠，一般病程较短，多能自愈，也可经以下几种形式转归。

1. **愈合**　约95%的患者因机体细胞免疫的建立，病灶可完全吸收或纤维化，大的坏死灶形成纤维包裹或钙化。

2. **恶化**　少数患儿机体免疫力下降，可使病情恶化，导致局部病灶扩大，并且通过淋巴道、血道和支气管播散到全身其他器官，此时出现明显的中毒症状。

（1）淋巴道播散　肺门淋巴结的结核杆菌，沿淋巴管蔓延，病变区淋巴结肿大，可发生干酪样坏死，坏死灶互相粘连成块、成串。严重者干酪样坏死可发生液化，穿破皮肤，形成经久不愈的窦道。

（2）血道播散　大量结核杆菌侵入血流，引起急性全身粟粒型肺结核病。病变主要表现为各器官内密集灰白或灰黄、境界清楚、分布均匀、大小一致、粟粒大小的结核结节。

（3）支气管播散　干酪样坏死侵及相连的支气管，从而使含菌的坏死物沿支气管在肺内播散，引起干酪样肺炎。原发性肺结核形成空洞和支气管播散者少见。

（二）继发性肺结核病

继发性肺结核病（secondary pulmonary tuberculosis）是指当机体再次感染结核杆菌所引起的肺结核病，多发生于成年人，称为成人型肺结核病。

由于继发性肺结核病是第二次感染结核杆菌，此时机体已经具有一定的免疫力，形成的病灶与原发性肺结核病有所不同，具有以下特点：病变常始于肺尖，称再感染灶；患者免疫力较强，病变常以增生为主，形成结核肉芽肿，具有诊断意义；同时，患者伴有严重而剧烈的变态反应，病灶中可见干酪样坏死；在肺内，病灶主要通过支气管播散，淋巴道及血道播散较少见；病程一般较长，随着机体免疫力及变态反应的消长，病情时好时坏。因此，继发性肺结核病病变复杂多样，可见增生、渗出及坏死交替或者新旧病变混杂出现。根据继发性肺结核病病变特点和临床经过可将其分为以下几种类型。

1. **局灶型肺结核**（focal pulmonary tuberculosis） 是继发性肺结核病的早期病变。病变常位于肺尖下2~4cm处，直径0.5~1.0cm。X线示肺尖部境界清楚的单个或多个结节状病灶。镜下观，以增生性病变为主，中央可见干酪样坏死，当患者的免疫力较强，病灶周围可出现纤维包裹。患者一般无自觉症状，常在体检时发现，属于非活动性结核。

2. **浸润型肺结核**（infiltrative pulmonary tuberculosis） 多数患者是由局灶型肺结核发展而来，少数可开始发病即为浸润型肺结核，此型是临床上最常见的活动性、继发性肺结核。病灶多位于肺尖部锁骨下，X线显示锁骨下边缘模糊的云雾状阴影。病理变化以渗出为主，中央可见干酪样坏死。患者常伴有低热、盗汗、疲倦、咳嗽、咯血等临床表现。如早期发现，合理治疗，渗出性病变可部分或完全吸收；增生及坏死性病变可通过纤维化、钙化而愈合。若病变继续发展，干酪样坏死可逐渐扩大（浸润进展），液化后的坏死物可经支气管排出，在局部形成急性空洞，空洞壁坏死层内含有大量结核杆菌，结核杆菌经支气管播散，引起干酪性肺炎（溶解播散）。急性空洞通常容易愈合，经过适当治疗后，空洞壁肉芽组织增生，空洞腔逐渐缩小闭合，最终形成条索状瘢痕而愈合。急性空洞经久不愈，则会发展为慢性纤维空洞型肺结核。

3. **慢性纤维空洞型肺结核**（chronic fibro-cavernous pulmonary tuberculosis） 多由浸润型肺结核形成的急性空洞发展而来。该型病变有以下几个特点：①肺上叶有一个或多个大小不一的厚壁空洞，空洞多不规则，空洞壁厚度可达1cm以上（图20-1-2）。镜下观，空洞壁分为三层，内层为干酪样坏死物质，其内含大量结核杆菌；中层为结核性肉芽组织；外层为纤维结缔组织。②因支气管播散，同侧或对侧肺组织内可见很多大小不等、新旧不一、病理变化类型不同的病灶，越往下越新鲜。③后期肺组织严重破坏，出现广泛的纤维化，胸膜增厚，并与胸壁粘连，肺体积缩小，变形、变硬，严重影响患者肺功能，甚至使肺功能丧失。

慢性纤维空洞型肺结核又称开放性肺结核，主要是由于支气管与病变的空洞相通，成为结核病的传染源。空洞壁的干酪样坏死可侵蚀较大血管，引起大咯血，当患者吸入大量血液可导致窒息死亡。空洞突破胸膜时可引起气胸或脓气胸。若含菌痰液被咽下可引起肠结核。较小的厚壁空洞经适当治疗可通过纤维组织增生而闭塞。较大的空洞可达到开放性愈合，即内壁干酪样坏死组织脱落，肉芽组织逐渐转变为纤维瘢痕组织，并由支气管上皮覆盖，空洞此时仍然存在，但已无菌。

4. **干酪性肺炎**（caseous pneumonia） 当机体抵抗力低下及对结核杆菌高超敏反应时，浸润型肺结核可恶化进展成为干酪样肺炎，也可由急、慢性空洞内的结核杆菌经支气管播散而来。镜下，病变主要为大片的干酪样坏死灶，肺泡腔内可见大量浆液纤维蛋白性渗出物。干酪性肺炎起病急剧，中毒症状明显，病情危重，病死率高，故有"百日痨"或"奔马痨"之称。

5. **结核球**（tuberculoma） 又称结核瘤，是指直径2~5cm、孤立的、有纤维包裹的、境界分明的球形干酪样坏死灶（图20-1-3）。常位于肺上叶，多单个。X线显示孤立、境界清楚的阴影，很难与周围型肺癌鉴别。结核球有纤维包裹，故抗结核药物不易发挥作用，病变有恶化进展的可能，又因结核球在影像上与肺癌易混淆，临床上多采取手术方式治疗。

6. **结核性胸膜炎**（tuberculous pleuritis） 结核性胸膜炎按照病变性质可分为干性和湿性，其中以湿性结核性胸膜炎最常见。

（1）湿性结核性胸膜炎 又称为渗出性结核性胸膜炎，以年轻人多见，主要为浆液纤维素性炎，经适当治疗可吸收，如渗出的纤维素较多则不易吸收，可因机化而使胸膜增厚、粘连。

图20-1-2　慢性纤维空洞型肺结核

图20-1-3　肺结核球

（2）干性结核性胸膜炎　又称为增生性结核性胸膜炎，由肺膜下结核病灶直接蔓延至胸膜所致，常见于肺尖，病变多局限，以增生性病变为主，一般通过纤维化而痊愈。

> **病例分析21**
>
> 　　患者，男性，33岁，反复咳嗽、咳痰、痰中带血丝。3小时前突发大咯血、呼吸困难，急诊入院。体格检查：呼吸急促，口唇发绀。气管左移，右胸饱满。X线：右肺上叶有厚壁空洞影像，右侧气胸，右侧胸膜增厚粘连。抢救无效死亡。病理诊断：慢性纤维空洞型肺结核。
>
> 　　**问题与思考**
> 　　（1）患者咯血的原因？
> 　　（2）简述慢性纤维空洞型肺结核的镜下特点？
> 　　（3）分析患者的死亡原因。
>
> 答案解析

三、肺外器官结核病

（一）肠结核病

　　肠结核病（intestinal tuberculosis）可分为两种：原发性和继发性。原发性肠结核病很少见，常见于小儿，常因饮用含结核杆菌的乳制品而感染，可形成肠原发综合征，与原发性肺结核的原发综合征相似，包括肠原发性结核性溃疡、结核性淋巴管炎及肠系膜淋巴结结核。大多数继发性肠结核病主要继发于活动性空洞型肺结核患者，因反复咽下含结核杆菌的痰液而引起。

　　结核菌可通过淋巴组织侵入肠壁，因回盲部含有丰富的淋巴组织，因此肠结核病好发于此处（约85%），根据病理变化特点可分为两种类型。

　　1. **溃疡型**　多见，结核杆菌侵入肠壁淋巴组织形成结核结节，结节相互融合伴发干酪样坏死，破溃后逐渐形成溃疡。病变沿肠壁淋巴管环行扩散，形成环形、溃疡长轴与肠腔长轴垂直的典型肠结核溃疡。溃疡边缘不整齐，表面可见干酪样坏死物，底部为结核性肉芽组织。当溃疡愈合后，形成的环形瘢痕可使肠腔狭窄。

2. **增生型**　少见，特征性病变为肠壁大量结核性肉芽组织形成及纤维组织增生，肠壁肥厚、肠腔狭窄，黏膜面可有息肉或浅溃疡形成，临床表现为右下腹包块及慢性不完全肠梗阻，需与肠癌鉴别。

（二）结核性腹膜炎

结核性腹膜炎多见于青少年，主要通过腹腔内结核灶直接蔓延感染，最常继发于溃疡型肠结核，其次继发于肠系膜淋巴结结核或输卵管结核，腹膜外结核病灶经血道播散至腹膜少见。根据病理特征可分为湿性和干性结核性腹膜炎，二者混合型多见。湿性结核性腹膜炎患者以结核性渗出为特征，腹膜上布满结核结节，腹腔内可见草黄色腹水；干性结核性腹膜炎患者腹膜上结核结节和大量纤维素性渗出物因机化引起广泛粘连。

（三）结核性脑膜炎

结核性脑膜炎多见于儿童。主要因结核杆菌经血道播散引起，以脑底病变最明显。在脑桥、脚间池、视神经交叉等处的蛛网膜下腔内可积聚浑浊、灰黄色、胶胨状渗出物，偶见结核结节，另外有浆液、纤维素、巨噬细胞、淋巴细胞渗出。病变严重者累及脑皮质引起脑膜脑炎，病程长者可发生闭塞性血管内膜炎。由于渗出物的机化可使蛛网膜粘连，脑脊液循环受阻引起脑积水。

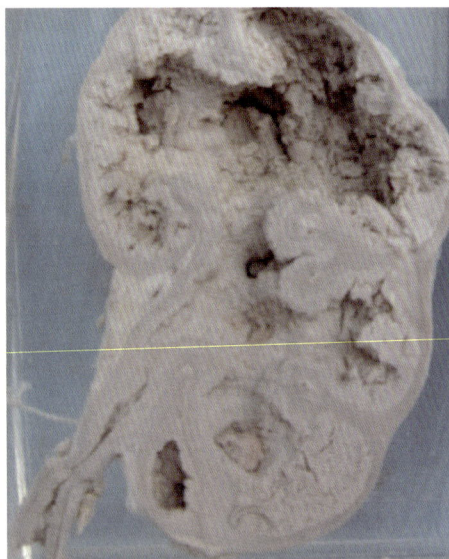

图20-1-4　肾结核伴空洞形成

（四）泌尿生殖系统结核病

1. **肾结核病（renal tuberculosis）**　以20~40岁男性常见，结核杆菌经血道播散导致，多为单侧，病变开始于肾皮、髓质交界处或肾乳头内，病变逐渐扩大并出现干酪样坏死，破入肾盂形成多个结核性空洞，最终导致肾功能丧失（图20-1-4）。尿液中的结核杆菌常侵袭输尿管及膀胱，输尿管可形成溃疡及结核性肉芽肿，使管腔狭窄或闭塞，引起肾盂积水或积脓。膀胱可形成溃疡，可累及整个膀胱，膀胱壁纤维化，破坏肌层，膀胱容积缩小，可引起肾盂积水而损害肾功能。

2. **生殖系统结核病（genital tuberculosis）**　男性生殖系统结核病以附睾结核最多见，可导致男性不育。女性生殖系统结核病多由血道、淋巴道播散引起，邻近器官结核病变直接蔓延也可引起，以输卵管结核最多见，可导致女性不孕，其次是子宫内膜结核和卵巢结核。

（五）骨、关节结核病

骨、关节结核病多由肺结核病血道播散所致，常见于儿童和青少年。

1. **骨结核病**　骨结核易侵犯脊椎骨、指骨及长骨骨骺等处，其中脊椎结核最常见。病变常开始于松质骨内的小结核病灶，逐渐发展成增生型或干酪样坏死型。干酪样坏死型可见干酪样坏死和死骨形成，溶解液化的干酪样坏死物可穿破骨质，积聚在骨旁软组织，形成结核性脓肿，局部无红、肿、热、痛，因此称为冷脓肿。病变穿透皮肤后可形成窦道，经久不愈。增生型少见，主要形成结核性肉芽组织，干酪样坏死和死骨形成不明显。

2. **关节结核病**　骨结核病累及关节软骨及滑膜可引起关节结核病，好发于髋、膝、踝、肘等关节，病变常始于骨髓或干骺端，出现干酪样坏死，关节滑膜内形成结核性肉芽肿、关节腔内浆液及纤维素性渗出物。关节结核愈合时，大量纤维组织填充关节腔造成关节强直而失去运动能力。

（六）淋巴结结核病

儿童、青少年多见，颈部淋巴结结核最常见，其次是支气管和肠系膜淋巴结。结核杆菌可来自肺门淋巴结结核的播散，也可来自咽喉部及口腔结核感染灶，以淋巴结成群受累为特征，形成结核结节及干酪样坏死，炎症较重时，淋巴结常相互粘连。

第二节　细菌性痢疾

PPT

细菌性痢疾（bacillary dysentery）简称菌痢，是一种肠道传染病，病变多局限于结肠，由痢疾杆菌引起的假膜性肠炎。病变特征为大量纤维素渗出形成假膜，假膜脱落形成不规则浅表溃疡，以夏秋季多见，临床表现为腹痛、腹泻、发热、黏液脓血便和里急后重。

一、病因和发病机制

1. **病因**　痢疾杆菌是革兰阴性短杆菌，分为四群：福氏菌、宋内菌、鲍氏菌和志贺菌，均能产生内毒素，志贺菌可产生强烈的外毒素，致病力强。

患者和带菌者是细菌性痢疾的传染源，主要经粪-口途径传播，苍蝇为传播媒介，当食物和饮用水源污染时，可引起细菌性痢疾的暴发流行。该病全年均可发病，常见于儿童，其次是青壮年。

2. **发病机制**　胃酸可杀死进入胃部的大部分痢疾杆菌，仅小部分进入肠道，局限在结肠，痢疾杆菌在结肠内繁殖，并经过上皮细胞侵入肠黏膜，在固有层内增殖，释放内毒素，破坏细胞作用，肠黏膜出现溃疡。如果菌体内毒素被吸收入血，可引起毒血症。志贺菌释放外毒素，可导致水样腹泻。

二、病理变化

细菌性痢疾主要发生于大肠，尤以乙状结肠和直肠为重，病变严重者可波及整个结肠甚至回肠下段。根据肠道病变特征、全身变化及临床经过的不同，细菌性痢疾可分为急性、中毒性、慢性三类。

1. **急性细菌性痢疾**　病变初期呈急性卡他性炎，是急性细菌性痢疾的典型病变过程，随后黏液分泌亢进，黏膜可见充血、水肿，中性粒细胞、巨噬细胞浸润，并见点状出血。随病变进展，黏膜浅表坏死，大量纤维素渗出，坏死组织、炎细胞、纤维素、红细胞及细菌一起形成特征性的假膜。假膜呈糠皮状，灰白色，可融合成片，当出血明显时可呈暗红色，受胆色素浸染时可呈灰绿色。约1周，假膜脱落，形成形状不一、大小不等的表浅溃疡，呈"地图状"。经适当治疗，肠黏膜再生、修复、愈合。

2. **慢性细菌性痢疾**　当细菌性痢疾病程超过2个月，称为慢性细菌性痢疾。多由急性菌痢转变而来，以福氏杆菌感染者居多。部分患者病程可长达数月或数年，肠道病变此起彼伏，新旧病灶混杂（原有溃疡尚未愈合，新的溃疡又形成）。肠壁各层组织内均可见慢性炎细胞浸润及纤维组织增生，形成瘢痕，致使肠壁不规则增厚、变硬，严重者可致肠腔狭窄。黏膜过度增生可形成息肉。

3. **中毒性细菌性痢疾**　多见于2~7岁儿童，中毒性细菌性痢疾特征：起病急骤，出现严重的全身中毒症状，肠道症状和病变轻微。致病菌一般为毒力弱的福氏、宋内痢疾杆菌。肠道病变一般为卡他性炎，肠壁呈滤泡性肠炎改变（肠壁集合和孤立淋巴小结滤泡增生肿大）。

三、临床病理联系

急性细菌性痢疾患者病变肠管蠕动亢进并伴有痉挛，临床上可引起阵发性腹痛、腹泻等，炎症刺激肛门括约肌及直肠壁内的神经末梢，可导致患者出现里急后重及排便次数增多等症状。患者最初为稀便混有黏液，后转为黏液脓血便，偶尔可排出片状假膜。急性细菌性痢疾的病程一般1~2周，适当治疗后大多可痊愈。

慢性细菌性痢疾患者可有不同的肠道症状，如出现腹痛、腹泻、腹胀、腹泻与便秘交替出现。炎症加剧时，患者可出现急性细菌性痢疾的症状，称为慢性细菌性痢疾急性发作。少数慢性细菌性痢疾患者可无明显的症状和体征，但大便培养可持续阳性，成为慢性带菌者及传染源。

中毒性细菌性痢疾发病数小时后患儿即可因出现中毒性休克或呼吸衰竭而死亡。

第三节 阿米巴病

PPT

阿米巴病（amoebiasis）是由溶组织内阿米巴原虫感染人体引起的相应部位的阿米巴溃疡或阿米巴脓肿。阿米巴原虫主要寄生在结肠，可经血流运行到达肝、肺、脑和皮肤等处，也可直接侵袭这些部位。阿米巴病多见于我国南方，农村高于城市，儿童多于成人，男性多于女性。阿米巴病的诊断方法很多，病变组织中找到滋养体是最可靠的诊断。

一、肠阿米巴病

肠阿米巴病（intestinal amoebiasis）是由溶组织内阿米巴寄生于结肠，损伤肠壁，引起炎症性疾病，患者可出现腹痛、腹泻和里急后重等症状，因此又称为阿米巴痢疾。

（一）病因和发病机制

溶组织内阿米巴生活史分包囊期和滋养体期，阿米巴的传染阶段是成熟的四核包囊，致病阶段是滋养体。包囊见于慢性阿米巴病患者或携带者的大便中，感染途径为食入被包囊污染的食物和水。包囊壁具有抗酸作用，碱性肠液可使其脱囊，发育成阿米巴小滋养体，在肠腔内增殖，不侵入肠壁，形成包裹体排出体外，成为无症状的带虫者。肠壁损伤时或肠道功能紊乱，阿米巴小滋养体通过分泌溶组织酶和变形运动侵入肠黏膜，转变为大滋养体，吞噬组织细胞碎片及红细胞，侵入肠壁并破坏，引起溃疡。

本病发病机制尚不完全清楚，可能的机制有机械性损伤和吞噬作用、接触溶解侵袭作用、免疫抑制和逃避。

（二）病理变化和临床病理联系

肠阿米巴病的病变部位主要位于盲肠和升结肠，乙状结肠和直肠次之。基本病理变化为组织溶解液化为主的变质性炎；以形成"烧瓶状"（口小底大）溃疡为特点，可分为急性期和慢性期病变。

1. **急性期病变** 早期肉眼可见肠黏膜表面点状坏死或浅溃疡，充血出血带包绕周围，病变进一步发展，坏死灶增大呈圆形纽扣状。滋养体破坏组织，进入黏膜下层，坏死组织液化脱落，形成口小底大的"烧瓶状"溃疡，溃疡口周围的黏膜悬覆于溃疡面上，具有诊断意义。溃疡间黏膜可正常。当病灶进一步扩大，邻近溃疡可通过在黏膜下层形成隧道样互通，形成巨大溃疡，严重者可造成肠穿孔，引起腹膜炎。

镜下观，病变主要为液化性坏死，病灶周围可见充血、出血，少量淋巴细胞、浆细胞和巨噬细胞浸润。阿米巴滋养体可在溃疡边缘与正常组织交界处及肠壁的小静脉腔内找到。在HE切片上，滋养体呈圆形，体积大（通常大于巨噬细胞，直径20~40μm），核小，呈蓝紫色，直径4~7μm，胞质嗜碱性，内可见吞噬的红细胞、淋巴细胞或组织碎片等。

临床症状可轻可重，典型表现为腹痛、腹泻、大便量增多呈暗红色果酱样，主要是含黏液、血液及坏死溶解的肠壁组织。粪便中可找到溶组织内阿米巴滋养体。

2. 慢性期病变　肉眼观，可见黏膜增生，形成息肉（由于溃疡、坏死、肉芽组织增生及瘢痕形成反复交错导致）；肠壁增厚变硬（由于纤维组织增生导致），引起肠腔狭窄；肉芽组织增生过多可形成局限性包块，称为阿米巴肿，多见盲肠，易误诊为结肠癌。

并发症：肠出血、肠穿孔、肠腔狭窄、阑尾炎及阿米巴肛瘘等，可引起肠外器官的病变。

二、肠外阿米巴病

肠外阿米巴病（extraintestinal amoebiasis）多发生于肝、肺及脑，以阿米巴肝脓肿最常见。

1. 阿米巴肝脓肿　是最常见肠外阿米巴病，一般发生于阿米巴痢疾后1~3个月内。阿米巴滋养体侵入肠壁小静脉，经由门静脉到达肝，滋养体也可直接进入腹腔而侵犯肝脏。

肉眼观，阿米巴肝脓肿多位于肝右叶，可单个或多个，以单个者多见。脓肿大小不等，脓肿内容物呈棕褐色果酱样，脓肿壁呈破絮状外观（图20-3-1）。

图20-3-1　阿米巴肝脓肿

镜下观，脓腔内为淡红色无结构液化坏死物质，脓肿壁有少量炎细胞浸润及不等量尚未彻底液化坏死的组织。阿米巴滋养体可出现在坏死组织与正常组织交界处。伴细菌感染时，可有大量中性粒细胞和脓细胞浸润。慢性阿米巴肝脓肿周围可有肉芽组织增生及纤维组织包绕。

临床上，阿米巴肝脓肿症状和体征的轻重与脓肿的位置、大小以及是否伴有感染有关。患者可出现右上腹痛、长期不规则的发热、肝大和压痛，并出现全身消耗等症状。

2. 阿米巴肺脓肿　少见，常单发，多位于右肺下叶。感染途径可由阿米巴肝脓肿穿过横膈直接蔓延而来（多数），阿米巴滋养体经血流到肺（少数）。脓肿腔内含咖啡色坏死液化物质，如破入支气管，坏死液化物质可随支气管排出形成空洞，类似肺结核症状，咳出的褐色脓样痰内可检出阿米巴滋养体。

3. 阿米巴脑脓肿　极少见，由肝或肺阿米巴脓肿内的滋养体经血道进入脑而引起。

第四节　血吸虫病

PPT

血吸虫病（schistosomiasis）是由血吸虫寄生于宿主引起的一种寄生虫病，为人畜共患病，主要病变是由虫卵引起的肝与肠的肉芽肿形成，人通过皮肤接触含尾蚴的疫水而感染。血吸虫种类很多，能寄生于人体的血吸虫包括日本血吸虫、曼氏血吸虫、马来血吸虫、湄公血吸虫、埃及血吸虫及间插血吸虫，在我国只有日本血吸虫病流行，主要在长江中下游及其以南的13个省市区流行。

一、病因和发病机制

日本血吸虫的生活史包括虫卵、毛蚴、胞蚴、尾蚴、童虫及成虫等。成虫以人体或其他哺乳动物为终宿主，毛蚴、胞蚴、尾蚴以钉螺为中间宿主，尾蚴是感染阶段。血吸虫传播须具备三个条件：带虫卵的粪便入水，钉螺的滋生，人体接触疫水。血吸虫的抗原成分能够诱发机体出现超敏反应，引起组织损伤，发育过程中的虫卵、尾蚴、童虫、成虫均可对人体造成伤害，其中以虫卵损伤最严重。造成损害的机制主要是不同虫期血吸虫释放的抗原诱发宿主的免疫反应所致。

二、基本病理变化

在血吸虫感染过程中虫卵引起的损伤最严重，不同时期对宿主的损伤不同。

（一）尾蚴对宿主的损害

尾蚴侵入宿主皮肤后，使皮肤发生变态反应，引起尾蚴性皮炎。通常发生在尾蚴侵入皮肤后数小时至2~3日内，入侵局部肉眼可见红色小丘疹，患者自感瘙痒，几日后可自然消退。病理变化为真皮内毛细血管充血及水肿，并可见点状出血，病变早期主要为中性粒细胞及嗜酸性粒细胞浸润，病变后期主要为单核细胞浸润。

（二）童虫对宿主的损害

童虫主要通过机械作用、代谢产物等引起变态反应，童虫通过在体内移行，引起血管炎和血管周围炎，相应脏器可出现炎细胞浸润和点状出血，其中以肺组织受损最为明显，童虫随血流进入肺组织，穿破肺泡壁毛细血管，表现为肺组织充血、水肿、点状出血及炎细胞浸润，但病变一般轻微而短暂。

（三）成虫对宿主的损害

成虫可借助口、腹吸盘吸附在静脉壁，并进行短距离移动，损害寄居部位的血管壁，导致静脉内膜炎和静脉周围炎；成虫在体内可吞噬红细胞，在蛋白酶作用下分解血红蛋白，形成一种血红素样色素，同时成虫分泌物和排泄物可抑制骨髓造血，引起脾功能亢进，导致贫血及脾大；成虫死后，虫体周围组织发生坏死，大量嗜酸性粒细胞浸润，可形成嗜酸性肉芽肿。

成虫的表面含有宿主的抗原，会被宿主认为是"自我"组织，而逃避了免疫攻击，因此成虫对宿主的损害较轻。

（四）虫卵对宿主的损害

在血吸虫感染过程中，以虫卵引起的病变最严重，对机体的危害也最大。虫卵主要沉积于直肠及乙状结肠，也可见于肝脏、回肠末段、升结肠、阑尾、肺和脑等处。沉积的虫卵可分泌可溶性虫卵抗原，致敏T淋巴细胞，通过释放淋巴因子，引起巨噬细胞、嗜酸性粒细胞、淋巴及浆细胞聚集于虫卵周围，形成虫卵结节，即血吸虫性肉芽肿，是血吸虫病的特征性病理变化。根据病变的发展过程，又可分为急性和慢性虫卵结节。

1. **急性虫卵结节** 由成熟虫卵引起的一种急性病灶，以坏死及渗出为主要病变。肉眼观：直径1~4mm，灰黄色粟粒至绿豆大小的结节。镜下观：结节中央常有1~2个成熟虫卵，虫卵呈卵圆形，卵壳壁薄，有折光性，虫卵表面附有抗原抗体复合物，呈放射状、火焰样嗜酸性物质（图20-4-1）。虫卵周围可形成嗜酸性脓肿，主要是由于虫卵周围组织坏死，聚集片状无结构的、颗粒状坏死物质，伴大量嗜酸性粒细胞浸润而成。坏死组织间可见蛋白质结晶体，是由嗜酸性粒细胞释放的嗜酸性颗粒互相融合而成，呈菱形或多面形，具有屈光性。随着损伤的修复，虫卵周围产生肉芽组织层，炎细胞以嗜酸性粒细胞为主，还可见淋巴细胞、巨噬细胞、浆细胞和少量中性粒细胞等，随着病程进展，肉芽组织逐渐向虫卵结节中心生长，巨噬细胞逐渐转变为上皮样细胞，围绕虫卵结节，呈放射状排列，形成上皮样细胞层，同时，嗜酸性粒细胞显著减少，二者共同构成晚期急性虫卵结节。

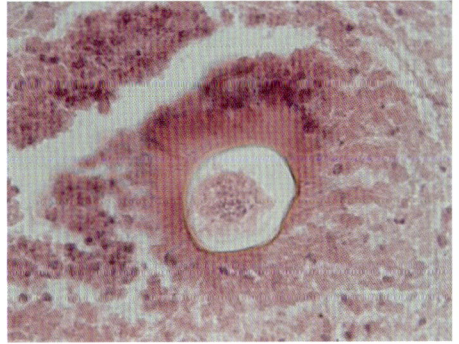

图20-4-1　急性血吸虫虫卵结节

2. **慢性虫卵结节**　一般发生在急性虫卵结节10余天后。虫卵结节内的毛蚴死亡，虫卵崩解、破裂或钙化，巨噬细胞增生，清除病灶内坏死物质，随后巨噬细胞转变为上皮样细胞和少量异物巨细胞。同时，病灶周围聚集淋巴细胞和肉芽组织增生，形成肉芽肿性结构，形态上类似结核样结节，又称为假结核结节。最终，结节纤维化转变为瘢痕，结节中央的卵壳碎片和钙化的死卵可长期存在。

三、主要器官病理变化

由于日本血吸虫成虫主要寄生在门静脉系统，虫卵一般沉积于结肠及肝组织内，也可出现在门脉系统以外的组织和器官，如肺、脑等。

（一）结肠病变

血吸虫病变可累及大肠，主要见于直肠及乙状结肠。按病变的发展过程可分为急性期和慢性期。

1. **急性期**　虫卵沉积于肠黏膜及黏膜下层，形成急性虫卵结节。肉眼观：病变初期，肠黏膜充血、水肿；虫卵沉积可形成灰黄色或褐色、细颗粒状、略隆起的病灶，直径0.5~1.0cm；随着病变进展，病灶中央坏死脱落，形成边缘不规则、大小不一的浅溃疡，溃疡可融合；虫卵可随之脱落进入肠腔，在粪便中可查见虫卵。镜下观：肠黏膜和黏膜下层可见沉积的虫卵，以黏膜下层病变最为明显。

2. **慢性期**　由于慢性炎症的长期刺激，肉眼可见肠黏膜粗糙不平，腺体萎缩，皱襞消失，肠黏膜可见溃疡，最终导致肠壁增厚变硬、肠腔狭窄，甚至出现肠梗阻，部分呈息肉状增生。虫卵反复沉积，新旧病变共存，可见大量纤维化结节和慢性虫卵结节。镜下可见肠壁纤维化。

（二）肝脏病变

肠壁静脉内的虫卵可随门静脉血流到达肝脏，病变主要在肝左叶汇管区。

1. **急性期**　肉眼观：肝脏轻度肿大，肝脏的表面及切面可见多个灰白或灰黄色结节，结节大小不等，呈粟粒至绿豆大小。镜下观：急性虫卵结节主要分布在汇管区，肝细胞受压萎缩，肝小叶内出现散在灶状坏死，肝窦扩张充血，嗜酸性粒细胞浸润，库普弗细胞增生并吞噬血吸虫色素。

2. **慢性期**　随着病程进展，肝内可见慢性虫卵结节和纤维化，进一步发展为肝硬化。轻度感染的病例，汇管区可见少量慢性虫卵结节。长期、重度感染的病例，汇管区周围见大量纤维组织增生。肉眼观：肝变小、变硬；肝表面有浅的沟纹，分割成大小不等、稍隆起的分区，严重时形成粗大结节；切面可见增生的结缔组织沿门静脉呈树枝状分布，称为干线型或管道型肝硬化。镜下观：汇管区内可见慢性虫卵结节，库普弗细胞增生，纤维组织增生，嗜酸性粒细胞、浆细胞及淋巴细胞浸润，肝小叶轻度破坏，不形成明显假小叶。

（三）脾脏病变

肉眼观：脾脏不同程度肿大，被膜无光泽、增厚，切面呈暗红色，质地坚韧，可见散在分布的含铁小结，常呈棕黄色，由增生的纤维组织、陈旧性出血灶、钙盐和铁质构成。镜下观：脾窦扩张充血，网状纤维和窦内皮细胞增生，窦壁增宽，巨噬细胞吞噬血吸虫色素；脾小体萎缩，中央动脉管壁增厚。

（四）异位血吸虫病

1. **肺血吸虫病**　是常见的异位血吸虫病，血吸虫虫卵通过门-腔静脉之间的交通分支，随血液运行由右心到肺，虫卵可在肺内可形成急性虫卵结节，周围肺泡内可见炎性渗出物。X线类似肺粟粒型结核。

2. **脑血吸虫病**　主要见于大脑顶叶，也可累及额叶及枕叶，可由肺部虫卵经肺静脉到达左心室，经体循环进入脑，可表现为不同时期的虫卵结节形成和胶质细胞增生，患者可出现癫痫发作、脑炎和颅内占位性病变的症状。

3. **血吸虫病肾小球肾炎**　补体C3及IgG沉积于肾小球内，属于Ⅲ型变态反应引起的免疫复合物肾炎。

此外，如果儿童长期反复重度感染血吸虫病，可严重影响患儿肝功能，导致某些激素不能被灭活，抑制脑垂体功能，致使垂体前叶及性腺等萎缩，影响生长发育，患儿出现身体矮小、面容苍老、第二性征发育迟缓等，称为血吸虫病侏儒症。

四、临床病理联系

血吸虫虫卵沉积于肠黏膜及黏膜下层，临床上患者可出现类似痢疾症状，如腹痛、腹泻等；随着病变发展，虫卵结节逐渐出现纤维化，虫卵逐渐死亡及钙化；虫卵反复沉积，肠黏膜可出现溃疡、肠壁纤维化及瘢痕形成，虫卵不易排入肠腔，因此，晚期患者粪便中不易查见虫卵；部分患者肠黏膜皱襞消失，少数可并发管状或绒毛状腺瘤甚至腺癌。

血吸虫虫卵沉积于肝汇管区，虫卵较大不能进入肝窦，门静脉分支被虫卵栓塞，导致静脉内膜炎，血栓形成和机化，门静脉周围纤维组织增生，阻塞并压迫门静脉分支，导致患者出现门静脉高压，可出现腹水、巨脾、食管静脉曲张等。

血吸虫虫卵沉积于脾脏，病变早期，成虫的代谢产物引起单核-巨噬细胞增生，导致脾略肿大，随着病情进展，脾进行性肿大，可形成巨脾，主要由门静脉高压所致。患者可出现贫血、白细胞减少和血小板减少等症状。

第五节　性传播疾病

PPT

性传播疾病（sexually transmitted diseases，STD）简称性病，是指通过性接触而传播的一类疾病。性病可引起泌尿生殖系统疾病，也可引起其他器官疾病，甚至危及生命。性病包括梅毒、淋病、软下疳、性病性淋巴肉芽肿和腹股沟淋巴肉芽肿。近二十年，性传播疾病谱增宽，病种已达20余种。本节主要介绍尖锐湿疣、淋病、梅毒及艾滋病。

一、尖锐湿疣

尖锐湿疣（condyloma acuminatum）是由人乳头状瘤病毒（HPV）感染引起的性传播疾病，主要表现为良性增生性疣状疾病，多见于20~40岁的年龄组。

（一）病因和传播途径

尖锐湿疣是由HPV6型和HPV11型感染引起，患者和病毒携带者为本病的传染源，传播途径主要为性接触传播，非性接触的间接感染也可导致尖锐湿疣的发生，患病期3个月内传染性最强。

（二）病理变化和临床病理联系

尖锐湿疣的潜伏期一般3周至8个月，通常为3个月。HPV病毒易在温暖潮湿的黏膜和皮肤交界处存活。男性阴茎冠状沟、龟头、系带、尿道口或肛门附近多见。女性会阴部、阴唇、阴蒂、宫颈、阴道和肛周多见。发病初期，肉眼可见小而尖的突起，质软，淡红或暗红色，随着病情进一步发展，病灶可逐渐扩大，表面凹凸不平，呈疣状或乳头状突起，较大者可呈菜花样生长。

镜下观，表皮可呈不同程度的角化过度或角化不全，棘层肥厚（显著纤维血管轴心的树枝状乳头突起），表皮钉突增粗延长（图20-5-1），表皮浅层可见凹空细胞（图20-5-2），有助于诊断。与正常细胞相比，凹空细胞较大，核增大、深染及皱缩，圆形、椭圆形或不规则形，可见双核及多核，可见核周胞质空化或空晕。真皮层内可见慢性炎细胞浸润，毛细血管、淋巴管扩张。免疫组织化学染色P16常呈不同程度阳性表达，原位杂交、聚合酶链式反应技术可检测HPV DNA，有助于诊断。

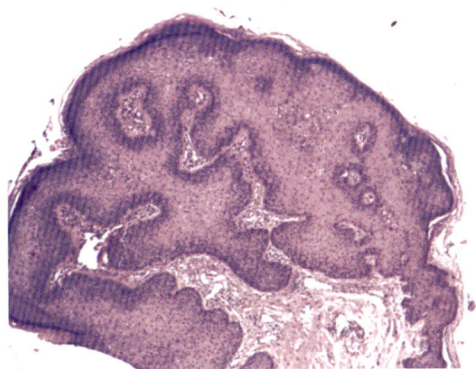

图20-5-1　尖锐湿疣

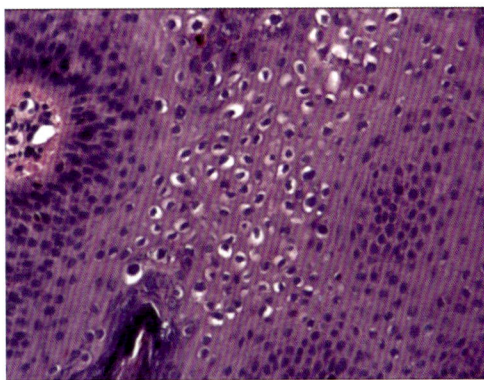

图20-5-2　凹空细胞

> #### 知识拓展
>
> 人乳头状瘤病毒（HPV）是球形DNA病毒，能引起人体皮肤黏膜鳞状上皮增殖。HPV病毒的亚型很多，不同亚型引起不同的临床表现：皮肤低危型，包括HPV1、2、3、4、7、10、12、15型等，与扁平疣、寻常疣、跖疣等相关；皮肤高危型，包括HPV5、8、14、17、20、36、38型等，与疣状表皮发育不良有关；黏膜低危型，包括HPV6、11、13、32、34、40、42、43、44、54型等，易感染生殖器官、肛门、口咽部、食道黏膜，其中HPV6、11型与尖锐湿疣有关；黏膜高危型，包括HPV16、18、30、31、33、35、39、53型等，与大多数宫颈癌密切相关。目前，HPV疫苗主要针对高危型病毒，对适龄女性进行预防性接种，可有限预防因HPV感染所致的疾病。

二、淋病

淋病（gonorrhea）是由淋球菌感染引起的急性化脓性炎症，是最常见的性传播性疾病，多见于

15~30岁者。

（一）病因和传播途径

淋球菌一般指淋病奈瑟菌，人类是其唯一宿主，具有极强的传染性，为革兰阴性双球菌，主要侵犯泌尿生殖系统。传染源为患者和无症状带菌者。成人几乎全部通过性接触传染，儿童可通过接触受染菌的物品而发生间接感染。

（二）病理变化和临床病理联系

淋球菌对移行上皮和柱状上皮有特别的亲和力，感染初期，患者尿道、尿道附属体及生殖道出现急性化脓性炎症，女性病变可累及尿道、外阴、阴道腺体、宫颈内膜及输卵管，男性病变可从前尿道到后尿道，波及前列腺、精囊及附睾。病变部位可出现充血、水肿并有脓性渗出物流出，伴尿频、尿急、尿痛等症状，病变局部伴疼痛及烧灼感。感染未经治疗或治疗不彻底，可转变成慢性淋病。

三、梅毒

梅毒（syphilis）是由梅毒螺旋体引起的性传播疾病，病原体可侵犯任何器官。梅毒的病程具有长期性和潜匿性的特点。

（一）病因和传播途径

梅毒的病原体是梅毒螺旋体，传染源为梅毒患者。95%以上的病例通过性接触传播，少数可因输血及接吻等接触传播（后天性梅毒），还可经胎盘感染胎儿（先天性梅毒）。

（二）基本病理变化

1. **闭塞性动脉内膜炎和小血管周围炎**　可见于各期梅毒，浆细胞恒定出现是本病的病变特点之一。闭塞性动脉内膜炎是指小动脉内皮细胞及纤维细胞增生，使小动脉管壁增厚、管腔狭窄闭塞（图20-5-3）；小血管周围炎是指围管性单核细胞、淋巴细胞和浆细胞浸润。

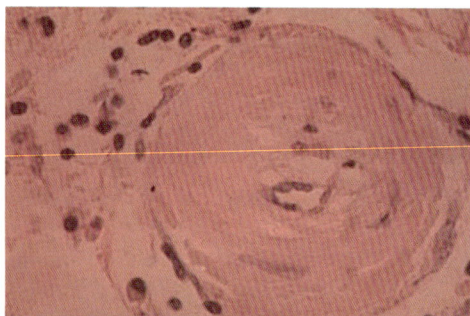

图20-5-3　闭塞性动脉内膜炎

2. **树胶样肿（gumma）**　又称梅毒瘤（syphiloma），是梅毒的特征性病变，可发生于任何器官，多见于皮肤、黏膜、肝、骨和睾丸。肉眼可见病灶大小不一，呈灰白色，大者可达数厘米，小者仅镜下可见，切面灰白质韧而富有弹性，类似树胶，因此得名树胶样肿。镜下观，类似结核结节，中央为凝固性坏死，弹力纤维尚保存，弹力纤维染色可见组织内原有血管壁的轮廓。坏死灶周围肉芽组织内上皮样细胞和朗汉斯巨细胞较少，淋巴细胞和浆细胞较多，同时具备闭塞性小动脉内膜炎和小血管周围炎。病变后期，树胶样肿可被吸收、纤维化，最终导致器官变形，不见钙化。树胶样肿仅见于第三期梅毒。

（三）临床病理类型

1. **先天性梅毒**　先天性梅毒分早发性和晚发性。早发性指胎儿或婴幼儿期发病的先天性梅毒，晚发性患儿发育不良，智力低下。先天性梅毒可引发神经性耳聋、间质性角膜炎及楔形门齿，可出现骨膜炎及马鞍鼻等体征。

2. **后天性梅毒** 后天性梅毒分为一、二、三期，其中一期及二期梅毒称为早期梅毒，具有传染性。三期梅毒又称晚期梅毒，因常累及内脏又称为内脏梅毒，此期传染性小。

（1）一期梅毒 主要表现为硬性下疳，出现于梅毒螺旋体侵入人体3周左右，主要由于侵入部位发生炎症反应，形成下疳，表面可发生溃疡，溃疡边缘及底部质硬，故称为硬性下疳。镜下可见闭塞性小动脉内膜炎和小血管周围炎。下疳出现后1~2周，局部淋巴结呈非化脓性反应性增生。下疳形成1个月左右多自然消退，临床上处于静止期，但体内螺旋体继续繁殖。

（2）二期梅毒 此期梅毒传染性大。发生在一期梅毒下疳形成后7~8周，螺旋体大量繁殖，免疫复合物沉积，引起广泛的梅毒疹，全身性非特异性淋巴结肿大，梅毒疹可见于全身皮肤及黏膜。镜下可见螺旋体及典型的血管周围炎改变。梅毒疹可自行消退。

（3）三期梅毒 感染后4~5年，病变累及内脏，形成特征性树胶样肿，树胶样肿可引起纤维化、瘢痕收缩，导致严重的组织破坏、变形和功能障碍。

四、艾滋病

艾滋病（acquired immunodeficiency syndrome，AIDS）即获得性免疫缺陷综合征，是一种致命性传染病，是由病毒感染引起，出现全身性严重细胞免疫功能缺陷，从而导致机体发生多种不可治愈的机会性感染为特征的一种疾病。

（一）病因和传播途径

1. **病因** 艾滋病是由人类免疫缺陷病毒（HIV）感染引起，HIV属于反转录病毒科，慢性病亚型，为单链RNA病毒，主要分为HIV-1型和HIV-2型，两者感染引起的病变相似。AIDS大多数由HIV-1型感染引起（95%），我国存在两型混合感染。

AIDS的传染源是AIDS患者和无症状病毒携带者，病毒可存在于宿主的血液、精液、分泌物和乳汁中，偶可见于唾液、泪液和尿液中。

2. **传播途径**
（1）性传播 是AIDS最主要的传播途径。
（2）母婴传播 感染了HIV病毒的母亲可通过胎盘或者产道分娩以及产后哺乳过程中传染给胎儿及婴幼儿。
（3）血液传播 输入被艾滋病病毒污染的血液制品；静脉吸毒者共用被艾滋病毒污染的注射器；使用被艾滋病病毒污染而又未经消毒的注射器、针灸针或剃须刀等器械都可能传播艾滋病。

（二）病理变化

1. **淋巴组织的变化** 早期可见淋巴结肿大，镜下见淋巴结生发中心活跃，淋巴滤泡明显增生。晚期淋巴结荒芜，淋巴细胞明显减少，可见巨噬细胞和浆细胞残留。

2. **多发机会性感染** 多发机会性感染是艾滋病的另一特点，感染范围广，累及脏器多，为本病的主要死亡原因。其中卡氏肺孢子菌感染最常见，也可见新隐球菌、巨细胞病毒、结核杆菌及弓形虫感染等。

3. **恶性肿瘤** 艾滋病患者易患恶性肿瘤，可发生卡波西肉瘤、非霍奇金淋巴瘤及女性宫颈癌。

（三）临床病理联系

1. **急性期** 患者出现类似感冒症状，如发热、肌肉酸痛、咽痛等，一般发生在感染后2~6周。此时病毒在体内大量复制，由于机体免疫力较好，2~3周症状可自行缓解。

2. **潜伏期** 可持续长达2~10年（平均5年），抗HIV抗体阳性，无临床症状。

3. **艾滋病前期** Th细胞数下降，Th/Ts比例倒置（从正常比值2：1下降至1：2）。全身淋巴结肿大、发热、体重下降。

4. **艾滋病全盛期** Th细胞严重缺陷，出现机会性感染，发生各种恶性肿瘤。

艾滋病的治疗目前多采用联合用药的方法，但即使使用最优化的方案治疗，依然不能完全清除患者的HIV。全社会应大力开展防治艾滋病的健康教育，防止艾滋病流行。

目标检测

答案解析

一、单项选择题

1. 结核病的基本病变不包括（　　）
   A. 渗出性病变　　　　　　　B. 化脓性病变　　　　　　　C. 变质性病变
   D. 增生性病变　　　　　　　E. 肉芽肿性病变

2. 一婴儿，出生后未进行任何免疫接种，半岁时出现持续低热，咳嗽并渐进性加重而死亡。尸检：见右肺上叶下部近胸膜处有一直径1.2cm的灰黄色炎性实变灶，肺门处淋巴结肿大，诊断为（　　）
   A. 小叶性肺炎　　　　　　　B. 间质性肺炎　　　　　　　C. 病毒性肺炎
   D. 肺癌　　　　　　　　　　E. 原发性肺结核并肺内播散

3. 血吸虫虫卵主要沉积于（　　）
   A. 直肠及乙状结肠　　　　　B. 回肠末端　　　　　　　　C. 回盲部
   D. 升结肠　　　　　　　　　E. 盲肠

4. 在原发性与继发性肺结核病变的形成中，其发生发展不同的关键因素是（　　）
   A. 发病年龄不同　　　　　　B. 发病部位不同　　　　　　C. 病变性质不同
   D. 机体反应性不同　　　　　E. 播散方式不同

5. 细菌性痢疾发生溃疡是由于（　　）
   A. 细菌的直接作用　　　　　B. 内毒素作用　　　　　　　C. 外毒素作用
   D. 产生变态反应　　　　　　E. 以上均是

6. 患者，男，28岁，腹痛、腹泻3天，每日排便10余次，初为黏液稀便，后转为黏液脓血便，该患者所患疾病可能为（　　）
   A. 血吸虫病　　　　　　　　B. 大肠癌　　　　　　　　　C. 阿米巴痢疾
   D. 急性细菌性痢疾　　　　　E. 肠真菌病

7. 渗出性结核病的病变特点是（　　）
   A. 主要见于中老年患者　　　　　　　　B. 主要为浆液纤维素性炎
   C. 可有假膜形成　　　　　　　　　　　D. 大多为继发性肺结核的一部分
   E. 一般不经治疗也可完全吸收而痊愈

8. 下列最易引起肠管狭窄的疾病是（　　）
   A. 肠阿米巴病　　B. 肠伤寒　　　C. 肠结核　　　D. 细菌性痢疾　　　E. 假膜性肠炎

9. 下列关于AIDS的叙述不恰当的是（　　）

A．潜伏期长　　　　　　　B．由 HIV 感染引起　　　　C．HIV 是一种反转录病毒

D．可通过游泳和公共洗浴感染　　　E．常伴有肿瘤的发生

10．肠阿米巴病的病变部位主要位于（　　）

A．乙状结肠　　　　　　　B．直肠　　　　　　　　　C．回盲部

D．横结肠　　　　　　　　E．盲肠和升结肠

11．下列不属于晚期梅毒改变的是（　　）

A．树胶样肿　　　　　　　B．脊髓瘤　　　　　　　　C．硬下疳

D．梅毒性主动脉炎　　　　E．麻痹性痴呆

12．以下哪项病变有助于对尖锐湿疣的诊断（　　）

A．多量角化不全细胞　　　B．凹空细胞　　　　　　　C．表皮棘层肥厚

D．乳头状瘤样增生　　　　E．角质层肥厚

二、简答题

1．简述结核病的基本病理变化。

2．继发性肺结核的类型及各种类型的病变特点是什么？

3．血吸虫病主要器官的病变及其特点是什么？

4．梅毒的基本病理变化是什么？

（荆丽丽）

书网融合……

知识回顾　　　习题